# 珞珈管理评论
# Luojia Management Review

2007 年第 1 卷 (1)

武汉大学经济与管理学院主办

武汉大学出版社

**图书在版编目(CIP)数据**

珞珈管理评论/武汉大学经济与管理学院主办 . —武汉:武汉大学出版社,
2007.11
ISBN 978-7-307-06004-3

Ⅰ.珞… Ⅱ.武… Ⅲ.企业管理—文集 Ⅳ.F270-53

中国版本图书馆 CIP 数据核字(2007)第 170785 号

责任编辑:陈 红 辛 凯 责任校对:黄添生 版式设计:詹锦玲

出版发行:**武汉大学出版社** (430072 武昌 珞珈山)
(电子邮件:wdp4@whu.edu.cn 网址:www.wdp.com.cn)
印刷:军事经济学院印刷厂
开本:889×1194 1/16 印张:15 字数:434 千字
版次:2007 年 11 月第 1 版 2007 年 11 月第 1 次印刷
ISBN 978-7-307-06004-3/F·1096 定价:28.00 元

# 卷　首　语

　　为促进管理学科发展，满足广大师生长期以来的迫切需要，武汉大学经济与管理学院决定从 2007 年下半年起，组织出版《珞珈管理评论》。现在，这个呱呱落地的婴儿已经呈现在大家面前。

　　我们创办《珞珈管理评论》的宗旨是：（1）保持和发扬武汉大学无数先辈执著追求科学真理的光荣传统，搭建一个高水平的管理学学术研究平台，为海内外前沿的管理学学术研究提供发表窗口；（2）倡导与国际接轨的管理学研究方法，追求规范、严谨、联系实际的学术作风；（3）以文章质量优劣为采稿依据，实行匿名审稿制度；（4）主要发表原创性的规范和实证研究的学术论文，以及案例、综述和评论性的文章；（5）我们重点关注工商管理、会计学、市场学、旅游管理、公司财务、投资学和管理工程七个研究领域。

　　目前，《珞珈管理评论》的第 1 卷（1），共有 28 篇论文，主要分布在以下栏目：战略管理、人力资源管理、公司治理、会计与财务管理、市场营销、投资与并购、物流管理、民营企业论坛、组织行为与管理理论、国际企业管理和新书书评。发表论文的作者分别来自全国科研院所、大学和其他部门，相信他们的论文反映出各位专家学者的研究专长及关注重点，有利于同行之间相互学习，深入探讨。在此，我向为《珞珈管理评论》赐稿的所有作者表示衷心的感谢！

　　我相信，在众多学术造诣深厚的顾问和编委指导下，《珞珈管理评论》会越办越好，能够为管理学科及相关领域的学科发展添砖加瓦、贡献力量。

　　欢迎大家长期赐稿，谢谢！

陈继勇　教授
《珞珈管理评论》主编
武汉大学经济与管理学院院长
2007 年 11 月于珞珈山

# 目　　录

# CONTENTS

## 6　Investment and Merger & Acquisition

## 7　Logistics Management

## 8　Private Business Forum

## 9　Organization Behavior and Management Theory

## 10　International Business

## 11　Book Review

# 试论企业环境的创新

● 赵锡斌[1]

（1　武汉大学经济与管理学院　武汉　430072）

**【摘　要】** 迄今为止，人们研究企业创新，主要是围绕着技术创新、制度创新、组织与管理创新等方面展开的，但企业环境是否也要创新？其创新的主体是谁？怎样对企业环境进行创新？本文认为，企业环境创新是企业技术创新、制度创新、组织与管理创新的基本保证。在综合分析了"决定论"、"适应论"、"相互影响论"、"共同进化论"等企业环境理论的基础上，提出了企业也是环境创新的主体。企业要充分发挥主动性和创造性，创新企业环境，并进一步提出了构造完整有效的创新链以及示范性、标准式创新；拓展性、跨越式创新；合作性、联盟式创新；影响性、改变式创新等具体创新路径。

**【关键词】** 企业环境　环境创新　创新主体　创新路径

## 一、问题的提出

创新是企业发展的动力，而提高自主创新能力，是增强企业组织乃至整个国家竞争优势的核心问题。这一点，我国社会各界已形成了广泛一致的共识。因此，近些年来，创新一词可能已成为人们使用频率最高的概念之一，也是理论界研究的主题之一。仅检索到的关于企业创新的文章就达 2 000 篇之多。尤其是胡锦涛主席在全国科学技术大会上发表了《坚持走中国特色的自主创新道路为建设创新型国家而奋斗》的重要讲话以后，关于自主创新更成为热门话题，在报刊上发表的文章目前已近万篇，可谓火爆中华了！但从所见的文献资料来看，人们研究创新或自主创新，主要是围绕技术创新、制度创新、组织与管理创新这几个方面展开的。于是，笔者顿然产生了一个问题：如果不能营造有利于企业创新的环境，那么，技术创新、制度创新、组织与管理创新能否有效进行？企业环境是否也要进行创新？

2004 年，中共中央在《关于进一步繁荣发展哲学社会科学的意见》中指出，要鼓励创新，就必须进一步改善创新环境。实际上，技术创新、制度创新、组织与管理创新，都要以环境创新为保证；否则，创新的动力、创新的过程以及创新的结果都将会因环境的约束而受阻。正如美国著名社会学家和管理学家理查德·H. 霍尔（Richard H. Hall, 2002）① 所说："组织的经济状况和内部政治对如何采纳创新有一定影响。组织特点和斗争的结果决定是否实施某一特定的变革。""环境对创新还有另一种影响。政府政策能够鼓励或阻碍创新。"因此，"创新和组织的环境是一项需重点考虑的因素——这一点并不让人觉得意外"。

欧洲区域创新环境研究小组（GREMI, 1985）对欧洲的一些地区和美国硅谷的调查研究表明，区域发展以及大量的企业在地域空间上的集聚，与区域内的社会人文环境密切相关。该研究小组同时指出，欧

---

① 理查德·H. 霍尔. 组织：结构、过程及结果. 张友星，刘五一，沈勇，译. 上海：上海财经大学出版社，2003：219-223.

洲和北美一些新产业区的竞争优势，得益于区域内的创新环境。企业的创新和发展依赖于其在区域内结成的网络。

所以，关于企业环境（包括内部环境和外部环境）要不要创新以及企业环境创新的作用问题，我以为无论在理论上，还是在实践中，都是毋庸置疑的。要推进企业创新，就必须创造一个有利于创新的环境。

但是，由谁来创新企业环境，或者说，企业环境创新的主体是谁？迄今在理论界和产业界还存在着理论认识偏差和实践行为偏差。一般认为，企业组织的环境，是指企业组织边界之外的力量，或者说是指企业的外部环境。而企业的外部环境又被认为是不可控的，企业对其所处的环境"无能为力"，只能被动地适应，或者只能对环境做出非常有限的选择。因此，营造良好的企业环境只能依赖政府。换句话说，政府是营造企业环境的主体。例如，有的地方政府就明确提出：企业要成为技术创新的主体，科研、教学单位成为知识创新的主体，政府部门成为营造技术创新环境的主体。

于是又产生了一系列的问题：到底什么是企业环境？企业与环境之间究竟是一种什么关系？企业能否对环境进行创新？企业又如何创新环境？对这一连串的问题，我们很有必要进行深入研究。

本文拟从企业的角度，就企业环境创新的几个问题进行初步的探讨，企盼能对创新的理论与实践提供另一种思路。

## 二、企业环境创新的理论依据

企业组织能否创新环境，涉及对企业环境的内涵以及企业与环境的关系这两个基本的理论认识问题。如果认为企业环境仅指外部环境，而企业对其外部环境又是"不可控"、"无能为力"的，那么，企业对环境的创新就无从谈起。因此，研究企业创新环境问题，首先要讨论企业环境的含义以及企业与环境的关系问题，为企业创新环境提供理论依据。

### 1. 企业环境的重新界定

迄今为止，国内外学者普遍地将企业环境或组织环境定义（或隐含）为组织边界之外的力量或影响因素。如卡斯特和罗森茨韦克（Fremont E. Kast &James E. Rosenzweig, 1985）[①] 认为："从广义上说，环境就是组织界限以外的一切事物。"理查德·L. 达夫特（Richard L. Daft, 2001）[②] 把组织环境定义为"存在于组织边界之外，可能对组织总体或局部产生影响的所有因素"。加雷思·A. 琼斯（Gareth A. Jones, 2000）[③] 等人把组织环境定义为："是指超出组织边界但对管理者获得、运用资源有影响的一组力量和条件的组合。"斯蒂芬·P. 罗宾斯（Stephen P. Robbins, 1994）[④] 等人则认为"环境是指对组织绩效起着潜在影响的外部机构或力量"。托马斯·G. 卡明斯（Thomas G. Cummings, 2001）[⑤] 等人认为，"组织的环境是指任何组织之外的直接或间接影响组织绩效的事物"。阿摩斯·H. 霍利（Amos H. Hawley, 1968）[⑥] 认为，环境是指"所有外在于被研究的总体，并且能对被研究的总体发生实际或潜在影响的因

① 卡斯特，罗森茨韦克. 组织与管理：系统方法与权变方法. 傅严，李柱流等，译. 北京：中国社会科学出版社，2000：164.

② 理查德·L. 达夫特. 组织理论与设计. 王凤彬，张秀萍等，译. 北京：清华大学出版社，2003：149.

③ 加雷思·琼斯. 当代管理学. 李建伟，严勇，周晖等，译. 北京：人民邮电出版社，2003：40.

④ 斯蒂芬·P. 罗宾斯. 管理学. 黄卫伟，孙建敏，王凤彬等，译. 北京：中国人民大学出版社，1997：64.

⑤ 托马斯·卡明斯. 组织发展与变革精要. 李剑锋等，译. 北京：清华大学出版社，2003：251.

⑥ HAWLEY, AMOS H. Human Ecology//DAVID L. SILLS（Eds.）, International Encyclopedia of the Social Sciences, New York：Macmillan, 1968：330.

素"。普费尔和萨兰科（Jeffrey Pfeffer and Gerald R. Salancik，1978）① 认为"可以将组织的环境视为环绕在组织之外的，能对组织产生影响的一切事物"。明茨伯格（Herry Mintzberg，2001）② 等人认为环境"它指的是组织以外的所有东西"。阿奇·B. 卡罗尔（Archie B. Carroll，2003）③ 等人认为，"最广义地看，环境就是指宏观环境（macroenvironment）而言的，它包括企业外部的所有环境"。如此等等，都对企业环境的概念作出了类似的定义。

因此，在分析企业与环境的关系时，基本上是分析企业与外部环境的关系。我们称之为外部环境观。问题是，企业环境，除其外部环境外，还客观存在着内部环境。因此，企业环境，从组织边界的角度，应包括内部环境和外部环境两个方面。虽然有的学者也提出了"内部环境"的概念，如西方学者琼斯（Gareth A. Jones，2000）④、达夫特（Richard L. Daft，2000）⑤、斯蒂纳（George A. Steiner，1997）⑥、沃辛顿和布里顿（Worthington and Chris Britton，2003）⑦、克朋（Claire Capon，2004）⑧ 等人以及国内学者刘延平（1995）⑨、席酉民（2001）⑩ 等人。但他们要么是未对内部环境作定义，要么是把内部环境和外部环境分别定义，回避了企业环境的一般定义，或者是在给企业内部环境作了界定，但对企业环境作定义或是分析企业与环境的关系时，又回到了外部环境的概念上来。这种外部环境观会导致如下结果：一是把企业组织置于环境系统之外，环境成了企业的对立面，即所谓环境的"敌对性"特征。这就不利于全面认识和把握企业与环境互动的、友好合作的关系；二是把环境作为外生变量，作为企业组织选择或决策的前提。这自然会产生前述的环境"不可控论"、"无能为力论"和"被动适应论"的观点，不利于企业充分发挥主动性和创造性。因此，虽然目前对企业环境概念的界定具有广泛的一致性，但如果把企业环境分为内部环境和外部环境，那么，这种被广泛认可的定义就将被颠覆。如果把内部环境和外部环境作为两个概念分别定义，那么，作为企业环境这个一般的概念是否就不存在呢？如果内部环境和外部环境两个概念并存，其核心概念又是哪一个？如果没有一个核心的概念，又如何将内部环境和外部环境纳入一个统一的企业环境分析框架？或者，干脆把企业内部环境这个概念弃而不谈，但企业内部环境是否就不存在呢？有外而无内，又如何作对应性的分析研究？

因此，我们就有必要进一步研究企业环境的一般概念的定义问题，在此一般概念下，再分为内部环境和外部环境两个子概念。根据企业环境的客观性、系统性、动态性和价值性的特点，我认为：所谓企业环境，是指一些相互依存、互相制约、不断变化的各种因素组成的一个系统，是影响企业组织管理决策、经营行为和经营绩效的现实各因素的集合。这一定义，既不是专指企业组织的外部环境，也不专指企业组织的内部环境，而是包括企业内部环境和外部环境在内的一个环境系统，具有一般性；既反映了企业环境的内容、作用，也反映了企业环境的一般性特征，我们称之为系统环境观。

---

① PFEFFER J, SALANCIK G R. The external control of organizations: a resource dependence perspective. New York: Harper & Row, 1978: 12.

② 亨利·明茨伯格. 战略历程——纵览战略管理学派. 刘瑞红，徐佳宾，郭武文等，译. 北京：机械工业出版社，2002: 195.

③ 阿奇·B. 卡罗尔，安·K. 巴克霍尔茨. 企业与社会：伦理与利益相关者管理. 黄煜平，朱中彬，徐小娟等，译. 北京：机械工业出版社，2004: 4.

④ 加雷思·琼斯. 当代管理学. 李建伟，严勇，周晖等，译. 北京：人民邮电出版社，2003: 52-53.

⑤ 理查德·L. 达夫特. 管理学. 北京：机械工业出版社，2003: 69.

⑥ 乔治·斯蒂纳. 企业、政府与社会. 北京：华夏出版社，2002: 34.

⑦ 伊恩·沃辛顿，克里斯·布里顿. 企业环境. 北京：经济管理出版社，2005: 13.

⑧ 克莱尔·克朋. 组织环境：内部组织与外部组织. 北京：经济管理出版社，2005: 1.

⑨ 刘延平. 企业环境与国家竞争力. 辽宁大学学报，1995，5: 86.

⑩ 席酉民. 企业外部环境分析. 北京：高等教育出版社，2001: 1.

### 2. 系统环境观视角的企业与环境关系

上述对企业环境概念及内涵的认识，可解决两个方面的主要问题。其一是企业环境包括内部环境和外部环境，是一个环境系统。这就解决了企业对环境的"不可控论"、"无能为力论"以及完全依靠政府营造环境的认识问题。因为，虽然由于受到某种强大的外部环境因素的影响，企业对其某些内部环境因素可能也会不可控，但一般来说，企业对其内部环境是可控的。因此，企业至少也是营造环境或创新环境的主体之一。其二是有利于全面认识和分析企业组织与环境之间的相互关系。通常讲企业与环境的关系，实质上是指企业内部环境与外部环境之间的关系，因为作为一个系统，企业也是环境的组成部分。

自 20 世纪 60 年代以来，随着环境的变化速度日益加快、管理环境的意识日益加强、开放系统论的提出及其被广泛的认同，企业环境问题得到了西方组织理论家、管理学家、经济学家和社会学家等多方学者的关注，关于企业与环境关系的理论研究也如雨后春笋般地发展起来，形成了"理论丛林"。不同学者从不同的学科背景出发，在不同的研究层次上，从不同的研究角度，对各自关注的不同核心问题做出了丰富多彩的解释，形成了众多的环境理论学派，如种群生态学、权变理论、战略选择理论、资源依赖学派、商业生态系统理论等。在理论的发展过程中，产生了"决定论"、"适应论"、"战略选择论"、"相互影响论"和"共同进化论"等具有代表性的理论观点。

以汉南和弗里曼（Michael T. Hannan and John Freeman，1977）[①] 等人为代表的种群生态学派，从生物进化论的视角，研究组织与环境的关系问题。他们认为组织种群的产生、成长和消亡，同样遵循生物界的"物竞天择"的原则，环境被认为是组织生存或衰亡的决定因素，环境制定了适应的标准，适者生存是最高法则。一切都遵循类似生物界中的变异（variation）—选择（choice）—保留（retention）模式进行优胜劣汰。在种群生态学的理论框架中，环境的重要性得到了最大限度的强调。他们假定外部环境迫使组织处于特定的活动范围中，要么组织按环境要求改变自己，要么被淘汰。

以劳伦斯和洛尔奇（Paul R. Lawrence and Jay W. Lorsch，1967）[②] 等人为代表的权变理论学派，认为不存在最佳的组织方式。最佳的组织方式有赖于组织环境的特质。因此，权变理论研究的核心问题是组织与其所在环境之间保持一致性，强调组织适应环境。

与上述权变理论的环境"适应论"和种群生态学的环境"决定论"的观点不同，以蔡尔德（John Child，1972）[③] 等人为代表的战略选择理论学派，强调了组织管理者或决策者决策活动的作用。他们认为决策者的选择决定了环境影响力的限度；组织绩效更大程度上受环境选择、市场战略、技术水平等战略选择因素的影响；组织结构的设计受多方面因素的影响，其中可能有"当权者"的政治考量和价值判断，而组织内部的政治决定了组织对其结构形式的选择、组织对环境特征的驾驭能力以及相关标准的确定方法；虽然经理人的行动必须受制于其所面对的局限，但他们可以自由地选择在哪种局限下行动，甚至拥有"设定环境"（enact environment）的权力。

以普费尔和萨兰科（Jeffrey Pfeffer and Gerald R. Salancik，1978）[④] 为代表的资源依赖学派，是率先综合、系统地研究组织与环境关系的学派，认为保持获取资源的能力是组织生存的关键。而大量的稀缺资源存在于外部环境之中，没有任何一个组织是自给自足的，所有组织都不同程度地依赖外部环境（包括对

① HANNAN, MICHAEL T, JOHN FREEMAN. The population ecology of organizations, American Journal of Sociology, 1997：82.

② LAWRENCE PAUL R, JAY W LORSCH. Organization and environment：managing：differentiation and integration, pix, Boston, Mass：Harvard Business School Press, 1967：42.

③ CHILD JOHN. Organizational structure, environment and performance：the role of strategic choice, Sociology, 1972：6.

④ PFEFFER J, SALANCIK G R. The external control of organizations：a resource dependence perspective. New York：Harper & Row, 1978：15.

其他组织的依赖），必须与环境进行材料、资金、人力资源、信息以及包括社会和政治方面的交换。因此，组织需要不断改变自身的结构和行为模式，以持续获取外部环境中的资源，降低组织的资源依赖性以及增加其他组织对本组织的依赖性，使组织的权力最大化。与上述权变理论、种群生态学理论、战略选择理论不同，资源依赖理论认为，环境是组织的约束因素，但组织能够"调整和改变自身以适合环境的要求，或者具有努力去改变环境以使环境适合组织的能力"。"那种认为组织被政治、法律和社会环境制约的观点只是部分正确，我们认为组织并不仅是受到所处环境的制约，而且，法律、合法性和政治产品都在一定程度上反映了组织为了生存、成长、确定性等利益而改变环境的行动的结果。与其把环境看做一个组织必须去适应的给定条件，倒不如更现实地认为，环境是（组织）适应环境和改变环境的一系列过程的结果。"面对环境的制约，组织可以采取各种战略，改变和适应环境。因此，管理者的角色是"作为社会限制因素的适应者以及组织环境的操纵者"。

20世纪90年代，在企业环境理论丛林中，产生了另一个新的学派——商业生态系统理论。其代表人物是穆尔（James F. Moore，1993，1996）①。商业生态系统理论突破了传统的行业界限以及企业之间的单纯竞争或竞争与合作的关系，认为在快速变化的环境中，许多企业的活动已跨越了行业，行业的界限已越来越模糊，并从许多方面消失。企业与所有者及风险承担者、企业与消费者及竞争对手、企业与供应商及供应商的供应商、企业与顾客及顾客的顾客、企业与投融资机构、企业与代理商及渠道商、企业与为之提供互补产品及服务的组织和个人、企业与政府部门及立法者、企业与媒体及行业协会，等等，总之，以相互作用的组织和个体为基础的经济联合体，构成了商业生态系统。穆尔认为，企业是商业生态系统有机体的组成部分。因此，企业的领导者必须扩大视野，不能只是关注直接的竞争者，不能只是考虑"合作竞争"的关系，也不能只是考虑单个企业自身的完善或成功，而且要密切关注企业所处的环境或商业生态系统中其他相关企业与经济环境的进化和影响，与企业所处的环境或商业生态系统"共同进化"，创造与其他生态系统相互生存的网络。因为，即使最出色的企业也可能被周围的条件或环境变化所毁灭。虽然商业生态系统理论也是从生物学的视角来分析企业组织与环境的关系，但与种群生态学"环境决定论"的基本观点不同，商业生态系统理论提出了企业与环境"共同进化"（co-evolution）的这一核心观点，认为环境通过商业生态系统影响企业，而企业也可以塑造新的商业生态系统。

上述不同学派，虽然都是将企业环境界定为外部环境，即外部环境观，其分析的视角及观点也各不相同甚至彼此冲突，但如果将不同的观点整合起来看，按系统环境观的视角，我们可以得到一个企业与环境关系的全面的辩证的认识，即企业既是环境的产物，也是环境系统的组成部分；环境影响企业，企业也影响环境；环境选择企业，企业也可选择环境；企业应适应环境，也可操纵和创造环境，与环境共同进化。这种对企业与环境关系的认识，既正视环境的客观性及其对企业的影响，也强调企业的主动性和创造性。因此，企业与环境之间的关系，并非总是单向传递或影响力的主从关系（即外部环境影响企业），而是一种互动的、相互影响的关系，或互为环境。这犹似人与自然的关系，或者改变人以适应环境，或者改变环境以适应人，由此"共同进化"，推进人与自然的互动和谐。

鉴于以上的基本理论认识，我认为，企业可以通过创新活动，影响、改善、操纵和创造环境（包括内部环境和外部环境）。实际上，在国内外大量企业管理的实践中，有非常足够的证据表明，企业可以改变、控制或"操纵"组织运作的环境，并创造出有利于企业发展的新环境。有相当多的环境变化是企业行为的直接结果，甚至"有时候一个管理者的行为就会引起整个组织外部环境的变化"（Gareth A. Jones，2000）②。由此看来，企业环境创新的主体不仅仅是政府，在市场经济条件下，企业也是而且应当是环境

---

① 詹姆斯·弗·穆尔. 竞争的衰亡：商业生态系统时代的领导与战略. 梁骏等，译. 北京：北京出版社，1999：14.
② 加雷思·琼斯. 当代管理学. 北京：人民邮电出版社，2003：65.

创新的主体。那种"不可控论"、"无能为力论"、"被动适应论"以及政府依赖的观点，是没有足够理论依据的。

## 三、企业环境创新的路径分析

既然企业也是环境创新的主体，那么，企业可采取何种途径对环境进行创新？这是本文需要探讨的又一重要问题。

从企业环境创新的范围上看，我们可分为企业组织的内部环境创新和外部环境创新两大类。

按前述企业环境的一般定义，我们可将内部环境定义为影响企业组织决策、经营行为和经营绩效的企业内部现实各因素的集合，如企业内部的管理水平、组织结构、制度安排、技术与人力资源状况、产品与服务状况、企业文化等。而外部环境则是指影响企业组织决策、经营行为和经营绩效的企业外部现实各因素的集合，如经济（包括经济政策）与政治（包括政府）、科技、社会与文化、市场结构、市场容量、竞争规则、竞争对手、供应商、购买者等。创新企业环境，就从这两个方面展开。

1. 关于企业对其内部环境的创新

既然客观地存在着企业内部环境，而内部环境一般认为是可控的，因此，企业可对其内部环境进行创新就成为顺理成章的事情了。如前所述，理论界和企业界对企业的技术创新、制度创新、组织与管理创新等，已做了大量的、有益的研究和实践探索。但这些基本上还是属于技术性或有形性层面的创新，也可以说是基本属于"硬环境"方面的，如创新一种新技术、新工艺、新产品；设计一种新的组织结构和新的制度安排；创造一种新的管理方法；等等。而创新活动，是包括创新的观念、创新的规划、创新的设计、创新的实施与协调以及创新的实际效果等全过程，也就是说，即使是企业内部环境创新，也是一个完整的创新链。其中，哪一个环节中断，则创新活动就不可能继续进行或中途夭折。因此，企业对内部环境的创新，关键是要构造一个完整有效的创新链，形成一种有利于持续创新的环境或氛围，使创新活动不至于因为观念的、政治的、人际的以及某种利益等方面的因素而产生障碍，影响创新的积极性和有效性。这是一种更高层次的环境创新，其最重要的是建立一种支持创新的企业文化，营造出一种鼓励创新、尊重创新、保护创新、宽容失败等有利于创新活动全过程的人文社会环境。

2. 关于企业对其外部环境的创新

企业对外部环境的创新，其目的是改变现有的外部环境或创造新的外部环境，使环境供给朝着有利于企业对环境的需求方向变化，或者是变不利的外部环境为有利的外部环境。其实现的途径主要是通过企业管理者的决策行为或内部环境的改变而对其外部环境发生影响。我们可将这种创新分为示范性、标准式创新；拓展性、跨越式创新；合作性、联盟式创新；影响性、改变式创新四种具体路径。

（1）示范性、标准式创新。这主要是指企业的创新项目（如组织与管理创新、制度创新、技术创新等）达到了行业领先或成为行业标准，成为其他企业学习和效仿甚至是必须执行的标准。这就为企业的发展创造了极为有利的外部环境。微软公司的发展实践表明，它确实改变了全球的商业环境。

（2）拓展性、跨越式创新。这主要是指企业为了拓展业务范围或规模，获取稀缺资源，而跨越现有企业的组织边界，以减少外部环境的不确定性和资源依赖性。现代企业是一个开放系统，必须从外部环境或其他组织中输入能源、材料、信息、人才、技术、资金等资源，以生产产品和服务，再输出到外部环境中去。没有哪个企业是自给自足的封闭系统。因此，企业要进一步发展，就要跨越组织边界，如采取收购或兼并目标企业，获取企业发展所必需的资源，以减少本企业对其他企业的资源依赖，增加其他企业对本企业的资源依赖。这无疑也就创造了有利于企业的发展以及做大做强的外部环境。

（3）合作性、联盟式创新。这主要是指企业为了减轻市场竞争对手（外部环境）的压力，而改变传统的单纯竞争观念，与竞争对手进行合作或结成战略联盟，建立合作竞争关系，实现双赢，共同发展。这也是企业创造良好的竞争环境，减少环境的不确定性，实现企业发展目标的一条有效途径。

（4）影响性、改变式创新。这主要是指企业为了创造有利于自身发展的外部环境，采取公共关系或政治活动等行为，影响其他组织的决策或政府的政策与立法，形成企业与其他组织或政府之间的互动机制，使外部环境供给朝着企业对环境的需求方向变化。这事实上也是我国企业目前常用的一种方法。

上述四种主要路径，不同企业可有不同的策略选择或组合，但即使是选择同一路径，同样也要进行持续不断的创新，使之具有不同的形式和内容。因为环境是不断变化的，企业的策略选择也要随之变化与创新，这是权变理论的精髓；而环境又是人创造的（尤其是人文、社会、制度、经济、技术等环境更是如此），因而要充分发挥企业的主动性和创造性，通过创新去操纵或营造环境，这是资源依赖理论的要旨；由于企业与环境是一个共同体，因而企业要与所处的环境"共同进化"，创造相互生存的网络，这又是商业生态系统理论的核心。

随着我国体制改革的深化，市场机制在资源配置中越来越发挥着基础性作用。而经济全球化、竞争国际化和信息技术的发展，更进一步加剧了组织环境的动态性、复杂性和不确定性。对企业而言，竞争对手、竞争范围、竞争规则、竞争形式等都发生了巨大变化，环境对企业发展的影响日益增大，给企业的选择产生了越来越大的压力。因此，研究企业环境创新的理论与方法，提高企业创新环境的能力，对减轻环境的不确定性、提升企业的市场竞争力，具有重要的理论和实践意义。通常讲提高企业的核心竞争力，说到底就是要提高企业适应环境和创新或创造环境的能力。如果没有这种能力，不能充分发挥企业在营造其内外部环境中的主体作用，消极应对环境的变化或单纯依赖政府为企业营造良好的发展环境，是难以持续提高企业的核心竞争力的，也是难以实现企业的可持续发展的。

## 参考文献

[1] 阿奇·B. 卡罗尔，安·K. 巴克霍尔茨. 企业与社会：伦理与利益相关者管理. 黄煜平，朱中彬，徐小娟等，译. 北京：机械工业出版社，2004。

[2] 亨利·明茨伯格. 战略历程——纵览战略管理学派. 刘瑞红，徐佳宾，郭武文等，译. 北京：机械工业出版社，2002。

[3] 乔治·斯蒂纳. 企业、政府与社会. 北京：华夏出版社，2002.

[4] 加雷思·琼斯. 当代管理学. 李建伟，严勇，周晖等，译. 北京：人民邮电出版社，2003.

[5] 卡斯特·罗森茨韦克. 组织与管理：系统方法与权变方法. 傅严，李柱流等，译. 北京：中国社会科学出版社，2000.

[6] 克莱尔·克朋. 组织环境：内部组织与外部组织. 北京：经济管理出版社，2005.

[7] 理查德·H. 霍尔. 组织：结构、过程及结果. 张友星，刘五一，沈勇，译. 上海：上海财经大学出版社，2003.

[8] 理查德·L. 达夫特. 组织理论与设计. 王凤彬，张秀萍等，译. 北京：清华大学出版社，2003.

[9] 理查德·L. 达夫特. 管理学. 北京：机械工业出版社，2003.

[10] 刘延平. 企业环境与国家竞争力. 辽宁大学学报. 1995，5.

[11] 斯蒂芬·P. 罗宾斯. 管理学. 黄卫伟，孙建敏，王凤彬等，译. 北京：中国人民大学出版社，1997.

[12] 托马斯·卡明斯. 组织发展与变革精要. 李剑锋等，译. 北京：清华大学出版社，2003.

[13] 席西民. 企业外部环境分析. 北京：高等教育出版社，2001.

[14] 伊恩·沃辛顿，克里斯·布里顿. 企业环境. 北京：经济管理出版社，2005.

[15] 詹姆斯·弗·穆尔. 竞争的衰亡：商业生态系统时代的领导与战略. 梁骏等，译. 北京：北京出版社，1999.

[16] CHILD JOHN. Organizational structure, environment and performance: the role of strategic choice. Sociology, 1972.

[17] HAWLEY, AMOS H (1968): Human ecology//David L. Sills (ed), International Encyclopedia of the Social Sciences. New York: Macmillan, 1973.

[18] HANNAN, MICHEAL T, JOHN FREEMAN. The population ecology of organizations. American Journal of Sociology, 1997.

[19] LAWRENCE PAUL R, JAY WLORSCH. Organization and environment: managing: differentiation and integration, pix, Boston, Mass: Harvard Business School Press, 1967.

[20] MOORE J F, PREDATORS, PREY. A new ecology of competition. Harvard Business Review, 1993.

[21] PFEFFER J, SALANCIK G R. The external control of organizations: a resource dependence perspective. New York: Harper & Row, 1978.

珞珈管理评论 ［2007 年第 1 卷（1）］      Luojia Management Review No. 1 Vol. 1 2007

# 企业为什么只有增长而没有赢利

● 夏清华[1]

（1 武汉大学经济与管理学院 武汉 430072）

【摘 要】本文区分了企业增长和赢利的概念，定义了企业增长的条件、方式以及非赢利性增长的表现，重点分析了为什么大多数企业只有增长而没有赢利从而缺乏持续性的原因，它们是：投机性的扩张动因与非理性的企业家心态、选择错误的增长战略与组织结构不能适应战略的需要以及企业高管缺乏组织整合的能力。

【关键词】企业增长 企业成长 赢利

多年来，中国企业一方面在收入和资产规模上表现出很高的成长性，但在利润指标上总体表现不尽如人意，大多数企业利润增长率下降甚至为负增长，企业在价值创造上的表现更差。换句话说，企业的资产规模在扩张，但资产利润增长率在递减，甚至为负值，企业的市场价值在耗损，说明我国企业的赢利能力和规模增长之间并不存在必然联系，或者说并不是对称增长，企业增长的质量值得怀疑，说得更为严重一点是我国企业尚未具备持续稳定发展的条件特征。一些雄心勃勃的企业在快速成长时大多陷入了长期扩张的陷阱，从赢利走向了亏损，巨大的企业成为难以驾驭的野马。其中，一部分企业在困境中挣扎，"带病延年"或靠制度维持生存，另一部分企业则从市场中消失了。许多中央电视台曾经的"广告标王"如爱多、秦池、健民等已逐渐从人们的记忆中淡忘，类似巨人集团、德隆集团等"企业帝国"的崩溃也不再是新闻。如果中国企业以非赢利性增长为典型特征，那么这是中国经济一个时代的悲哀，也是中国企业家群体的悲哀。

在回答企业为什么不能实现赢利性增长的问题之前，先了解一下企业成长（增长）的方式与条件。

## 一、企业增长的方式

现代企业的增长（成长）有两个途径：一是通过自身积累扩大企业规模；二是通过外部扩张加速企业成长。由此，企业成长的战略方式有四种：一是通过横向合并来发展；二是通过垂直一体化来发展；三是地区扩张；四是业务多元化。前两个增长战略通常是防御性的，是为了保证企业现有的投资；后两个战略是利用现有的投资，首先是利用现有的组织能力（钱德勒，1990）。在这四种成长战略里，如果地区扩张和业务多元化在现有的技术能力和结构范围内实现，那么它们属于内部积累性成长，但今天的大多数地区扩张和业务多元化伴随着并购行为发生，所以，通过外部扩张实现增长是普遍采用的形式，以业务多元化为核心，伴随着地区扩张和并购行为，属于混合成长模式。原因在于外部扩张具有速度上的优势，能够迅速适应市场和环境的变化，具有资本经营的特点，是实现规模效应的最佳途径。同时，通过多元化扩张能使企业市场价值最大化，增加股东和员工的满意感，这就是被学者们所质疑、被市场所证实了的"多元化之谜"。

## 二、企业增长的条件

企业实现增长需要具备一些条件。企业成长理论的先驱爱迪思·彭罗斯（Edith Penrose，1959）教授认为，通过并购和海外扩张实现企业增长，企业必须存在"剩余"的资源和能力，这些资源和能力具有稀缺性和独特性，能为企业带来持续的竞争优势。而钱德勒（Chandler，1999）则认为，通过多种经营来扩张从而进入相关的产业，这种持续扩张战略需要组织在三个层次上利用范围经济——经营业务单位、职能部门和公司最高层。尤其是公司管理层利用范围经济的能力，它们能够为若干个产品系列分配资源，决定是否对这些产品系列扩大或缩小长期投资。所以，战略性的增长来自更加有利可图地利用现存的或扩张中的资源。规模经济和范围经济可利用的程度由企业的组织能力决定。"决定企业成功的重要因素始终只有一个，即管理者通过对生产、销售和管理的三重投资追求规模经济和范围经济的决心和能力。"

## 三、非赢利性增长的表现

从理论上来讲，衡量企业增长的指标通常有资产和人员规模、收入和利润的增长以及企业寿命，或者换句话说，一个成长性的企业是在资产规模、收入和利润方面实现了持续的增长从而延续了企业的寿命。而在实践方面，通常是以资产和收入规模的增长来衡量企业增长的，其中销售额的增长是一个关键因素，它是以假设销售产生的利润和现金流量充足为条件的，更高的销售额使企业通过规模经济效益弥补固定成本。

没有赢利的增长的直接表现是销售收入在增加，利润没有增长，或者说销售收入的增长速度小于成本的增长速度。非赢利性增长的后果短期来看是销售的显著增长带来一些财务上的问题，比如失去控制的增长。"增长失控"意味着企业经营管理失去控制，企业无法把握现金、存货、顾客和最终赢利等局面。长期的非赢利性增长最终会导致现金流枯竭和资金链断裂，从而导致企业失败。

## 四、为什么只有增长而没有赢利

首先排除两种情况：一是企业把规模扩张作为企业的短期战略目标，没有赢利的增长是能够预见和容忍的。追求利润最大化战略的企业通常比追求成本最小化战略的企业往往寻求更高的综合增长率，而短期的利润率很低甚至为负值。第二种情况是国有企业如果承担了更多的社会责任，比如那些关系到国计民生和国家经济安全的杠杆性企业，需要服从国家政策稳定性需要的企业，往往不得不表现出非赢利性的一面。除此之外，无论是新建企业还是现有成熟企业，超出预期的非赢利性增长大多来自企业内部的原因：投机性的扩张、战略失误、经营管理不善（缺乏整合能力）以及不理性的企业家心态。

1. 投机性的扩张动因

企业扩张的动因来自于企业外部环境的变化和企业内部的原因，前者指产业结构的变化（如新兴产业的兴起），经济周期的变动引起投资方向的改变以及激烈的市场竞争。而从内部动因分析，通过扩张谋求企业的成长壮大，获取所需的技术或维持技术的优势，充分利用剩余资源和能力追逐规模经济，这是最基本的动因。除此之外，以下两种扩张动因则更为常见，也更容易导致企业亏损甚至失败。其一是经理人员为了满足其社会影响或自我成就的需要而具有的扩张偏好（对企业而言是非理性的扩张偏好）。德隆集团的唐万新、南德集团的牟其中、巨人集团的史玉柱等个人的身上多少有一些从"商业奇才"变为"狂人"的偏执，他们曾经雄心勃勃，追求金钱不是他们的最终目的，他们不断地扩张企业，想创造商业帝国来实现自己的人生理想，可最终走火入魔，随着"帝国"的崩溃，理想也就随之灰飞烟灭。其二，为了增加资产规模，以利于融资以及合理避税（有账面盈余的企业通过兼并亏损企业，既能扩大经营规模，增加实物资产，易于获得银行的抵押贷款，又能用税前利润抵补亏损额，享受税收减免的优惠）等也是一些企业追求规模扩张的原因（美国约有 13% 实施兼并的企业获得了不同程度的避税方面的好处）。这种为了融资或避税的扩张在我国的企业当中可能表现得非常普遍，也具有非常明显的投机成分。我们可以看到大量的企业在做这种"资本经营的游戏"。兼并一个亏损的国有企业不仅可以避税，还可以据此申请银行贷款，而且还可以把土地卖出去，至于如何经营被兼并的企业则早已被抛之脑后了。

**2. 企业的增长战略方式选择不当，组织结构不能适应战略的需要**

从扩张战略来看，垂直一体化即纵向兼并是许多企业在扩张过程中必经的一个环节，也是最普遍的扩张方式。对经营不同业务的企业来说，垂直一体化的范围即充分程度对企业的生存是必要的。垂直一体化的潜在利益在于通过垂直一体化，企业能获得一些竞争优势，例如较低的采购和销售成本、供应或分销的保证，更好的生产和库存控制，生产技术水平的提高以及对新竞争者进入障碍的增加等。例如，20 世纪70 年代美国 Bowmar 仪器公司由于依赖受制于它的竞争对手——得克萨斯仪器公司为其提供集成电路，不得不为某个关键部件支付高额成本，且在季节性需求旺季时得不到充足的供货，最终不得不转让。如果该公司能走垂直一体化的道路则可避免这种失败的结局。

尽管垂直一体化的好处显而易见，但另一方面，垂直一体化也存在成本抵消或其他风险的不利之处，表现在：（1）垂直一体化意味着对资本需求的增加，较高的资本密集度会削弱企业的赢利能力；（2）将不同的生产阶段或购销过程联合在一起时，要求不同阶段的有效经营规模相匹配，这就可能要求垂直联系的所有业务活动要么满足大规模生产的要求，要么忍受某一阶段的生产规模不够的损失，从而仍可能增加某一阶段的外购比例。这就是管理学中常说的"短板效应"在起作用。有人认为，一体化，尤其是向后一体化，能使企业更好地了解有关技术发展变化的信息，降低被淘汰的风险，但如果一体化的企业受制于某一瓶颈阶段，或各个阶段太过于匹配或过分相互依赖而忽视了外部环境的变化，那么一体化的企业会变得僵化。有些批评者认为美国汽车行业的衰落或部分失败恰恰是由于过度的垂直一体化，因为它限制了创新，所以一体化有效的企业必须具有充分平衡市场营销功能和技术功能的整合管理能力，避免由于价值链中某一特殊技术或经营方式的落后而适应性降低的风险，长虹公司早期曾经采取类似向后一体化的形式囤积垄断了国内大量彩电显像管而对其他竞争者形成压力，没想到后来日本显像管进入中国市场，且质量更好，对国内显像管形成替代，长虹公司仅因库存过剩而损失惨重。实际上一些经济学家们也对一体化能降低原材料成本的断言表示怀疑，他们认为除非原材料供应被垄断了，否则向后一体化并不能保证获得比公开的市场价格更低的原材料。一体化的另外一种风险是由于不同的生产过程或价值链的不同阶段环节需要不同的组织形式或管理风格，所以一体化企业常常过多强调统一与协调而导致专业化水平的丧失，甚至丧失了主业或核心能力。一些独立的、业务单一的小企业可以凭价格或服务方面的灵活性而拉走大企业的边际消费者就是这个道理。

企业的多元化与地区扩张常常是基于比较优势理论，比较优势理论假设产业会朝着有优势的企业集中，但这种集中只预示着生产在地理范围内的集中而不是企业的（生产者）数量上的集中，而且这一理论没有考虑产业集中的最大驱动力——规模经济这一因素。因此，如果缺乏规模经济能力和整合资源的能力，集中是否有经济的意义是值得怀疑的，希望通过主宰一个集中的产业去赢利，企业需要具有推动一些经济杠杆去提取新的价值的能力，如减少生产成本、减少风险、增加产量。但操作这些杠杆比确认这些杠杆更难，比如那些想通过并购的方式改进赢利能力的企业可能很难阻止竞争者擅自使用他的投资成果；通过跨国并购增加生产和销售量的企业会面对在不同国家赢利方面的差别，赢利性的差别会减少规模利益，因为国际消费者会比地区消费者具有更大的讨价还价的能力，国际供应商也有更强的讨价还价能力。跨国的适应性、复杂性和规模扩大实际上是增加成本的；减少成本是并购的另一个原因，但节约通常被高估而并不代表实际的接管增值，尤其是接管那些技术、资产或管理优势并不明显的企业，更不用说亏损企业了。目前，从事国际扩张的中国企业的海外业务大多亏损，靠国内业务弥补国际市场的损失，其中包括海尔和TCL。

国内不少企业在扩张之后并没出现赢利增量，相反陷入亏损的泥潭，其原因不外乎以上分析的几个方面。春都集团在鼎盛时期曾经进行了大量的并购活动，兼并了一大批与自己主业不相关的亏损企业，在不相关的产业进行大量的投资以满足其"投资饥渴症"。乱投资、乱扩张的后果是丢掉了看家本领，失去了竞争优势，将中国火腿肠领先者和"老大"的位置拱手让给致力于主业经营、曾经是追随者的竞争对手双汇集团。

除了不合适的一体化和多元化之外，战略失误的第三种表现是过度的营销。由于每一种产品的市场需求量是既定的，营销的作用是满足和创造需求，但广告和营销所创造的需求不可能超过既定的需求能力，否则，过度的营销会使营销的投资回报率下降。一些企业就不相信这样一个简单的营销常识。1996年和1998年中央电视台两度"广告标王"——"爱多"VCD饱尝了过度营销导致企业失败的滋味。1996年，爱多以450万元人民币聘请某著名动作演员做广告代言人，其广告费相当于公司当年全部利润，同年底，公司以8 200万元人民币买得中央电视台一块5秒广告标版，1998年再次以2.1亿元人民币挣得广告标王。销售额从1997年的2亿元人民币一跃增至1998年的16亿元人民币。与此同时，为了打垮竞争者，采取"降价突袭"、"一买就送"的促销活动，爱多曾经在半年时间内为打败当时的竞争者"新科"就投入了1.5亿元人民币。爱多将主要精力花在促销对付竞争者方面，全然不关心公司的长期发展战略规划，以至于当合作者一旦倒戈、资金链吃紧、竞争者崛起时，缺乏坚实基础的爱多立刻摇摇欲坠，从此一蹶不振。

3. 企业高层管理者缺乏整合的能力

通过扩张性成长而亏损的企业最根本的原因是缺乏整合能力。除了前面的分析之外，整合能力的缺失还表现在对新业务和新市场营销不力以及缺乏熟练的资本运作能力。成长型企业通常有一种误区，就是过分地依赖原有品牌的影响力，认为对不同的产品和地区，品牌影响力会自然延伸，而忽略了对新产品、新市场的营销努力，以至于在新市场开发的新业务大多不能产生足够的市场份额，也就不能充分利用生产能力实现规模经济和范围经济。一个真实的例子是湖北"活力28"在鼎盛时期，在主导产品浓缩无泡洗衣粉之外，开发出了洗发水、香皂等产品，这是一个有超前战略意识的表现。那个时候，外资还未大规模进入中国，如果活力28能够在当时将这些产品做好，与外资对抗的实力会大大增强。可惜，这些新产品尽管质量很好，但价格比一般产品偏高，厂家在新产品推广上也是蜻蜓点水，注定了新产品无法成功。这是一个典型的有好的战略，却没有好的执行的案例。当日后的P&G以飘柔、海飞丝引领洗发水潮流时，"活力28"已经在亏损中挣扎。此外，不同地区的消费者对某一类产品都有自己的消费习惯，正如河南人喜欢"双汇"火腿肠，而南京人则喜欢自己的"雨润"火腿肠一样。外来产品进入当地市场就面临着消费偏好的障碍，企望借助品牌张力而不付出任何努力就能拉走竞争者的消费者，这种想法未免天真。

资本运作能力可以说是从事并购多元化增长的企业最需要的一种整合能力。因为多元化是最复杂的企业成长形式，它对企业的组织能力有很强的资源依赖性，其中，新业务创造现金流的能力至为关键。同时，企业通过并购重组实现增长，要求企业加强并购过程管理，降低交易费用，提高整合效率。由于大多数并购交易是通过资本市场来实现的，所以，企业要具有在资本市场上的运作能力，而这正是大多数中国企业和企业家所缺乏的。"德隆"公司的失败正是最初起源于资本市场上的"触礁"而最终波及德隆的整个产业链。当然，中国企业和企业家成长的环境还不够完善，一方面，有太多的市场机会；另一方面，又有太多的制度漏洞，以至于企业家们太容易冲昏头脑，太容易失去理智。正如唐万新所说的：对于企业家来讲，你能筹到钱，又有很大的市场，对手还不强，这不是非常好的机会是什么？可以说是掉在"蜜罐"里了。有了这两条，如果我们再不进行一场大手笔的整合，简直对不起这个时代！

4. 不理性的企业家心态

最后，大多数企业难以赢利增长，也与企业家们的心态有关，用"浮躁"和"投机"两个字来形容他们的心态也许不为过。许多企业高层主管的大部分时间花在如何去"赚钱"而不是"赚利润"上，他们忙于并购、忙于圈地、忙于融资、忙于与政府官员打交道，而很少花时间规划公司的长期发展战略和规范企业的经营管理，总之，他们没有认真地做企业。粗放式经营如何能提高效率！而没有效率的增长一定是没有赢利的增长。

## 参考文献

［1］理查德·R. 纳尔森. 经济增长的源泉. 北京：中国经济出版社，1999.

［2］小阿尔弗雷德·钱德勒. 规模经济与范围经济——工业资本主义的原动力. 北京：中国社会科学出版社，1999.

［3］罗伯特·D. 巴泽尔，布拉德利·T. 盖泽尔. 战略与绩效——PIMS. 北京：华夏出版社，2000.

［4］拉姆·查兰，诺埃尔·M. 提切. 持续增长. 北京：中国社会科学出版社，2005.

# 员工知识共享成熟度：概念、模型与管理启示[*]

● 文　鹏[1]　廖建桥[2]　张鹏程[3]

**（1，2，3　华中科技大学管理学院　武汉　430074）**

**【摘　要】** 如何提高知识共享的有效性是人们当前亟待解决的问题。本文认为，根据员工个体之间的差异性对知识共享实施权变治理是解决该问题的有效途径。本文首先提出了员工知识共享成熟度（worker maturity of knowledge sharing）概念，以刻画和衡量员工在知识共享中的差异性。员工知识共享成熟度是指在知识共享过程中，个人所具有的、提高知识共享有效性的能力水平和意愿程度。其次，本文具体阐述了知识共享成熟度的两个维度——能力和意愿的内容，并据此提出了员工知识共享成熟度模型，按成熟度依次增加的顺序将员工分为"无效型"、"意愿型"、"独占型"和"利他型"四种类型。再次，根据四类员工在知识共享成熟度上的差别，提出了知识共享的权变治理策略，依次为：监督、培训、激励与支持。最后，对本文的内容予以总结并提出研究展望。

**【关键词】** 知识共享　员工知识共享成熟度　权变治理

## 一、问题的提出

当前，越来越多的组织要求员工将自己的知识与他人共享[1][2]。有效的知识共享成为了组织获得核心竞争力和赢取竞争优势的重要途径与保障[3]。知识共享之所以如此重要，在于它能通过人们对知识的交流、转移，最终使知识产生更大的价值，进而提升组织和个人的绩效。于是，从 20 世纪 90 年代中期至今，无论是理论界还是实践界，都对知识共享给予了高度的重视。我们发现，当人们充分意识到知识共享的重要性（也可看成是知识共享研究的第一阶段）之后，开始关注这样一个核心的问题，即如何提高知识共享的有效性（effectiveness）。这是进一步深入认识和研究知识共享的体现。从过程看，知识共享的有效性体现在"在正确的时间，正确的人将正确的知识传播给了正确的人"[4]；从结果看，知识共享的有效性则体现在知识的增值和对知识共享参与者绩效的提升。国外一些学者从不同的角度对此作了探索性的研究。Szulanski 从知识的黏滞（stickness）角度探讨了如何通过降低知识的黏性（sticky）以提高组织内外

---

＊ 本文系国家青年自然科学基金"社会网络嵌入视角的团队成员知识整合机制研究"（编号：70601012）的阶段性成果之一。

① PETER F DRUCKER. Management's new paradigms. Forbes，1998，162（7）：152-177.

② CHEE W CHOW，JOHNNY DENG F，JOANNA L HO. The openness of knowledge sharing within organizations：a comparative study of the United States and the People's Republic of China. Journal of Management Accounting Research，2002（12）：65-95.

③ ANDREW H GOLD，ARVIND MALHOTRA，ALBERT H SEGARS. Knowledge management：an organizational capabilities perspective. Journal of Management Information Systems，2001，18（1）：185-214.

④ ANDREAS RIEGE. Three-dozen knowledge-sharing barriers managers must consider. Journal of Knowledge Management，2005，9（3）：18-35.

知识共享的有效性①②③；Hendriks 则从 IT 出发研究了技术对知识共享有效性的影响④；Weir & Hutchings 认为，文化影响着知识共享的有效性⑤；等等。不可否认，上述研究对促进知识共享的有效性发挥了一定的作用，但我们认为，知识共享是一项人与人之间交流和沟通的活动，知识共享者（sharer）的能力、意愿、行为等因素对知识共享的有效性有着直接的影响，而知识性质、IT、文化等只是影响知识共享有效性的间接因素和外部因素。显然，知识共享者本身的特性在更大程度上决定了知识共享的有效性。从已有的国内外文献来看，关于知识共享者对知识共享有效性影响的研究还很缺乏，本文试图在此方面进行尝试性的研究。同时，对知识共享者而言，其自身的多种因素（如教育水平、表达能力、意愿等）都将影响知识共享的有效性。那么，如何刻画和度量上述综合因素的差异，或选择一个怎样的指标来反映员工在知识共享中的差异化表现，是一个亟待解决的问题，这也是本文研究的重点。从理论上看，对个体综合因素差异的关注将拓宽人们在该领域的研究思路与视野，为科学评判知识共享者在共享行为中的表现提供理论基础；从实践中看，每个人在知识共享中的表现都存在差异，本文的研究试图揭示造成这些差异的原因和因素，为管理者实施权变的知识共享治理策略提供依据，最终促进组织的知识共享有效性。

便于研究，本文借鉴 Senge 对知识共享的定义，即知识共享是一种协助他方发展有效行动能力的意愿及行为⑥。该定义从知识拥有者或共享者的角度阐述了知识共享行为的本质。从该定义可以看出，知识共享者的能力、意愿、行为等因素对知识共享的有效性有着关键性的影响作用。

## 二、员工知识共享成熟度的定义及作用

本文拟选择成熟度（maturity）这个概念来刻画和度量员工在知识共享行为中的差异性。该概念被广泛应用于物理、化学、教育学、医学、心理学、管理学等多学科和领域中，它一般用于衡量某个事物发展的规律和阶段，能很好地反映事物之间的差异性。在管理学及相关领域，比较著名的成熟度理论和模型有：软件能力成熟度模型⑦（capability maturity model，CMM）、职业成熟度（career maturity）理论⑧、不成熟-成熟理论⑨（immaturity-maturity theory）等。

1. 员工知识共享成熟度的定义及内涵

与其他的事物和行为相比，员工在知识共享行为中同样也存在某种发展规律和阶段。员工在知识共享中的成熟度则主要用于反映知识共享者在共享过程中的差异化表现及发展规律。本文认为，员工的知识共享成熟度（worker maturity of knowledge sharing，WMKS）是指在知识共享过程中，个人所具有的、提高知

① GABRIEL SZULANSKI. Unpacking stickiness: an empirical investigation of the barriers to transfer best practice inside the firm. Academy of Management Journal, 1995: 437-441.

② GABRIEL SZULANSKI. Exploring internal stickiness: impediments to the transfer of best practice within the firm. Strategic Management Journal, 1996, 17 (Winter Special Issue): 27-43.

③ GABRIEL SZULANSKI, ROBERT J JENSEN. Overcoming stickiness: an empirical investigation of the role of the template in the replication of organizational routines. Managerial and decision economics, 2004, 25: 347-363.

④ PAUL HENDRIKS. Why share knowledge? the influence of ICT on the motivation for knowledge sharing. Knowledge and Process Management, 1999, 6 (2): 91-100.

⑤ DAVID WEIR, KATE HUTCHINGS. Cultural embeddedness and contextual constraints: knowledge sharing in Chinese and Arab cultures. Knowledge and Process Management, 2005, 12 (2): 89-98.

⑥ PETER SENGE. Sharing knowledge. Executive Excellence, 1997, 14 (11): 17-18.

⑦ 单银银，王安，黎连业 . 软件能力成熟度模型（CMM）与软件开发技术 . 北京：北京航空航天大学出版社，2003, 5: 45.

⑧ 龙立荣，方俐洛，凌文轻 . 职业成熟度研究进展 . 心理科学，2000, 23 (5): 595-598.

⑨ http: //www. accel-team. com/human_ relations/heels_ obii_ argyris. html.

识共享有效性的能力水平和意愿程度。我们对该定义作如下解释：

（1）员工知识共享成熟度包括能力和意愿两个维度。也就是说，一个人的知识共享成熟度究竟是高或低，取决于其在这两个维度上的表现。实际上，在领导生命周期理论中，Karman 也是根据能力和意愿两个维度来判断员工工作成熟度的①。不过，在这两个维度的具体内容上，本文与 Karman 的理论截然不同。此外，Andriessen 在其知识共享的多因素影响模型（MIKS model）中，也将知识共享区分为共享的能力（capacity to share）和共享的意愿（intention to share）②，这与本文的维度选择是一致的。

（2）知识共享的成熟度具有一定的环境依赖性。当知识共享的环境发生变化时，员工的知识共享成熟度也会发生一定的变化，变化的程度依赖于新环境与原有环境的差异。例如，当知识接收者（knowledge receiver）改变后，知识共享者的行为也可能发生变化。面对自己非常信任的人，他可能更愿意共享自己的知识，而对于不太信任的人他则有所保留。本文将研究的范围仅限于组织内，认为为了提升同事和组织的知识储备与绩效，每个人都应该积极分享有助于他人进步的知识。此限定在一定程度上排除了外部诸多环境因素对知识共享成熟度的影响。

（3）即便限制了外部环境的影响，员工的知识共享成熟度仍是一个动态的概念。与工作成熟度、职业成熟度等一样，通过自身的不断学习、实践及组织的管理干预等方式，个人的知识共享成熟度会从低到高不断得以提升。因此，不断提高员工的知识共享成熟度，是增加知识共享有效性的前提和保证。

2. 员工知识共享成熟度的作用

对组织而言，员工知识共享成熟度的作用主要体现在通过测量员工在知识共享中的整体表现，发现员工存在的问题，为知识共享治理（governance）提供依据和策略。本文认为，组织根据员工知识共享成熟度的差异来进行知识共享的权变治理是一个很好的思路。无论在哪个组织，其成员之间的知识共享成熟度水平都是存在差异的。在对知识共享进行管理时，管理者不应该搞"一刀切"，而应根据员工的知识共享成熟度来制定差异化的管理方法和策略。

对知识共享者，知识共享成熟度概念的引入会使他们更加注重对自身知识共享能力或意愿的提高。以往，人们对各自知识共享的综合表现缺乏客观和细分的标准，因此也无法了解其在知识共享中有哪些做得比较好，还有哪些不足。通过对自身知识共享成熟度的评价，员工很容易找到自己与他人的差距；此外，员工还可进一步分析，自己的差距究竟体现在能力方面还是意愿方面。这为提高自身的知识共享水平提供了方向。

对知识接收者，他们可以根据知识共享的成熟度来评判哪些人能为自己提供有效的知识。知识接收者或需求者往往需要大量的时间来寻找知识源（knowledge source）。由于信息不对称等原因，他们很难在短时间内找到真正能为自己提供知识的共享主体。知识共享成熟度为知识接收者提供了一个评判的标准和方法。为了尽快获得自己所需的知识，他们会向那些在知识共享能力和意愿两方面都很强的人进行咨询。

## 三、员工知识共享成熟度的内容维度及模型

上文已提到，能力和意愿是员工知识共享成熟度的两个维度。在该部分，我们将具体探讨这两个维度的内容，并根据这两个维度及内容构建员工知识共享成熟度模型。

---

① 理查德·哈格斯等. 领导学：在经验积累中提升领导力. 北京：清华大学出版社，2004：45.

② ERIK ANDRIESSEN J H. To share or not to share, that is the question. Conditions for the willingness to share knowledge. Relft Innovation System Papers, IS-2006-02.

1. 能力维度

我们拟从知识共享的过程中来提炼知识共享能力维度的具体内容。已有研究表明①②，知识共享的过程大致可分为两个阶段，第一个阶段是知识的传播或外化（externalization），实施的主体是知识拥有者或共享者；第二个阶段是知识的吸收或内化（internalization），实施的主体是知识接收者。由于本文探讨的是知识共享者的成熟度，因此，下面我们主要考虑知识共享过程的第一阶段。我们认为，这个阶段又可以细分为三个子阶段，分别是：知识储备、知识加工和知识传播。这三个子阶段有严格的先后顺序。当一个人准备向其他人共享知识时，他首先必须具备一定的相关知识储备；在共享、传播知识之前，他还必须对自身已有的知识进行整理、提取和加工，形成可传播的、对方易接受的知识形式；最后，他必须借助一定的渠道将加工好的知识传递给对方。为了进一步理解上述三个阶段，我们以教师授课为例。授课是一种典型的知识共享活动，但教师在正式授课之前，必须具备相关的知识储备；此外，还需要通过备课等方式对自己的知识进行加工。我们根据上述三个子阶段，相应地提出了知识共享能力的三个构成因素：相关知识储备的能力、加工知识的能力、沟通能力。

（1）相关（related）知识储备的能力。①知识储备是一个漫长的过程。一般来说，人们主要通过两种方式完成知识的储备：第一种是学校教育。通过课堂、书本的学习，人们会掌握许多原理性的、常识性的知识。第二种是社会实践。人们在实际工作中不断积累的经验、教训都增加了自身知识的储备。因此，学历的高低、社会经验丰富与否在某种程度上就成为衡量知识储备能力高低的标准。②知识储备是一个动态的过程。人们几乎每天都在吸收知识，但同时又遗忘了一部分知识，因此知识的储备量是在不断变化的。从这个角度看，知识储备的能力是对当前知识存量的一种衡量。③知识的相关性对知识共享的能力有很大的影响。知识种类繁多，但在具体的知识共享中有用的可能仅仅只有其中几种。因此，相关知识的存量才是影响知识共享能力的主要因素。

（2）加工（process）知识的能力。加工知识的能力体现在员工将自有知识（包括隐性知识和显性知识）转化成可传播的、对方易接受的知识上。根据 Nonaka 所提出的 SECI 模型③，加工知识的能力又可表述为知识的外化和合并（combination）两种类型。知识的外化是指将隐性知识转化成显性知识，即把保存在人们大脑中的、难以编码的知识转化为容易接受和编码的知识。知识的合并则指将显性知识转化为隐性知识的过程。在当今这个知识爆炸的时代，很多知识都已被显性化，但它们可能因缺乏内在的联系而处于无序的状态。因此，将这些知识合并转化为更易被人接受的形式，也是加工知识能力的体现。

（3）沟通（communication）能力。沟通能力的高低对知识共享的有效性有很大的影响。在现实生活中，我们发现尽管有的人知识储备丰富并且有一定的加工能力，但缺乏沟通能力与技巧，导致无法与他人进行有效的知识共享。我们将沟通能力分为沟通内容与沟通形式两种能力。沟通的内容是指共享者能否全面地表达出已加工的知识，即内容的翔实性与完整性；沟通的形式是指知识共享者能否清晰地、流利地表达出自己的观点，最常见的方式有口头交流与书面表达。在过去对知识共享的研究与实践中，沟通能力往往被人所忽略。

2. 意愿维度

知识共享的意愿（willingness）反映了人们与他人分享自己知识、经验的意图（intention）和愿意程

① PAUL HENDRIKS. Why share knowledge? The influence of ICT on the motivation for knowledge sharing. Knowledge and Process Management，1999，6（2）：91-100.

② THOMAS H DAVENPORT，PRUSAK L. Working knowledge. Boston：Harvard Business School Press，2003，1：10.

③ IKUJIRO NONAKA，RYOKO TOYAMA. The knowledge-creating theory revisited：knowledge creation as a synthesizing process. Knowledge Management Research & Practice，2003，1：2-10.

度，它对知识共享的行为和有效性都有直接的影响。Bock et al. 认为，影响知识共享意愿的因素共分为三大类：经济因素：预期的外在报酬；社会—心理因素：预期的互惠关系和自我价值感；社会因素：公平、创新和隶属关系①（behavioral intention）。他们将知识共享的意愿进一步区分为显性知识共享意愿和隐性知识共享意愿，本文也拟从这两方面来具体探讨该维度的内容。

（1）显性知识共享（explicit-knowledge sharing）意愿。显性知识独立于个体而存在，它很容易被编码、存储及跨越时空被转移②，其具体形式包括文档、规章制度、知识地图（knowledge map）等。Bock et al. 认为，显性知识共享意愿强的人会将自己已经整理好的知识体系、文档、笔记等共享给他人，使他们迅速找到知识的源头并掌握相关的知识。我们发现，对组织中的新员工而言，显性知识共享（如入职培训、师徒制等）显得尤为重要，它能使员工在短期内掌握与本职工作相关的知识和背景，极大缩短了其与新组织和新岗位的融合过程。影响显性知识共享意愿的因素包括信任、价值观念、对知识的价值判断等。

（2）隐性知识共享（tacit-knowledge sharing）意愿。隐性知识共享意愿强的人则善于向别人传播自己的经验、感受和想法等③。相比显性知识，隐性知识共享的阻力更大。这是因为：①隐性知识是藏在人大脑中的，它有很强的"黏性（sticky）"和转移的惰性；②隐性知识难以编码，这为接收者理解、消化该类知识带来了障碍；③对员工特别是知识员工而言，隐性知识体现了个人的核心竞争力，是"权力"的象征。上述原因综合导致了人们共享隐性知识的意愿较低。同时，与显性知识比较，隐性知识的价值更大，更难被组织发现和利用。人类大部分的知识是难以清晰表达和显性化的隐性知识④，知识共享在很大程度上就是对隐性知识的共享。在知识管理与知识共享领域，著名学者 Nonaka、Dixon⑤ 等主要关注的也是隐性知识共享。因此，人们的隐性知识共享意愿的高低将决定其在知识共享意愿维度上的整体程度。

3. 员工知识共享成熟度模型

根据能力和意愿两个维度，我们可将员工的知识共享成熟度划分为四个等级，如图1所示。

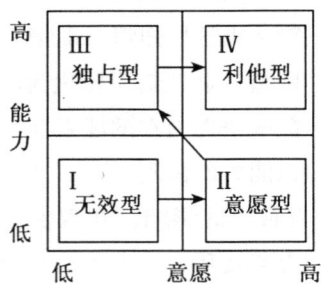

图1 员工知识共享成熟度模型

（1）第Ⅰ象限：无效型。员工知识共享的能力和意愿都很低，此时员工的知识共享成熟度等级很低。他既缺乏给他人提供相关知识的能力，又没有共享知识的意愿。

（2）第Ⅱ象限：意愿型。员工的知识共享能力一般，但知识共享的意愿很强。这类员工充分认识到了知识共享对组织和个人的作用，但由于自身能力不足，导致无法为他人提供有用的知识。

（3）第Ⅲ象限：独占型。员工的知识共享能力较强，但意愿很低。这类员工自身具有良好的知识储备，并且在加工知识和沟通方面都较强，但却不愿意将自己的知识与他人分享。

（4）第Ⅳ象限：利他型。员工既具备很高的知识共享能力，又具有

① GEE-WOO BOCK. Behavioral intention formation in knowledge sharing：examining the roles of extrinsic motivators, social-psychological forces and organizational climate. MIS Quarterly, 2005, 29（1）：87-111.

② LAM A. Tacit knowledge, organizational learning and societal institutions：an integrated framework. Organization Studies, 2000, 21（3）：487-513.

③ GEE-WOO BOCK. Behavioral intention formation in knowledge sharing：examining the roles of extrinsic motivators, social-psychological forces and organizational climate. MIS Quarterly, 2005, 29（1）：87-111.

④ MINU IPE. Knowledge sharing on organizations：a conceptual framework. Human Resource Development Review, 2003, 2（4）：337-359.

⑤ NANCY M DIXON. Common knowledge：how company thrive by sharing what they know. Post & Tel Press, 2002：50.

很强的知识共享意愿。该类员工在知识共享上已经表现得很成熟。他们具有丰富的相关知识储备，并且能对自身的知识进行合理的加工，沟通表达能力很强；不仅如此，他们还非常乐意帮助他人，希望通过分享自己的知识来帮助他人提高。

上述四种类型员工的成熟度逻辑关系见图1中的箭头，我们作如下分析：

首先，对于无效型员工，由于其在能力和意愿上的表现均很低，处于成熟度的最低等级；其次，对于利他型员工，正好与无效型员工相反，他们在两个维度上的表现均很高，因此处于成熟度的最高等级；最后，对于意愿型和独占型员工，本文认为后者的成熟度要高于前者，这是因为，对知识共享能力的提升很难在短时期内完成，它通常需要长时期的摸索、学习与积累，而知识共享意愿在很大程度上只是一种观念，在组织内改变该观念所花费的时间和投入要相对少一些。因此，我们认为能力高的员工要比意愿强的成熟度高一些。此外，图1中的箭头只是表明了知识共享成熟度的高低，而并不完全代表提升员工知识共享成熟度的路径。

## 四、基于员工知识共享成熟度的知识共享权变治理

权变管理的实质在于针对不同的环境和对象采用不同的管理方法和策略。Fiedler 曾指出，没有最理想的领导模型，当任务、下属、环境等因素发生变化时，领导风格也应该随之变化①。同样，本文认为，在知识共享治理的过程中，没有一套"放之四海而皆准"的管理方法。针对员工在知识共享过程中的成熟度差异，管理者应该实施权变和差异化的治理。笔者认为，基于员工知识共享成熟度治理的实质就在于通过不断提升员工的成熟度等级，进而提高知识共享的有效性。根据员工不同的知识共享成熟度，我们认为管理者应分别采取如下治理策略：

（1）监督。当员工处于能力不济、意愿不足的"不成熟"阶段时，管理者应该采取比较强硬的管理措施和手段。一方面，管理者要督促该类员工通过学习、培训等方式加强自身的知识储备，全面掌握本岗位所需及相关的知识；培养员工梳理自身知识的能力，加强对已有知识的整理、提炼和加工能力；在沟通方面，管理者应监督员工不断地进行有意识和有计划的训练。另一方面，管理者要采取考核、现场监督、目标管理等多种方式，促进员工的知识共享意愿。在现实生活中，很多员工由于在知识共享上的能力不济，从而导致他们不愿意与他人共享自己的知识，也不关心其他人的知识需求。这很容易导致该类员工陷入越来越不成熟的恶性循环中。此时，管理者的监督作用将有利于打破员工惯有的、封闭式的态度和行为。我们认为，管理者应该以提高员工的知识共享能力为切入点，让员工在能力的逐步提升中找到知识共享的信心和兴趣。当然，在成长的初期，对员工知识共享意愿的强化和监督也是必不可少的。

（2）培训。对于能力较差、意愿很强的"意愿型"员工，管理者应该对他们采取培训的策略。通过培训，一方面可以让员工感觉到组织对其的关注和重视，他们会继续维持高意愿的知识共享；另一方面，员工可以通过组织提供的学习渠道和机会进一步提升自己的知识共享能力。在能力提升方面，管理者可以为该类员工提供更多的学习和实践的机会，让员工不断"充电"，增加自身的知识储备。具体而言，学习的方式包括到学校继续接受教育、参加外部培训机构的培训及参与组织内部的培训，更多的实践机会则包括工作内容的丰富化等。员工知识共享能力的提升不是一蹴而就的，需要通过系统的、有计划的学习和培训才能实现，组织应给员工提供足够的成长机会和空间。与无效型员工相比，对意愿型员工予以培训的价值更大，由于他们的共享意愿很高，因此一旦掌握了相关的知识，他们就会将这些知识共享给他人，以利

---

① 海因茨·韦里克，哈罗德·孔茨. 管理学：全球化视角（第11版）. 北京：经济科学出版社，2004，12：314-318.

于组织的发展。

（3）激励。当员工具有了较高的知识共享能力后，对其意愿的激励就成为管理者应考虑的重点。对意愿的激励包括外部激励和内部激励。外部激励一般是通过物质奖励的形式，提高员工知识共享的积极性，如组织可通过薪酬体系、福利措施等方式来反映这种外部激励。Riege 认为，明确的奖励和认可体系会激励人们共享更多的知识，但当前在组织中比较缺乏这种激励。内部激励则是让员工在知识共享的过程中体会到自身的价值和成就感。由于很多组织没有把知识共享活动纳入绩效评价的内容中，知识共享仅是一种"角色外（extra-role）"的行为，外在激励对这种行为没有影响①。因此，对"独占型"的员工而言，内在激励对其知识共享意愿的提高影响更大。管理者可以建立良好的知识共享文化和氛围，充分认可知识共享者在组织中的作用，树立积极的、正面的知识共享者形象。特别是随着知识经济时代的到来，组织中的知识员工大量出现，他们往往具有较高的教育水平，在知识加工和沟通的能力方面也很强。由于他们具有强烈的自我实现意识，外部激励对他们的作用有限，此时内在激励将发挥巨大的作用。

（4）支持。当员工处于知识共享的成熟阶段之后，管理者就应该扮演支持者的角色。管理者对员工的支持具体表现为：①在知识共享过程中，对员工充分信任。共享知识的内容、方式、时间及向谁共享等都由员工自己决定。②为员工提供合适的知识传播渠道。当员工的能力和意愿都很高时，可用的知识传播渠道将决定知识共享的有效性。例如，在跨国公司中，保证网络传播渠道的畅通是十分必要的。Dixon 则认为，为员工创建知识共享的地方和渠道，但不限制他们究竟共享什么，是最有用的知识共享管理策略②。组织还可以通过建立学习俱乐部、实践社区（communities of practice）等方式促进人们更多地交流与共享。③对知识共享过程中员工提出的问题予以及时的解答。个人的知识储备和解决问题的能力是有限的，当知识共享过程中出现了员工个体层面无法解决的问题，组织应该利用其调配和整合资源的能力帮助解决问题，如提供更多的信息、聘请外部专家、与其他组织联合等。对于知识共享成熟度很高的员工而言，他们不希望管理者过多地干预其知识共享的过程，此时管理者采取支持的策略会极大促进他们知识共享的有效性，反而监督等方式会阻碍知识共享。

监督、培训、激励与支持这四种策略分别与员工知识共享的四种成熟度（由低到高）一一对应，见图 2 所示。对组织而言，对无效型员工监督和意愿型员工培训的价值相对较低，这是因为知识共享能力的提升是一个相对漫长的过程。在当今组织环境多变、员工流动频繁的情况下，对此两类员工的管理很难在短期内提升组织内的知识共享有效性；独占型员工和利他型员工则不同，对他们的激励和支持将会极大提升知识共享的有效性，进而促进组织绩效的提升，对这两类员工的管理将会给组织带来较高的价值。据此分析，我们就不难解释，为了促进知识共享的有效性，当前的理论界和实践界几乎大部分将精力放在了对员工的激励(如通过考核和薪酬等方式)和支持(如建立实践社区等)上,而对员工的监督和培训则很少有人涉及,其根本原因在于对不同成熟度的员工所采取的不同管理策略,对组织产生的价值也存在差异。不过,从组织长远的发展和促进员工个人成长的角度来看,对Ⅰ、Ⅱ类员工的知识共享管理也是很有必要的。

## 五、结束语

知识共享对组织的重要性越来越强，而如何提高知识共享的有效性则是人们在知识管理过程中面临的最大挑战。本文认为：

---

① SAI HO KWOK, SHENG GAO. Attitude towards knowledge sharing behavior. The Journal of Computer Information Systems, 2005/2006, 46 (2)：45-51.

② NANCY M DIXON. The neglected receiver of knowledge sharing. Ivey Business Journal, 2002, 66 (4)：35-40.

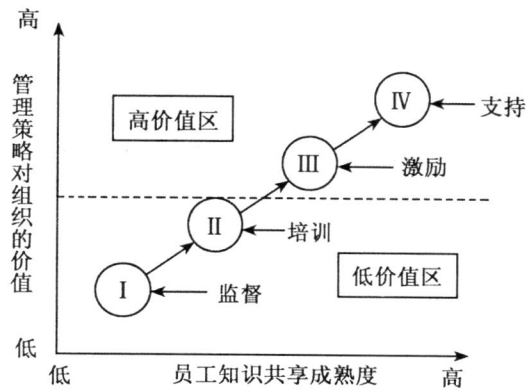

图 2 知识共享的权变治理模型*

*该图中的Ⅰ、Ⅱ、Ⅲ、Ⅳ分别代表"无效"型、"意愿"型、"独占"型和"利他"型员工。

（1）知识共享者是影响知识共享的直接和主要因素之一，因此，提升知识共享者的成熟度为提高知识共享有效性提供了一种解决途径。

（2）员工知识共享成熟度（worker maturity of knowledge sharing，WMKS）是指在知识共享过程中，个人所具有的、提高知识共享有效性的能力水平和意愿程度。

（3）能力和意愿是知识共享成熟度的两个维度，能力又可分为相关知识的储备能力、加工知识的能力和传播知识的能力；意愿则分为显性知识共享的意愿和隐性知识共享的意愿。

（4）根据上述两个维度，我们构建了员工知识共享成熟度模型，四个象限与"无效型"、"意愿型"、"独占型"和"利他型"员工一一对应，他们的知识共享成熟度依次递增。

（5）根据员工在成熟度上的差异，管理者应对知识共享实施权变治理，本文相应提出了监督、培训、激励和支持四种策略，并最终构建了知识共享的权变治理模型。

本文的局限主要体现在缺乏对文中模型的实证检验，此外仅考虑知识共享者而没有考虑接受者的成熟度。后续的研究可以从以下两个方面入手：除了能力和意愿外，是否还存在其他的知识共享成熟度维度；开发一套测度员工知识共享成熟度的量表。

# 职业经理人工作压力与工作倦怠的关系研究

● 李锡元[1]　张　岩[2]

（1，2　武汉大学经济与管理学院　武汉　430072）

【摘　要】本文采用实证研究的方法，对 108 名职业经理人的工作压力和工作倦怠状况进行了分析，考察了各种人口统计学变量之间的差异，并探讨了工作压力对工作倦怠各维度不同强度的预测作用。研究发现：职业经理人的工作压力和工作倦怠状况在性别、婚姻、年龄、学历、工龄、岗位、企业性质等人口统计学变量上存在着显著差异；工作压力与工作倦怠显著正相关；工作压力源对工作倦怠三个维度均有显著的预测作用，对情绪衰竭和玩世不恭预测力较强，对成就感低落影响较小。

【关键词】职业经理人　工作压力　工作倦怠

## 一、引言

现代社会是压力剧增的时代，进入 21 世纪后，我国改革开放不断深入，全球一体化迅猛发展，企业环境急剧变化、工作节奏进一步加快、竞争日趋激烈，这些变化都使员工体验到更大的工作压力。有关调查显示，40％的日本人担心会死在工作岗位上（阎世俊，1996）。美国的企业界统计过，每年因为工作上的压力所产生的焦虑以及所造成的意外事故和员工流动率、员工无法准时出勤、上岗、生产率降低和巨额的医疗费用，以及员工因工作压力向法院诉讼的赔偿费支出已超过了 3 000 亿美元。据中国预防医学会调查指出，我国当前由于生活节奏快、压力过大导致亚健康人口比例已经达到 70％，处于亚健康状态的企业管理者的比例甚至已高达85％。

巨大的工作压力使员工的生理、心理和行为产生一系列异常反应，如情绪变得紧张、敏感多疑、焦躁不安；生理上出现头痛、失眠、消化不良、精神不济等现象；行为上多抱怨、争执、挑剔等。过高的压力还会引起员工之间关系紧张、高事故率、较差的组织气氛、低士气、工作中的敌对等问题。上述因长期的工作压力得不到缓解而产生的负面的综合症状，如身心的极度疲惫、厌弃工作、没有工作成就感等叫做工作倦怠①。工作倦怠又称职业枯竭、工作耗竭、职业倦怠、职业衰竭。

2004 年，中国人力资源开发网联合中青在线、新浪网等国内媒体启动了中国工作倦怠指数调查，近 4 000 名职场人士参与了调查，其中70％的人出现了轻微工作倦怠，17％的人出现了中度工作倦怠，13％的人则出现了严重工作倦怠，即每 8 个受调查者中就有 1 个人出现严重的工作倦怠，世界范围内普遍存在的工作倦怠现象正在袭扰中国。在各种职业群体中，职业经理人从事企业经营管理工作，肩负着使资产保值增值，不断创造企业利润的重任，在激烈的市场竞争中，职业经理人的工作压力逐渐加大，日益产生倦怠感。

---

① MASLACH C, SCHAUFELI W B, LEITER M P. Job burnout. Annual Review of Psychology, 2001, 3: 397-422.

然而，国内有关职业经理人的工作压力与工作倦怠相关性的研究还很少，导致人们对这一群体的压力与倦怠问题缺少系统深入的认识。因此，本研究尝试按照 Maslach 提出的职业倦怠模型及相关工作压力测量工具，了解中国职业经理人的压力与倦怠情况，以便为深入认识和解决该群体面临的压力和倦怠问题提供依据，引起社会对职业经理人这一群体的职业心理健康问题的关注，同时为企业人力资源管理提出建议。

## 二、理论回顾与问题提出

### 1. 压力的定义

压力（stress）的概念最早是由 Selye 等人在 20 世纪 30 年代提出并进行研究的，他认为压力就是身体为满足需要所产生的一种非特定性反应，或生活环境不能满足个人需要，个人学习、经验无法与现实生活的要求相互配合，所导致的生理或心理失去平衡的一种紧张状态。自从 Selye 将压力引进社会科学领域，压力这个问题引起了医学、心理学、生理学、社会学及其他学科的广泛关注。

工作压力是一个多维度的概念，对这一概念的准确定义和理解有助于研究的顺利开展。本研究采取了 Lazarus 的交互作用理论中的压力定义，从环境要求与个人反应交互作用的观点来看工作压力，当环境要求超过个人能力及可利用的资源时，并危及其心理平衡与生活步调的和谐与完整性时产生压力。压力被强调是一个过程，是人与环境相互作用的产物，主要包括压力源、中介变量和心理生理反应。压力源是客观的，反应是主观的，压力是个人与环境的互动，并且强调整个互动过程的连续性。在这种意义上，工作压力就是人在工作情境中许多内外在变项与个人因素交互作用所产生的心理紧张现象。

在压力的研究过程中，形成了不同类型的压力模型，在这里只介绍具有代表性的工作压力模型：Karasek（1979）的工作压力的需求—控制模式、French、Caplan 和 Van Harrison（1982）的个体环境适应模式和 Lazarus 的交互作用模型。

### 2. 工作倦怠的定义

倦怠的语义起源于美国作者 Green 一篇名为 *A Burn-Out Case*（1961）的小说，这篇小说描写了一名理想破灭、精神备受折磨的建筑师最终放弃工作，隐退到非洲丛林中的故事。1974 年，美国临床心理学家 Freudenberger 首次用"倦怠"来描述包括自己在内的医务工作者所体验到的综合症状，如身体、情绪和精神上的耗竭、缺乏工作投入（job involvement）、非人性化（dehumanization）以及低成就感（lowed accomplishment）等。Freudenberger 认为，工作倦怠是个体追求某一目标或原则后，最终未能得到相应奖励或报酬而产生精疲力竭和挫折的一种表现。

本文研究采用 Maslach 对工作倦怠的定义。Maslach 和 Jackson[①] 从心理社会角度研究提出了工作倦怠感的多维概念，即倦怠感包括情感耗竭（emotion exhaustion）、非人性化（depersonalization）、个人无效感（ineffectiveness）。

（1）情感耗竭：反映了工作倦怠感的压力维度，描述了个体感到自己有效的身心资源过度透支，表现出没有精力、过度疲劳等现象；

（2）非人性化：反映了工作倦怠感的人际交往维度，描述了个体以一种负性的、冷漠的或是极端逃避的态度去面对工作，表现出易怒、消极、缺乏情感投入等现象；

（3）个人无效感：反映了工作倦怠感的自我评价维度，描述了个体感到无能、工作没有成效，表现

---

① MASLACH C，JACKSON S E. The measurement of experienced burnout. Journal of Occupational Behavior，1981，2：99-113.

出士气低下、缺乏成就感等现象。

Maslach 对工作倦怠的多维定义，不仅精确地描述了倦怠感中的压力成分，还考虑了由压力所导致的个体对他人和自我的反应与评价，因而也就奠定了其在工作倦怠研究中的主导地位。

工作压力与工作倦怠引入我国研究领域的时间还比较短。我国学者的研究多以医生、护士、教师、警察等群体为对象，在研究内容上，还停留在追踪国外研究成果的基础上，距离形成自己的理论体系还有很长一段路。

至于工作压力与工作倦怠之间关系的问题，目前尚未形成统一的观点。压力与倦怠是两个既有区别又有联系的概念。就联系而言，主要有两种观点：一种观点认为压力是导致倦怠的原因；另一种观点认为倦怠并非只是受到压力的单向影响，也可以反过来对压力产生影响，二者之间存在相互作用。

本文基于此研究工作压力与工作倦怠的关系，并且以职业经理人这一特殊群体为研究对象，探索从不同压力源角度认识工作倦怠，为缓解职业经理人的工作压力，预防并消除倦怠提供理论性的借鉴。

## 三、研究方法

### 1. 研究对象

问卷发放期间为 2007 年 2 ~ 3 月，共计发放问卷 137 份，回收 129 份，问卷回收率达到 94.2%，剔除无效问卷 21 份后，有效问卷达 108 份。问卷的有效回收率为 78.8%。在 108 名被试中，男性 60 人，女性 48 人；婚姻状况为未婚 43 人，已婚 65 人；年龄在 20 ~ 30 岁 48 人，30 ~ 40 岁 36 人，40 ~ 50 岁 16 人，50 岁以上 8 人；学历水平为高中及以下 3 人，大专 13 人，本科 24 人，硕士 68 人；工龄为 1 ~ 3 年 3 人，3 ~ 5 年 31 人，5 ~ 10 年 38 人，10 ~ 15 年 12 人，15 年以上 24 人；中层管理者 91 人，高层管理者 17 人；所属企业的性质为国企 41 人，民营企业 27 人，外商独资企业 9 人，合资企业 19 人，其他性质企业 12 人。

### 2. 问卷施测过程

本研究选取几个地区的企业作为样本来源，调查对象涉及企业内的中层管理者和高层管理者。问卷的发放方式主要有两种：一种是在武汉大学 MBA 课程班内随机发放；另一种方式是通过企业行政部门或人力资源部门的协助，在企业中发放。问卷来自武汉市、沈阳市、安庆市、荆州市等几个城市。

### 3. 测量工具

本研究在借鉴 Cooper 的工作压力源量表基础上，对国内学者舒晓兵编制的《管理人员压力源量表》进行修订，从而形成《职业经理人工作压力源量表》。问卷将工作压力源划分为 7 个层面，共 30 个条目。本量表采用五点计分，根据"完全不符合"、"不太符合"、"有点符合"、"比较符合"、"完全符合"，分别给予 1、2、3、4、5 分，分数越高表示对项目越认可。采用克隆巴赫一致性系数（Cronbach α）对总量表的信度和各分量表的信度进行分析，测得该量表整体信度的 Cronbach α 值为 0.865 0。七个构面信度分别为：组织中的角色特征 0.359 9；人际关系 0.676 0；社会支持 0.488 3；职业发展 0.869 5；组织结构与倾向 0.891 3；工作条件与要求 0.759 5；管理事务 0.706 5。量表信度比较理想。

Maslach 编订了倦怠量表通用版（Maslach burnout inventory-general survey, MBI-GS）。该量表由于具备较高的信度和效度，因此在研究中得到广泛应用。该量表的中文版由李超平、时勘等修订，包括三个维度：情绪衰竭（emotional exhaustion）、玩世不恭（cynicism）和成就感低落（reduced professional accomplishment）。情绪衰竭分量表有 5 道题，玩世不恭分量表有 4 道题，成就感低落分量表有 6 道题，整个问卷共 15 道题。采用李克特式（Likert）7 点计分，"0"代表"从不"，"7"代表"非常频繁"。在本研究中，采用克隆巴赫一致性系数（Cronbach α）对总量表的信度和各分量表的信度进行分析，测得总量表的内部一致性信度系数为0.849 9，情绪衰竭、玩世不恭和成就感低落三个分量表的内部一致性信度系数分别为0.921 8、0.858 8、0.933 6，量表信度十分理想。

### 4. 研究假设

本文提出以下假设：

假设1：人口统计学变量在工作压力上有显著差异。

假设2：人口统计学变量在工作倦怠上有显著差异。

假设3：职业经理人的工作压力源与其工作倦怠之间具有关联性。

  假设3.1：工作压力与工作倦怠的情绪衰竭维度显著正相关。

  假设3.2：工作压力与工作倦怠的玩世不恭维度显著正相关。

  假设3.3：工作压力与工作倦怠的个人成就感低落维度显著正相关。

假设4：工作压力源对工作倦怠各维度有不同强度的预测作用。

### 5. 数据处理

在实证分析阶段，用SPSS for Windows 11.0统计学软件包对调查资料进行分析。采用的分析方法有：信度分析、因素分析、基本统计分析、相关分析、方差分析、回归分析。

## 四、结果与分析

经研究，结果如表1所示。

表1          **研究样本基本特征统计表**

| 研究假设 | 验证结果 | 研究发现 |
| --- | --- | --- |
| H1：人口统计学变量在工作压力上有显著差异。 | 支持 | 职业经理人的性别、年龄、婚姻、学历、工龄、岗位、企业性质在其工作压力上有显著差异。 |
| H2：人口统计学变量在工作倦怠上有显著差异。 | 支持 | 职业经理人的性别、年龄、婚姻、学历、工龄、岗位、企业性质在其工作倦怠上有显著差异。 |
| H3：工作压力源与工作倦怠之间具有关联性。 | 支持 | 工作压力源与工作倦怠显著正相关。 |
| H3.1：工作压力与情绪衰竭显著正相关。 | 支持 | 工作压力源与情绪衰竭显著正相关。 |
| H3.2：工作压力与玩世不恭显著正相关。 | 支持 | 工作压力源与玩世不恭显著正相关。 |
| H3.3：工作压力与个人成就感低落显著正相关。 | 不支持 | 工作压力源与成就感低落不相关。 |
| H4：工作压力源对工作倦怠各维度有不同强度的预测作用。 | 支持 | 工作压力源对工作倦怠三个维度均有显著的预测作用；对情绪衰竭和玩世不恭预测力较强，对成就感低落影响较小。 |

### 1. 职业经理人的工作压力现状

职业经理人所承受的工作压力比较大。在七个构面（组织中的角色特征、人际关系、社会支持、职业发展、组织结构与倾向、工作条件与要求、管理事务）中，管理事务、组织结构与倾向两方面的压力最大，其次是工作条件与要求、职业发展。

研究表明，职业经理人的工作压力存在显著的个体差异。女性职业经理人在职业发展、组织结构与倾向上的压力要显著高于男性职业经理人（$F = 13.567$，$p = 0.000***$；$F = 8.662$，$p = 0.004**$）。未婚经理人在人际关系、职业发展、组织结构与倾向、工作条件与要求上的压力显著高于已婚经理人。30～40

岁年龄段的职业经理人在角色特征、人际关系、社会支持、管理事务方面压力较大；20～30岁年龄段的经理人在职业发展、组织结构与倾向、工作条件与要求上的压力较大。高中及以下学历的职业经理人在角色特征、人际关系、社会支持、职业发展方面的工作压力显著。工作10～15年的职业经理人在角色特征、人际关系、职业发展、组织结构与倾向上压力显著。在管理事务与角色特征方面，高层管理者所承担的压力显著高于中层管理者（$F = 32.498$，$p = 0.000 ***$；$F = 8.633$，$p = 0.004 **$）。在合资企业工作的职业经理人在社会支持、工作条件与要求方面的压力显著。

2. 职业经理人工作倦怠现状

职业经理人的工作倦怠状况总体还不突出，最显著的是情绪衰竭，其次是成就感低落，玩世不恭的得分最低。

本研究通过单因素方差分析（one-way ANOVA）来分析不同分类的经理人工作倦怠的差异体验，从而对职业经理人的工作倦怠状况有一个全面的了解。

关于性别和倦怠之间的关系目前还没有一致的结论，有研究认为女性倦怠程度高于男性，但也有相反的结论，也有研究认为男女倦怠程度是相同的。女性在玩世不恭维度上的得分高于男性，这与以往在该维度上男性得分较高的研究结论不同。女性经理人整体倦怠程度较高的原因主要有两个：一是由于社会上对女性职业发展还存在一定偏见；二是女性要承担家庭角色的期望，又要兼顾工作，所承受的双重压力更大，也更易产生倦怠。

以往研究发现，未婚者（尤其是男性）比已婚者更容易患上倦怠问题。本研究证实，未婚经理人的情绪衰竭显著高于已婚经理人（$F = 6.741$，$p = 0.011 *$），在另外两个维度上没有显著差异。婚姻和家庭支持是一个人在面临压力时能够给予其帮助的支持系统，这种支持系统可以缓解压力带来的不良反应。因此，在同样的压力情景中，缺乏社会支持的人比那些有较多社会支持的人更可能出现倦怠。相对而言，已婚者比未婚者更多地拥有家人的支持，可以运用社会支持系统抵抗已经形成的压力，因此倦怠程度更低。

不同年龄的职业经理人在工作倦怠三个维度上都存在显著差异（$F = 11.776$，$p = 0.000 ***$；$F = 7.518$，$p = 0.000 ***$；$F = 3.797$，$p = 0.013 *$）。30～40岁年龄段的职业经理人在情绪衰竭和玩世不恭两个维度上得分高于其他年龄段的人。20～30岁年龄段的经理人在成就感低落维度上得分最高。本来该维度是得分越低，倦怠感越强烈，但在输入数据时，研究者已经将分数做了反向处理，因此20～30岁年龄段的经理人在此维度上倦怠感最强烈。研究者认为，社会经济发展给年轻经理人提供了更多在事业上取得成功的机会，促使他们勤奋工作，渴求成功，巨大的压力导致强烈的倦怠感。

不同学历的职业经理人在倦怠的三个维度上有显著差异（$F = 13.558$，$p = 0.000 ***$；$F = 6.268$，$p = 0.001 **$；$F = 7.773$，$p = 0.000 ***$）。高中及以下学历的职业经理人倦怠程度最高，情绪衰竭维度的主效应显著（$F = 13.558$，$p = 0.000 ***$），大专学历的经理人的成就感低落维度得分高于其他学历的经理人。以往研究认为高学历员工比低学历员工倦怠程度要高，本研究结果与此相反。研究者认为，学历较高的经理人有相对良好的教育背景，对职业发展也较为自信；而学历低的经理人则可能在这方面感受到一些欠缺，甚至怀疑自己的能力，表现出较高的成就感低落。

不同工龄的经理人在情绪衰竭和成就感低落上存在显著差异（$F = 9.230$，$p = 0.000 ***$；$F = 3.311$，$p = 0.014 *$）。有10～15年工龄的经理人的情绪衰竭和成就感低落最强烈，有1～3年工龄的经理人玩世不恭维度得分最高。

中层经理人在玩世不恭维度上的倦怠显著高于高层经理人（$F = 4.337$，$p = 0.040 *$），在另外两个维度上二者没有显著差异（$F = 1.471$，$p = 0.228$；$F = 3.075$，$p = 0.082$）。

在不同性质企业工作的经理人在倦怠三个维度上存在显著差异。在合资企业工作的经理人三个维度上的得分均显著高于在其他性质企业工作的经理人（$F = 7.516$，$p = 0.000 ***$；$F = 10.432$，$p = 0.000 ***$；

$F = 3.617, p = 0.008 **$ )。可见,在合资企业工作的经理人倦怠感最显著。

3. 工作压力与工作倦怠的关系

情绪衰竭与管理事务之外的压力构面显著正相关;玩世不恭与组织中的角色特征、人际关系、社会支持、组织结构与倾向、工作条件与要求呈显著正相关;成就感低落与管理事务显著负相关。总体来看,工作压力与工作倦怠显著正相关,工作压力分别与情绪衰竭和玩世不恭显著正相关,与成就感低落不相关(如表 2 所示)。

表 2　　　　　　　　　　工作压力与工作倦怠的相关分析

|  | 工作倦怠 | 情绪衰竭 | 玩世不恭 | 成就感低落 |
|---|---|---|---|---|
| 工作压力 | 0.439* | 0.747* | 0.581* | 0.000 |
| 组织中的角色特征 | 0.356* | 0.750* | 0.120* | 0.089 |
| 人际关系 | 0.527* | 0.714* | 0.622* | 0.108 |
| 社会支持 | 0.404* | 0.392* | 0.964* | -0.061 |
| 职业发展 | 0.269* | 0.284* | 0.138 | 0.166 |
| 组织结构与倾向 | 0.306* | 0.535* | 0.341* | 0.021 |
| 工作条件与要求 | 0.312* | 0.575* | 0.438* | -0.029 |
| 管理事务 | -0.138 | 0.186 | 0.134 | -0.310* |

* 在 0.05 水平上显著相关。

4. 工作压力对工作倦怠不同强度的预测作用

相关分析可以说明各变量之间是否存在关系以及关系的强度,但并不能说明因果关系,而回归分析则可以进一步说明关系的指向,表明各因素之间存在什么样的因果关系。本研究采用多重线性回归来分析工作压力源对工作倦怠的预测作用。

以工作压力源的七个因子(组织中的角色特征、人际关系、社会支持、职业发展、组织结构与倾向、工作条件与要求、管理事务)为自变量,以情绪衰竭为因变量,进行回归分析。从回归效果来看,$F = 738.893$,达到了非常显著的水平。从 $R^2$ 来看,压力源的七个因子能解释总变异的 98.1%。从表 3 可以看出,工作压力源可以作为情绪衰竭的预测指标。组织中的角色特征和人际关系对情绪衰竭的影响效果显著,预测力较高。

表 3　　　　　　　　　　工作压力源对情绪衰竭的回归分析

| 因变量 | 自变量 | $\beta$ | 标准 $\beta$ | $t$ 值 | $R^2$ | 调整后 $R^2$ | $F$ 检验 |
|---|---|---|---|---|---|---|---|
| 情绪衰竭 | 组织中的角色特征 | 0.582 | 0.688 | 39.079 | 0.981 | 0.980 | 738.893 |
| | 人际关系 | 0.480 | 0.633 | 34.844 | | | |
| | 社会支持 | 4.200E03 | 0.005 | 0.293 | | | |
| | 职业发展 | -4.24E02 | -0.77 | -2.676 | | | |
| | 组织结构与倾向 | 1.308E03 | 0.003 | 0.088 | | | |
| | 工作条件与要求 | 3.270E02 | 0.046 | 1.992 | | | |
| | 管理事务 | 1.611E02 | 0.025 | 1.535 | | | |

以工作压力源的七个因子为自变量，以玩世不恭为因变量，进行回归分析。从结果来看，$F =$ 497.679，达到了非常显著的水平。从 $R^2$ 来看，压力源的七个因子能解释总变异的97.2%。从表4可以看出，工作压力源可以作为玩世不恭的预测指标。人际关系、社会支持和职业发展对玩世不恭的影响效果显著，预测力较高。

表4　　　　　　　　　工作压力源对玩世不恭的回归分析

| 因变量 | 自变量 | $\beta$ | 标准 $\beta$ | $t$ 值 | $R^2$ | 调整后 $R^2$ | $F$ 检验 |
|---|---|---|---|---|---|---|---|
| 玩世不恭 | 组织中的角色特征 | 2.209E02 | 0.025 | 1.186 | 0.972 | 0.970 | 497.679 |
| | 人际关系 | 0.150 | 0.192 | 8.737 | | | |
| | 社会支持 | 0.745 | 0.899 | 41.621 | | | |
| | 职业发展 | 5.306E02 | 0.094 | 2.676 | | | |
| | 组织结构与倾向 | − 1.64E03 | − 0.004 | − 0.088 | | | |
| | 工作条件与要求 | − 4.09E02 | − 0.056 | − 1.992 | | | |
| | 管理事务 | − 2.01E02 | − 0.031 | − 1.535 | | | |

以工作压力源的七个因子为自变量，以成就感低落为因变量，进行回归分析。从回归效果来看，$F =$ 2.727，达到显著水平。从 $R^2$ 来看，压力源的七个因子能解释总变异的16%，人际关系对成就感低落影响效果显著。从表5可以看出，工作压力源对成就感低落有显著的预测作用，但预测力不强。

表5　　　　　　　　　工作压力源对成就感低落的回归分析

| 因变量 | 自变量 | $\beta$ | 标准 $\beta$ | $t$ 值 | $R^2$ | 调整后 $R^2$ | $F$ 检验 |
|---|---|---|---|---|---|---|---|
| 成就感低落 | 组织中的角色特征 | 0.150 | 0.052 | 0.441 | 0.160 | 0.102 | 2.727 |
| | 人际关系 | 0.468 | 0.256 | 2.117 | | | |
| | 社会支持 | − 0.234 | − 0.121 | − 1.108 | | | |
| | 职业发展 | 0.340 | 0.257 | 1.337 | | | |
| | 组织结构与倾向 | − 0.227 | − 0.222 | − 0.947 | | | |
| | 工作条件与要求 | 8.921E02 | 0.052 | 0.339 | | | |
| | 管理事务 | − 0.418 | − 0.272 | − 2.482 | | | |

总的来看，工作压力源对工作倦怠三个维度均有显著的预测作用；对情绪衰竭和玩世不恭预测力较强，对成就感低落影响最小。

### 5. 本研究对企业管理的建议

本研究已经证实了工作压力源与工作倦怠具有相关性，压力的七个构面对倦怠的三个维度具有不同强度的预测作用，为深入认识和解决职业经理人的倦怠问题提供了依据。在前面研究中总结出，组织中的角色特征、人际关系、社会支持、职业发展对倦怠有显著预测作用，因此，研究者认为企业管理者应该从以下几个方面着手，帮助经理人缓解压力，预防倦怠（如图1所示）。

（1）明确自己的角色特征，了解工作职责。工作职责明确，有助于缓解职业经理人的角色模糊、角色冲突等方面的角色压力。通过角色明晰的策略，也就是通过提供培训、沟通或提供适当准确的信息，可

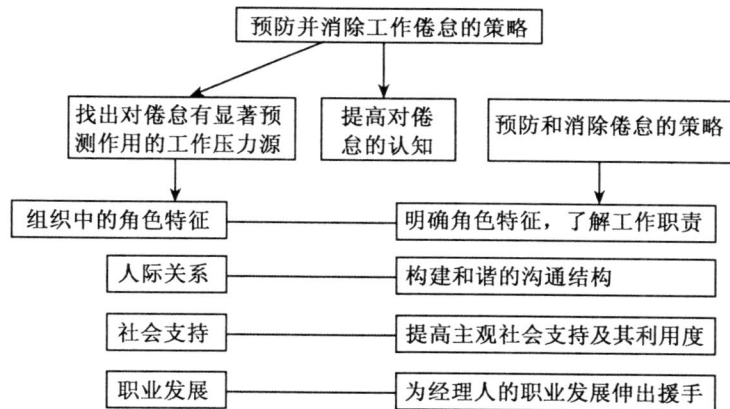

图1 预防和缓解倦怠的策略

以使经理人理解工作的期待、需求或角色的范围，明确工作目标，减轻角色模糊，减少工作压力。在某些工作情景中特别需要进行角色明晰，如经理人接受新的工作任务，提拔到一个新的职位上，职位身份发生变化，有了一个新上司，工作结构或制度发生变化，进入一个新行业等。德雅和托马斯（1968）在为一家公司管理压力时采用了角色明晰干预方法，在培训活动中，通过给予清楚的、一致的和积极的反馈信息，明晰规则、政策和角色，为减少压力作出了贡献，也减少了员工的疲惫感。

（2）构建和谐的沟通结构，改善人际关系。职业经理人的工作性质决定企业是他们的生命舞台，也只有在这个舞台上，职业经理人的价值才能得到真正的体现，企业里的关系处理是经理人走向商业成功的必修课程。职业经理人发展研究中心对一万余名经理人进行了有关压力方面的调查，发现57%的经理人认为在各种压力源中，来自人际关系、交际应酬的压力给自己造成了很大的心理负担。本文的研究也证实了人际关系对情绪衰竭和玩世不恭两个维度都有显著的预测作用。

构建和谐的人际关系对降低职业经理人的工作倦怠有两个方面的意义：一是减少人际矛盾，避免人际关系紧张；二是在职业经理人的工作倦怠感较高时能够及时获得必要的帮助和支持。

职业经理人在企业里主要处理三类人际关系：同上级的关系、与同事的关系、同下属的关系。一般来说，经理人在处理和上级的关系时都会十分小心和谨慎，毕竟上级掌握着经理人的生杀大权。可以说经理人处理与上级的关系得心应手，比较有自信。相对而言，经理人往往会忽视与同事和下属的关系，缺少与同事和下属的沟通。职业经理人发展研究中心的调查也揭示了这一点，详见表6。

表6                       职业经理人在各项沟通内容上的得分[①]

| | 沟通内容 | 得分（满分100） |
|---|---|---|
| 相对较好 | 与上司的沟通 | 81.23 |
| | 与政府的沟通合作 | 78.91 |
| 相对较差 | 与下属的沟通 | 56.07 |
| | 与同事的沟通 | 59.72 |
| | 与客户的交流合作 | 61.13 |

---

① 博泓管理咨询有限公司，中国职业经理人发展研究中心．坐标——中国职业经理人调查．北京：东方出版社，2005：221．

职业经理人的管理工作就是要和他人一起并通过他人来实现企业目标，下属的能力水平很大程度上决定了经理人能否实现既定的目标以及实现的程度。有意识地加强与下属的双向沟通，可以清楚下属的需要，也能让下属更清晰地了解经理人对他们的工作期望。因此，职业经理人应该更多地与同事和下属沟通。对上级的刻意逢迎也会使自己偏离职业方向，只有构建和谐的沟通结构，职业经理人才能在企业这个舞台上有更好的发挥。

（3）提高主观社会支持及其利用度。本研究表明，社会支持对玩世不恭有显著预测作用。社会支持是职业经理人应对压力与倦怠的重要资源。一般认为，社会支持从性质上可以分为客观支持、主观支持和支持利用；从来源上可以分为组织支持、家庭支持、朋友支持等。有研究发现，良好的社会支持系统能否发挥调节作用，支持利用和主观支持最为关键。换言之，组织支持和客观支持仅为工作压力的调节提供了一种可能性，必须通过各种途径帮助经理人从情感上体验到这种支持，或者真正利用它，才能将可能性变为现实性。

客观支持是可见的或实际的支持，包括物质上的直接援助和社会网络、团体关系的存在和参与，这类支持独立于个体的感受，是客观存在的现实。主观支持指的是个体在社会中受尊重、被支持、理解的情感体验和满意程度，与个体的主观感受密切相关。由于中国传统文化的影响，经理人在承受较大压力时往往不愿向别人倾诉，认为"向他人倾诉痛苦等于心理脆弱"、"人人皆有苦恼，不值得小题大做"、"成功者必须无条件忍受痛苦"。这些误区使经理人往往独自承受压力，而降低了主观支持程度和支持利用度。

本文建议组织应鼓励和帮助经理人与家人、朋友、邻居等保持和睦的关系，不断扩大自己的主观支持网，来提高自己在工作中的个人成就感；扩大自己的社会关系网，在遇到困难时可以得到更多的物质帮助和精神安慰，增加自己所获得的客观支持；在面临职业发展压力时，应学会向他人倾诉，主动寻求帮助，并积极地参加各种团体活动。

（4）为经理人的职业发展伸出援手。据职业经理人发展研究中心的调查发现，高达61.6%的经理人认为自己的压力首先来源于工作中的种种问题。经理人的职业发展压力主要来自工作中晋升困难、工作与进一步学习、培训冲突、工作中培训机会不多、工作晋升和职业发展前景不明朗等方面。组织关注经理人的职业生涯规划是降低经理人职业发展压力的重要措施。组织应根据每位管理人员的人格特征、职业价值观和职业愿望等各方面的信息，协调好经理人个人职业生涯目标与企业发展之间的关系，并及时提供本组织内职业发展的相关信息，给予每个人公平的竞争机会，从而减少经理人对晋升困难和职业发展前景不明朗方面的压力。

经理人的成长与发展必须以其具有该管理职位的胜任力为基础。要想不断地发展自己的职业生涯，需要不断地获得新知识、新方法，逐步提高自己的能力和竞争力。因此，组织应针对管理工作的特点对不同职层的经理人进行有针对性的工作培训。由于职业经理人，尤其是高层管理者工作任务繁重，空余时间少，也要注意选择培训方式、时间和地点。目前，社会上培训课程多种多样，MBA、EMBA、参观学习、短期研讨班等都是不错的选择。

6. 本研究的不足

由于时间和个人能力所限，研究的调查样本还是偏少，特别是一些依据人口统计学变量分类的群体样本。因此，后续研究应扩大样本以进一步检验量表的适用性，完善对量表结果的分析。


## 五、结论

本研究有如下发现：

（1）人口学变量在工作压力上有显著性差异；

（2）人口学变量在工作倦怠上有显著性差异；

（3）工作压力源与工作倦怠的前两个维度，即情绪衰竭和玩世不恭显著正相关，与成就感低落不相关；

（4）工作压力源的七个构面对情绪衰竭和玩世不恭有较强的预测作用，对成就感低落影响力较小。

## 参考文献

［1］卞冉，龙立荣．工作倦怠的理论研究及其进展．中国临床心理学杂志，2003，11（4）．

［2］博泓管理咨询有限公司，中国职业经理人发展研究中心．坐标——中国职业经理人调查．上海：东方出版社，2005．

［3］曹静．管理人员工作压力源与工作倦怠的关系及其影响因素研究．上海：同济大学出版社，2005．

［4］丁国盛，李涛．SPSS 统计教程——从研究设计到数据分析．北京：机械工业出版社，2006．

［5］刘璞，谢家琳，井润田．国有企业员工工作压力与工作满意度关系的实证研究．中国软科学，2005，12．

［6］舒晓兵．管理人员工作压力源及其影响——国有企业与私营企业的比较．管理世界，2005，8．

［7］徐长江，时勘．工作倦怠：一个不断进展的科研领域．心理科学进展，2003，11（6）．

［8］张西超，徐晓锋，车宏生．高级职业经理人的职业枯竭状况及其与工作压力的关系．应用心理学，2005，11（4）．

［9］DEMERONTI E, BAKKER A, VARDAKOU I. The convergent validity of two burnout instruments: a multitrait-multimethod analysis. European Journal of Psychological Assessment, 2003, 19 (1).

［10］ELLOY D F, TERPENING W, KOHLS J. A casual model of burnout among self-managed work team members. The Journal of Psychology, 2001, 3.

［11］MASLACH C, JACKSON S E. The measurement of experienced burnout. Journal of Occupational Behavior, 1981, 2.

［12］MASLACH C, SCHAUFELI W B, LEITER M P. Job burnout. Annual Review of Psychology, 2001.

［13］PERVIN, LEWIS M. Perspectives in international psychology. New York: Plenum, 1978.

［14］PINES A, ARONSON E, KAFRY D. Burnout: from tedium to personal growth. New York: Free Press, 1981.

［15］PINES A, ARONSON E. Career burnout: causes and cures. New York: Free Press, 1988.

# 企业生产线员工工作倦怠及其干预

● 董福荣[1]    任莉娟[2]

（1，2 广东商学院管理学院 广州 510320）

【摘 要】工作倦怠包括情绪耗竭、去人性化和个人成就感低落三个层面，生产线员工工作倦怠对企业和个人都会产生不良影响。本文从生产线员工工作倦怠的现状入手，分析了生产线员工工作倦怠的表现和影响因素，提出只有从人力资源管理角度对其进行干预，才能达到解决工作倦怠的目的。

【关键词】 工作倦怠 生产线员工 人力资源管理 干预

始于 20 世纪 70 年代的工作倦怠（job burnout）已成为世界范围内的普遍现象，近年来，逐渐引起了我国企业、政府和社会的广泛关注。2004 年中国人力资源开发网做了首次中国"工作倦怠指数"调查，结果显示，70％的调查者出现了不同程度的工作倦怠。而作为生产一线的员工，劳动强度大，工作时间长，操作规程机械重复，使其相对于其他员工更容易产生工作倦怠，这对企业和员工本人都有害无益。因此，了解生产一线员工的工作倦怠状况，开展合理的工作倦怠预防与干预，意义非常重大。

## 一、生产线员工工作倦怠现状及表现

### 1. 现状

目前，理论界对工作倦怠这一概念有不同的理解，其中占主导地位的是 Maslach 和 Jackson 于 1982 年提出的多维概念，即"在以人为服务对象的职业领域中，个体的一种情感耗竭、去人性化和个人无效感的症状"。随着研究的深入，工作倦怠的内涵已由医护人员、教师、警察、公务员等以人为服务对象的职业延伸到更广泛的职业领域，如银行职员、制造型企业职员、高科技企业、女性职员等。

国内学者商涛等通过对生产线员工的实证研究发现，有 23.7％的员工情绪倦怠和 13.3％的员工去人性化程度很高，也就是说情绪倦怠的感觉比较频繁；10.6％的被调查员工成就感较低，认为在工作中不能体现自身价值。这些都表明生产线员工工作倦怠还是很严重的，它给企业、员工、家庭、社会等都带来了严重影响，如降低员工对工作及组织的承诺和忠诚度，导致生产力及生产效率的降低，增加企业成本。所以，有必要了解生产线员工工作倦怠的状况并发现问题，及时采取措施预防与干预。

### 2. 表现

综合国内外学者的研究和实际情况，生产线员工工作倦怠主要表现在以下四个方面。

（1）生理症状。这些症状包括出现耗竭感、缺乏精力、持续疲乏、身体虚弱、对疾病的抵抗力差、常感冒、肠胃不适、失眠等。

（2）认知症状。生产线员工会出现自我概念低落、失去理想、热诚，以及采取悲观、否定、愤世嫉俗的态度等。

（3）情绪症状。生产线员工工作倦怠产生后，往往感到沮丧、无助、无望、失去控制感、沮丧抑郁；会觉得工作空虚、无聊，易怒、神经质、缺乏耐性、冷漠、悲观。

（4）行为症状。生产线员工产生工作倦怠，表现为与周围人群疏远，人际关系差，易怒或脾气暴躁，与他人的摩擦增多，对工作不满意而经常迟到、请假、离职，组织承诺低，工作积极性降低等。

## 二、生产线员工工作倦怠的影响因素

生产线员工的工作倦怠产生于工作，又对工作带来了诸多不良影响。认真讨论和深刻认识影响工作倦怠的因素，是揭示生产线员工工作倦怠产生原因的基本要求。影响生产线员工工作倦怠的因素有很多，主要包括以下几方面。

### 1. 工作与环境因素

（1）工作特征。研究表明，工作负荷过度与工作倦怠之间表现出显著的正相关，尤其是在情绪衰竭这一维度上。工作负荷经常被用来表示工作要求的数量、时间限制等。据中国人力资源开发网调查显示，出现工作倦怠的人中有40.70%的人认为自己所从事的工作不具有挑战性，29%的人认为自己不能在工作时间完成自己的工作。

对于生产一线的员工来说，面对企业内外复杂多变的环境和日益激烈的市场竞争，产品成本、产品质量及生产流程的规范等要求越来越高，使得以前从事简单操作的他们不只是机械地工作，还必须不断学习，以提高生产效率和质量。这使得生产线员工相对于其他员工而言，工作强度大、时间长，心理压力增加，这种情况若得不到及时、有效的调整，不可避免会产生工作倦怠。

研究还发现，如果员工长时间从事同样的工作，就可能会厌烦、沉闷，工作表现也低于平常。员工因为长期重复同样的工作，最先失去的是新鲜感，然后是成就感，最后甚至会怀疑工作价值。

实际上，生产线员工所从事的工作主要是重复性操作，有固定的流程和步骤，他们不仅受制于物、受制于一些刻板的工作形式，如固定的工作时间和固定的工作场所，甚至受制于人，如生产线管理者的监督指挥，这使得生产线员工更容易对工作产生厌倦心理，从而出现工作倦怠。据调查，在工作时间方面，12小时工作制的生产线员工情绪衰竭、去人性化和低成就感的程度比8小时工作制的员工更为严重，这主要是工作负荷影响所致。

（2）组织特征。工作控制感、工作的报酬、组织公平及对员工职业发展的重视程度等与生产线员工工作倦怠之间存在必然联系。

在工作控制感上，参与决策和工作自主性与工作倦怠显著相关。工作紧张产生于较高的工作要求和较低的自主范围。对于报酬，当员工感到报酬不足或报酬不公时，很容易导致其情绪衰竭与个人成就感降低。公平感取决于员工所获得的奖励和他所作出的贡献之比与某一标准相比是高还是低。如果企业重视员工个人的职业发展，并能将组织发展和个人发展相结合，给员工提供大量的机会，员工产生倦怠的几率也会远小于不重视员工职业发展的企业。

对于生产线员工，产品质量和数量有严格的要求，工作规范程度高，但员工本人缺乏自主性，所以较其他群体人员更容易产生工作倦怠。如果他们长期超负荷工作，工作环境比其他群体差，报酬却低于其他群体，在这种情况下，生产线员工所获得的报酬根本没有激励作用，自然难以感受到组织的公平。同时，由于他们的工作特点，员工个人发展容易受到企业的忽视，当员工感觉到自己遭遇不公平待遇，个人晋升受阻或缺乏学习机会时，产生工作倦怠也就不可避免了。

（3）社会支持。大量研究表明，工作中社会支持的缺乏与否和倦怠密切相关，一般而言，个体所获得的社会支持与工作倦怠呈负相关。

社会支持主要包括个体的婚姻状况、上级、同事及社会的认可等。国内有关研究表明，生产线员工中外地员工比本地员工体验到更多的情绪上的倦怠。主要原因可能是本地员工能够得到更多的来自家庭、朋友等的社会支持，而外地员工得到的社会支持较少。

社会支持力量中，婚姻满意度作为个体家庭支持程度的指标，与个体工作倦怠的水平呈显著的负相关。还有学者研究发现，生产线员工的婚姻满意度与情绪衰竭和去人性化维度呈负相关，未婚员工的情绪衰竭和去人性化程度都显著高于已婚的员工。这主要是由于已婚的人得到的社会支持更多，所以他们的倦怠程度较低。

与其他群体不同的是，上级支持与生产线员工工作倦怠的三个维度无明显相关。这可能是由生产线员工的工作特征所决定的，其工作重复性大，有固定的时间和规范，不像其他工作一样受上级指示多。

2. 个体因素

（1）人口统计学特征。性别、年龄、婚姻状况、教育程度等人口统计学变量对工作倦怠有一定影响。根据有关学者对工作倦怠的研究，在性别方面，女性在情绪衰竭上高于男性，而在个人工作投入上却低于男性；男性在去人性化上得分高于女性。与这些被研究群体不同的是，生产一线的男性员工与女性员工在工作倦怠上并无显著差异。这可能是由于企业生产线工人这个群体，男女员工主要是在生产线上从事机械操作性劳动，工作的强度和工作时间并无差别，工作负荷也无显著差异，所以在性别方面，企业生产线员工的工作倦怠水平不存在显著差异。

在年龄和工龄方面，生产线员工年龄越小，工作倦怠的倾向越高；工龄越长的员工工作倦怠程度越高。这是因为年龄小的员工相对于年龄大的员工，处理问题的能力较弱，适应能力也差，情绪上更加不稳定，态度很容易发生变化，更容易产生情绪倦怠现象。而工龄长的员工情绪衰竭和去人性化更为严重，主要是由于工作很久后，工作的新鲜感被重复机械劳动的枯燥乏味所代替，情绪衰竭和去人性化程度逐渐增强。

在受教育程度方面，学历越高，去人性化倾向越高，情感衰竭感越强。对于生产线员工，高中以上学历的员工的去人性化程度比初中学历的员工更为严重，这主要是因为学历低的能更安心工作，学历高的对工作的期望和要求高，更容易产生工作倦怠。

如前所述，婚姻满意度与情绪衰竭和去人性化维度呈负相关，未婚的生产线员工的情绪衰竭和去人性化程度都显著高于已婚的员工。

（2）人格特征。对于人格特征与工作倦怠之间的关系，学者们主要从个体的自我控制感、A/B 型人格、大五人格、自尊感和自我概念等几个方面进行了研究。研究发现，外控型、A 型人格、神经质、低自尊的人表现出较高的工作倦怠。

（3）工作态度。职业兴趣与员工对工作的期望会影响到员工的工作态度。如果从事生产线工作是员工不喜欢的，甚至是讨厌的，员工产生情绪倦怠就更容易些。实际上，生产线员工大多从事着简单、重复的工作，被提拔或改变工作状况比其他员工的难度更大，这个时候员工所付出的努力无法得到预期的效果，则会使其产生工作疏离和个人成就感降低，从而也容易导致情绪衰竭。

（4）应对方式。应对方式是个体为对付压力而采取的各种相应的认知活动和行为活动，可分为问题指向和情绪指向两种方式。前者着重针对压力源采取积极的行动，以改变个体与环境的关系；后者则着重于调节和控制个体面对压力时的情绪反应，使个体内部保持一种平衡状态。相对于情绪指向的应对方式而言，问题指向的应对方式更能有效地减轻个体的工作倦怠感。对于生产线的员工，由于其工作特点，员工自身很难采取积极的行动避免工作压力，在很多情况下只能适当地进行情绪调节，这样工作倦怠也就更容易产生。

### 三、人力资源管理干预

由上述分析可知，生产线员工工作倦怠对企业和个人都会造成严重影响，解决工作倦怠问题，特别是生产线员工的工作倦怠问题，是人们必须面对的重要课题。企业的人力资源管理部门可从以下几个方面对生产线员工工作倦怠进行干预。

1. 有效招聘

生产线员工主要从事操作性工作，对技能要求高，而对学历、知识要求不高，其工作直接关系到企业产品的质量，影响企业的形象，所以招聘到合适的人是人力资源管理者的重大责任。企业应建立科学的招聘制度，规范招聘的流程，在招聘时，不仅要考察应聘人员的综合技能是否与特定的工作岗位相匹配，能否满足岗位技能、知识的需要，还必须考虑应聘人员的个人特点是否符合企业的文化、价值观等，只有与本企业文化相匹配的员工，才能具有企业荣誉感和归属感，在很大程度上就能避免产生工作倦怠。

2. 及时培训

由于生产线的工作对技能要求高，员工入职后，为了使其了解并掌握工作岗位的职责和要求，必须对其进行相应的培训。只有这样，员工才能适应工作需要，并不断提高工作效率和产品质量。对于生产线员工而言，他们的工作负荷大，长期机械单调的工作很容易使他们产生工作倦怠。如果不进行培训，必然加重他们对工作的厌倦情绪，而培训可使他们不断学习新知识，掌握新技能，提高工作的积极性，所以必须重视生产线员工的培训，为其量身定做各种培训，提高员工的技能和素质，使其不断提高工作的胜任力，减小工作所带来的压力。只有使他们感受到企业对自己的重视，才会增强员工对工作的满意度和对企业的归属感。

此外，开展生产线员工的情绪治疗、人际关系培训等社会技能培训，可以调整他们对工作应激的应对能力，对员工解决工作倦怠也是一种有效的方式。

3. 工作轮换

工作轮换能扩大员工的工作技巧，提高工作积极性。通过工作轮换，可以使生产线员工发现自己喜欢和适合的岗位，减少对工作的厌倦心理。人力资源管理部门必须对岗位轮换有通盘考虑和周密计划，要综合组织与员工共同发展的需要，尽量做到使现有员工能学有所长，提高人才使用效率，使岗位轮换和其他人力资源政策共同发挥作用。在员工提出工作轮换申请的前提下，管理人员应充分了解员工自身的要求和业务的需求，有计划地满足员工的要求，并对其轮岗后的绩效进行评估。如果员工发现轮岗后的岗位并不适合自己，即使返回原来的岗位，也能更安心地工作，工作的积极性会更高。

4. 薪酬合理

研究发现，薪酬水平与情绪倦怠呈负相关，薪酬水平越高的员工越不容易产生工作倦怠。生产线员工的工资在企业整体工资水平中处于较低水平，很多员工的工资只能勉强满足生活需要，他们工作的强度大，时间长，又经常加班，很容易导致员工身心疲惫。所以设计合理的薪酬体系对于生产线员工具有很大的激励作用。目前很多企业经常不按规定给生产线员工加班工资，员工加班也是在迫于无奈的情况下进行的，这样自然产生工作效率低，员工抱怨之声此起彼伏，情绪衰竭、去人性化更容易出现，对企业和员工个人都很不利。

5. 职业生涯管理

企业要发展，离不开员工，而员工作为个体，有其自身职业发展的需求，进行员工职业生涯规划就势在必行。企业必须从员工的职业发展出发，将其与企业的战略目标和人力资源战略规划相结合，为员工个人提供不断成长和发展的机会，最大限度地实现员工职业生涯的目标和自我价值，以获得员工的长期信任、忠诚和支持，提高其对工作应激的接受程度。事实上，很多优秀的管理者都是从生产一线的员工提拔上去的，他们了解企业产品的生产情况，在接受一定的培训后，很容易开展适合企业发展的工作，所以企业管理者有必要对生产线员工进行职业生涯管理，为其发展提供相应的机会。

**6. 改善环境**

有效的组织支持可以缓解生产线员工的倦怠水平，因此，在组织无法根除潜在工作压力源的情况下，通过建立强有力的支持系统，使生产线员工感知来自组织、同事等对他们的支持，可以有效缓解各种潜在工作压力源对他们的冲击，从而减少生产线员工的怠工和离职行为。具体措施如下：

（1）改善工作条件。据了解，生产线员工的工作条件在企业中是比较差的，很多厂房噪音大、湿度高、粉尘多，对员工身心健康极其不利，所以改善员工的生产条件，对他们来说激励效果是最好不过了，舒适、安全的环境更能激发员工的工作热情。在改善措施中，如果能配上一些人性化的安排，如在适宜的工作环境进行色彩搭配、设置舒适的员工休息场所等，就更能发挥员工的工作积极性，减少员工的倦怠心理。

（2）形成和谐的人际关系。和谐的人际关系可以减少员工的工作倦怠，企业中的人际危机往往是由于员工间性格不相融、有利益冲突引起的。因此，在配置生产线人员时不仅要注意到员工能力的互补，还要考虑到气质、性格上的互补，在薪酬、绩效考核和晋升等制度安排上，应保证公开、公正和公平，避免暗箱操作和人情因素的影响。特别是对非正式组织中产生的利益小团体应严格加以限制，使内部各方的利益及时得到协调，促进员工和组织的共同发展。

**7. 及时提供帮助**

企业员工帮助计划是一项内容广泛的系统服务项目，及时、有效的员工帮助服务可以帮助生产线员工克服不良嗜好，增进心理健康以及改善工作情绪，提高员工士气和工作效率。组织可为生产线员工提供的帮助有：职业辅导、心理辅导和沟通技巧的辅导，员工休闲和进修时间的安排以及娱乐与体育活动的建议和提供等。

（1）开展职业辅导。在企业生产任务重、压力大的情况下，生产线员工常常对工作产生恐惧心理，开展职业辅导就必不可少。很多企业采取了"师傅带徒弟"的方式，通过一对一或是一对多来指导员工工作。企业还应该对员工进行职业生涯设计，向员工提供全面的就业能力保障，这有利于员工的成长，也可能消除他们对工作的倦怠。

（2）加强心理关怀。生产线员工产生工作倦怠有一个过程，当发现员工情绪或行为等方面有工作倦怠的症状时，应及时给予关怀和帮助。生产线员工产生工作倦怠在很多情况下是由于对工作的不满意，但又很难表现出来，适当的情绪宣泄，有助于恢复员工情绪的平衡。管理者可以安排专人或是车间管理者担当生产线员工的心理辅导者，给予员工精神上的支持与关怀，使员工通过向聆听者诉苦来宣泄他们对工作的不满情绪。

（3）有效提升沟通技巧。生产线员工的沟通包括与上级、同事、朋友、家人等的沟通，通过无障碍沟通可以释放员工的压力，避免工作倦怠的产生。管理者可以利用业余时间对员工进行沟通技巧的辅导，增强他们的人际交往能力，从而激励其积极工作。尤其是车间管理者，应多与员工交流，了解他们的需求，帮助他们消除困惑。

当然，对生产线员工工作倦怠的预防与干预，由于环境条件和个人等方面的情况不同，采取的措施也不尽相同。实践证明，只有及时、有针对性而又持续不断地进行预防，才会使工作倦怠状况根本改善，才能大大减少干预的对象，才能调动员工的积极性和创造性。

## 参考文献

［1］柯友凤，柯善玉．高校教师工作倦怠的影响因素及缓冲机制．教育研究与实验，2006，5.

［2］江卫东．工作倦怠的结构与测量．南京理工大学学报，2007，20（3）.

［3］陈建武．IT企业技术人员工作倦怠管理研究．厦门：厦门大学管理学院，2006.

［4］李永鑫．三种职业人群工作倦怠的比较研究：基于整合的视角．上海：华东师范大学教育科学学院
心理学系，2005.

［5］马世坤．压力源、自我调控及其交互效应对工作倦怠的工作研究．杭州：浙江大学管理学院，2007.

［6］张燕，马剑虹．工作倦怠理论模型和相应干预措施．中国健康心理学杂志，2006，14（3）.

［7］李永鑫，张阔．工作倦怠研究的新趋势．心理科学，2007，30（2）.

［8］李萍，黎永泰．工作倦怠人力资源管理的重要性．当代经理人，2006，2.

［9］商涛，王小桃，张晓辉．企业生产线员工工作倦怠的调查．中国健康心理学杂志，2006，14（6）.

［10］苏文明，吴薇莉．企业员工工作倦怠归因研究．西华大学学报，2007，26（3）.

［11］李金波，许百华，左伍衡．影响工作倦怠形成的组织情境因素分析．中国临床心理学杂志，2006，
14（2）.

# 人力资本当期价值理论和方法的创建与创新

● 李世聪[1]　陈光明[2]

（1，2　长沙理工大学财经研究所　　长沙　410076）

【摘　要】文章在总结分析国内人力资本价值计量研究现状和测算国内外人力资本价值计量模型的基础上，创造性地提出了人力资本当期价值理论与方法，创造性地设计了一套全新的人力资本群体、个体、绩效、分配价值和未来群体、个体价值等一系列计量模型，实现了企业人力资本群体价值、个体价值、绩效价值、分配价值以及未来群体、个体价值六位价值一体化，并已经过多家企业应用验证，取得了比较好的研究与实践效果。

【关键词】人力资本　当期价值　理论与方法　创建与创新

## 一、为什么提出当期价值理论？

人力资本价值计量是一个世界性难题，由于人力资本本身所具有的特殊性、复杂性和不确定性，使得对人力资本价值计量的难度要远远超过物力资源，国内外研究了几十年，但至今为止并没有解决这一难题。由于这一难题未能解决，人力资本价值不能计量，从而使人力资本价值核算、绩效考评、收益分配与机制建立等都因缺乏科学的依据而无所适从，特别是收益分配，由于人力资本价值无法计量而不能反映人力资本的客观价值量，劳动者得不到应有的回报，劳动者的权益受到了侵犯，从而挫伤了劳动者的积极性，这已成为制约人力资本价值开发的重大障碍，因此建立科学的人力资本价值理论和计量模型，恰当地计量人力资本价值是目前亟须研究和解决的重大问题。

为什么国内外研究几十年还没有解决这一难题呢？综合国内外人力资本价值计量研究现状，概括起来有两个方面：一是按人的内在价值计量，二是按人的未来价值计量并加以贴现。所谓按人的内在价值计量，是指按蕴含于人体内的内在能力、智力、学历、资历等因素来确定人力资本价值量，而这些人的内在因素与多种精神因素密切相关，它受思想意识、观念、信仰、情绪、待遇乃至环境等多方面的不确定因素影响，人与人之间千差万别，就是条件相同的人也有差异，同一个人在不同时期也不一样，因而按人的内在价值计量是不可能解决人力资本价值计量问题的。所谓按人的未来价值计量，就是按人的工资、津贴等收入计量未来价值并加以贴现，劳动者创造的贡献价值远远大于其工资和津贴收入，同时这种未来价值受未来不确定因素影响，所计量的价值不是高估就是低估，与实际不符，计量的数据只能作为预测、决策的参考，不能作为企业人力资本核算、绩效考评与收益分配的依据，所以按这种思路同样是不可能解决人力资本价值计量问题的。对此，我们研究了国内外多种价值计量模型，并对这些模型一一进行实证测算，测算的结果与实际均有较大的差距。因为这些模型是按人的内在价值和未来价值计量的，是很难反映其客观实际价值、很难应用于实践的，所以说按人的内在价值和未来价值去研究人力资本价值是无法实现的。

我们发现上述道路走不通，只好另辟蹊径，寻求新的思路，开辟新的途径。通过反复深入研究，我们提出了不同于国内外研究的全新的人力资本价值计量理论与方法，即当期价值理论与方法。

## 二、什么是当期价值理论与方法

所谓当期价值是指人力资本当期投入价值（即人力资本当期投入成本）是直接为人力资本所耗费的包括工资、津贴、福利费、培训费、保险费、离职费等支出，这些费用理所当然是人力资本当期价值的组成部分，应列入人力资本当期价值之内。人力资本价值构成的另一部分就是人力资本当期创造和实现的新价值。企业实现的新价值包括营业利润、投资收益以及亏损的减亏额。新价值是人力资本和物力资源共同创造的。但在现行核算中，只反映物力资源，未反映人力资本，将企业创造的新价值完全归功于物力资源，而将人力资本排除在外，人力资本未享受应得的权益，这显然是不合理的。目前，企业人力物力所创造的新价值和投入价值按现行核算已混为一体，无法单独反映人力物力共同创造的新价值和投入价值。我们运用数理计算方法，按生产要素引入弹性系数计算出人力资本当期投入价值和产出价值所占的比例而后与企业投入和产出总的价值相乘，求得了人力资本当期实现的价值。这部分价值同样应列入人力资本当期价值之内。这部分价值大，意味着人力资本能力强、实力雄厚、贡献显著，否则反之。

所谓当期价值，从时间含义来说，是指当年价值。为什么是"当年"的价值呢？这是因为：

（1）人力资本价值具有不确定性，不能历年累加，如果历年累加既无据可查，且计算更趋复杂化。因此，必须固定一个年度按当年计算为好。

（2）时间上定为当年，与现行会计核算制度规定一致，便于采集数据。人力资本当年发生的投入和当年应分摊的费用与当年创造的利润、收益等数据和凭证可从当年会计核算资料中取得，十分方便，有利于现行会计核算。

所谓当期价值，从空间含义来说，当期价值反映的是一个单位人力资本所实现的经济价值，这与现行核算的单位主体（即以一个独立核算的经济单位为核算主体）是一致的，所以我们计算的人力资本价值要受单位经济价值和效益的制约，单位创造的经济价值高、效益好，人力资本价值就应大一些；单位创造的经济价值低、效益差，人力资本价值就会小一些，不论群体价值、个体价值都是如此。自然，同一个人在不同的单位所计量出的人力资本价值是会有差异的。因人力资本的价值要受单位创造的经济价值和效益所制约，我们所反映的当期价值，就是立足于一个单位人力资本当年所实现的经济价值。只有立足于一个单位当年人力资本可实现的经济价值，才具有现实和可以实现的经济资源，单位才有承受能力。离开单位当年实现的经济价值去谈人力资本的价值，可以说是没有现实意义的。

所谓当期价值，从理论含义来讲，当期价值是以马克思剩余价值和现代资产价值理论为主要理论依据的，借鉴西方经济学中有关观点，因而有着丰富的理论内涵。按照马克思剩余价值理论，人力资本价值为必要劳动价值和剩余价值之和，必要劳动价值实际上就是补偿劳动消耗部分，体现为人力资本当期价值中的投入成本；剩余价值部分体现为人力资本所创造的新价值部分，两者之和即为人力资本当期价值。人力资本作为人力资产，符合现代资产价值计量的特点，其价值应与对物力资产价值的确认、计量相一致。物质产品的价值，一般由产品制造成本、销售税金和利润构成。产品制造成本是制造这种产品的直接投入的成本，相当于人力资源当期投入成本，销售税金和利润属于剩余价值，相当于人力资源的新价值。人力资源的价值由投入价值和新价值两部分构成，类似于物质产品的价值由投入价值和新价值（税金＋利润）两部分构成。人力资本当期价值符合资产价值计量的特点和成本计价原则。尽管西方经济学家对于利润和剩余价值产生的观点各不相同，但有一个共同认识，剩余价值和利润是人力资本与物力资本共同作用的结果。人力资本当期价值理论及其模型中"H"比例的提出，说明企业利润或剩余价值是人力资本和物力资本所共同创造的，因而当期价值理论也吸收和借鉴了西方经济学有关理论思想观点。

### 三、当期价值按人力、物力进行分离

我们计量当期价值包括人力资本当期投入成本和当期创造的新价值两大部分。第一部分人力资本当期投入成本是指直接成本，即为取得、开发、保全不同等级人员的使用价值而发生的成本。人力资本间接成本是指与取得、开发、保全人力资本使用价值有关的人事管理活动的职能成本，不属于直接形成人力资本价值的内容。这部分费用与企业其他经营管理费用一同发生，是管理费用的一部分，与物力资源价值构成相一致，应作为期间费用处理，不应作为人力资本价值。第二部分人力资本当期创造的新价值是从企业创造的新价值中分离出来的。对于亏损企业的减亏部分同样应列为企业的新价值。如何从企业创造的新价值中把人力资本创造的部分分离出来，这是国内外长期未能解决的问题，我们通过科学的方法和运用数理计量方法解决了这一问题。首先，通过条件假设和逻辑推导，建立企业人力、物力投入与产出之间的函数关系计算公式：

$$Q = AL^{\alpha}K^{\beta} \tag{1}$$

式中，$Q$ 代表效益或产出；$L$ 代表人力资本的投入；$K$ 代表物力资本的投入；$A$ 代表技术水平参数；$\alpha$ 代表人力资本投入的效益参数；$\beta$ 代表物力资本投入的效益参数。

为了简化计算，将公式（1）两边取对数得到：

$$\ln Q = \ln A + \alpha \ln L + \beta \ln K \tag{2}$$

再令：$\qquad Q' = \ln Q \qquad A' = \ln A \qquad L' = \alpha \ln L \qquad K' = \beta \ln K$

则公式（2）变换为：$\qquad\qquad\qquad Q' = A' + \alpha L' + \beta K'$

即人力资本投入、物力资本投入、产出三者的自然对数之间存在上述线性关系，为了进一步简化计算，我们直接采用企业当期人力资本投入、物力资本投入与产出的数据，并假定技术参数 $A$ 在短期内保持相对稳定，视为常量，由此而得到如下生产函数：

$$Q = \alpha L + \beta k \tag{3}$$

式中，$Q$ 为企业效益或产出的对数值；$L$ 为人力资本投入的对数值；$K$ 为物力资本投入的对数值。

公式（3）已说明短期内企业效益（或产出）与人力资本的投入之间呈线性关系。运用式（3）便可以求得：

$$H = \frac{\alpha L}{\alpha L + \beta K}$$

$H$ 比例反映了企业人力资本对新价值贡献的比例，通过它与企业总的新价值相乘，计算出人力资本所创造的新价值，从而实现企业人力物力共同创造新价值的分离。如果投入价值和产出价值全部混为一体，也可按分离新价值的方法，将混为一体的全部价值分离开来，从而实现企业人力物力投入和产出全部价值的分离。

把人力资本创造的新价值从物力资源中分离出来以后，我们分别构建了人力资本当期群体、个体、绩效和分配四种计量模型，以分别计量出企业人力资本当期群体、个体、绩效和分配四位价值。在计量人力资本当期价值的基础上，我们还构建了人力资本未来群体、个体价值计量模型，计算出未来群体、个体价值的现值，为企业管理和经营预测、决策提供信息。我们所构建的人力资本价值计量模型，从逻辑关系上来讲十分严密，前一个模型是后一个模型的计量基础，当期价值计量模型是未来价值计量模型的基础，形成了人力资本价值计量的有机体系。

## 四、当期价值计量模型的构建

模型一：人力资本当期群体贡献价值

$$V = (VA + I) \times H$$

式中，$V$ 为人力资本当期群体贡献价值；VA 为工业企业当期的增加值；$I$ 为工业企业当期利息支出；$H$ 为人力资本对新价值的贡献比例（人力资本贡献率）。

（1）运用此模式可以计量人力资本群体（如整个企业、企业的独立核算部门、附属企业、分支机构等）的贡献价值大小，反映集体力量的劳动成果和智慧，反映企业经济效益和竞争实力，以评价和分析企业创造新价值的能力和水平。

（2）根据企业当期群体贡献价值除以员工人数即可求得人力资本当期人均个体贡献价值。

模型二：人力资本当期人均个体贡献价值

$$VP = \frac{V}{N}$$

式中，VP 为人力资本当期人均个体贡献价值；$V$ 为人力资本当期群体贡献价值；$N$ 为该群体员工人数。

对不同的行业我们应该选择不同的产出指标，在工业企业中，我们以工业增加值作为企业经济效益主要产出指标考评企业微观经济效益较为合理。因为工业增加值是当年劳动者新创造的价值，是在总产值基础上扣除中间消耗的物化劳动转移价值后的剩余产品价值，即生产经营和劳务活动中追加到劳动对象上的价值，是各企业、单位为社会提供劳动量的货币表现，为社会所作的贡献，反映生产经营和劳务活动的最终成果。其计算公式和过程如下：

企业当期工业增加值 = 当期总产值 − 当期物质生产部门消耗价值 − 当期支付非物质生产部门的费用 − 利息支出

模型三：人力资本当期个体绩效价值

$$V_{ij} = VP \times G_i \times R_{ij}$$

式中，$i = 1, 2, \cdots, n$ 个岗位；$j = $ 某岗位 $1, 2, \cdots, n$ 个员工；$V_{ij}$ 为某岗位人力资本当期个体绩效价值；$G_i$ 为某岗位、岗级调整系数；$R_{ij}$ 为某岗位个体绩效价值调整系数。

此模型为了使人力资本人均个体贡献价值和个体绩效价值集中反映，将两者融为一个模型，改变现有人力资本绩效考评多以非价值指标评价员工贡献大小的情况，实现价值指标与非价值指标的有机结合。

模型四：人力资本当期个体分配价值

人力资本收益价值的分配直接与员工当期个体绩效考评挂钩，这充分体现了按贡献大小进行分配，分配的具体实现过程是：首先确定分配总额，其次确定分配标准，最后确定分配额。

人力资本当期个体分配价值 = 分配总额 × 分配标准，即：

$$P_{ij} = T_i \times S_{ij} = T_i \times \frac{V_{ij}}{\sum V_{ij}}$$

式中，$P_{ij}$ 为人力资本当期个体分配价值；$T_i$ 为某岗位分配总额；$S_{ij}$ 为某岗位人力资本个体分配标准；$V_{ij}$ 为某岗位人力资本当期个体绩效价值；$\sum V_{ij}$ 为某岗位人力资本当期个体绩效价值总额。

模型五：人力资本未来群体贡献价值

$$V_t = \frac{(VA_t + I_t)}{(1 + r)^t} \times H_t$$

式中，$V_t$ 为未来第 $t$ 期人力资本群体绩效价值的预计数的现值；$VA_t$ 为未来第 $t$ 期企业增加值预计数；$I_t$ 为未来第 $t$ 期企业利息支出预计数；$H_t$ 为人力资本第 $t$ 期创造新价值所占比例预计数；$r$ 为未来第 $t$ 期人力资本价值贴现率。

模型六：人力资本未来个体绩效价值

$$V_{ijt} = \frac{[(VA_t + I_t) \times H_t \div N_t] G_{ij} R_{ijt}}{(1+r)^t}$$

式中，$V_{ijt}$ 为未来第 $t$ 期某岗位人力资本个体绩效价值的预计数；$G_{ij}$ 为未来第 $t$ 期某岗位岗级调整系数预计数；$R_{ijt}$ 为未来第 $t$ 期某岗位个体绩效价值调整系数预计数；$N_t$ 为未来第 $t$ 期群体员工人数预计数。

$VA_t, I_t, H_t, r$ 的含义同前。

## 五、当期价值理论与方法的突破与创新

### 1. 创造性地提出当期价值理论

本研究建立人力资本当期价值计量理论，改革传统的人力资本的价值计量方法，指出由于蕴含于人体内的内在因素受到多种不确定因素的影响，给人力资本价值计量带来难度，因此，提出从人力资本当期贡献价值的角度来计量人力资本的价值，符合现代资本价值计量的特点和原则，与物质资产价值的确定、计量相一致。物质产品价值一般由产品制造成本、产品销售税金、利润三部分构成，产品制造成本是制造产品直接投入的成本，相当于人力资本当期投入成本，产品销售税金和利润属于剩余价值，相当于人力资本当期创造的新价值。所以人力资本当期价值由当期投入成本与当期创造的新价值之和构成，类似于物质产品价值构成，因而我们说当期价值理论是对人力资本理论的一次突破性的尝试。

### 2. 创造性地提出将人力、物力按贡献分离

首次提出将企业人力、物力按贡献价值分离的观点，把人力资本的贡献价值从物力资源中分离出来，解决了二者长期混为一体无法单独反映的状况。人力、物力贡献价值混为一体所造成的影响包括：（1）由于人力资本贡献价值不能从物力资源中分离出来，无法对人力资本的贡献价值进行计量，则企业的群体价值、个体价值无法计算出来，各人应得的回报就更无法计算了，无疑将影响广大劳动者的积极性和创造性的发挥。（2）由于不能分别反映人力资本与物力资源的贡献价值，致使贡献高低的原因不明，从而使企业不能对症下药，往往具有盲目性而造成失误。（3）将人力物力共同创造的价值完全归物力所有，人力的价值排除在核算之外，这显然是不合理的。（4）人力价值不仅企业无法反映，国家宏观也无法反映，致使人力的情报信息不能及时提供和反映出来，从而影响政府宏观调控和政策的制定。对于这个问题，传统的提法虽然意识到，企业投入产出的贡献价值是人力物力共同作用的结果，但并没有把人力资本与物力资本的贡献价值进行具体分离，缺乏相关的量化研究。至今与此相同内容的研究尚未发现，所以此项研究成果具有原创性。

### 3. 创造性地构建了人力资本当期价值系列计量模型

我们分别构建了人力资本当期价值系列计量模型，分别计量出企业人力资本当期群体、个体、绩效和分配四种价值，同时在计量人力资本当期价值的基础上，我们还构建了人力资本未来群体、个体价值计量模型，计量出未来人力资本群体、个体价值的现值。这些模型从不同的角度计量人力资本价值，为企业内部管理和外部相关利益者提供了多方位的信息。我们所建立的人力资本价值计量模型，从群体、个体、绩效到分配以及未来等计量模型，环环相扣，紧密相连，逻辑严密，前一个模型是后一个模型的计量基础，当期模型是未来模型的计量基础，形成了有机的价值链，实现了人力资本六位价值一体化，成为人力资本价值计量的有机体系。

4. 创造性地实现非价值指标价值化

运用价值指标与非价值指标的有机结合，科学合理地对员工进行绩效考评。人是复杂的高级动物，仅用非价值指标来反映人力资本的价值有失偏颇，而传统的人力资本绩效考评只注重非价值指标，忽略价值指标。为了更全面反映人力资本的价值和绩效贡献，我们运用科学的方法，把人力资本价值计量和非价值指标的绩效考评有机地结合起来，通过科学运用非价值指标进行绩效考评与评分并折算成价值指标求得绩效价值调整系数 $R_{ij}$，通过岗级测算，体现岗级的重要程度，求得岗级调整系数 $G_i$，实现非价值指标价值化。为了方便和集中反映，将两个系数巧妙地融入人力资本个体绩效价值计量模型中，实现不同岗位人力资本的个人绩效价值与岗位价值的有机结合，从而可以更准确地计量和反映不同岗位人力资本的个体价值。同时我们依据员工绩效和贡献的大小来确定分配价值，使企业的收益分配与员工的绩效和贡献大小直接挂钩，以实现企业对人力资本收益分配的公平合理性，解决了收益分配不能充分体现贡献大小的问题。

5. 创造性地对模型进行实证检验、修正、改进与完善

"实践是检验真理的唯一标准"，研究成果是否科学合理，必须到企业实践中去检验。我们将研究成果应用于企业，经过长岭炼油化工有限责任公司、山东邹县电厂、长沙性特自控设备实业有限公司、长沙市政工程公司等多家企业应用、验证、测算，并根据测算结果对其模型与方法进行了修改和完善。最终，计量的人力资本群体价值、个体价值、绩效价值、分配价值和未来群体价值、个体价值等都能准确地反映其客观价值，为企业人力资本价值核算、绩效考评、收益分配提供了科学的方法和依据，受到企业的好评，被一致公认这套计量模型与方法具有良好的应用前景。

6. 创造性地建立人力资本核算方法，填补传统会计对人力资本价值反映的空白

传统会计只反映物力资本的价值，不反映人力资本的价值，将企业最重要的人力资本价值排除在会计核算体系之外，这显然是不合理的。我们针对人力资本当期价值，建立起人力资本价值会计核算体系，包括人力资本成本核算、人力资本权益核算以及人力资本价值核算和人力资本报告内容四个部分。按现行核算制度，可将人力资本会计核算纳入现行会计核算范畴，以填补传统会计对人力资本价值反映的空白。

结论：这项研究成功地解决了长期困扰人们的对人力资本价值计量的问题，创造性地提出人力资本当期价值计量理论与方法，使人力资本的价值得到合理科学的计量，给人力资本按贡献参与企业收益分配提供了科学的依据，进而更好地维护人力资本的产权，调动广大劳动者的积极性。此项成果对企业人力资本价值的计量和收益分配将起到积极的指导作用，通过推广应用将会产生良好的社会效益，具有广泛的应用前景。

## 参考文献

[1] 西奥多·W. 舒尔茨. 人口质量经济学. 北京：华夏出版社，2001.

[2] 张德. 中国可持续发展的人力资本对策. 中国人才，2005，3.

[3] 赵曙明. 美、日、德、韩人力资本管理发展与模式比较研究. 外国经济管理，2001.

[4] THUROW，LESTER C. Investment in human capital. California：Wadsworth Publishing Company，1986.

[5] SCHULTA，THEODORE W. Investment in human capital. American Economic Review，2002，4.

# 经理管理防御对公司利益相关者影响的研究

● 李秉祥[1]    王妍斐[2]    刘增奇[3]

（1，2，3 西安理工大学工商管理学院 西安 710048）

【摘 要】 作为对委托代理理论研究的深化，经理管理防御对于解释企业经理人员管理行为提供了一个新的视角。虽然与以往代理文献所强调的动机有所不同，但影响一样广泛，同样会产生代理成本。本文在对该领域重要文献进行梳理的基础上，对企业经理管理防御内涵进行了扩展，将公司价值分为债权人利益、股东利益和经理人利益三部分，以股东对经理人的解聘权和公司破产条件为约束，通过建立二期动态模型说明不同经理管理防御程度下公司主要利益相关者之间的利益分配关系，得出防御动机不仅损害债权人和股东利益，还会对公司价值造成减损的结论。

【关键词】 经理管理防御 利益相关者 企业价值 股东利益

## 一、引言

### 1. 相关文献综述

国内学者很早就开始关注公司治理问题，并对公司相关者利益分配问题作了大量的研究，但却忽视了经理人防御因素对公司价值和各方利益的影响。在委托代理理论研究中，一直将道德风险作为解释经理人行为的重要假设与依据。然而，基于职位利益冲突的管理防御研究却揭示出，管理防御动机的存在会使得经理人采取有利于维护自身职位的策略来保证自身利益的最大化。股东之所以雇用经理人是想凭借经理人的人力资本为他们创造财富，但股东和经理人之间存在着信息不对称问题，当经理人在公司的财务决策中起主导作用时，经理人很难自觉选择一个不利于实现自身利益最大化的财务政策。股东为了使经理人的经营行为与自己的目标达成一致，需要对经理人采取激励和约束并重的机制。其中对经理人最大的约束就是解雇。对经理人而言，解雇是一种很高的人力资本风险。因此，经理人有动机采取对自身有利的行为降低不可分散的雇用风险，维护自身职位，追求自身效用最大化，影响公司的财务决策，从而产生经理管理防御问题。所谓经理管理防御（managerial entrenchment），是指经理人在公司内、外部控制机制下，通过保持自身对公司经营的控制权，追求自身利益最大化的行为。

国外学者对经理管理防御问题的研究较早，主要是围绕经理人在公司内、外部控制机制作用下如何降低职位威胁来展开的。从融资方式选择来看，防御的经理人与股东的目标本身就存在冲突。股东希望充分利用债务的杠杆作用实现财富最大化，而经理人为了减轻支付利息的绩效压力，降低财务困境下所必须承担的庞大的转换工作成本，表现为偏好股权融资而尽可能避免债务融资。Novaes 和 Zingales（1995）研究认为，在融资方式选择上，股东将负债作为提高经营效率的工具，而经理人将负债作为防御策略。也就是说，股东鼓励负债是为了股东财富最大化，经理人负债是为了向股东证明他没有防御性或防御性很低以保住自己的职位，他的目的是经理人效用最大化。Berger et al.（1997）通过实验研究也得出，经理人对公司的控制力越强，越倾向于采用较低的负债水平。由于外部股东和经理人间信息的不对称性，使得股东难以证实经理人的财务决策合理与否，或者证实成本太高，这样经理人就可以通过控制公司资产或者接受新项目得到私人收益。股东为了防止经理人盲目投资（可能投资净现值小于零的项目）建造"经理帝国"，造成公司价值减损，会要求经理人在进行项目投资时采用一定数量的负债，通过每期必须偿还的债务利息对绩效的影响来约束经理人的投资行为。但 Allen & Michacely（2002）的研究认为股利支付率的变动与资本结构变动间没有直接联系。Welch（2004）的研究指出防御性经理人对股利分配的影响并不明显。Barclay et al.（1995）通过对托宾 Q 值的研究认为公司的股利分配和财务杠杆均对公司的成长有积极的影响，并且股利分配、财务杠杆和公司成长三个因素相互作用。Zwiebel（1996）通过建立一个三期的资本结构模型，说明在外部约束的压力下经理人自愿举借债务。Zwiebel 的动态资本结构模型考虑了控制权竞争对经理人防御的影响和破产条件对经理人决策的约束两个因素。Zwiebel 认为在不存在敌意接管时，经理人没有激励举借债务，因为增加债务会增加公司破产的可能性，而当经理人面临接管威胁时，为了避免被解雇而自愿举借债务。本文借鉴 Zwiebel（1996）的思想，建立二期动态模型分析研究经理管理防御程度对公司利益相关者利益分配的影响。

2. 研究的主要内容

公司的价值由债权人、股东和经理人的利益构成。其中经理人的利益可被看做经理人在公司财务决策中加入防御因素，给自己带来的潜在利益。在企业价值既定的条件下，三者之间有利益冲突。我们按照债务合约能否重新谈判，分两种情况讨论管理防御对公司利益相关者利益分配的影响。第一种假设债务合约不可重新谈判，如果公司价值高于债务本息，按时还本付息，经理人只侵占了股东利益，但是经理管理防御行为影响了公司运营效率，降低了债权人债权的安全程度；如果公司价值低于债务本息，债权人要求清算公司，经理人被解雇。公司被清算时，公司价值减去清算损失小于负债。经理管理防御因素不仅侵害了股东的利益，还侵害了债权人的利益，此时经理人可能被解雇，所得利益为零。第二种情况在前一部分的基础上假设公司资产价值低于债务本息时可进行重新谈判，讨论当公司价值低于债务本息可进行重新谈判时公司利益相关者之间利益的分配。

## 二、不考虑债务可重新谈判的模型描述及分析

### 1. 变量描述

假设经理人不持有公司的任何股份,能够对公司的财务决策和股利分配起主导作用,并且经理人不仅要选择合适的财务杠杆,降低公司破产的可能性,还要向股东分配一定数量的股利,避免公司外部股东行使解雇经理人的权利,公司的债务数量为 $P$,债务的期限为 $T$。公司 $t$ 期的价值为 $V_t$;每年的现金流为 $\beta V_t$;经理人的防御程度,即经理人的防御行为对公司价值减损的影响率为 $\omega$。当 $\omega = 0$ 时,认为经理人的目标是股东财富最大化,没有采取防御措施;当 $\omega \neq 0$ 时,认为经理人为了自身利益在经营管理中采取防御行为,给公司造成价值减损。解雇经理人给公司造成的价值减损为 $\omega(1-\beta)V_t$,乘以 $(1-\beta)V_t$ 是因为在 $t$ 期解雇经理人,$t$ 期的现金流不受经理防御因素影响;公司的清算损失率为 $\kappa$,清算费用为 $\kappa(1-\beta)V_t$。公司清算时解雇经理人,总共的损失为 $(\kappa + \omega)(1-\beta)V_t$。假设公司基期价值为 $V_0$,此时股东自己经营公司所得利益为 $V_0$。如果雇用经理人,经理人为了最大化自身利益不选择负债,股东所得利益为 $V_0(1-\omega)$。既然股东不雇用经理人比雇用经理人所得的利益多,股东就会解雇经理人自己经营公司。因此,经理人为了自身利益有主动性在公司开始运营时选择一定数量的债务。

假设公司价值趋势遵循二叉树原理。在 $t+1$ 期市场状况可能繁荣,也可能萧条,繁荣时市场价值为 $gV_t$,萧条时市场价值为 $bV_t$,市场在 $t+1$ 期的状况事先并不知道,假设市场状况繁荣的概率为 $p$,萧条的概率

为 $(1-p)$，并且市场状况为繁荣或萧条的概率每期相同，各期依此类推，公司 $t+1$ 期的价值 $V_{t+1} = \dfrac{pgV_t + (1-p)bV_t}{1+r} + \beta V_{t+1}$。

## 2. 模型建立与分析

一般来说，公司债务按能否重新谈判分为可重新谈判债务和不可重新谈判债务。可重新谈判债务一般为银行借款等，而不可重新谈判债务为对外发行的公众债券。可重新谈判债务由于持有人较单一，重新谈判的可能性大，重新谈判成本较小。不可重新谈判债务由于持有人较分散，重新谈判的成本较高，可能性不大。假设公司所借债务 $P$ 全部为持有人单一的可重新谈判债务，讨论在债务不可重新谈判情况下，随着经理管理防御程度的变化，债务到期时公司价值在债权人、股东和经理人之间的分配。

债权人、股东和经理人的利益分别为：

$$B(V_T) = \begin{cases} (1+c)P, & V_T \geq (1+c)P \\ V_T - (\omega + \kappa)(1-\beta)V_T, & V_T < (1+c)P \end{cases}$$

$B(V_T)$ 为债权人利益；$c$ 为债务利息率；$P$ 为债务本金；$T$ 为债务期限。

债务到期时，当公司价值高于债务价值时，足额还款；当公司价值低于债务价值时，公司被清算，债权人获得清算价值。

公司价值扣除 $B(V_T)$ 的部分为股东和经理人的利益之和 $G(V_T)$。

$$G(V_T) = \begin{cases} V_T - B(V_T), & V_T \geq (1+c)P \\ 0, & V_T < (1+c)P \end{cases}$$

债务到期，当公司价值高于债务本息时，公司还债后剩余的价值归股东和经理人共同所有；当公司价值低于债务本息时，公司被清算，股东和经理人均得不到任何剩余价值。

股东和经理人对 $G(V_T)$ 进行分配。经理防御行为对公司造成的价值减损为 $\omega(1-\beta)V_T$。这部分价值减损是经理人为了维护自身利益，在经营中采取防御行为侵占的股东价值。股东所得利益为 $G(V_T) - \omega(1-\beta)V_T$。经理人为了保全自己的利益就必须使股东的利益不低于 $G(V_T) - \omega(1-\beta)V_T$，否则股东解雇经理人自己管理公司。因此，当公司运营良好时，经理人必须使股东获得的利益为 $\max[0, G(V_T) - \omega(1-\beta)V_T]$。当经理人到期无法偿付债务，公司面临清算时，股东利益为零。

股东利益 $E(V_T)$ 为：

$$E(V_T) = \begin{cases} \max[0, V_T - B(V_T) - \omega(1-\beta)V_T], & V_T \geq (1+c)P \\ 0, & V_T < (1+c)P \end{cases}$$

当公司运营良好时，公司价值扣除给债权人偿付债务和股东所得利益后为经理人利益 $M(V_T)$。当经理人到期无法偿付债务，公司面临清算时，经理人被解雇，其利益为零。

$$M(V_T) = \begin{cases} V_T - B(V_T) - E(V_T), & V_T \geq (1+c)P \\ 0, & V_T < (1+c)P \end{cases}$$

在公司持续经营的条件下，各方利益分别为：

$$B(V_{t+1}) = cP + \frac{pB(gV_t) + (1-p)B(bV_t)}{1+r}$$

$r$ 为无风险利率。

$$G(V_{t+1}) = \beta V_{t+1} - (1-\tau)cP + \frac{pG(gV_t) + (1-p)G(bV_t)}{1+r}$$

$\tau$ 为所得税率，$(1-\tau)cP$ 为扣除税避后的债务利息。

当公司股东当期获得的所投资项目的收益高于当期税避后的债务利息时，投资项目能够增加公司价值。

当公司股东当期获得投资项目的收益低于当期税避后的债务利息时,投资项目给公司造成价值减损,经理人要么增发股票获取资金支付当期利息,要么变卖公司资产,直到公司价值低于债务本息,清算公司。投资者认购公司增发股票的前提条件是认为公司有发展潜力,投资后能够获得期望的回报,否则他们不愿对公司继续投资。当公司遵守债务合约时,股东希望经理人向其分配的股利等于所投资项目的收益减去扣除税避后的债务利息,而经理人则希望尽可能少地向股东支付股利,因为他们之间是有利益冲突的。股东和经理人要对当期现金流扣除税避后债务利息部分进行分配。如果经理人向股东分配的股利等于当期现金流扣除税避后债务利息,股东利益为:$\beta V_{t+1} - (1-\tau)cP + \dfrac{pE(gV_t) + (1-p)E(bV_t)}{1+r}$,经理人未从当期现金流中得到任何利益。如果经理人不向股东支付股利或所支付的股利股东不满意,股东会解雇经理人自己管理公司。因此,股东所能接受的最少利益为解雇经理人自己管理公司所获得的利益 $E(V_{t+1}^a)$。$V_{t+1}^a$ 为 $t+1$ 期解雇经理人后的公司价值,由于 $t+1$ 期没有真正解雇经理人,所以公司价值中不需扣除当期现金流 $\beta V_{t+1}$,$V_{t+1}^a = V_{t+1} - \omega V_{t+1}$。经理人至少保证股东利益为 $E(E_{t+1}^a)$,否则,将被解雇。

$$E(V_{t+1}) = \min\left\{ E(V_{t+1}^a), \beta V_{t+1} - (1-\tau)cP + \dfrac{pE(gV_t) + (1-p)E(bV_t)}{1+r} \right\} = E(V_{t+1}^a)$$

$$M(V_{t+1}) = G(V_{t+1}) - E(V_{t+1}^a)$$

假设公司在债务期限 $T$ 前的任何一期的现金流低于扣除税避后的债务利息,出现价值减损,变卖资产以至于公司价值低于债务本息,投资者不愿为解决公司的债务问题而认购增发股票,公司就会因无法偿付负债被清算。经理人被解雇,其利益为零。清算后债权人、股东和经理人的利益分别为:

$$B^1(V_t) = V_t - (\omega + \kappa)(1-\beta)V_t, \quad V_t < (1+c)P$$

$$E^1(V_t) = V_t - (\omega + \kappa)(1-\beta)V_t - B^1(V_{t+1}) = 0$$

$$M^1(V_t) = 0$$

假设公司在负债期间能够按期支付利息,到期偿付本金,则债务到期时主要参与者的利益分别为:

$$B(V_T^a) = cP + \dfrac{pB(gV_{T-1}^a) + (1-p)B(bV_{T-1}^a)}{1+r} \tag{1}$$

$$E(V_T) = E(V_T^a) = \beta V_T^a - (1-\tau)cP + \dfrac{pE(gV_{T-1}^a) + (1-p)E(bV_{T-1}^a)}{1+r} \tag{2}$$

$$M(V_T) = G(V_T) - E(V_T) = V_T - B(V_T) - E(V_T)$$

$$= V_T - \beta(1-\omega)V_T - \tau cP - \dfrac{pB(gV_{T-1}) + (1-p)B(bV_{T-1})}{1+r} - \dfrac{pE[g(1-\omega)V_{T-1}] + (1-p)E[b(1-\omega)V_{T-1}]}{1+r}$$

$$\tag{3}$$

在式(1)中,认为债务人利益是 $B(V_T^a)$ 而不是 $B(V_T)$ 是因为本文假设公司价值 $V_t$ 中不包含经理防御因素或者是 $\omega = 0$,而公司实际运营中有经理人参与。正是由于经理人的防御因素使得公司价值减损,债务人利益为 $B(V_T^a)$,小于经理人没有采取防御时的 $B(V_T)$。$V_{T-1}^a = (1-\omega)V_{T-1}$,$V_{T-1}^a$ 随着 $\omega$ 升高而降低。

在式(1)、式(2)、式(3)中,随着 $\omega$ 升高,$B(V_T^a)$ 和 $E(V_T^a)$ 降低,$M(V_T)$ 升高。随着经理管理防御程度 $\omega$ 升高,防御因素对公司价值影响增大,公司运营效率降低,降低了债务人利益。偿付完债务后的公司价值在股东和经理人之间分配。股东利益随着经理防御程度 $\omega$ 升高而降低,是因为经理人侵占了部分股东利益。当公司能够持续运营时,经理防御程度越高,经理人利益越大。

债务到期时,公司价值为:$V = B(V_T^a) + E(V_T) + M(V_T)$

这里所说的公司价值 $V$ 与 $V_T$ 不同,$V_T$ 是经理防御程度为零时的公司价值,而 $V$ 是指包含经理防御程度的公司价值。经理防御行为降低了公司运营效率,债权人利益为 $B(V_T^a)$ 与 $B(V_T)$ 的差额正是防御行为对公司价值的减损,可这部分价值减损经理人并没有得到。

$$V = V_T + \frac{pB(gV_{T-1}^a) + (1-p)B(bV_{T-1}^a)}{1+r} - \frac{pB(gV_{T-1}) + (1-p)B(bV_{T-1})}{1+r} \tag{4}$$

在式(4)中,$B(gV_{T-1}^a) < B(gV_{T-1})$,$B(bV_{T-1}^a) < B(bV_{T-1})$。随着 $\omega$ 升高,$B(gV_{T-1}^a)$ 和 $B(bV_{T-1}^a)$ 降低,$V$ 也降低。随着经理管理防御程度 $\omega$ 升高,公司价值 $V$ 降低。

经理人采用的公司财务杠杆为: $\qquad L = \dfrac{B(V_T^a)}{V_T} = \dfrac{B[(1-\omega)V_T]}{V_T} \tag{5}$

在式(5)中,随着 $\omega$ 升高,很明显 $L$ 降低。随着经理防御程度升高,债务人利益减少,经理管理防御因素使公司的财务杠杆水平偏离了管理防御程度为零时的理想状态。因此,随着经理管理防御程度 $\omega$ 升高,经理人选择的公司财务杠杆 $L$ 降低。

### 三、债务可重新谈判条件下公司利益相关者利益分配的问题

市场状况瞬息万变,投资收益回收可能并没有计划的那么顺利,因此,当债权人认为公司有发展的潜力,所投资项目前景较好时,债权人愿意与债务人对公司价值低于债务本息的债务进行重新谈判。假设公司债务进行重新谈判的成本为零的情况下,讨论经理管理防御程度与债务的可重新谈判性对公司各方利益分配的影响。

假设公司债务偿还期限为 $T$ 期。如果公司价值低于债务本息则立即清算公司,债权人利益为公司清算后的剩余价值 $V_T - (\kappa + \omega)(1-\beta)V_T$。如果债权人此时不清算公司,让其继续经营下去,那么他将因避免清算而获得一部分清算费用来弥补损失,债权人利益为 $V_T - (1-\theta)(\kappa + \omega)(1-\beta)V_T$,$\theta$ 为债务重新谈判的强度。根据纳什均衡(Nash Equilibrium),债权人与债务人双方会为了自身利益积极商谈,$\theta$ 为双方维护自身利益最终达成的清算费用的分配比例。$\theta$ 的大小取决于债权人和债务人捍卫自身利益的积极程度和讨价还价的能力,$\theta$ 越大说明债权人捍卫自身利益的积极性及讨价还价能力越强($0 \leqslant \theta \leqslant 1$)。

债务到期时,债权人利益为:
$$B(V_T) = \min\{(1+c)P, V_T - (1-\theta)(\kappa + \omega)(1-\beta)V_T\}$$

如果债务到期时公司价值高于债务本息,债权人获得足额偿付;如果债务到期时公司价值低于债务本息,通过债务重新谈判,债权人利益为 $V_T - (1-\theta)(\kappa + \omega)(1-\beta)V_T$。

股东利益 $E(V_T)$ 和经理人利益 $M(V_T)$ 的表示方法与前面相同。

债务到期前的任何一期,经理人可能面临两种状况,一种是当公司价值高于债务本息时,债权人获得考虑市场状况时的利益,经理人继续管理公司;另一种是当公司价值低于债务本息时,公司面临清算,经理人将被解雇。此时经理人会积极与债权人进行债务重新谈判,债权人如果看好公司发展前景,认为运营状况将逐渐好转,会与经理人进行债务重新谈判,给公司继续经营的机会。这样获得的利益可能比现在立即清算获得的多。假设 $t$ 期公司面临清算,债权人通过债务重新谈判多获得的利益为 $\theta\{V(V_t) - [V_t - \kappa(1-\beta)V_t]\}$。$V(V_t)$ 为公司 $t$ 期的现金流与预期公司从 $t$ 期持续经营到 $t+1$ 期的价值贴现到 $t$ 期之和。$V(V_t)$ 必定大于 $V_t - (\kappa + \omega)(1-\beta)V_t$,因为 $V(V_t)$ 中包括因避免清算而保留的清算费用和公司因资不抵债可享受的税收减免。通过债务重新谈判,债权人利益为:
$$B(V_t) = \theta\{V(V_t) - [V_t - (\kappa + \beta)(1-\beta)V_t]\} + V_t - (\kappa + \omega)(1-\beta)V_t$$

随着公司持续运营,如果价值逐渐恢复,公司须全额偿付债务本息。

股东和经理人分配扣除债权人利益后的公司价值。经理人为了最大化自己的利益,希望向股东支付尽可能少的股利。股东对经理人的约束与前面相同。

股东利益为：

$$E(V_t^a) = V(V_t^a) - B(V_t^a)$$

经理人利益为：

$$M(V_t) = V(V_t) - B(V_t) - E(V_t^a)$$

$$V(V_t) = \beta V_t + \frac{p[B(gV_{t-1}) + G(gV_{t-1})] + (1-p)[B(bV_{t-1}) + G(bV_{t-1})]}{1+r}$$

如果公司价值低于债务本息，经理人与债权人进行债务重新谈判。债权人根据其捍卫自身利益的积极性和讨价还价的能力与股东和经理人分配允许公司持续经营所能获得的利益。债务到期时，考虑债务重新谈判的债权人、股东和经理人的利益分别为：

$$B(V_T^a) = \theta\{V(V_T^a) - [V_T^a - \kappa(1-\beta)V_T^a]\} + V_T^a - \kappa(1-\beta)V_T^a$$

其中，$V(V_T^a) - [V_T^a - \kappa(1-\beta)V_T^a] > 0$，公司持续经营到下一期可得到的利益比立即清算多出公司持续经营到下一期所获得的税收减免和避免清算所获得的清算费用。

$$V(V_T^a) = \beta V_T^a + \frac{p[B(gV_{T-1}^a) + E(gV_{T-1}^a)] + (1-p)[B(bV_{T-1}^a) + E(bV_{T-1}^a)]}{1+r}$$

$$E(V_T^a) = (1-\theta)\{V(V_T^a) - [1-\kappa(1-\beta)]V_T^a\}$$

$$M(V_T) = V(V_T) - B(V_T) - E(V_T^a)$$

$$= (1-\theta)\{[V(V_T) - V_T + (\kappa+\omega)(1-\beta)V_T] - [V(V_T^a) - V_T^a + \kappa(1-\beta)V_T^a]\}$$

公司价值 $V$ 为：

$$V = B(V_T^a) + E(V_T^a) + M(V_T)$$

$$= (1-\theta)[V(V_T) - V_T + (\kappa+\omega)(1-\beta)V_T + V_T^a - \kappa(1-\beta)V_T^a] + \theta V(V_T^a)$$

经理人选择的公司财务杠杆为：

$$L = \frac{B(V_T^a)}{V(V_T)} = \frac{\theta\{V(V_T^a) - [1-\kappa(1-\beta)]V_T^a\} + [1-\kappa(1-\beta)]V_T^a}{V(V_T)}$$

经理防御程度对于公司财务政策的影响有两方面。一方面是，较高的经理防御程度在公司面临清算时代表了较大的清算成本，债务重新谈判所得利益相应较大。当债权人认为自己捍卫自身利益的积极性和讨价还价能力较低时，会要求较高的利息率，股东此时不会要求高的财务杠杆，否则公司的运营成本增加。另一方面是，经理防御程度减少了公司价值。股东会偏向于鼓励举借债务，通过每期必须向债权人支付利息影响绩效，从而约束经理防御行为。一般来说前者的影响比后者显著。

由以上公式分析得出，当 $\theta$ 取不同值时，随着经理管理防御程度 $\omega$ 的升高，债权人实际利益 $B(V_T^a)$ 和股东利益 $E(V_T^a)$ 降低，经理人利益 $M(V_T)$ 升高，公司的财务杠杆 $L$ 升高。随着经理人防御程度的升高，公司继续经营所得利益 $V(V_T) - [V_T - (\kappa+\omega)(1-\beta)V_T]$ 升高，公司实际价值 $V$ 降低，财务杠杆 $L$ 降低。公司价值 $V$ 降低是因为经理防御程度影响了公司的运营效率；财务杠杆降低是因为经理防御程度对公司财务政策的两方面影响，并且由于经理人防御性，他按照管理防御程度为零时公司所能创造的价值来选择财务杠杆。

经理管理防御程度 $\omega$ 越高，公司避免清算继续经营所得利益越大，债权人同意债务重新谈判的可能性越大，在重新谈判中争取自身利益的积极性 $\theta$ 越高。下面先讨论 $\theta=0$ 和 $\theta=1$ 两种特殊情况。$\theta=0$ 表示债权人没有主张自己的权益，债务重新谈判所得利益全部由股东和经理人获得。$\theta=1$ 表示债权人积极主张自己的权益，债务重新谈判所得利益全部由债权人获得。一般来说如果债权人认为自己捍卫自身利益积极性和讨价还价能力较弱时，在一开始谈判的债务合约中就会要求较高的利息率来弥补未来可能受到的损失；否则，债权人要求相对较低的利息率。因此 $\theta=0$ 时股东不主张较高的财务杠杆，公司的财务杠杆率比 $\theta$ 取其他值时都低。债权人捍卫自身利益积极性和讨价还价能力越低，公司的财务杠杆比率越小。$\theta$ 的大小既受

$\omega$ 大小的影响,又受各方利益分配的影响。$\omega$ 在合理的范围内越高,$\theta$ 越高。

本文通过债务不可重新谈判和债务可重新谈判条件下的二期动态模型得出在不同经理管理防御程度下公司利益相关者之间的利益分配关系,揭示出管理防御动机的存在使经理人采取有利于维护自身职位但有损于股东利益的策略。随着经理管理防御程度的升高,债权人和股东的利益降低,经理人的利益升高;并且随着经理管理防御程度的提高,公司价值(债权人实际获得利益、股东利益和经理人利益之和)降低,主要是因为经理管理防御因素影响公司总体经营效率,使债权人实际获得利益比应获得利益低,而这部分由经营效率引起的利益减损并没有全部被经理人获得,说明经理管理防御行为不仅降低了债权人和股东的利益,还对公司价值造成了减损。

## 参考文献

[1] 袁春生,杨淑娥. 经理管理防御下的公司财务政策选择研究综述. 会计研究,2006,7.

[2] 约翰·赫尔. 期货、期权和衍生证券. 北京:华夏出版社,1997.

[3] BARCLAY M, SMITH C, WATTS R. The determinants of corporate leverage and dividend policies. Journal of Applied Corporate Finance, 1995, 7.

[4] BERGER P, OFEK E, YERMACK D. Managerial entrenchment and capital structure decisions. Journal of Finance, 1997, 50.

[5] DONALD MATHIESON. Managerial entrenchment and the choice of debt financing. IMF Working Paper, 1999.

[6] FRANCOIS P, MORELLEC E. Capital structure and asset prices: some effects of bankruptcy procedures. Journal of Business, 2004, 77.

[7] LELAND H. Risky debt, bond covenants and optimal capital structure. Journal of Finance, 1994, 49.

[8] LELAND H. Agency costs, risk management, and capital structure. Journal of Finance, 1998, 53.

[9] OLUBUNMI FALEYE. Classified boards, firm value, and managerial entrenchment. College of Business Administration. Boston: Northeastern University, Working Paper, 2006.

[10] ZWIEBEL JEFF. Dynamic capital structure under managerial entrenchment. American Economic Review, 1996, 86.

# 基于 EVA 的控制权治理效率研究<sup>*</sup>

● 黄 磊[1] 杨景岩[2]

（1 中国人民大学商学院 北京 100872；2 中国电信集团北京市电信有限公司 北京 100032）

【摘 要】 我国上市公司控制权配置状态较为复杂，不同程度的代理冲突则集中反映在控制权的治理效率上。本文在对我国控制权现状进行简要介绍的基础上，提出了控制权治理效率的分析框架，并结合现代公司治理的国内外研究成果，针对控制权配置状态、控制权主体性质与EVA 之间关系进行了假说发展。通过对我国上市公司的实证研究，本文发现不同控制权类型的公司治理效率存在显著差异，具体表现为：所有者控制、国家控制，以及集团控制的公司具有较好的 EVA 业绩。

【关键词】 控制权 公司治理 治理效率 EVA（经济增加值）

## 一、引言

由于制度背景及历史原因，我国上市公司控制权结构较为复杂。20 世纪 90 年代末以来，上市公司在频繁的资本运作活动下，形成了多层级的金字塔式控股结构，企业之间控制链条不断延长、控制权关系越发难以明晰。我国上市公司经营效率参差不齐、中小投资者权益保护不足，过于复杂的控制权结构不失为一大重要原因。因此，有必要对不同控制权状态的治理效率展开研究，揭开控制权因素与公司业绩之间复杂关系的面纱，这也是深入研究控制权治理差异的前提。

作为度量企业经营业绩的新型指标，EVA（经济增加值）凭借其客观性与可操作性，越来越受到财务界的青睐。最近 5 年里 EVA 逐渐得到我国业界认可，并成为我国企业业绩评价的改革趋势所在。例如，中国建设银行 2002 年建立了以 EVA 为基础的绩效评价体系，对各级分行进行纵向考核；国有资产监督管理委员会 2004 年利用 EVA 对全部中央企业的价值创造能力进行了考核，并在 2006 年出台的《中央企业全面风险管理指引》中提出，将建立以 EVA 为核心的中央企业业绩与风险考核办法；中国电信集团也自 2006 年对各省级公司实施了基于 EVA 率的业绩评价办法。这些现实趋势说明，在研究我国上市公司财务问题时，将 EVA 作为公司业绩的落脚点是一个可行的思路。

本文则对我国上市公司控制权状态与基于 EVA 的公司业绩之间的关系展开了实证研究，希望能够明晰我国资本市场上不同控制权性质上市公司的经营效率差异。

## 二、文献回顾与假设发展

基于 La Porta et al.（1999a）的研究角度，本文对控制权的分析包含两个维度，一个是由股权结构是

＊ 本文是王化成教授所主持的国家自然科学基金项目"中国上市公司控制权转移的利益流动研究"（编号：70572096）的阶段性成果。

否集中所决定的控制权在所有者与管理层间的配置，另一个则是在股权集中背景下对控制权主体性质所做的进一步细分（如图1所示）。本文分别根据这两个维度进行文献回顾与假设发展。

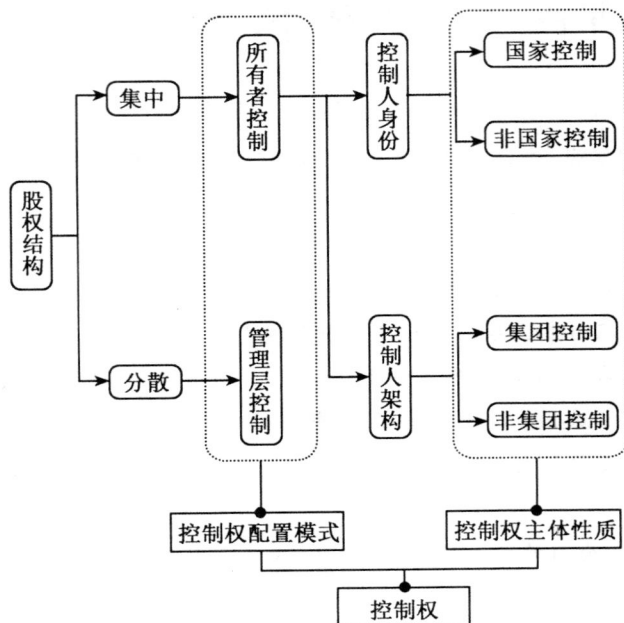

图1　本文的控制权分析框架

### 1. 控制权配置模式与公司业绩

股权集中程度的差异导致了公司控制权在所有者以及管理层之间的不同配置模式，两种配置模式的主要差异在于第一类代理问题①的强弱，以及是否存在第二类代理问题，而代理成本的高低是影响公司经营业绩的重要因素。

Berle and Means（1932）最早提出，股权分散程度越大，所有权与控制权分离程度越大，因而所有者目标便越不能保证，公司业绩越差；反之当公司所有权结构较为集中时，所有者能够较好地监督管理层实现其目标，进而提升公司财务业绩。Jensen and Meckling（1976）对此表示赞同，他们认为，当管理层拥有公司股权时，内外部股东的利益将趋于统一，第一类代理成本减少，从而导致公司治理效率的提升。Stiglitz（1985）、Shleifer and Vishny（1986）与 Agrawal and Mandelker（1990）则指出，控股股东的存在由于能够解决分散股东的"搭便车"问题、减少管理层机会主义行为，从而能够对公司业绩产生积极的监管效应。

然而，Pound（1988）、Leech and Leahy（1991）、Mudambi and Nicosia（1998）却认为，股权集中可能诱发控股股东与管理层进行共谋，导致第二类代理成本上升，从而抵消股权集中导致的第一类代理成本的弱化，因而整体上股权集中度与公司业绩应当呈负向相关关系。以 Johnson et al.（2000）、La Porta et al.（1997，1998，2000，2002）为代表的大股东"掏空"理论，更是深入剖析了控股股东对上市公司业绩的消极影响。顶层控股股东通过金字塔控股结构，利用较少的持股比例即能实现对底层企业的控制，通过资产转移、内部交易、资金占用等方式谋求私有收益，因而对上市公司的业绩产生消极的侵占效应。在

---

① 所谓"第一类代理问题"与下文的"第二类代理问题"，分别是指所有者与管理层之间的代理冲突（Jensen and Meckling，1976）以及控股股东与分散股东之间的代理冲突（La Porta et al.，1997）。

投资者保护较差的国家，这种消极效应更加明显（La Porta et al.，1998）。

在我国，股权集中度与公司业绩间的关系尚无定论，但关于控股股东对公司业绩影响的观点却较为统一。许小年和王燕（1998）认为，我国上市公司股权结构的集中有利于提高公司业绩，并指出这种正向效应主要源自大股东的存在能够部分地解决中小股东"搭便车"问题。孙永祥和黄祖辉（1999）通过对我国上市公司进行实证分析，指出控股股东的存在有利于公司内部及外部治理机制发挥作用，从而提升公司业绩。蒲自立和刘芍佳（2004）则通过引入控制权阈值将上市公司区分为股东获得控制权和未获得控制权两类，并通过引入多种业绩度量指标，得出了股东获得公司控制权有利于公司绩效的结论。可见，当前国内理论界普遍支持控股股东控制能够带来积极的监管效应。

但本文认为，我国尚属于新兴资本市场，法律保护尚不完善，且近年来频繁发生控股股东侵占中小股东的案例，因而不能忽略控股股东的侵占效应。基于此，本文提出如下竞争性假设：

H-1a：控股股东获取公司控制权更多地表现出监管效应，因而所有者控制型公司的经营业绩优于管理层控制型公司。

H-1b：控股股东获取公司控制权更多地表现出侵占效应，因而所有者控制型公司的经营业绩差于管理层控制型公司。

### 2. 控制权主体性质与公司业绩

已有研究表明在对上市公司控制权性质进行研究时，关注的焦点多为直接控股股东，较少追溯到终极控制人。La Porta et al.（1999a）最早提出了终极控制权划分原则，刘芍佳等（2003）也建议应当从终极产权的角度对公司控制权进行研究，因而本文从终极控制的角度研究控制权主体性质。

（1）控制权主体身份性质。在我国，国家仍是多数上市公司最终控制权的主体（刘芍佳等，2003；叶勇，2005），这是历史根源所造就的特殊现状。因而，本文首先将上市公司划分为国家控制与非国家控制两大类。

国家控制人对公司业绩的影响也存在消极与积极两方面。Shleifer and Vishny（1994）指出，政府出于政治目的会对所属上市公司进行行政干预，歪曲资源配置，从而导致公司业绩下滑。青木昌彦（1994）则认为，国家在向上市公司进行委托经营时所产生的代理链条较长，容易强化所有者与管理层间的信息不对称，引致"所有者缺位"、"内部人控制"，从而对公司业绩产生不利影响。Boardman and Vining（1989）、La Porta and Florencio（1999）、Frydman et al.（1999）等通过对上市公司民营化前后业绩的对比研究，验证了国家控制型公司的低效率。与此同时，国家控制也可能给上市公司带来积极影响。David（1998）指出，国家股东为了实现税收等经济利益，在混合所有制公司中积极发挥着监督作用，在一定程度上也能够降低第一类代理成本。而且国家的特殊身份决定其不具有侵占动机，而非国家控制的上市公司则具有较强的"侵占"与"掏空"动机，从而加剧第二类代理问题，因而国家控制也并非绝对的劣势。

在我国，蒲自立和刘芍佳（2004）、叶勇等（2005）、王鹏和周黎安（2006）均证实了由国家终极控制的上市公司具有较好的业绩。而本文认为，在我国当前资本市场尚不发达、金融体系与法律环境尚不完善的背景下，国家仍然存在通过垄断进行资源配置的行为；同时由于制度环境原因，非国家控制人往往将上市公司作为"提款机"（李增泉等，2004）或融资工具（李焰，2006），导致第二类代理成本的加剧。因此，本文提出如下假设：

H-2：终极控制人为国家的上市公司具有较好的经营业绩。

（2）控制权主体架构性质。企业集团是指一些独立的企业通过所有权联系在一起的集合体，或者是直接或间接由独立个体（个人、家族或政府）控制的一系列独立企业的集合体（Wolfenzon，1998）。当企业终极控制权可以追溯到一个集团时，便可认为其属于集团控制。

Prouse（1992）、La Porta et al.（1998a）、Claessens et al.（2000）等通过研究发现，集团化控股是东

亚上市公司股权结构的普遍特征，而与企业集团伴生的主要问题是金字塔式持股结构。La Porta et al.（1998a）指出，企业集团的代理问题主要是金字塔式持股关系下的第二类代理问题。Wolfenzon（1998）进一步发现，在投资者法律保护程度较低的国家，企业集团所形成的复杂金字塔式股权结构为控股股东侵害中小股东提供了天然的屏障，使其能够隐蔽地利用关联交易、相互担保、内部转移价格等方式对底层上市公司进行侵占，Johnson et al.（2000）将这些行为归纳为"掏空"动机。Claessens et al.（1998a）、Bebchuk et al.（2002）、Bae et al.（2002）分别对集团控制人较强的侵占动机以及底层公司较差的经营业绩提出了经验证据。

在我国，Ming Jian and Wong（2003）提出集团控制的公司中，关联交易更为普遍，控制人更倾向于利用关联交易进行盈余管理以及对中小股东的侵占。李增泉等（2004）、唐清泉等（2005）则指出对于集团控制的公司，控股股东的资金占用、关联交易更为明显，从而对上市公司业绩产生不利影响。本文认为，我国资本市场上投资者法律保护体系较不发达，普遍存在控股股东的利益侵害现象，集团内复杂的持股关系更助长了控制人的侵占动机。同时由于我国外部融资体系不发达、内部资本市场不规范，集团多元化未能对所属企业的资金余缺进行调剂，相反还徒增了多元化的成本，从而对公司业绩产生负面影响。基于此，本文提出如下假设：

H-3：终极控制人为集团的上市公司具有较差的经营业绩。

## 三、研究设计

### 1. 数据及样本

本文以深沪两市所有非金融行业 A 股上市公司为研究样本，以 2002～2004 年为研究区间①。为减少 IPO 的影响，本文将样本范围限制在 2001 年 12 月 31 日之前上市的公司。为避免控制权性质变更的影响，本文剔除了前一年度或当年公司控制权发生变更的样本。为消除共同控制的影响，本文还剔除了第一、二大股东持股比例近似的样本。此外，本文还剔除了非正常交易状态及数据存在残缺的样本。最终样本数为 2604 公司-年。除特殊说明外，本文数据均来自 CCER 数据库以及证监会网站等。

### 2. 变量定义

（1）被解释变量——公司业绩度量指标。作为控制权配置效率的体现，公司业绩（或绩效，即 corporate performance）的度量长期以来都是一个悬而未决的问题，这主要缘于对管理层评价的指标难以在可证实性与客观性之间实现平衡。在对公司控制权配置效率的研究中，多数文献选取了会计指标（如 ROE、ROA 等）或者 Tobin Q、市净率等市场类指标。

随着企业业绩评价理论的发展，以度量公司价值创造能力为主的公司业绩指标（如 EVA、MVA 等）日益受到重视。EVA 是 Finegan（1989）基于剩余价值理论提出的新型公司业绩指标，并在 Stern Stewart（1994）的推广下得到了广泛发展。由于 EVA 能够较好地解决传统业绩指标的弊端，其逐渐成为西方实务界公认的业绩指标。在我国 EVA 也得到了理论界与实务界的接纳，但是将 EVA 用于公司治理领域的研究并不多见。蒲自立和刘芍佳（2004）基于 EVA 的控制权配置效率研究可谓开创了此类研究的先河，许敏等（2005）的有关论述也为 EVA 在公司治理领域的应用奠定了基础。同时由于 EVA 作为绝对量指标不便于横向比较，因此本文选取每股 EVA（即 $EVAPS_{it}$）作为公司业绩的度量指标。

本文对 EVA 的计算是基于重要性以及数据可获得性，对 Stern Stewart 会计调整方法进行少数修正后得出的，具体如下：

---

① 为了消除股改对控制权结构及公司业绩的影响，本文的样本区间回避了 2005 年。

$$EVAPS_{it} = \frac{EVA_{it}}{普通股股数}$$

$$EVA_{it} = NOPAT_{it} - IC_{it} \times WACC_{it}$$

其中，$NOPAT_{it}$为公司税后净营业利润，$IC_{it}$为公司平均已投资本，$WACC_{it}$为公司加权资本成本，$IC_{it} \times WACC_{it}$即为公司当年已投资本的成本[1]。

（2）解释变量。

①控制权配置模式（$Owner_{it}$）。当公司股权集中、存在控股股东时，属于所有者控制型，$Owner_{it}$取1；否则取0。而对于是否存在控股股东的界限，本文参考了中国证券监督委员会所制定的《上市公司章程指引》中有关控股股东的相关规定，并采纳了余明桂、夏新平（2004）的做法，认为在剔除第一、二大股东共同控制的影响之后，当上市公司第一大股东持股大于或等于30%时，即可视为公司股权集中并存在有效的控股股东。

②控制权主体性质[2]。

控制权身份性质（$State_{it}$），当上市公司股权集中、存在控股股东，且终极控制人能够追溯到国家时，$State_{it}$取1；当股权集中、存在控股股东，但终极控制人不能追溯到国家时，$State_{it}$取0。

控制权架构性质（$Group_{it}$），参照李春玲（2005）的有关界定，当上市公司股权集中、存在控股股东，且具备以下两个条件之一，即为集团控制型：控制人除了控制样本组内的某个上市公司之外，还控制着其他经济业务实体；控制人自身具有实际经济业务，且业务性质与上市公司关联度较高。此时 $Group_{it}$取1；当股权集中、存在控股股东，但不符合上述两个条件时，$Group_{it}$取0。

同时为控制第一大股东持股比例、行业、年度的影响，本文还设置了 $First_{it}$、$Industry_{it}$、$Year_{it}$ 等控制变量。

## 四、数据分析及假设检验

1. 单因素分析

（1）控制权配置模式与 EVA。通过将总样本按照其第一大股东持股比例是否高于30%划分为所有者控制型和管理层控制型两组子样本，本文对两组样本的 EVA 业绩均值进行了 $t$-检验。同时，本文还将"控制权配置模式"作为单项定性影响因素，对总样本的业绩差异进行了方差分析（如表1所示）。

表1 基于控制权配置模式的单因素分析

$t$-检验结果

| | | 样本数量 | 均值 | 均值差 | $t$ 值 | $p$ 值 |
|---|---|---|---|---|---|---|
| 控制权配置模式 | 管理层 | 843 | 0.11 | −0.16 | −5.68*** | 0.0000 |
| | 所有者 | 1761 | 0.27 | | | |

方差分析结果

| | | 离差平方和 | 自由度 | 离差均方 | $F$ 值 | $p$ 值 |
|---|---|---|---|---|---|---|
| 控制权配置模式 | 组间 | 13.91 | 1 | 13.91 | 32.30*** | 0.0000 |
| | 组内 | 1120.41 | 2602 | 0.43 | | |
| | 总和 | 1134.32 | 2603 | 0.44 | | |

注：*** 表示在0.01的水平上双尾显著。

---

[1] 计算过程中涉及的主要调整内容包括坏账准备、存货跌价准备、长短期投资减值准备、投资收益、递延税款、递延收入，以及货币资金、在建工程等会计事项。

[2] 控制权主体数据尚无数据库资料，是本文基于上市公司年报等资料手工整理而来。

$t$-检验结果显示，两组样本的每股 EVA 均值存在差异，所有者控制型的平均业绩显著高于管理层控制型，而且方差分析的 $F$-统计量显示，控制权配置状态是影响公司业绩的重要因素。

（2）控制权主体性质与 EVA。对控制权主体性质的单因素分析结果如表 2 所示。

表2　　　　　　　　　　　　　　　基于控制权主体性质的单因素分析

t-检验结果

| | | 样本数量 | 均值 | 均值差 | t 值 | p 值 |
|---|---|---|---|---|---|---|
| 主体身份性质 | 国家 | 1537 | 0.28 | 0.12 | 2.82 *** | 0.0024 |
| | 非国家 | 224 | 0.16 | | | |
| 主体架构性质 | 集团 | 946 | 0.27 | 0.01 | − 0.43 | 0.3331 |
| | 非集团 | 815 | 0.26 | | | |

方差分析结果

| | | 离差平方和 | 自由度 | 离差均方 | F 值 | p 值 |
|---|---|---|---|---|---|---|
| 主体身份性质 | 组间 | 2.85 | 1 | 2.85 | 7.96 *** | 0.0048 |
| | 组内 | 630.42 | 1759 | 0.36 | | |
| | 总和 | 633.28 | 1760 | 0.36 | | |
| 主体架构性质 | 组间 | 0.07 | 1 | 0.07 | 0.19 | 0.6663 |
| | 组内 | 633.21 | 1759 | 0.36 | | |
| | 总和 | 633.28 | 1760 | 0.36 | | |

注：*** 表示在 0.01 的水平上双尾显著。

$t$-检验结果显示，基于控制人身份，国家控制型公司具有较高的业绩；基于控制人组织架构，集团控制型公司业绩略高于对照组。方差分析结果显示，终极控制人的国家身份性质是影响业绩的重要因素，但集团架构性质却并非关键因素。

2. 多因素分析

为了综合考虑除控制权之外的其他因素对业绩的影响，本文对控制权与业绩的关系进行了多因素分析（如表 3 所示）。

表3　　　　　　　　　　　控制权对 EVA 业绩影响的多元线性回归结果·

| 变 量 | 预期符号 | 模型 1 | 模型 2 | 模型 3 | 模型 4 | 模型 5 |
|---|---|---|---|---|---|---|
| 常数 | ? | − 0.49 *** | − 0.41 *** | − 0.47 *** | − 0.43 *** | − 0.44 *** |
| | | （− 12.05） | （− 9.95） | （− 11.38） | （− 10.27） | （− 10.31） |
| $Owner_{it}$ | ? | 0.11 *** | / | / | / | / |
| | | （5.16） | / | / | / | / |
| $State_{it}$ | + | / | 0.08 *** | / | 0.08 *** | 0.05 |
| | | / | （3.33） | / | （3.53） | （1.43） |
| $Group_{it}$ | − | / | / | 0.05 ** | 0.05 ** | 0.06 *** |
| | | / | / | （2.22） | （2.52） | （2.71） |

| 变　量 | 预期符号 | 模型 1 | 模型 2 | 模型 3 | 模型 4 | 模型 5 |
|---|---|---|---|---|---|---|
| $State_{it} \times Group_{it}$ | ? | / | / | / | / | 0.05 |
| | | / | / | / | / | (1.05) |
| $First_{it}$ | ? | 0.24 *** | 0.28 *** | 0.30 *** | 0.28 *** | 0.28 *** |
| | | (2.94) | (4.97) | (5.70) | (4.98) | (4.98) |
| $Year_{2002}$ | ? | 0.96 *** | 0.96 *** | 0.97 *** | 0.96 *** | 0.96 *** |
| | | (39.32) | (38.91) | (39.50) | (38.93) | (38.93) |
| $Year_{2003}$ | ? | 0.79 *** | 0.79 *** | 0.79 *** | 0.79 *** | 0.79 *** |
| | | (33.14) | (32.95) | (33.04) | (32.99) | (33.00) |
| Ajusted-$R^2$ | | 41.85% | 41.50% | 41.36% | 41.62% | 41.63% |
| $F$-统计量 | | 79.07 *** | 77.95 *** | 77.51 *** | 75.24 *** | 72.39 *** |
| （$p$-值） | | (0.0000) | (0.0000) | (0.0000) | (0.0000) | (0.0000) |
| VIF 最大值 | | 2.66 | 2.61 | 2.61 | 2.63 | 3.12 |

注：限于篇幅，未报告行业哑变量的系数。系数下方为 $t$-统计量，所带 * 、 ** 、 *** 分别表示在 0.1、0.05、0.01 的水平上双尾显著。

表 3 的结果显示，模型 1 中 $Owner_{it}$ 系数显著为正，说明当样本公司为所有者控制型上市公司时业绩相对较好，因而支持了假设 H-1a。这表明，所有者控制型公司面临的第二类代理成本对公司业绩带来的负面影响显著低于管理层控制型公司所具有的第一类代理成本对公司业绩的负面影响，因而业绩较好。模型 2 中 $State_{it}$ 系数显著为正，对 H-2 提供了支持，表明当上市公司的终极控制人为国家时，由于第二类代理冲突较不尖锐，同时还具有资源上的相对优势，因而业绩较好。模型 3 中 $Group_{it}$ 系数显著为正，未能对 H-3 提供支持，说明集团控制的公司中的第二类代理问题并未对业绩产生决定性消极影响，可能还存在其他由集团控制所导致的可观利益。

在同时考虑控制权主体身份与架构两因素时，模型 4 及模型 5 中的 $State_{it}$ 与 $Group_{it}$ 的系数仍然显著为正，与模型 2、模型 3 保持了一致，说明在同时考虑另一控制权性质时，二者对业绩影响的方向并未改变，仅显著性水平略有变化。同时，模型 5 中的交互项 $State_{it} \times Group_{it}$ 系数为正，但并不显著，说明上市公司的控制权身份性质与架构性质之间具有一定的交互作用，即当公司控制权同时为国家与集团性质时（即国有集团控制），国家性质对于集团的积极效应有一些促进（或集团性质对于国家的积极效应有一定促进），也说明在国有集团控制的上市公司中，集团的第二类代理问题因终极控制人的国家身份而得到部分缓解，即使这种缓解并不显著。

对于各控制变量，$First_{it}$ 系数显著为正，且对于 5 个模型均成立，说明股权集中有利于公司业绩提升，这与模型 1 中 $Owner_{it}$ 显著为正的系数保持了一致。年度哑变量 $Year_{2002}$、$Year_{2003}$ 系数均显著为正，说明宏观环境对公司业绩产生了显著的影响。

$F$-统计量显示 5 个模型均具有较好的整体显著性，调整后的 $R^2$ 也显示模型能够对变量间的关系进行良好拟合。而且对于模型 4、模型 5 而言，当同时考虑两种主体性质因素时，拟合度有一定提升。此外，VIF 值还说明各模型不存在多重共线性问题。

## 五、研究结论

通过对控制权治理效率的理论分析与经验验证，本文得出结论如下：

1. 所有者控制型公司业绩优于管理层控制型公司

当上市公司股权集中度较高时，公司存在明显的控制性股东，控制权由所有者拥有；当上市公司股权集中度较低时，所有者在公司决策中一般无法有效实施重大影响，此时公司控制权由管理层所有。所有者控制公司一方面能够减少由管理层控制公司引起的第一类代理问题，另一方面又可能导致第二类代理问题。但本文的经验证据显示，所有者控制型上市公司整体上表现出较好的公司业绩。

2. 国家控制型公司业绩优于非国家控制型公司

当上市公司表现为所有者控制型时，由于不同终极控制人在治理效率、代理问题上具有差异，控制权主体性质与公司业绩的关系可能存在差异。根据终极控制人身份，可以将控制权分为国家、非国家控制两类。对于国家控制型上市公司，国家的特殊身份能够缓解第二类代理问题，并能够借助国家权威通过垄断对资源进行配置，这在一定程度上能够提升公司业绩。

3. 集团控制型公司业绩优于非集团控制型公司

根据控制权的架构性质，即上市公司能否追溯到企业集团，可以将控制权分为集团、非集团控制两类。对于集团控制型公司，集团内部复杂的持股关系为第二类代理问题提供了温床。从理论上来看，集团所激化的第二类代理问题将使得公司业绩下滑，但就本文的实证结论而言，集团从整体上给公司业绩带来的却是积极的影响，这可能由于集团总部能够在更大范围内实行资源配置从而实现利益协同，或者由于集团控制型公司具有较优的资产质量与管理效率。

此外，本文在对两种控制权主体性质与公司业绩的关系进行进一步检验后发现，当集团控制型公司的终极控制人为国家时，国家性质对公司业绩带来的积极作用对集团性质的积极效应有所促进，即国有控制型上市公司中集团控制权导致的业绩提升幅度，大于非国有控制型上市公司中集团控制权带来的业绩提升幅度。

## 参考文献

[1] 陈小悦，徐晓东. 股权结构、企业绩效与投资者利益保护. 经济研究. 2001，11.

[2] 李增泉，孙铮，王志伟. "掏空"与所有权安排——来自我国上市公司大股东资金占用的经验证据. 会计研究，2004，12.

[3] 刘芍佳，孙霈，刘乃全. 终极产权论、股权结构及公司绩效. 经济研究，2003，4.

[4] 王鹏，周黎安. 控股股东的控制权、所有权与公司绩效：基于中国上市公司的证据. 金融研究，2006，2.

[5] 余明桂，夏新平. 控股股东、代理问题与股利政策：来自中国上市公司的经验证据. 中国金融学，2004，1.

[6] AGRAWAL A, MANDELKER G N. Large shareholders and the monitoring of managers: the case of anti-takeover charter amendments. Journal of Financial & Quantitative Analysis, 1990，25（2）.

[7] BAE K H, KANG J K, KIM J M. Tunneling or val ue-added: evidence from mergers by Korean Business Groups. Journal of Finance. 2002, 57（6）.

[8] CLAESSENS S S D, FAN J, LANG H P. The separation of ownership and control in East Asian Corporation.

Journal of Financial. Economics. 2000, 58 .

[9] DEMSETZ H, LEHN K. The structure of corporate ownership: causes and consequences. Journal. of Political. Economy, 1985, 93.

[10] JENSEN M C, MECKLING W H. Theory of the firm: managerial. behavior, agency costs and ownership structure. Journal of Financial. Economics, 1976, 3.

[11] JOHNSON S, LA PORTA R, LOPEZ-DE-SILANES F, SHLEIFER A. Tunneling. American Economic Review, 2000, 90.

[12] LA PORTA R, LOPEZ-DE-SILANES F , SHLEIFE A. Corporate ownership around the world. Journal of Finance, 1999 , 54 .

[13] LA PORTA R, LOPEZ-DE-SILANES F, SHLEIFER A , VISHNY R. Investor protection and corporate governance. Journal. of Financial. Economics, 2000, 58.

[14] SHLEIFER A, VISHNY R. Large shareholders and corporate control. Journal of Political. Economy, 1986, 94.

[15] WOLFENZON D. A theory of pyramidal. Ownership. Harvard University Mimeo, 1998.

# 论我国会计科学研究方法的
# 研究与学术规范建设*

● 许家林[1]     蔡传里[2]

（1，2 中南财经政法大学会计学院 武汉 430074）

【摘 要】会计学是一门具有自身专属研究对象与研究内容的学科，它是社会科学体系中管理科学的一个重要组成部分，其理论的发展与创新离不开科学的研究方法，会计科学研究方法以及学术规范建设与应用应作为会计科学体系的一个专门理论问题进行研究。文中以简要回溯中西方会计科学研究方法研究的历史及现状为基础，评析了我国学界会计科学研究方法研究的主要学术观点，提出会计科学研究方法研究成果的运用应当以推动会计科学研究的学术规范建设作为基本目标。

【关键词】会计科学 研究方法 学术规范 研究 建设 运用

科学发展的历史已经证明，不同学科能否运用正确而科学的研究方法对其成果的科学价值尤为重要。可以说，一门学科是否具有比较系统的研究方法与完整的学术研究规范并得到较好的运用，也是其是否成熟的重要标志之一。这诚如俄罗斯著名学者巴甫洛夫所说："初期研究的障碍乃在于缺乏研究方法，无怪乎人们常说，科学是随着研究方法所获得的成就而前进的。研究方法每前进一步，我们就更提高一步，随之在我们面前也就开拓了一个充满种种新鲜事物的、更辽阔的远景。因此，我们头等重要的大事乃是确定研究方法。"①现时学术环境下的人文社会科学领域里的研究成果，一般均以专著、论文和研究报告等基本形式来表达，其研究方法是否科学、表达形式是否符合学术规范，不仅影响到理论研究成果的扩散程度，而且还会影响到各学科的学术地位以及其他学科对本学科研究成果的认同程度。为了推进我国哲学社会科学研究的规范化建设工作，2004 年 8 月 26 日，教育部正式发布了《高等学校哲学社会科学研究学术规范（试行）》，对优化研究方法、倡导学术道德与完善学术规范问题提出了新要求。会计科学作为社会科学体系的一个重要组成部分，有着悠久的发展历史和丰富的实践基础，在现代科学体系中已经占据着重要的学术地位，但在研究方法以及学术规范建设与应用方面同其他学科还有一定的差距，特别是在会计学专业学术期刊的学术规范导向，以及对学生进行学术规范意识的培养与训练等问题上更显薄弱。因此，专门探讨会计科学研究方法以及会计科学研究的学术规范建设问题，对于推动我国会计科学的发展具有重要意义。本文拟就此问题作初步讨论。

## 一、会计科学研究方法问题应专门研究

### 1. 会计科学的学科地位

在 20 世纪初的中国，若提出将会计学作为一门专门的学科来进行研究，可能会受到部分门类学科学者的讥讽，但在 21 世纪的今天讨论它则具有一定的理论基础和现实意义。客观地讲，部分学科学者们对

---

＊ 2006 年度国家自然科学基金课题《会计规范全球协调与趋同中的根本性问题研究》（项目批准号：70672115）的阶段性成果。

① 编委会．巴甫洛夫选集．北京：科学出版社，1995：49.

会计科学在人类科学知识体系中的地位问题还存在着比较明显的认识差异，围绕着它是否一门科学（或学科群）的问题仍然没有客观而统一的评价。会计学者们理直气壮地将其称为一门学科，而其他学科的部分学者则并不一定这样认识。所以，我们应当从学科的发展与结构上去进行实事求是的研究，以认识学科的客观地位、分析学科自身的发展、弄清学科发展中所存在的缺陷、发现阻碍学科发展的自身因素与外部因素，从而制定出有利于学科发展的方略。

对会计科学地位的认识，不仅只涉及人们对其本身的认识与看法，向上还可以延伸到人们对经济学（中国目前将会计学划入管理学的范畴）乃至整个社会科学地位的认识。从一般意义上理解，社会科学是一个完整的体系，它最初起源于自然科学，源于人们在生产劳动和生产实践中对自然现象的认识及其规律的科学总结，然后逐渐形成的一个个范围比较明确的分支。尽管自然科学界长期否认包括经济学在内的社会科学的科学性，但在1969年，由于瑞典皇家科学院设立了诺贝尔经济学奖，才算是象征性地承认了经济科学的历史地位（华勒斯坦等，1997）。社会科学经过几个世纪的发展，其科学体系日臻成熟。现行的社会科学体系由基本的（理论型）社会科学（包括人类学、社会学、心理学、经济学、政治学、历史学、地理学和社会统计学等）和实际的（应用型）社会科学（包括法律学、教育学、管理学、外交学、行政学和大众传播学等）两大部分所构成，会计科学则属于管理科学体系的一个重要组成部分。由此可见，会计科学的学科地位已经在社会科学体系中处于一个相当重要的位置。

2. 会计科学发展至今的基本轨迹

几千年来，会计科学作为对会计实践活动进行全面系统总结并认识其运行规律的独立学科，在其历史发展进程中，先后经过五次嬗变，分别在不同程度上促使会计科学发展产生了质的飞跃（许家林，2003）。第一次，是4000多年前计量记录行为的初步规范。当原始计量记录行为从"结绳记事"发展到"书契"阶段时，会计科学与统计科学一起从数学科学中分离出来，开始对记数赋予其经济事项上的特殊意义，它为会计科学的形成确定了基本的实践范畴。第二次，是2000多年前会计学科的初步独立。在中国西汉时期"籍书"及"簿书"出现后与统计科学研究内容上的初步分野，使会计学开始成为一门独立的学科而拥有自己独立的研究对象，从而基本上界定了会计科学的研究范围。虽然在中国，统计学正式成为一个专门的学科是在20世纪初，但它与会计科学的分离也为各自学科的发展形成了一定的基础（郭道扬，1988）。第三次，是14世纪中叶至15世纪末会计著作的相继问世。随着意大利沿岸城市威尼斯等地因海上贸易发展导致了贷金业的繁荣，从而形成了流行全球至今已经5个多世纪具有强大生命力的借贷记账法，构成了近代会计科学发展的实践依据，卢卡·帕乔利所著《算术、几何、比及比例概要》一书为近代会计科学发展确立了历史起点，奠定了具有明显专业特征的会计科学理论基础。第四次，是20世纪30年代中期至70年代末不同会计学术流派的逐渐形成。会计界以对会计准则的理论基础及其具体结构的重点研究为主线，开展了对会计基础理论的全面探讨，逐渐形成了不同的会计流派，拓展了会计科学的研究内容，丰富了会计科学的研究领域，以所形成的会计准则框架为标志，会计科学的发展进入了理论体系的全面构建与完善阶段。第五次，是20世纪80年代开始的会计科学体系的纵横拓展。以会计科学与其他科学的全面渗透和结合为主流，使其科学体系得到全面充实与完善，形成了一个阵营强大、所包容的内容极为广泛的会计科学体系。

3. 会计科学研究方法需专门研究

科学研究活动的正常开展还要受到研究对象和研究方法的影响，任何一门科学的形成都离不开研究方法，甚至可以说，科学的发展就是依靠方法的发展。方法的枯竭是科学的停滞，方法的繁荣则会促使科学的发展。著名学者唐钺曾于1923年在"科学的范围"一文中明确指出："大地间所有现象，都是科学的材料。天地间有人，我们就有人类学、人种学、人类心理学等。天地间有鱼，我们就有鱼学，天地间有艺术，我们就可以有艺术学，天地间有宗教，我们就可以有宗教学。说艺术、宗教的科学研究是科学，不是说艺术、宗教就是科学，同说鱼的科学研究是科学，不是说鱼就是科学一样。"① 由此可见，称某种对象的研究为科学，并不是就对象而言的，而是就研究活动（研究方法）本身而言的，即一门学科的成立决定于其研究方法，一门学科的发展也决定于其研究方法。既然会计学是人类社会科学体系的一个重要组成部分，则研究方法即会对其发展产生重要的影响。因此，会计科学研究方法也可以作为整个会计科学体系中的一个专门问题来进行研究。

4. 会计科学研究方法专门研究的简要回溯

（1）西方会计科学研究方法的发展阶段。大多数学者认为，西方会计理论界有关会计研究方法问题的专门研究是随着对会计理论研究方法的运用而发展变化的，而西方会计理论研究方法的发展可以划分为规范研究方法占主导地位时期和实证研究方法出现并占据主流地位两个不同的时期。前者大致为 20 世纪 60 年代以前，最终形成了以归纳法作为研究方法所形成的理论流派——"归纳会计学派"和以演绎法作为主要研究方法进行会计理论研究所形成的学术派别——"演绎会计学派"，并各自形成了具有自身特点的代表性理论文献。后者大致为 20 世纪 50 年代以后，西方会计理论界将实证研究方法运用于会计理论的研究领域，历经了实证经济学的研究方法开始由部分学者引进会计理论研究领域、实证会计研究的范围开始侧重于会计信息与资本市场的关系、实证会计的研究方法开始用于会计政策的选择，以及实证会计研究成为美国会计界的主流派研究方法的不同阶段，从而导致新的会计理论研究流派——"实证会计学派"形成，并在新的思维模式上形成了富有特色的实证会计理论体系。

（2）中国会计科学研究方法研究的现状。与西方会计学界相比，我国会计理论研究起步较晚，直至 20 世纪 70 年代仍收效甚少。20 世纪 70 年代以来，我国会计科学研究方法的研究进展与主要特点如下：20 世纪 70 年代末期之前，会计理论研究内容中尚未涉及此类问题；20 世纪 70 年代末到 80 年代初，会计理论研究上关注不够；20 世纪 80 年代中期，开始提出进行会计研究方法的专门研究问题；20 世纪 90 年代初期，会计研究方法的研究引起会计学界的普遍关注；20 世纪 90 年代中期，发起召开会计研究方法的专题研讨会；20 世纪 90 年代中期以后，会计理论研究方法的研究与应用进入了一个新的发展时期。在经过 20 多年的探索后，我国会计研究方法研究不仅取得了一定的专门成果，同时也为我国会计理论研究奠定了较为坚实的方法论基础。这些成果主要表现在会计研究方法的定位、主要会计研究方法的特点、会计研究方法体系，以及会计研究方法的运用选择四个方面。但会计研究方法的研究还存在着以下几个方面的主要问题：一是研究内容涉及面广，但需进一步深入；二是研究内容缺乏连贯性且需加强系统性研究；三是会计研究方法体系基本成熟，但需进一步完善；四是比较重视规范研究方法和实证研究方法的结合，但需加强实验研究、案例研究、调查问卷研究等方法的研究；五是会计研究方法的普及度不高，尚需进一步加强开展会计研究方法教育。

## 二、我国会计科学研究方法研究的主要学术观点评析

经过 20 世纪 80 年代初期至今 20 多年的探索，我国会计研究方法研究已经取得一定的成果。根据我们的初步分析与归类，所形成的主要学术观点集中在以下五个方面。

1. 关于会计研究方法的内涵及理论定位问题

（1）关于会计研究方法的内涵与范围。从总体上看，目前关于会计研究方法的内涵还有些含混。有学者曾经指出，目前学界将会计研究方法、会计学研究方法、会计理论研究方法、会计方法、会计方法论、会计技术方法这些概念混用，在一定程度上影响了对会计研究方法的研究（龚光明，1997）。正是在

① 李承贵. 通向学术真际之路——中国现代学术研究方法史论. 南昌：江西人民出版社，2002：356.

这一相对含混的概念下，学者们对会计研究方法即有不同的认识：有学者认为其包括会计核算方法、会计管理方法、会计教育方法和会计理论研究方法，会计理论研究方法是指在会计理论研究过程中为达到一定目的需获得更多知识而运用的研究手段、技巧、方法和途径（吴祥云，1997、2000）；有学者认为其是指会计人员探讨会计工作规律和会计历史发展规律的手段、方式、程序和措施的总称（田昆儒，1999；杜景来，2001）；有学者认为其是指人们探索和认识会计理论的途径，是会计基础理论的重要组成部分（范永武、杨金忠，1995）；有学者认为其是在会计理论体系之外，以会计理论研究为对象的，或者说以会计理论研究为任务的研究模式和规律的手段（王春燕，2004）；有学者认为其是指为发展和完善会计理论在收集和整理会计实践经验数据并开展理性思维的过程中所采用的一切途径、手段、工具和方式（王雄元、严艳，2003）；也有学者认为其不应该包括核算方法、预测方法、分析方法等技术方法，不应该包括会计确认的方法、会计计量的方法、会计记录的方法和会计报告的方法；还有学者认为，会计研究方法只应包含会计理论研究中特有的方法，而不应该包含其他学科所共用的研究方法如数学法等。

（2）关于会计研究方法的理论地位。许多学者对会计研究方法在会计理论体系中的位置做了讨论并提出了各自的观点。刘玉廷（2000）认为会计研究方法是进行会计理论研究的前提，是会计理论体系的重要组成部分；王雄元、严艳（2003）认为会计研究方法是会计理论体系的核心；吴水澎（1996）则进一步把会计研究方法看做会计基本理论的重要组成部分，列为会计理论体系中的最高层次；吴祥云（1997）和苏武俊（1999）等对会计研究方法的作用做了一个很好的概括，提出没有会计研究方法就不能产生会计理论，会计理论研究方法贯穿于会计理论研究的始终，其成果可以直接指导、丰富和发展会计理论体系。

2. 关于会计科学研究主要技术方法的特点与应用问题

会计系统作为一个由相互联系、相互制约的若干部分所组成的一个整体，具有联系性、开放性、动态性、层次性等复杂特点。由于会计系统存在上述复杂性，客观上要求对会计系统的研究应当从多角度、全方位来实施，也只有采用多种研究方法，才能揭示会计系统的内在规律，发展会计理论和会计实务。正因如此，不同学者从不同角度介绍讨论了不同的研究方法在会计研究工作中的应用性问题并提出了相应的认识。

（1）关于归纳研究法。归纳研究法也称归纳推理，是一种由具体到抽象、由个别到一般的逻辑方法，也就是说归纳法要通过观察和研究具体事物或现象，从而得出具有普遍意义的客观规律。这种研究方法对于各种不同门类的科学研究均有普遍的实用价值，学者们对这一方法运用于会计科学研究的利弊进行了讨论。有的认为，将归纳研究法应用于会计理论研究上，即从大量的会计现象或事实中概括出有关会计的概念或原理，最后再将其表述为会计理论。所以它的主要特点在于强调会计实务，把会计实务看成是发展会计理论的基础（劳秦汉，2002）。也有的认为，归纳法在会计理论研究中的运用有两种情况：其一，是从观察企业财务信息开始，以重复发生的关系为基础进而概括会计假设和会计原则，即从会计实务中归纳出某些结论；其二，是广泛收集已有的会计文献资料，并就某个具体的认识进行概括和总结，即对已有的会计理论进行归纳（吴祥云，1997）。可见，在会计理论研究中，运用归纳法可以不受预定的模式所束缚，并把理论概念或结论建立在大量现象分析的基础之上。但其缺陷则在于因研究者的观察对象与范围有限，每个企业或经济组织的情况不同，有关的内在联系或数据关系也可能不同，从而使归纳概括的结论难免以偏概全，故其结论的正确与否取决于对事物观察的程度。当只观察有限的事物时，用完全归纳法往往能得出正确的结论；当观察对象的数量无限时，其结论的准确性就要大打折扣。

（2）关于演绎研究法。演绎研究法也称演绎推理，它是由一般性原理推导与一般性原理有关的个别事实（或结论）的逻辑方法。它是从一定的概念和原理出发，推导出个别结论，即从一般到具体的一种思维方法，它的基本程序是前提命题—推导结论—验证—具体问题，可见演绎法主要采用三段论（大前提、小前提、结论）的形式，其中大前提是应用归纳法而得出的一般性结论。由于演绎法强调各概念之间、各程序之间、各标准之间的逻辑统一，可以保持相关概念之间的内在关系，使理论构建具有逻辑严密性，所以演绎法较归纳法有长足的进步。有学者认为，在会计理论研究中，采用演绎法一般都以会计假设、目标、对象等基本概念为起点，推导出能指导会计实务的原则、准则及相应的会计程序方法的逻辑较为严密的会计理论（劳秦汉，2002）。但演绎法需要确定具有一般原理的前提，由于前提本身是需要验证的，因而所推导出的理论体系具有或然性，即前提正确，则理论体系也正确；前提错误，理论体系也错误，但前提是否正确在演绎范围内是无法解决的。

为了避免传统演绎法中前提命题可能存在错误的不足，有学者提出，传统演绎法正朝着可观察、可检验的演绎法转化。可观察、可检验的演绎法的推导程序为：前提命题（假说）→逻辑、演绎推理→推导结论→转换为可检验的实践命题→观察、检验→修正、完善推导结论→验证→具体问题。其指出传统演绎法朝着可观察、可检验的演绎法转化的原因在于：现实实践中，涌现出许多亟待解决的会计问题，这些问题的解决要求研究人员在采用演绎法时，根据由初始条件构成的前提，演绎出能够用具体事实加以论证和检验的实践命题，然后将这些命题用实践和观察的结果加以对比和分析，以检验理论或假说的现实意义和实际意义（陈海声，1997）。可观察、可检验的演绎法的优点在于其可使会计研究不以理论的提出而告结束，而是需要研究者对提出的理论或假说做进一步的实践检验，设计一套可供操作的实施计划、方案或措施，以获得经验数据，使理论方案得到进一步完善，这也是确保会计理论发挥解释和预见功能，以及人们认可理论的重要条件，从而导致了传统演绎法朝着可观察、可检验的演绎法转化。

（3）关于实验研究法。实验研究法，是由研究者根据研究问题的本质内容设计实验，控制某些环境因素的变化，使得实验环境比现实相对简单，通过对可重复的实验现象进行观察，从中发现规律的研究方法。从研究过程的大体步骤来看，实验方法通常可分为以下几个步骤：在对现实经济生活中各种现象作观察思考并对有关文献进行回顾分析的基础上，确定研究问题；根据理论，作出合乎逻辑的推测，提出假设命题；设计研究程序和方法；搜集有关数据资料；运用这些数据资料对前面提出的假设命题进行检验；解释数据分析的结果，提出研究结论对现实或理论的意义以及可以进一步研究或改进的余地。在实验研究中特别引人注目的是第三个步骤——实验设计过程，它是实验研究的核心。实验研究用以检验假设的数据是对实验现象观察得到的，因此实验的设计如何直接关系研究成败。由于目前的实验研究成果多数需要对观察数据作统计分析，因此，许多人把"实验研究（experimental research）"归入"实证研究（positive research）"。其实，"实验研究"与通常意义的"实证研究"是有区别的，其主要表现在通常意义的"实证研究"应用的数据来自经验，如统计资料或报刊（即现实世界中存在的数据），人们有时把这类"实证研究"直接称为"经验研究（empirical research）"，而"实验研究"中用于假设检验的数据来自研究者自己设计的实验。总之，运用实验研究方法是有相当难度的，尤其是实验的设计，不仅有赖于研究者本人的知识、经验，甚至灵感，而且实验的设计有一个不断试验改进、相互借鉴与逐步完善的过程（张朝宓、苏文兵，2001）。

（4）关于案例研究法。案例研究法是通过观察现实世界所发生的典型案例，对案例进行分析研究，寻求理论与实务之间的差距，进而根据研究结果，为理论的发展完善和实务的改进提供有益的意见和建议，也可以将案例研究应用于教学，以便学生理解理论的精髓。案例研究根据其研究目的的不同有描述性案例研究、演示性案例研究、实验性案例研究、探索性案例研究、解释性案例研究等种类。因此，有学者认为案例研究法在会计中的应用，从大的方面说属于实证研究的一种（郝振平，1997）。也有学者认为案例研究不仅是实证研究的一种研究方法，也可以是一种规范研究方法（赵兰芳，2005）。我国的传统一直强调理论联系实际、注重调查研究和"解剖麻雀"，因此案例研究法在我国会计研究中的应用有着良好的基础。我国会计界可以将案例研究法作为一种会计研究方法进行研究和有意识地加以运用，以丰富我国会计研究的方法和手段，提高我们的会计研究水平。也有学者提出，会计案例研究既是会计理论研究的需要，也是会计教学改革的需要，关注会计案例，运用规范研究、实证研究及典型案例分析相结合的方法，分析典型案例对会计改革的启示，将有助于我们更好地认识、理解和运用会计理论，更好地为经济建设服务（秦中垠等，2002）。因此，在会计科学研究中，人们可以大量运用相关的经济案例来阐明一个会计学原理，来证明一个会计学规律，这使得复杂繁琐的会计学知识通俗化，从而更容易得到人们理解。

会计中的案例研究一般包括理论准备、搜集证据、评价证据、确定和解释模式、理论发展和撰写报告等步骤。针对这些步骤，郝振平（1997）提出利用案例研究应注意五个问题：一是避免试图选择"代表性"案例的倾向，不应将案例视为样本，避免通过案例研究进行统计推断；二是不一定要找到解决问题的答案，会计案例研究致力于实务解释和理论验证，使人们对案例所反映出的问题及其所处的社会环境有更深层次和更丰富的理解，这将有助于人们解决问题；三是注意确定会计案例中所涉及的被研究主体的时空范围和主题范围；四是尽可能减少偏见；五是需要保持研究人员与被研究者相互关系方面的道德标准，处理好获取机密信息的必要性和利用这些信息的可能性之间的平衡关系。

（5）关于实地研究法。实地研究法是研究者们深入企业组织现场，针对实际作业或过程，通过直接观察或访谈等方法，获取研究数据，从而取得真实和精确的研究结果的一种实证研究方法。所有的实地研究方法都包括对某一组织的成员（作为研究对象）进行不同层次的观察乃至参与他们的活动等手段。实地研究方法在西方管理会计研究中的兴起始于20世纪80年代中期，当时管理会计中实地研究的直接目的是试图弥补理论和实践之间的差距，从而保证"理论指导实践"的生命力。王光远、贺颖奇(1997)提出，只有以实地为基础的研究，才能把握和了解时代不断革新的脉搏；只有通过实地观察与调查，才能真正了解企业组织的管理决策者所关心的实际问题，在此基础上提出的解决问题的方案和进行的理论概括才具有真正的价值。朱元午、朱明秀(2004)认为，实地研究有利于规范研究与实证研究的结合、有利于提高所应用信息的质量、有利于拓展更广阔的研究空间、有利于帮助特定企业解决实际问题、有利于培养研究人员的负责精神和良好习惯。当然实地研究也存在诸多局限，诸如：比较偏重于个体问题的研究和解决，不一定具有普遍的推广应用价值；会导致对面上问题的忽视；对接受委托的实地研究而言，其研究目标、过程和结果都极易受到委托者价值取向的影响；研究费用比较高等。近年来，我国也出现了理论研究者运用实地研究方法对我国企业成功的管理会计案例进行归纳和理论总结的实例，实地研究方法在管理会计研究中目前受到了前所未有的重视，并且取得了一定的成果。但由于受体制性制约、研究人员素质制约和研究经费不足制约的影响，管理会计研究中对实地研究方法的采用还处在一个相对稚嫩的阶段（孙菊生，2000）。

在实地研究方法的发展史中曾经产生了芝加哥社会学派、存在主义学派和三分论学派等不同的流派，这些流派之间最关键的区别就是看一看实地研究者是试图从一个"客观的"局外人的身份来理解一个组织（即逻辑经验主义的观点），还是从一个局内人的角度通过直接参与一个组织的活动而达到理解这个组织的目的（即人种分类学的观点）①。孙菊生（2000）认为，要对某种管理会计方法在组织中的应用进行实地研究，研究人员就必须深入到组织体系之中，以一名内部人的角度进行观察、体验、记录和分析。唯有如此，得出的研究结论才可能更加符合实际。

根据美国著名管理学家卡罗伯特·普兰教授等的研究，实地研究的基本步骤可归纳为：项目选择→研究设计→数据的表达与解释→研究结果评价②。王光远、贺颖奇（1997）在此基础上指出，在管理会计中实地研究项目的选择要遵循现实性、理论性和创造性原则；实地研究的设计要注意考虑研究设计对研究的内在效度和表面效度的影响，要针对选定的管理会计研究项目选择研究现场（或样本），采用恰当的实地

---

① 这三大流派在实地研究法的区别请参见：孙菊生. 实地研究方法在管理会计中运用现状的评价. 财会通讯，2000，11：8-11.

② 转引自王光远，贺颖奇. 当代管理会计研究方法的新发展. 会计研究，1997，1：22-27.

研究法（直接观察法、自然实验法或访谈调查法）收集研究项目所需的数据，并重视"三角剖析"，综合使用各种方法对各种变量数据进行充分分析；在进行实地研究数据的表达与解释时，要考虑数据的表面效度、确定数据的意义、数据要和管理会计理论相联系三个一般原则性因素；进行实地研究结果的评估时，要考虑它对管理会计实践和理论发展这两方面的潜在影响。

（6）关于调查研究法。调查研究法是通过统计抽样技术来获取某方面截面数据的一种实证研究方法。调查方法主要包括邮寄问卷调查、面对面采访以及电话采访等，也是我国各学科研究者应用比较成熟的方法。相对实验研究法而言，调查研究法具有在真实环境中调查需要研究问题的优越性，而且由于调查的方式多样，可以一定程度地控制支出。但是调查研究法有其明显的不足：首先，是自变量不能像在实验室中那样便于操纵，没有对自变量变化的控制，自变量与因变量之间的因果关系就难以证实；其次，是问卷中词不达意或问题安排不当都可能导致结果出现偏差；再次，是容易找错调查对象，尤其是在电话调查中；最后，是当调查人员面对电话或拒访者时，一些调查研究难以开展。尽管调查研究法存在上述弊端，但它却也能够产生可靠、有用的信息，特别是在收集有关受众信息方面特别有效。一般情况下，为了保证访谈的效果，研究者就要在所界定的访谈范围内，合理地安排访谈顺序、明确访谈主题，并要尽量对涉及特定会计研究项目的所有人员进行访谈调查（王光远、贺颖奇，1997）。

我国的会计实证研究最初就是以问卷调查形式出现的，这种方法目前在会计领域得到了长足的发展。问卷调查研究一般包括以下过程：确定研究问题—设计调查问卷—选择样本、发放问卷—收回问卷、统计分析—撰写报告。虽然调查问卷的最终报告只有这一过程的部分内容，但一项成功的问卷调查研究需要花费研究者大量的时间和精力，从问卷的设计、发放、回收到统计分析的结束一般都要历时半年以上，所以通常都是合作或以课题小组形式来研究的。在确定研究问题的时候，有两个基本方法需要加以考虑：一是问题必须将期待的信息明确无误地传递给应答者；二是问题应当措辞准确，以确保应答者的回答能准确地反馈给研究者。问卷的设计取决于收集资料拟选择的方法，邮寄调查问题必须易读易懂，因为应答者无法得到其他的解释。为团体调查而写的问题必须简明扼要，以便于应答者回答；在面对面调查中，由于访问者在场，应答者可能对一些敏感问题不太愿意回答，因此，访问者必须审慎地处理这些问题。在问卷的设计上，还必须始终紧扣研究的基本目的，对表述问题的措辞、安排问题的顺序和问卷设计的长度都需要认真考虑。

（7）关于事项研究法。事项研究法也称"使用者需要法"，是指按照具体的经济事项来报告企业的经济活动，并以此为基础，重新构建财务会计的确认、计量和报告的理论与方法。这里的"事项"是指可以观察到的，也可用会计数据表现其特性的具体活动、交易和事件。事项法的思想产生于20世纪60年代，其主要倡导者是美国会计学者乔治·索特，他在1969年发表的《构建基本会计理论的"事项法"》一文中，较为全面地阐述了以事项法为基础所形成的基本会计理论。索特将现行的财务会计称为"价值法"，即会计信息主要属于价值信息，并主要通过几张总括的通用报表传递给信息使用者。事项法认为，财务信息的使用者人数众多，形式各样，会计人员不应试图将主要的财务报告指向特定的使用者，财务会计最主要的任务应当是向信息使用者报告企业发生的具体经济事项，提供尽可能多"原汁原味"的数据信息，让信息使用者选择于己有用的信息，而无需编制通用的财务报表。根据学者们的归纳和总结，事项法和价值法在会计目标、信息收集对象的范围、数据汇总的程度、使用的物质技术基础和提供信息的时间、计量属性、事项特征揭示、会计信息可比性的实现①和对会计报表的认

---

① 对此不同的学者有不同的看法，陈岳（2003）、李桂荣（2003）认为在价值法下提供的财务报表，由于采用统一的格式、统一的标准，更有利于提高财务信息的可比性。而娄权（2000）、林雄伟（2002）则认为在价值法下相同或相似的交易或事项由于历史、经济、文化和制度上的原因，在世界各国各地采取了不同的会计处理方法，所产生的会计数据对同一使用者可能会产生不同的判断，从而丧失了会计信息的可比性；而事项法从使用者的角度出发，将事项列示于财务报表，使用者按自己的理论和方法对相似事项进行处理，对不同企业的财务状况进行比较，事项法使会计信息更具可比性。

识等方面存在区别①（吴俊等，1994；娄权，2000；宋献中等，2003）。

尽管事项法是以"事项"作为数据处理的起点并贯穿整个处理与报告过程，但也具有一定的优势与局限。事项法的优势主要体现在：尊重信息使用者的个人偏好，能够更好地满足信息使用者个性化的信息需求；提供多重计量属性，有利于更真实、客观地反映企业的经济活动，使会计不仅能够反映过去，还能立足现在和展望未来，提高会计信息的预测价值；可以在一定程度上解决信息不对称问题，提高会计信息的可靠性和相关性；有利于克服现行财务报表项目的不确定性所导致的误解和混乱；有利于提高会计信息的及时性。也正因如此，宋献中等（2003）认为按事项法建立的会计信息系统能更好地实现"受托责任观"与"决策有用观"的统一，有利于实时报告系统的推行；陈岳（2003）则指出事项法会计因其所提供信息的简明、易懂而使会计准则的国际协调变得较为容易。事项法的主要不足在于：关于"事项"的标准不完善；事项法所要求的多重计量属性难以做到；信息储存和呈报太多，增大了会计人员的工作量和信息使用者的信息获取成本，而且信息使用受使用者会计知识的限制，不利于信息的有效利用；记录每一事项的全部情况是较困难的，也是不必要的，有可能导致资源的浪费；按事项法提供信息降低了会计信息的可比性；计量所有相关信息可能导致信息超载。

由于事项法存在上述优势和不足，不同学者对事项法的应用前景做了不同的预测。李桂荣（2003）指出由于计算机网络技术的发展、会计界对计量属性研究已取得了很大进展、信息使用者素质的提高，事项法的应用条件日趋成熟，所以他认为正如现行的会计理论并不完美一样，也许事项法的广泛采用在近期或许还不太现实，但在改进现行财务报告时适当借鉴事项法的思想是大有裨益的。陈韶君（2001）则认为按事项法建立的事项会计更能适应经济发展的需要，更能满足信息使用者的信息需求，它将成为未来会计的发展趋势，在信息时代，事项法将在网络会计的支持下大有可为。娄权（2000）则坚信事项法必将取代价值法，但在会计模式发生重大变革之前，以价值法为基础，同时按重要性原则披露更多的相关事项（如会计变更、关联方等），让使用者获得更充分、更全面的会计信息，或许是我们现实的选择。

3. 关于规范研究与实证研究方法的比较问题

20世纪90年代中期以来，学界关于规范研究与实证研究方法孰优孰劣的讨论成为会计研究方法研究的一个重要方面，其焦点主要集中在以下三个方面。

（1）关于规范研究的特点与应用。规范研究方法是指主要利用演绎方法，由普遍性原则推导出个别结论的一种推理方法。会计研究中的规范性方法是指那种从目的和假设出发，从中导出为实际应用提供依据的合理原理和原则。规范性方法不受现实事物的影响，它并不关心会计"是什么"而强调"应该是什么"，因而会计理论研究者常常从特定的价值判断基础出发，力求从逻辑高度概括出最优的会计实务是什么，进而指导会计实务，实现会计实务的规范化，其现实目的就是为制订会计准则（制度）服务的，采用规范研究方法得出的会计理论称为规范会计理论。由此可见，规范研究法主张应不受会计实务的影响去发展会计理论，强调会计理论应当高于会计实践并指导会计实践，其贡献是使传统会计所提供的会计信息具有很大的可比性，从而提高了会计信息的效用（张昌仁，1996）。

（2）关于实证研究的特点与范围。实证研究方法是通过一定的观察、分析、试验，对于已经事先确定的假设进行检验，以求得近似结论的一种方法（朱小平、肖雪莹，2000）。杨兴全和郭桂花（1998）认为实证会计研究方法要求对现实提出一些假说或假定，然后通过经验或实际证据来证明，进而取舍有关的会计原则、准则和程序，直至整个会计理论体系。裘宗舜和艾健明（2001）则把实证研究法看成是与规范研究法相对的概念，认为实证方法是指与规范性方法相区别的，通过观察或实验取得数据，并对这些数

① 事项法与价值法的具体区别请参见：李桂荣.对会计理论研究"事项法"的再认识.当代财经，2003，6：111-114；林雄伟.以事项法为基础构建会计信息系统.财会通讯，2002，12：10-12；宋献中等.事项会计与传统财务会计的比较分析.财会月刊，2002，7：33-34.

据进行分析、测试而形成结论的一种研究方法。实证方法受西方实证主义哲学的影响，立足于客观存在的事实，强调会计"是什么"的观点，因而实证会计理论研究者主张要像自然科学那样，以观察到的事实资料和感性认识为依据，揭示出会计现象层面的规律，从而为解释现行会计实务和预测未来实务提供理论依据，并以此来构建真正科学的会计理论体系。采用实证研究方法得出的会计理论称为实证会计理论。由于会计实证研究中收集的数据资料局限在过去发生的事实上，因此注定了实证会计理论只能从现实的角度出发，解释和预测会计实务，验证已有的会计理论。

实证研究的一般过程是建立研究课题—寻找相关理论—提出假设或命题—将假设或命题具体化以便于操作—设计研究方案（进行调查设计或试验设计）—搜集数据资料—分析数据以检验命题或假设—分析研究成果。针对这样一个研究过程，陈汉文和林志毅（1997）、薛祖云和徐玉霞（1998）等认为，会计的不确定性决定了会计应是一门实证科学，并把实证研究过程划分为选择研究课题、理论实证研究、经验实证研究三个部分。也正是由于会计的不确定性，使得会计研究者们或放宽假设，或修改前提限制，或一反传统逆向假定，来构建和拓宽其研究领域，致使会计假定的限制越来越呈现多元化特征。肖泽忠（1993）和邱宜干（2000）等专门撰文对实证会计研究的方法和过程（特别是指出了每一步应注意的问题和方法）作了较详细的介绍，对学者们进行实证会计研究具有借鉴意义。由于实证研究方法以假设前提为基础，所以要确保实证会计研究得出真实的结论，必须保证实证研究的假定前提真实和推理有效。汤云为和赵春光（2001）提出，20世纪20年代以来，由于数理工具（包括计量经济学、统计学、博弈论等）在会计研究中得到越来越普遍的运用，一些杂志也越来越倾向于刊发有数据的会计研究文章，但数理方法毕竟只是一种研究工具，因此，必须要关注和警惕滥用数学的现象。我们没有理由认为复杂的数学方法比简单的论证方法更为有用，重要的是根据研究内容与目标来选择更合理的方法。

与实证研究方法涉及的范围相关联，许多学者对经验研究与实证研究的关系也存在疑义。汤云为与赵春光（2001）、刘运国（2002）等从广义和狭义两个角度来认识实证会计研究和经验会计研究。他们认为从广义上看，由于二者研究和论证的过程基本相似，经验研究与实证研究是可以等同的；在狭义上，经验研究的含义更广。胡志颖（2004）认为实证会计研究有广义、比较狭义、狭义三个层次的含义，而经验会计研究是属于第二个层次的实证研究概念，其研究范围只涉及财务会计领域。汤云为、赵春光（2001）认为，广义的实证会计研究包括实验室实验、实地试验、实地研究或案例研究、调查研究和档案研究五种主要研究方法，所研究的领域包括财务会计、管理会计和审计的各个方面；狭义的实证研究多指档案研究，主要涉及关于财务会计的研究，也有一些关于审计的研究。刘运国（2002）认为从狭义角度看，经验研究包含了实证研究，实证研究重在"证"，即"论证过程"，也就是"假设—数据—检验"的关键环节，而经验研究则更强调研究的数据资料的来源，研究证据的取得来自于经验或观察。他也认为经验研究主要用于管理会计领域，并直接把经验研究方法定义为融合自然科学方法和社会科学方法的一种科学的管理会计研究方法，同时按取得经验数据的方式不同，把管理会计的经验研究分为档案数据研究、实地（或案例）研究、调查研究和实验研究四种主要研究方法。王开田和李连军（2003）也认为经验研究包含实证研究，并指出有理论框架还有假设检验模型的研究才称为"真正意义上"的实证会计研究。葛家澍和刘峰（2000）则指出，与传统的规范研究相对应的实证研究，实际包括经验会计和实证会计，并指出经验会计和实证会计在理论基础和研究对象上存在差别①。

（3）关于规范研究和实证研究的比较。

①研究范式确立的方法论基础的比较。规范研究法的方法论基础为传统的思辨哲学，传统思辨哲学强

---

① 葛家澍、刘峰（2000）认为经验会计主要研究的是资本市场上公开披露的会计信息（如盈利数据等）与股票报酬之间的内在联系，它建立在有效市场假设、资本资产定价模型等理论基础上；实证会计则以代理理论和契约理论为依据，讨论在不同的契约安排下（如管理层与董事会订立了分红契约），管理当局如何选择会计政策。

调理性思维的作用。而实证研究方法的形成主要受实证主义哲学思潮的影响，它的主要哲学基础是证伪主义（盖地等，2002；杨雄胜等，2004），实证会计理论的研究也受试错法的影响（陈汉文、林志毅，1997），证伪主义在当今会计研究中得到越来越广泛的应用。这样在方法论上，规范法与实证法在价值判断、证伪性、重复性三个主要方面存在分歧或区别，因此，实证会计理论的方法论在价值中立、可证伪性、客观性、可重复性方面存在优势，实证研究方法更具科学性（劳秦汉，2002）。但林志毅（1994）和盖地等（2002）对此提出了疑问，认为实证研究法是否包含价值判断是相对的，"价值中立"难以完全恪守；观察渗透着理论，经验检验未必具有真正的客观性，"客观观察"或"不包含任何价值判断"并不是实证会计理论的特点，更不是其区别于规范性会计理论的特点。刘峰（1997）则指出实证研究方法包括假设和验证，而假设的提出具有规范研究的特性，这些思想的形成具有不可重复性。陈汉文和林志毅（1997）、朱小平和肖雪莹（2000）等则认为，到目前为止，我国会计界对实证会计仍缺乏深层次的理解，特别是对实证会计的方法论基础问题缺乏深层次的分析。在具体方法的运用上，规范研究的研究方法不是很统一，既可用演绎法，也可用归纳法，但以演绎法为主。由于证伪主义彻底否定了归纳法，故实证方法论的推理方法只能是演绎法，并且主要是假说演绎法。黄海玉（2002）认为实证研究方法在整个过程中，使用了归纳、分析、比较、综合与数学等基本会计研究方法，其中实证研究法特别强调数学方法，所以规范法和实证法没有必要也无法截然分开，它们都是在会计理论研究过程中所采用的不同基本方法的组合，只是前者突出的是归纳或演绎，后者突出的是数学方法，同样的是两者研究的成果都要回到会计实践中去应用与检验。

②两类研究范式对会计理论发展作用的比较。一般认为，利用规范研究方法得出的会计理论为规范会计理论，它是一套关于会计"应该是什么"的系统知识体系，旨在通过一系列基本会计原则、会计准则的规范性要求，从逻辑高度上概括或指明最优化会计实务是什么，进而指导会计实务，实现会计实务的规范化。利用实证研究方法得出的会计理论为实证会计理论，它则是一套关于会计"是什么"的系统知识体系，它的目的是通过会计现象层面规律的揭示，为解释现行会计实务和预测未来会计实务提供理论依据。但由于实证研究方法更重视科学性，规范研究方法更重视哲学性，所以两者在会计理论研究中的作用是不相同的。有些实证成果对理论和实务是有直接贡献的，但大多数实证成果不能直接作用于理论或实务，而只是有间接的贡献。归纳多位学者的观点，利用实证研究法进行会计理论研究的作用在于：第一，是实证会计研究从评价规范会计研究所依据的前提入手，对规范理论赖以依存的前提的现实有效性进行检验，采用"实践—认识—再实践—再认识"的模式，冲击传统会计理论研究，使理论具有更强的务实性和实践性，使会计理论朝着更为科学的方向发展；第二，是运用实证会计研究得到的实证理论有利于解释现行会计实务和预测未来，实证会计研究使会计理论研究的目标从理想转向现实；第三，是实证会计研究十分重视对会计行为及其动机的研究，并大量引进了经济学的研究成果如产权理论、契约理论、企业理论，拓宽了会计理论研究的视野和范围，得出了许多规范会计研究所不能认识的有益结论；第四，是实证研究所形成的一些经验规律，丰富了会计理论的宝库。相应的，利用规范研究方法进行会计理论研究的作用表现在：一是规范会计研究对理论的论证具有重要作用；二是规范会计研究可从理论命题推导出事实命题，也可用来解释已知的会计理论或会计行为；三是规范会计研究同时还对已有会计理论进行逻辑检验，以发现错误理论及现存理论的内部矛盾，它有利于保证会计理论的逻辑严密性；四是理论的发展创新多依赖于规范研究，现代会计理论的绝大部分精华大多是规范研究的成果（刘峰，1997；杜兴强，1998；吴革，2000）。

③两类研究范式主要缺陷的比较。任何事物都存在两面性，实证研究法和规范研究法有其作用或优点，必然也存在其缺陷或不足。根据张昌仁（1996）、刘峰（1997）、吴祥云（1997）、吴革（2000）、朱元午和朱明秀（2004）等学者的观点，两种研究方法的主要缺陷可做如下概括。规范会计研究方法的缺

陷是：一是忽略了对作为演绎逻辑推理起点的假设或前提的判别和检验，规范研究在对所提出观点的支持性研究上，远逊于实证研究；二是忽视了会计信息具有一定的经济后果，不重视会计主体的行为因素，仅将会计环境中的不同利益集团简化为一个总体来看待；三是分析得到的结果往往由于缺乏经验支持而仅代表了"闭门造车"式的个人观点和论断，忽视对已有会计理论的检验，因而其形成的整个会计理论框架仍摆脱不了"空中楼阁"的尴尬。实证会计研究方法的局限性则主要表现在：第一，是力图用有限的事实和现象去证明普遍命题，因而其研究结果不可避免地具有偶然性；同时在选题范围上具有相当大的局限性，而将一些可能更为重要的会计基本理论如基本会计概念等排除在外而不去实证或得不到实证。第二，是强调模型化和定量化，而忽视了某些自认为是次要的因素，结果导致研究对象过于简化和研究的系统性偏差①；高深复杂的数学模型运用起来受到限制。第三，是在进行会计理论研究的过程中完全排除价值判断，不尽合理。第四，是实证会计研究方法和规范会计研究方法相比往往具有时间上的滞后性，实证研究在新观点的提出上，将远远落后于规范研究，也落后于多变的市场经济环境对会计学科的要求。第五，是实证研究由于只从现实中寻找答案，导致相当多而复杂的研究最后得出的结论仅仅是重复，对整个会计理论并无贡献，不能带来会计理论的真正进步；而且在不成熟的市场经济条件下，因受各种因素限制，得出的实证会计理论对指导会计实务方面的效果不及规范性会计理论。第六，是实证会计研究方法的假设、经济理论基础等也存在疑问。第七，是受证伪主义的约束，把研究的范围限定在"可证伪"的内容上②，具有很强的功利性，对理论的丰富和发展极为不利。第八，是从目前实证研究的内容来看，几乎存在解释单一会计方法的现象，极少对会计方法的综合选择作研究，其结论相对而言比较零散，难以全面概括、升华。

**4. 关于会计研究方法体系的结构问题**

会计理论研究方法体系是一个复杂的体系。在这个体系中，各种方法不是互相孤立、互不相关和互相割裂的，而是互相联系、互相依赖，为完成共同会计目标而组成的有机整体。关于会计研究方法体系的结构问题，学界的观点主要有二层次结构、三层次结构和四层次结构三类观点。

（1）二层次结构。林志毅（1994）将会计研究方法分为哲学方法论和具体研究方法两个层次，他认为哲学方法论是一切研究的最高指导思想，并进一步将具体研究方法按其适用范围分为一般方法和特殊方法；就会计理论研究的现状而言，尚未形成专属于该领域的特殊方法，目前所采用的具体研究方法均为一般方法。卢永华（2000）没有考虑会计研究的特殊方法，直接将会计研究方法体系划分为马克思主义哲学的认识论和一般科学研究方法两个层次，其中一般科学研究方法包括感性认识方法、理性认识方法和理论检验方法。范永武、杨金忠（1995）则居于前两种观点之间，他们虽然也将会计研究方法体系分为方法论和会计研究的具体方法，但其方法论是包括哲学、逻辑学等方法论的一般科学研究方法，而其第二层按原意是指针对会计理论研究的特殊方法，但他们举例说我国会计研究的具体方法有归纳法、演绎法、移植法等，最终又落入了一般性方法的范围。阎达五和赵月圆（1996）曾提到研究方法由方法的理论和方法的技术两部分构成，并指出前者形成方法论，在整个方法体系中起主导作用，后者属于操作技巧，解决如何做的问题，它受控于前者。

也许受技术方法思想的影响，张立（1996）认为会计研究方法的核心问题是会计研究的思维方式和思维程序问题，故其将会计研究方法体系按照思维的特点和不同阶段划分为思维的基础方法和思维的技术

---

① 如政治成本和契约成本等无法进行明确的定义，并加以数量化，只能利用替代变量来表示，这些替代变量能否达到应有的效果，值得怀疑。

② 局限于研究会计信息披露与资本市场的关系、会计政策的选择以及审计签约与执业过程中各因素影响问题，对于财务会计概念框架、会计基础假设、公认会计原则等问题的研究则无法涉足。

方法两部分①，并在此基础上构建了会计研究方法体系：前者包括经验认识方法（含观察法与形象思维法，观察法包括资料法与调查法，形象思维法包括联想法与想象法）与理论认识方法（或为抽象思维法，含形式逻辑与辩证逻辑两部分，形式逻辑包括比较、分类、类比、移植、归纳、演绎、分析、综合、概括、证明、反驳，辩证逻辑包括分析与综合、比较与分类、归纳与演绎、抽象与具体）；后者包括数学法、假想法（实证法）和系统法。

（2）三层次结构。学者们一般将会计研究方法体系分为三个层次，但在三个层次的具体构成上存在较大争论。张昌仁（1996）提出将会计研究方法体系划分为非逻辑方法（包括资料法、观察法、调查法、实验法等）、逻辑方法（包括描述法、规范法、实证法、决策法等）和验证方法（包括行为法、实证法、评估法），并指出非逻辑方法是这个体系的基础方法，这类方法运用的质量直接影响着逻辑方法。逻辑方法是这个体系的中心环节，它根据非逻辑方法提供的资料和验证方法反馈的信息，构建会计理论。验证方法是这个体系的最后环节，它针对逻辑方法提出的会计理论加以检验、修正。王华（1996）认为会计理论研究方法体系作为一个完整科学的方法体系，通常由会计理论的基本研究方法与其所依存的方法论所构成。具体包括三个层次：第一层次，唯物辩证法、历史唯物观和马克思主义认识论——方法论；第二层次，系统理论——亚方法论；第三层次，会计理论研究的基本方法，具体包括比较分类法、分析综合法、归纳法、演绎法、实证法等。同时指出会计理论研究在思维过程中运用的一些技术方法（如数学法）和一些基本研究方法的"变异"（伦理法、社会学方法、经济学方法等）不能归类于思维过程的方法，从其思维方法看均属于归纳或演绎法或是其他方法，只不过在思维过程中揿入了某种既定的思考角度而已，而事项法只是因为其研究对象是经济事项信息而命名的，所以它们都不足以单独作为基本研究方法提出。

而多数学者将会计理论研究方法体系分为方法论、基本方法或一般方法、具体方法或专门方法，认为三者之间有着内在的有机联系：在层次上，前者指导、约束后者，是后者的基础；在内容上，前者依赖、来源于后者，后者是对前者的丰富和发展。学者们在方法论的看法上基本是一致的，认为包括辩证唯物主义、历史唯物主义、邓小平理论、能动的反映论，是会计理论研究方法的最高层次；但在基本方法和具体方法的内容上存在分歧（龚光明，1997；毕秀玲，2000；吴祥云，2000；苏武俊，2001）。

在基本方法方面，周润书、项有志（1999）、吴祥云（2000）、吴祥云和叶郁芬（2000）等认为基本方法是方法论理性思维过程的方法，包括系统科学方法、数学方法、逻辑方法（包括资料法、观察法、调查法、实验法、归纳与演绎法、分析与综合法、抽象与具体法、比较法、分类法、类比推理法、假说法等）、历史方法。毕秀玲（2000）认为一般方法包括经验方法和理论方法两种，而实证法是这两种方法之间的桥梁，在方法分类上它并不是一种独立的研究方法，而是以哲学方法为基础、融经验方法与理论方法为一体的综合方法。吴俊、段闻祥（1994）、吴水澎（1996）、龚光明（1997）、苏武俊（2001）等所说的基本方法实质上包含吴祥云（2000）等人的基本方法和具体方法，实质上是前述张立（1996）构建的方法体系全部内容。

周润书、项有志（1999）、吴祥云（2000）、吴祥云和叶郁芬（2000）等认为具体方法是指会计人员进行某一会计问题或课题研究时所采用的研究方法，应该包括实证法、规范法、伦理法、社会学法、经济学法和事项法等，这些具体方法的应用取决于研究目的、研究对象的本质及其规律、研究者的思维水平和思维偏好，它没有现成的既定模式，要依具体情况而定，这些具体方法都将是"复合型"的，是基本方法的组合应用。毕秀玲（2000）认为具体方法包括资料法、观察法、归纳与演绎法、假设法等，而西方国家会计理论研究中所采用的道德法、社会学法、经济学法和事项法等研究方法，只不过是对理论方法中

---

① 张立（1996）在其文中指出，思维的基础方法揭示着思维活动的本质及其一般规律性；思维的技术方法是思维基础方法的综合运用和定量化。

的假说方法的运用。吴水澎（1996，1998）、苏武俊（2001）对具体方法似有所顾忌，只指出现有文献中所提到的会计理论研究方法中的所谓事项法、伦理法、社会学法、经济学法等，是否应作为具体方法的一部分，有待进一步讨论。吴水澎（1996）还特别指出由于实证法是众多经济理论都必须使用的方法，它并不是会计研究的特有方法（具体方法），会计理论研究中的具体方法需要进一步总结。李玥（1999）则直接指出会计理论研究的具体方法到现在还是一片空白。

此外，吴俊、段闻祥（1994）把具体方法解释为工作方法与步骤，如"选题与计划—收集资料—管理资料—总结提炼—概括出结论"的程序方法。龚光明（1997）则认为具体方法是会计所特有的技术方法，即会计确认的方法、会计计量的方法、会计记录的方法和会计报告的方法。上述观点值得商讨。

（3）四层次结构。从四个层面来构建会计研究方法体系，主要有以下三种主要看法。吴祥云（1997）、裴宗舜、艾健明（2001）认为：第一层次为方法论；第二层次为系统理论；第三层次为会计理论研究的一般方法（逻辑方法和历史方法）；第四层次为会计理论研究的具体方法（包括描述性方法、规范性方法、伦理法、社会学法、经济学法、事项法、实证方法等）。其中裴宗舜、艾健明（2001）还指出，由于数学是运用数字、文字、模型等进行推理的一门逻辑科学，数学方法实质上是逻辑方法的具体运用和说明；从广义上来讲，逻辑方法包括了数学方法。吴祥云（1997）认为数学本身就是一个演绎的体系，是逻辑方法的衍生物，作为研究活动的基础工具之一，从严格意义上看，它不具备方法特征。李玥（1999）将会计理论研究方法体系表述为：第一层次是会计理论研究方法的思想基础；第二层次是会计理论研究的一般适用方法（包括归纳法、演绎法、实证法等）；第三层次是构建会计理论体系的角度和手段（包括伦理学方法、经济学方法、数学法、统计法等）；第四层次是适用于会计理论研究的具体方法（目前在理论上尚是空白）。许燕（2002）则把会计理论研究方法体系分为会计理论研究方法的思想基础；会计理论研究中思维加工的形式和方法（包括演绎法和归纳法）；会计理论研究的一般运用方法（包括规范研究法和实证研究法）；会计理论研究的具体方法（包括数学、统计、经验等获取感性知识的方法以及研究会计对象的具体步骤和程序）。

5．关于会计研究方法运用的选择与取舍问题

会计研究方法的选择直接关系到会计研究成果的科学性和精确性，由于会计研究方法选择的不同，即使对同一问题进行考察，也会得出不同的甚至截然相反的会计研究结论，可见，正确选择会计研究方法具有极大的重要性。

（1）关于会计研究方法的选择标准。根据周忠惠（1993）、张立（1996）和娄权（2002）等人的观点，会计研究方法的选择要充分考虑研究主体、研究客体和研究环境各方面的因素，具体选择标准应该包括研究的目的和需要、研究对象的本质及其规律、研究者本人的思维水平和兴趣偏好以及研究的客观条件四个方面。在这些标准的引导下，黄海玉（2002）认为会计研究方法的选择并不是非此即彼的选择，而是指在特定时期进行特定问题研究时，也即在会计理论发展的特定阶段，选择以某一种方法为主、其他有关方法为辅的一种研究方法组合，去解决特定问题。

（2）关于会计研究方法的选用现状。赵西卜等人在全面考察了1992～2001年期间《会计研究》全部论文的基础上，发现在发表的1 130篇样本文章中，属规范性研究的有1 040篇，占92.04%，属实证研究的有90篇，占7.96%[①]。杨海峰（2004）考察了1993～2002年期间《会计研究》发表的文章情况，发现属规范性研究的占92.2%；属实证研究的占7.8%。王雄元、严艳（2003）对《会计研究》1990～2001年间会计理论研究文章中会计研究方法的运用情况进行统计，也发现我国会计研究主要以规范法为

---

① 详细资料请参见：赵西卜等. 我国会计理论研究的发展轨迹与取向——会计研究十年文章述评. 会计研究，2003，4：55-60。

主，研究方法较为单一，案例研究、实验研究等方法未引起足够的重视，运用较少。自 1991 年以来，尽管实证研究开始逐年上升，但 2001 年仅占文章总数的 10%①。

为什么西方国家流行的实证研究方法在我国运用得比较少，而是规范研究方法占主导地位呢？综合汤云为、赵春光（2001）等的看法，造成我国目前较少采用实证会计研究方法的主要原因是缺少实证研究的理论条件、经济条件、制度条件和学术环境，具体表现在以下几个方面：我国证券市场起步晚，公司股权比较集中，缺乏较成熟的资本市场；对西方的关于实证会计理论的介绍也较晚，对实证会计研究还没有得到普遍的认可，对实证会计研究的认识也存在一定偏差；很多会计理论研究者缺乏必要的经济学、计量经济学等知识，不具备进行实证研究的理论基础；我国目前数据库不够完善，数据采集困难，从成本效益的角度看，从事规范性研究比从事实证研究更加"划算"；以量取胜的大学晋升制度和学术刊物不鼓励发表实证研究文章的负面影响。

（3）关于规范研究方法与实证研究方法的选择。由于规范研究方法和实证研究方法各有其优缺点，因此许多学者意识到应该充分利用两者的优势，丰富和发展我国的会计理论研究。王学军和王沛英（2001）指出规范会计研究和实证会计研究优势互补，是会计研究向前发展不可或缺的"两个车轮"。徐晔（1998）认为两大会计理论研究方法应相辅相成、相得益彰，而不应有所偏废，实证会计是规范会计的基础和前提，而规范会计是实证会计的目的和归宿。刘玉廷（2000）认为会计研究方法之间并不相互排斥而是互为补充的，具体说来，规范研究并不排斥实证研究，因为规范研究的结论需要实证研究加以验证；实证研究也不排斥规范研究，实证研究需要以规范研究的结论为基础和前提。那种只能采用单一方法进行会计理论研究的主张是有失偏颇的。

既然规范研究方法和实证研究方法应该结合使用，那么应该如何结合，其中哪一种研究方法应该占主导地位呢？杜兴强（1999）认为根据唯物主义的认识论，我们对会计现象的认识是由一般到具体和由具体到一般的有机结合，因此规范会计研究和实证会计研究不应有所侧重。朱小平和肖雪莹（2000）认为将规范研究作为研究方法的主体，更有利于会计理论的丰富与发展，将实证研究作为辅助手段，能使会计理论对于既定现实有更大的实践指导意义。秦荣生（1997）认为，由于规范化研究存在规范化的逻辑起点、脱离实际的偏好、偏爱对已成定论问题的论证、法规、制度解释倾向等缺陷，目前需要把重点转向实证的研究方法。覃志刚（2004）认为规范研究的成果需要实证研究的补充和检验。也有学者从不同的角度来说明规范研究方法与实证研究方法的选择问题。

①在会计理论发展的不同阶段采用不同的研究方法。杜兴强（1999）认为整个会计理论的发展过程是前进的上升运动，是向绝对真理逼近的过程。这样，在会计理论不同的发展阶段，其相应的主要的会计理论研究方法也应有区别：在会计理论体系相对稳定的阶段，应主要运用规范研究方法（收敛性思维）继续进行研究，通过辅助性命题克服理论的困难，使理论作为规范较好地发挥作用；当会计理论发展进入显著变动阶段后，需主要采用实证研究方法（发散性思维），持批判的态度从会计实践、现象的经验分析中创造出新的会计理论。进一步地，刘玉廷（2000）认为，由于具有中国特色的会计理论和方法体系正在逐步建立和完善之中，许多基础性理论问题还有待于进一步研究，我国现阶段乃至相当长的历史时期内，规范研究仍应占据主导地位，主张更多地采用规范研究方法；在坚持规范研究占据主导地位的前提

---

① 郑建友（1997）、赖文章等（1999）把我国实证研究呈增长态势的原因归结为：资本市场的规范急需实证会计研究的指导，市场经济不断完善，证券市场日趋成熟，为实证会计研究提供了良好的宏观环境；会计准则的制订和实施以及新会计业务的涌现急需对企业的会计选择进行实证研究；规范会计研究的固有缺陷（可信性、理论与实际的脱节）引起人们对实证会计研究的重视；信息处理技术的发展为开展实证会计研究提供了技术支持；一批数学功底较深厚的有志之士加入到会计研究队伍中来，为我国进行实证会计研究提供了众多人才。

下，注意规范研究与实证研究的统一和有机结合，重视采用实地研究、问卷调查和案例分析等实证研究方法验证规范研究成果；那种以数理统计和数学模型为基础所进行的"真正意义上"的实证研究，现阶段应当少些为宜，待条件和环境成熟时再给予足够的重视。

②在研究对象的不同阶段选择不同的研究方法。劳秦汉（2002）等遵循"实践—认识—实践"的思路，认为对同一对象进行会计理论研究的过程中，首先应尽可能排除价值判断，侧重于实证研究，客观地揭示会计现象层面的规律；其次，在此基础上，以指导会计准则的制定为目的，通过理性的价值判断构建规范会计理论；最后，再进一步实证检验，以不断完善和发展会计理论。

③在会计目标系统的不同层次选择不同的研究方法。由于规范会计研究往往从较高的会计理论层面上来把握整个会计理论框架的内在逻辑一致性，而实证会计研究则往往是针对具体的会计理论，所以有些学者（杜兴强，1999；王开田、李连军，2003）认为规范会计研究和实证会计研究与会计目标体系的层次相关，会计目标层次越低，其研究的实证性就越强；会计目标层次越高，越需要对之进行评价，越具有规范性。规范会计研究和实证会计研究是对会计目标不同层次上的研究，角度不一、相互联系、相互补充。劳秦汉（2002）也认为会计理论研究是有层次性的，越是基础性强的理论，越与会计实务相远，就越需用理性思维（规范研究）；越是应用性强的理论，越与会计实务相近，就越需用经验思维（实证研究）。

（4）关于规范研究法与实证研究法的结合：规范—实证（实践）研究法。涉及规范研究方法与实证研究方法的选择时，从没有哪一位学者提到绝对只用某一种方法而抛弃另一种方法，只不过对某一特定研究对象或在某一特定研究阶段应以采用某种方法为主、辅用另一种方法。这说明规范研究方法和实证研究方法的结合是我国会计研究方法发展的主要方向。劳秦汉（2002）指出在它们两者结合的具体方式上有联合应用和分别应用两种①。杨兴全、郭桂花（1998）也提出了规范研究方法和实证研究方法的两种结合方式，即"规范—实证结合式"② 和"实证—规范结合式"③，并认为规范—实证结合方式更适合于会计理论的研究。不仅如此，陈海声（1997）、杜兴强（1997、1998、1999）和杜景来（2001）等还专门撰文对规范—实证研究方法进行了推荐和探讨。他们认为，可以把会计研究的整个过程归纳为"会计理论—会计实践—新的会计理论—……"这样一个循环过程，这样规范—实证（实践）会计研究方法的基本模式是会计理论研究者根据已有的知识，对会计实践和理论发展过程中出现的问题进行深入的分析，进而提出解决问题的假说，并通过对假说的实践检验、修正，逐渐使假说变为新的会计理论。在这种模式的指导下，规范—实证（实践）研究方法的具体研究程序为：根据自身已有的会计实务和知识，判断自身研究能力；设定目的，确立课题；建立概念和理论框架，提出假说；思维模拟检验；社会实践检验（设计方案、收集数据资料、数据分析、数据检验、评价假说）；假说向理论转化，演绎出规范理论。规范—实证（实践）研究方法充分容纳了规范研究法和实证研究法的优点，尽量避免两者的缺陷，它不只是规范与实证会计研究方法的简单结合，具体体现在：第一，是规范—实证（实践）研究方法既考虑了研究对象的逻辑性结构，又以唯物辩证方法论和认识论考虑到认识和实践两个过程的循环往复、螺旋式上升的关系，强调思维逻辑检验与数据检验的结合，使得研究结论经得起实践的检验。第二，是规范—实证（实践）会计研究的检验标准是思维模拟检验和社会实践检验的统一，这既保持了假说的逻辑推理的正确性，又使抽象的、定性的、探索性假说向具体的、可量变的理论转化。第三，是规范—实证（实践）会计研究辩

---

① 联合应用是指对同一研究对象在不同的研究阶段分别采用不同的主要研究方法；分别应用是指对不同层次会计理论研究分别采用不同的主要研究方法。

② 指在规范研究的基础上得出结论，然后再用实证研究去证实结论。

③ 指应尽可能地排除价值判断，在实证研究的基础上得出结论，然后树立合宜的价值判断标准，通过理性思维构建规范会计理论。

证地运用发散性思维和收敛性思维，突出了研究者的主观能动性及认识活动所应遵循的思维规律，因而具有明显的综合及辩证特征，并且具有在不同认识阶段调整认识方法和认识手段的内在调节机制。

（5）关于规范研究方法和实证研究方法的取舍。十多年来，学界围绕着两种研究范式取舍的讨论，在对其进行比较并形成诸多学术认识的基础上，目前的认识有趋统一的取向，其基本认识是：规范会计研究与实证会计研究都有其产生的历史背景和存在的现实基础；规范会计研究与实证会计研究各自的方法论特征决定了两者必然是相互依存的关系，谁也不能替代谁，两者相互交融、相互渗透，因此可将其称为"规范研究实证化，实证研究规范化"；就会计理论的形成过程来看，实证研究只是完成了从实践到认识这一环节的部分工作，要达到对会计活动本质规律的认识进而形成符合会计活动客观规律的"最佳"会计理论，还必须在实证研究的基础之上进行深入细致的规范会计研究，实证会计研究可以为规范会计研究提供大量的经验资料，规范会计研究可以充分发挥其抽象思维能力，形成具有普遍适用性的符合会计实践活动客观规律的会计理论；应当坚持规范会计研究与实证会计研究的和谐发展，在加大我国实证会计研究力度的同时，进一步完善规范会计研究（盖地、吕志明，2007）。

（6）关于人文诠释研究方法的倡导与我国研究方法现状的反思。针对我国十多年来学界有关规范会计研究与实证会计研究范式取舍的争论，加拿大多伦多大学的终身教授陈孟贤先生最近以一名"旁观者"的身份对这一问题撰专文进行了客观评析（陈孟贤，2007）。陈教授认为自20世纪90年代开始中国会计理论研究越来越重视实证研究方法，可能与参照英美国家的实证会计研究趋势有关。但他以大量的外文文献分析为基础，通过回顾西方国家几十年来的会计研究历史，发现即使是西方会计学者本身也有很多对实证研究方法提出质疑。到了21世纪，西方会计研究界也曾尝试寻求超越实证研究方法的其他研究方法，比如人文诠释研究方法等。比较有影响力的人文诠释研究方法有象征互动论、德国批判理论、法国批判理论和构建论等，在国际著名的一流学术期刊上也发表了运用这些研究方法研究会计现象的论文。由此可见，从西方国家近几十年来的会计研究经验上看，是一个从倡导规范研究方法到实证研究方法，又从实证研究方法到人文诠释研究方法的过程。陈教授在该文中提出，西方国家对会计研究方法不同观点反省的经验和教训，对中国很有参考价值。笔者认为，这一比较独到且有见地的认识，值得我们研究会计研究方法时深思。

## 三、强化我国会计科学研究方法的研究以推动学术规范建设

研究会计科学研究方法的目的是为了有效地指导我国的会计研究实践，但在科学研究方法指导下进行会计科学研究，不仅需要遵循科学的研究程序的基本规律，更需要将研究成果按照规范的学术要求予以表达，只有这样，才会提高学术成果的社会影响，才可促使会计科学的学科地位不断提升。因此，能否推动会计科学研究的学术规范建设，应当是检验会计科学研究方法研究成果绩效的一个重要尺度。笔者认为，在我国当前的学术环境下，我们需要在强化会计科学研究方法的同时，采取一系列有效措施来推动我国会计科学研究学术规范的建设工作。

### 1. 重视对会计科学研究学术规范的专门研究

从具体内容上划分，会计科学研究学术规范也属于会计研究方法的内容，学术规范与研究方法具有一种内在的逻辑关系，只有以完善的、科学的研究方法作指导，才能形成科学的规范的学术研究成果。因此，会计科学研究方法的研究是会计科学研究学术规范形成的重要基础，也是形成完善的学术规范并推动其遵循的基本保证。可以设想，一名不注重研究方法的学者，或者是没有正确的研究与思维方法的学者，即使其具有一定的研究构想，也可能难以搜集到所需要的研究资料，从而就难以形成有价值的研究成果。即使形成了有价值的研究成果，如果没有规范的表达方式，其研究成果也可能难以产生应有的学术影响。

**2. 在研究生会计研究方法教学中增加学术规范教育与训练的内容**

西班牙的著名教育家奥尔特加·加塞特在谈到大学的使命时曾经指出，大学教育的使命是文化传授、专业教学、进行科学研究和培养未来的科学研究人员（加塞特，2001）。20 世纪 90 年代中期，有学者进行的一项围绕我国会计研究方法教育状况的调查结果显示：极少有硕士与博士论文进行会计研究方法的研究；在相当多的学校里会计研究方法的教育培训并未引起足够的重视，极少开设会计研究方法课程；绝大多数导师在学生培训方案中没有会计研究方法这一内容；没有专门针对会计研究方法教学的教材；研究方法在一些学校里并未当做研究生学位论文评价的内容（肖泽忠、潘爱香，1994）。为了加强对研究生科学研究能力的训练与培养，目前国内各会计院校的博士及硕士研究生教育，基本上都设置了会计研究方法课程，这表明了对研究生科学研究能力训练工作的重视程度。但据我们通过不同渠道了解到的信息分析，现在大多数的研究方法课程基本上都将重点放在实证研究方法的介绍与训练上，而疏于对学生学术规范意识的培养与训练。从现时的情况看，会计学术规范的内容应当构成会计研究方法教学的一个重要组成部分，其主要内容可包括三方面的知识：第一方面，是研究过程的学术规范知识，即从研究立题、搜集资料、撰写论文、论文发表到论文评价各个不同阶段的学术规范要求。第二方面，是研究成果表达的学术规范知识。主要是指研究形成的学术成果在专著出版、论文发表、会议交流并结集出版、学生学位论文与研究报告等成果表现形式上，应当按照有关部门颁布的专业标准与要求做出严格的规定，减少随意性。目前的这些标准与规范主要有通用性的学术规范和应用性的学术规范。第三方面，是研究成果运用的学术规范。它主要涉及会计理论研究的学术道德与学术惯例等方面的问题，譬如，对他人知识产权的尊重，以及对他人学术成果的转引出处的交待等。

**3. 倡导研究生导师注重学术规范的自律行为与示范效应**

会计科学研究中，需要倡导诚实的科研态度与严谨的学风，而严格的学术规范更需要以学者的学术良知与严格的自律为基础，这诚如默顿所言："这些规范以规定、偏好、许可和禁止的方式表达。它们借助于制度性的价值而合法化。这些通过告诫和凡例传达，通过偏好而加强的必不可少的规范，在不同程度上被科学家内化了，因此形成了他的科学良知，或者用现在人们喜欢的术语说，形成了他的超我。"[1] 从某种意义上讲，学术规范问题不仅是一个"知识性"问题和技术性问题，更重要的则是一个意识问题以及一个如何加强学术自律的问题。当前，在会计科学理论研究领域里，学术失范现象在老、中、青学者群体里均不同程度地存在着（吉彦波，2000）。造成这一现象的重要原因之一是大多数学校没有开设相关的课程或者是在相关课程中没有传授与此相关的知识，许多导师也很少对学生进行有关学术规范方面的教育与训练，很多学术规范知识仅仅只是靠学生自己在实践中摸索得到。这样，就导致在研究生教育中，除了对课程论文缺乏规范化要求外，学位论文不规范的现象相当普遍，而在"在职申请学位"者的论文中更显严重。相当一部分研究生在毕业并取得学位之后，又开始从事教学与科研工作，有的很快成为自己单位的学术骨干或研究生导师，于是不规范的学术现象就在无形之中得到了自然性的再生产。据笔者 2005 年对全国部分高校 100 篇研究生学位论文的调查结果的统计分析，会计科学研究学术失范的现象令人担忧（许家林，2005a、2005b）。因此，我们认为，导师的学术自律是解决这一问题的关键环节。导师既要了解学术规范的要求，还要有意识地引导学生适应和遵循学术规范的要求，要有意识地对他们进行研究方法及学术规范的训练，从而培养学生的规范性学术习惯。这正如伯顿·克拉克所倡导的那样，研究生导师要真正承担起帮助学生掌握科研程序与方法的职责，要教育学生对思想价值与学术生命有清醒的认识（克拉克，2001；李醒民，2001），以便用规范的学术成果来替代某些功利性的学术垃圾。

---

① 参见 R. 默顿．科学的规范结构．转引自杨昌勇所撰"学术论著注释和索引的规范与功能"一文．中国社会科学，2002，2：204.

**4．充分发挥会计类学术期刊发文导向上的学术规范示范效应**

《会计研究》作为我国的权威会计学专业期刊，其所发表的论文在某种意义上代表了会计科学理论研究领域里最集中的成果，它在不同时期所刊载论文中涉及的研究内容、研究方法、研究形式以及研究论文的结构，对会计科学理论研究具有一定的导向作用。《会计研究》自1980年创刊至今经历的四次改版①，在一定程度上体现了会计科学理论研究逐步规范化的轨迹。尽管《会计研究》的稿源比较多，但在这方面的要求相对比较薄弱②。因此，在《会计研究》1995年前所刊载的绝大多数论文中，基本上没有列示参考文献，只是偶尔出现列示参考文献的情况③。此外，论文的注释项也大多数是对直接引用材料出处的交代，而对反映相关信息说明的注释项则较少出现。从1997年开始，在所刊载的论文中虽然逐步出现了参考文献的内容，但这一部分内容的编排大多是根据作者的个人喜好或者习惯，未进行统一的加工与处理，因而显得比较随意。《会计研究》真正开始对学术论文进行学术规范的要求与提示是在1999年④，当时是根据国家新闻出版署制定的有关标准，主要对论文的知识产权和结构问题（含论题、摘要、关键词、引言、正文、结论和参考文献）做了规定，但对论文正文的层级结构和论文注释项没有提出具体要求，这样致使目前发表的论文中，在这两个部分还存在着编排格式不太一致的地方，特别反映在论文正文内部有些层级标序的编排甚至于存在与学术规范要求相悖的现象。因此，充分发挥重要会计学专业学术期刊的发文导向作用，是提高会计科学研究学术规范水平的一个重要措施。

**5．有效利用会计专业学术会议征文时的学术规范引导**

目前，会计理论研究领域里比较有影响的专业学术会议有三类：一是中国会计学会直接主办的综合性学术会议；二是会计学会各专业委员会主办的专题性学术会议；三是中国会计学会教育分会（即中国会计教授会）以及中国会计学会财务成本分会主办的专门性学术会议；四是有关大专院校承办的民间性质的会计专业学术会议。在会议筹备期，按惯例主办者均要通过有关媒体公开发布征稿启事。这些征稿启事具有双重功能：一是通过其发布的选题范围可以对会计科学理论研究范围起到一定的引导作用；二是可以对推动会计学专业学术规范的建设起到一定的引导作用。遗憾的是，目前会议征文中对学术规范问题的要求不够，即使是注意到这个问题也没有做出技术上的可操作性的限定。这样，导致所收到的会议论文规范不一与体例不一的现象比较普遍，既淡化了学术研究的严谨性，也对会议材料的最终结集出版产生一定的影响。

**6．强化会计科学研究学术规范制度建设与学术规范推广运用情况的监督**

目前，我国会计专业期刊的编辑与发表机制中，同行专家的控制结构功能较弱，而编辑则承担了过多的责任和辛劳。改变这种状况的基本措施之一，就是在国家有关专业标准的指导下，制定具有学科特点的会计专业学术规范。首先，是要组织学者在开展专门研究的基础之上建立会计科学的学术规范制度，并制定相应的推动方案。其次，是要形成专门性的会计科学学术成果的基本标准，以此为基础深化为期刊论文、会议论文和学位论文的标准。再次，是对学术规范的强制推行与运用，可以考虑将学术规范标准的执行情况纳入会计学界不同层次优秀学位论文或者学术论文的评定依据之中。最后，是加大对学术规范遵循情况的批评与监督。会计科学领域里的正常学术争鸣与学术批评也是推动会计理论发展一种重要力量（于增彪等，2004）。在进行会计科学学术批评时，我们应当把学术规范遵循情况乃至失范现象的批评也

---

① 1980年创刊时，为16开80内页的季刊；1982年改为16开64内页的双月刊；1995年改为16开48内页的月刊；1999年改为A4版64内页的月刊；2003年改为A4版96内页的月刊。每次改版后的形式与内容均有一定的变化。

② 详见《会计研究》1980年第1期封底的"本刊稿约"内容以及以后有关期次所刊载的稿约。

③ 在《会计研究》1980年第1期刊载的杨继良编译的"西方各国公司的内部转移价格"一文就曾列有3个外文参考文献。

④ 第一次刊登在《会计研究》1999年第10期封三，而后于2002年和2003年多次补充修改后刊登。

纳入其内，通过一定的形式披露与批评学术失范现象，以便给无意性的学术失范者一定的警示，使故意性的学术失范者付出一定的代价，让严重的学术失范者受到制度性的学术惩罚。

## 参考文献

[1] ［美］伯顿·克拉克. 研究生教育的科学研究基础. 王承绪，译. 杭州：浙江教育出版社，2001.

[2] ［美］华勒斯坦. 开放社会科学. 上海：生活·读书·新知三联书店，1997.

[3] ［西班牙］奥尔特加·加塞特. 大学的使命. 徐小洲，译. 杭州：浙江教育出版社，2001.

[4] 陈孟贤. 当代会计研究方法：检讨与反思. 会计研究，2007，4.

[5] 盖地，吕志明. 规范会计研究与实证会计研究评析. 会计研究，2002，4.

[6] 葛家澍，林志军. 现代西方会计理论. 厦门：厦门大学出版社，2001.

[7] 郭道扬. 中国会计史稿（下）. 北京：中国财政经济出版社，1988.

[8] 吉彦波. 学术如何、学府如何. 高等财经教育研究，2000，2.

[9] 李志文. 我对会计研究方法的几点认识. 中国会计学博士生第二届联谊会交流论文集，1997.

[10] 刘峰. 实证会计的方法论基础及批判. 会计研究，1997，7.

[11] 刘玉廷. 关于会计研究方法的问题. 会计研究，2000，12.

[12] 汤云为，赵春光. 实证会计研究中的几个问题. 会计研究，2001，5.

[13] 王光远，贺颖奇. 当代管理会计研究方法的新发展. 会计研究，1997，1.

[14] 王华. 简论会计理论研究方法体系. 当代财经，1996，8.

[15] 肖泽忠. 实证会计研究的过程. 会计研究，1993，6.

[16] 徐兴恩. 论会计研究的方法. 会计研究，1991，6.

[17] 许家林. 会计学专业研究生学位论文学术规范遵循情况的调查. 学位与研究生教育，2005，5.

[18] 许家林. 会计学专业研究生学位论文学术规范遵循问题研究——基于对中国大陆17所高校100篇学位论文调查结果的分析与思考. 中南财经政法大学会计学院编. 会计·审计·财务管理前沿问题研究——第八届海峡两岸会计与管理学术研讨会论文集. 北京：中国财政经济出版社，2005.

[19] 许家林. 现代会计科学理论研究. 上海：立信会计出版社，2003.

[20] 阎达五，赵月圆. 我国会计理论研究状况的回顾和瞻望. 会计研究，1996，2.

[21] 杨雄胜. 中国会计研究规范问题探讨. 会计研究，2004，12.

[22] 于增彪. 重新审视美国会计对中国会计国际化的影响. 会计研究，2004，3.

[23] 于玉林. 现代会计方法学. 上海：立信会计出版社，1997.

[24] 周忠惠. 会计理论研究中的若干方法论问题. 会计研究，1993，1.

[25] 周忠惠. 论会计研究方法论. 会计研究. 1984，6.

# 基于制度变迁的管理会计实务发展的战略

● 冯巧根[1]

（1 南京大学会计学系，南京 2100093）

【摘　要】随着经济全球化步伐的加快，中国企业面临的环境发生了深刻的变化。以服务于企业内部管理为主要职责的管理会计，其理论研究和实务发展出现了一些新的动向。本文从管理会计实务发展的因素分析入手，就管理会计实务发展的战略选择及未来发展趋势进行了分析。

【关键词】管理会计　实务　发展　战略

传统管理会计中的全面预算管理正在面临新的挑战，超越预算的呼声不断高涨；责任会计的责任单位划分与新经济时代的企业组织结构发生冲突；管理会计实务中的短期目标与长远目标的协调变得越来越重要；管理会计的新方法，如作业成本法与平衡计分卡等也随着实务的发展而需要不断地调整与整合。面对制度变迁，我国管理会计的实务发展将如何进行战略选择，未来趋势又将如何？本文拟对此作一探讨。

## 一、制度变迁对管理会计实务的影响

经济学家们将制度分为两类模式：一类是（按照诺思的观点）外生给定的对人类行为的限制；另一类是在重复博弈均衡中内生的、自我执行的规则（青木昌彦（Aoki），2001；格雷夫（Greif），1993，1994）。当我们对某些特定制度进行局部均衡分析时，将制度看做外生的，弄清楚它们对人类行为的影响和它们之间的相互作用就可以了。

### 1. 制度变迁路径与改革时机的选择

诺思认为，制度是一个社会的游戏规则，这些规则涉及社会、政治及经济行为。制度变迁有两种路径，一种是渐进式，另一种是激进式。从社会学角度讲，文化、技术与科学知识的发展均属于渐进式变迁，管理会计属于一种经济文化或者说是一种管理技术。渐进式的变迁是一种不断完善的思路，它的好处是过渡平衡，波动少，但很多问题始终难以解决，有时可能会成为社会的重大问题，如中国工人下岗的安置费问题，怎样从管理会计角度合理规划社会福利等。激进式的变迁是一种急速的变革，譬如，政治革命可能一夜之间就实现了变迁，而管理会计的变迁则往往需要突破原有框框，实现管理会计技术与方法的突变，这方面的典型有超越预算等。

经济制度的变迁一般有两种时机选择，一种是宏观经济形势好，企业效益不断提升的阶段；另一种是宏观形势发生转变，且企业出现经营困难（不改革难以生存）的阶段。中国会计制度的改革选择是前一种时机，其改革路径则采用渐进的方式。

中国会计制度改革经由计划经济向计划经济与市场经济相结合，再进一步向市场经济转轨这一过程，使传统的一套会计制度基本上被更新或者说替换了；会计方法也实现了从传统的手工会计逐步向电算化，再向信息化方向的演进。但是，会计信息化的推进过程阻力重重，难度很大，ERP 的成功率极低就是典型的反映。其根源在于，上述制度与方法的转换模式存在路径上的矛盾，即会计制度变迁采用的是渐进式的变迁（会计准则的国际化接轨是在市场化推动下的一个逐步转变的过程），而信息化采用的是激进式的变迁（或者说是准激进式的变迁）。这样一来，当企业要求用信息化进行武装时，传统的企业组织制度体系就不适应了，从会计角度来讲，就是这套会计制度与信息化要求出现了矛盾。信息化作为一种全新的路径，它要求将老的会计制度推翻，运用一种新的信息化会计手段，构建一种全面的智能化会计体系。而实际上，其操作难度是很大的，而且不太具有现实性。从经济学角度考察，一般来说，制度会形成一个体系，在该体系中，每一项制度都与其他制度相辅相成，形成一个连贯的制度体系。如果用信息化来直接替换原有的会计制度，往往会出现危机。主要原因是，它会扰乱制度之间的这种连贯性。

2. 来自现实问题的困惑

中国的会计实务界，尤其是管理会计界（财务管理界），对现实问题具有许多观点，其中不乏一些有见地的主张，但这种现实问题往往很难找到一种适宜的管理会计工具来予以解决。

（1）有关经营者的激励。理论界提出，由于中国激励制度起步的滞后性，上一期经营者应有权参与下一期经营者成果的分配。这是因为，下一任期的成果是建立在上一任期经营者努力的前提之上的，而上一期经营者因为各种政策或制度的原因，没有得到有效的分配。应该说，这种认识是有道理的，也就是说现行的激励制度存在着一定的问题。但是，能否因为这种制度存在一定的不足，就会马上加以变革呢？事实上，这往往做不到。

从经济学角度讲，这里有一个"无效制度"的滞留问题。几十年前，奥尔森（Olson，1972）通过强调大集团的集体行为问题，对"制度是有效的科斯谈判结果"的观点进行了反驳。奥尔森的观点与芝加哥的观点完全相反，在前者看来，制度变迁的利益相关者难以组织起来协调共同的行动，因此使"无效制度"得以长时间存在。换言之，制度变迁的受益者们不会对受损者进行补偿，即由于社会冲突和承诺缺失的联合效应，"无效制度"得以长期存在。而从实践上来看，要协调好不同任期的经营者利益关系，其操作难度可想而知。以杭州市为例，目前有300多万的退休职工，如果要激励经营者肯定要照顾职工的利益，这也是建设社会主义和谐社会的内在要求，然而即便给每人只加100元，这笔负担财政可能就吃不消。那么，如何有效地加以解决呢？一种思路是通过社会保障体系的完善来逐步消除他们之间存在的不平衡。对此，退休金会计、年金会计等又该如何协调发展，这些均值得我们认真思考，并提出有效的解决方案。

（2）股权改革问题。随着国有企业改革的深入，国家采取"抓大放小"等改革措施，鼓励企业股权形式的多元化，从而促进了不同人员投资入股的积极性。这样一来，各种问题也就出现了。譬如，经理人在收购中损害国家利益，通过"盈余管理"，化公为私，致使国有资产发生严重流失。此外，当前股改中的股票对价设计，即由股权置换体现的股权改革本身也存在一些难以完全公平、公正的问题。为了促进股权分置改革，政府通过网络手段，让法人股与流通股的股东们自己去博弈，并从这种方式中去谋求双方的利益平衡。结果，法人股获得了满意的回报，流通股也得到了较好的收益。但是，这里的问题又出现了，一些小股东说我们吃亏了，但大股东也没觉得赚了什么大便宜。譬如，企业发展过程中每次遇到困难时谁出力最多，当然是大股东。看来，如何处理大小股东之间的利益关系，实在是很难，但需要我们管理会计工作者去思考，并提出好的思路与方法。

（3）经济政策的公正性和公平性问题。政策受益者若是制度的设计者的话，则其在制度的博弈中必然占优势地位。长期以来，我们都是"内部人主导型改革"，也就是改革方案由领导和少数专家来制定，缺乏大众参与，缺乏公正合理的程序，这自然不可避免地出现赢家通吃的情况，改革的攻坚阶段需要社会的参与、需要人民的权力，这样的改革才是公平的改革、和谐的改革、符合大众利益的改革。

就当前的"车改"及公务员退出补偿机制等改革措施来说，从制度经济学角度分析，现有的公车使用制度、公务员管理体制是一套相互联系的体制，而现在提出的车改制度及廉政保证金等制度是与原制度存在互补关系的，如果这种互补的制度只在某些方向上进行零碎的制度变迁，如提供车补、退休时一次性发放廉政金等做法是难以使改革成功的。这也进一步说明，这种"零碎"的制度改革是不符合制度变迁的规律的，这也为我们研究管理会计实务中的发展规律提供了案例支持。

（4）产权明晰与企业发展的问题。20世纪末，理论界普遍认为，产权清晰的企业环境才能促进企业的发展，管理会计界也围绕产权问题开展各种问题的探讨，并形成了一系列的创新概念，如产权会计、产权财务、财权等。这些成果普遍认为，经济的增长、企业的发展是技术与制度的产物，是以产权明晰为基础。进而得出一个结果：一个产权不明晰的企业是不可能得到发展的。现在看来，这种认识也具有片面性，因为他们没有注意到文化差异和文化创新对企业发展的影响。事实上，我国乡镇企业尽管没有明晰的产权，但仍然获得了较大的发展，这主要归因于中西文化的差异。它给我们的启示是，在总结管理会计实务中的经验时，必须注重会计文化的建设。

3. 研究方法变迁的影响

管理会计实务的发展，对管理会计的研究方法也带来了冲击和影响。一般而言，管理会计的研究方法不外乎两种形式：

一是由下而上的研究路径（bottom-up approach）。它通过对一些管理会计理论上的细小问题的研究，提出自己对管理会计问题的看法与认识。这种研究现象的弱点表现在：（1）都是对一种或者几种管理会计中存在的可能问题的现象性解释；（2）从统计的结果中猜结论、找制度和理论解释；（3）没有自己的模式，借用别的学科中的计量模式，或者略对这种模式做些修改，但该模式往往与中国管理会计的实际情况不符；（4）偏离了管理会计的基础，或者缺乏对价值管理问题的深入认识，而使理论的准备显得不足；等等。由于上述问题的存在，使得这种由下而上的研究路径可能由以往的优势转变为劣势，或者成为一个障碍。

二是自上而下的研究路径（top-down approach）。它通过对企业战略的制定，围绕政府或市场的需求展开研究。这种研究往往需要"情景嵌入"及"情景依赖"，"嵌入"（embeddedness）是新经济社会学广泛使用的概念，意指各类经济行为都受到其所处的社会结构的限定，这种社会结构决定着它们的形式与结果。管理会计研究要跳出传统的会计框框或者企业框框，与政府行为和市场活动相联系。从我国管理会计实务的发展情况来看，当前的研究重点是深入挖掘企业实践中的新问题和新方法，根据国家经济社会发展的重大战略调整，选择管理会计的研究课题。这也是构建原创性成果的客观要求，如日本的成本企划，就是以丰田公司为"依赖"，将其成本管理的经验与方法作为"情景"表现出来，从而形成了原创性的成果。再如，美国管理会计界在作业成本管理中嵌入"时间因素"，使作业成本管理更加完善和有效等。总之，结合我国管理会计实务的发展趋势，围绕现阶段企业实践中存在的问题，在管理会计学科中形成一批"情景嵌入式"的原创性成果，在管理会计具体应用领域形成"情景依赖式"的原创性成果。

## 二、基于中国管理会计实务的战略选择

改革开放以来，由于我国经济发展的需要，会计成了"救护车"，应急特征明显，政府重点抓了财务会计，建立起了一套完整的会计准则体系，这是十分必要的。但与此同时，人们对欧美的管理会计组织，如特许管理会计师协会（CIMA）、管理会计师协会（IMA）、国际会计师联合会（IFAC）的事业委员会专门理事会（PAIB）等了解甚少，更没有对这些组织的管理会计文告加以较为全面的学习。今后，随着以内部控制和风险管理等为主要内容的管理活动的强化，管理会计研究将会成为我国会计界的重点。那么，如何来规范我国的管理会计研究呢？笔者认为，应围绕我国企业的实践，从以下几个方面开展管理会计研

究的战略选择。

战略之一：围绕管理会计现状的发展战略。管理会计的应用在我国实务界仍处在成长的阶段，当务之急是选择一些在西方国家已经成熟的管理会计工具或方法，将它们与中国的经验相结合，并推广应用到我国企业的实践之中。这方面的研究内容很多，如围绕产品的新功能提升企业的价值，构建增强企业竞争力的管理会计指标体系，加强经营者的业绩评价等问题研究。这项战略具有实用性强、风险小、容易出成果等特征。

战略之二：基于管理会计学科发展的战略。以现阶段的管理会计学科为基础，对传统的学科体系进行完善和创新。这项战略有助于保持管理会计学科的先进性和科学性，增强国际间管理会计的可比性。

战略之三：直面国际竞争的管理会计战略。随着我国进入 WTO 后，对于直面国际化竞争的中国企业来说，扩大管理会计的现有功能，将管理会计的研究成果应用于企业实践，就显得尤为重要。这一战略虽然难度大，但它对增强中国企业的国际竞争力有着重要意义。

战略之四：管理会计技术与方法的创新战略。就管理会计系统的创新而言，我国企业实践中确实已经形成了若干具有中国特色且世界领先的管理会计技术和方法体系，如海尔的"OEC"管理和"市场链"流程再造理论①、海信的稳健财务理论等。这项战略具有长远意义，对未来我国管理会计在国际上的地位提升具有重要的作用。

在推进上述战略的过程中，我国管理会计应重点定位在哪些方面，值得我们认真思考。从现阶段我国管理会计实践的发展情况看，管理会计的战略选择可考虑以第一种和第四种战略为主，同时兼顾第二种、第三种战略。第一种战略有助于我们提升现有企业的管理会计功能与作用，并能够积极投身于经济建设的主战场。第四种战略则有助于形成具有世界影响的管理会计理论与方法体系。

## 三、中国管理会计实务发展的趋势

科学合理地选择管理会计的发展战略，对于促进企业管理会计理论与方法体系的创新和发展，提高管理会计功能的有效性和科学性具有十分重要的现实意义。

### 1. 管理会计中的公司治理作用增强

2002 年 1 月，中国证监会发布了《上市公司治理规则》。依据这个规则，中国的公司治理（corporate governance）以上市公司为中心进行了推进。从管理会计的角度看，公司治理的作用主要体现在以下两个方面：

（1）公司治理在很大程度上依赖于财务治理。在《上市公司治理规则》中明确规定，公司治理的基本目标是保护股东权益。公司要求在持有股份的股东之间就人事、资产、财务等方面拥有独立性。公司治理中的管理会计作用主要是通过财务治理（financial governance）来体现的。

——财务总监（chief financial officer，CFO）。财务总监是依据管理会计实施公司治理的主体。从管理会计层面上看，CFO 履行经营权的过程就是组织预算制定并报经董事会批准，制定战略方案以供 CEO（chief executive officer）决断，组织预算的执行，并向董事会或其下属专门委员会汇报。董事会已成为管理会计信息的最大需求者。

---

① 海尔集团创立于 1984 年，经过 20 年的发展，其产品已经从单一的冰箱发展到包括白色家电、黑色家电、米色家电在内的 96 大门类 15 100 多个规格的产品群，并出口到世界 100 多个国家和地区。目前，海尔集团已拥有专利 5400 多项，参与了 86 项国家标准的制修订，其中海尔防电墙热水器和"双动力"洗衣机还被国际电工委员会纳入国际标准提案。海尔创造的"OEC"管理和"市场链"流程再造等管理模式，先后被美国哈佛等 7 所大学商学院做成 16 个案例。

——会计背景的独立董事。独立董事代表中小股东对公司进行监督与管理，其在公司治理中具有特殊的地位，并发挥着积极的作用。首先，独立董事参与面广，他将参加董事会下属的审计委员会、薪酬委员会和提名委员会等组织，并且在一般情况下，会计背景的独立董事还将担任审计委员会的召集人。《上市公司治理规则》中明确要求上市公司至少必须配备一名会计背景的独立董事，这就为财务治理作用的发挥提供了制度上的保障。独立董事作为公司的外部董事，一般而言，其作用大多是对管理会计功能的有效发挥，例如，参与投资战略的决策、判断财务状况的真实性和可靠性、评价经营成果的有效性，以及对经营班子的业绩考评等。

（2）企业管理制度的建设离不开管理会计。随着全球化市场竞争的加剧，以及组织结构变迁速度的加快，企业的各种不确定性因素增强，企业管理制度的建设面临严峻的挑战，此时管理会计的支撑将显得十分重要，因为管理会计可以通过"硬"的方面——会计制度规范来提供决策有用的信息，同时，通过"软"的方面——组织文化建设为企业发展提供友好的环境条件。与财务会计的信息不同，管理会计系统提供的信息主要是：股东和其他利益相关者的收益保障信息；CEO业绩责任的制定依据；企业经营业务的质量判断；董事会的业绩考核标准；企业组织结构与业务流程的优化状况；企业的价值观和文化建设情况；各个管理层次的业绩评价和激励补偿系统设计（包括针对高层管理人员的奖励与补偿合同的制定）等。

**2. 管理会计"工具"的整合能力提高**

整合是历史发展的动力。中华文化，以及国家的进步无不是在整合中前进的。"整"是整体和整理，"合"是协调。"整合"，就是将全部资源，根据完整性、系统化与有序协调的原则进行整理，以达到最优化的效果。在当今世界，随着全球化进程加快，世界各类文明、文化的多元与差别，更成为被整合对象。整合不是排斥，而是建立在兼容基础上的壮大和最优，在取长补短中获得新生。我国管理会计整合的方向主要体现在以下几个方面：

（1）引进与消化推动着管理会计整合。改革开放以来，中国企业引进了世界各国的管理会计技术与方法，在学术界的推动与支持下，几乎大部分的先进管理会计工具在中国企业或多或少地得到了应用。但是，客观上也存在食洋不化的问题，迫切需要通过管理会计工具的整合来提高应用的效率或效果。当前，应当注意研究、总结欧美国家管理会计的有益经验，从中提炼出适合我国企业特点的管理会计技术与方法。具体的思路是：第一，明确目的，即整合管理会计工具的目的，在于理顺各种管理工具应用间的逻辑关系，强调工具间的互补性与整合效应，而不在于创造一种新系统；第二，强调个性，应当结合企业特定环境进行管理会计工具的"个性化"改造，特别是针对我国经济转轨环境与文化特征，进行管理会计工具的"本土化"研究（王斌等，2004）。

（2）管理会计技术与方法创新的内在要求。任何创新都是在前人成果的基础上进行的，正确分析和认识各种管理会计工具的特点，结合中国企业原有的以及当前出现的一些创新做法，在相互整合的同时，进行融合创新，这将有助于促进中国管理会计的发展。我们必须大力提倡"情景依赖"式和"情景嵌入"式的研究方式，注重将中国企业已经获得的管理会计经验从理论上加以提高，使分散的经验更加合理、系统，进而形成原创性的管理会计方法体系。

（3）管理会计工具整合的思路与方法。影响管理会计工具整合的要素，大体上有三种，即技术要素、环境要素和人文要素。在进行管理会计工具的整合时，应当综合考虑这些要素。例如，随着会计标准的国际化推进，管理会计实务也需要进行范式变迁，并且进一步朝着信息化、系统化和国际化的方向进行整合。对此，不单纯是管理会计的方法，即便作为其基础的管理会计概念等也将发生一次大的变革。

在管理会计工具的整合方法上，可以采用如下三种对策：第一，相关工具间的整合。例如，在成本企划的基础上，融合作业成本管理的技术与方法等。第二，某种工具内部的整合。例如，对预算管理进行改革，将传统预算管理多功能合一的方式加以整合，如将预算管理的计划制定功能与业绩评价功能进行分离等。第三，通过整合引导创新。例如，依据管理会计的前馈机制，从短期的部分控制，经过短期的整体控制再到长期的整体控制的转变，将作业成本管理的"业绩分析—作业分析—动因分析"融合到管理会计的前馈机制中去，实现一种由反馈向前馈转变的管理会计控制新思路，等等。

### 3. 以供应链为基础的管理会计逐渐普及

供应链管理会计的理论基础是价值链，随着价值链管理（value chain management, VCM）的实施范围由企业内部向企业之间的扩展，供应链管理（supply chain management, SCM）开始形成。供应链管理会计在中国企业中的应用，主要来自以下几个方面的推动：

（1）外在的促进。中国流通体制的改革起步较早，流通业在学习西方先进经验的同时，引进了供应链管理。供应链管理与会计的结合推动了管理会计的创新与发展。在这方面，最直接的推动力量来自中国的产业协会（包括中国会计学会的各种课题研究资助等）。这些机构在积极引进和推动中国的大型企业应用 ERP（enterprise resource planning，企业资源规划系统）和 DRP（distribution resource planning，业务分销系统）的过程中，推进了供应链管理与企业管理会计的有机结合（例如，DRP 的功能主要包括库存管理、销售管理、配送管理、市场管理、财务管理、采购管理等方面的内容，其中，库存管理、销售管理、财务管理等的大部分功能就是管理会计的功能）。

（2）内在的要求。它具体表现在两个方面，一是内在的获利要求。中国的产业结构现状决定了中国企业仍处于国际经济结构的较低端，仅仅依靠生产环节的效益挖潜，已作用甚微，况且全球已进入微利时代。对此，中国企业需要从新的利润源泉中寻求盈利的空间，而以物流为代表的供应链管理正是最佳的选择方案之一。二是市场的联合动力。企业为了谋求新的发展，就必须将眼光从企业内部向外部拓展，通过供应链的优化与完善来实现企业效益的提高。同时，随着企业竞争战略从企业合作与竞争向企业联合等的方向发展，经营方式也开始从传统的经营战略进入新的战略经营，其中的一个特征是从价值链向供应链进行转变，进而推动了供应链管理会计的形成与发展。

### 4. 企业群成本管理方法的创新得到重视

经济全球化使中国成为了"世界工厂"，企业经营的聚集倾向越来越明显。企业战略也从企业联合向企业战略联盟的方向发展。据此，"企业群（或称'企业集群'）"进入了中国管理会计的概念体系。企业群是指在产业上相互关联的众多企业在同一个地域的聚集。中国的企业群在地域集中上具有更强的特性，这是因为中国企业在成立时，创业者在资金、销售渠道等地缘、血缘上具有较大的依赖性。企业群作为一种产业组织形式，既避免了"一体化"和大集团所导致的管理成本与代理成本过高的问题，又避免了远距离交易所导致的交易成本和物流成本过高的问题。这种就近、择优选购，是一种竞争性的配套关系。它既有垂直整合（内配）的效率，又有广泛的灵活性。从企业聚集的效应看，它具有成本分散、成本约束、成本节约、成本增值等机制。

从成本管理角度讲，企业集群是以减少单个企业的机会成本为动因，以减少企业间交易成本为目的，以企业间的合作与信任为条件的组织形式。企业群成本管理的特点可以简单地归结为如下几个方面：第一，目标方面。企业集群虽然可能减少单个企业的机会成本，但是，这种企业集群核心竞争力的整合同时也带来了巨大的交易成本。因此，实现企业间交易成本的最小化成为企业集群成本管理的基本目标。第二，主体方面。传统成本管理以单个企业为主体，而集群的成本管理是在企业间价值链环节优化的基础上，以行业协会或区域协调机构（如成本管理委员会）等组织为主体。第三，观念方面。企业集群强调既合作又竞争。群体企业间的高度合作与相互信任是减少交易成本的关键，也是企业群成本管理的竞争力之所在。第四，方法方面。单一的成本管理比较规范，所采用的成本管理方法也较为具体、统一。而企业集群的成本管理方法则相对灵活且具有柔性，不能依靠行政命令来约束各企业的行为。第五，内容方面。

集群成本管理以区域内约定俗成的制度规范为主，积极参与各种例外管理，如反倾销应诉中的成本管理等，协调和沟通群内企业与群外企业（或政府）等的关系。对基于供应链的企业集群则通过制定合理的转移价格来规范企业间的成本与收益分配关系。

5. 反倾销等贸易摩擦环节的管理会计战略开始强化

作为世界新兴的贸易大国，中国在世界经济格局中的地位发生深刻变化，中国商品正在迅速提高竞争力，反倾销等贸易摩擦在未来相当长时间内将继续存在并且日益激烈。对此，提升反倾销等贸易摩擦环节的管理会计战略具有十分重要的现实意义。

（1）从战略上强化管理会计中的成本规范。我们必须从战略的高度上重新规范成本的内涵与外延，一方面使成本所涵盖的内容及其计算方法与程序、成本归集与分配的程序符合国际惯例；另一方面通过优化成本信息的生成机制，为成本内涵与外延的拓展留有余地。同时，既保护企业合法的商业秘密，又进一步使成本会计信息及其他相关信息为信息使用者在应对反倾销等贸易摩擦中更好地决策提供有用的依据。

（2）通过成本控制加强企业的价格管理。首先，出口企业要转变自己的经营战略，在价格竞争的基础上采取差异化战略。其次，制定正确的价格战略。管理会计人员应根据收集、调研的国际市场信息，为出口企业的产品出口定价提供指导。其基本原则是，出口产品的价格不能低于其在国内市场的销售价格，在此前提下根据目标市场的价格状况确定并及时调整出口价格，避免引起进口国生产商的警觉。同时，搞好应对反倾销的成本控制规划，如对外投资，设立倾销国的生产基地等。

（3）根据不同的倾销税制进行税务筹划。由于各国倾销税制存在差异，通过科学的税务管理，可以减少国内企业在反倾销事实确定情况下的税率负担。譬如美国采用的是分类倾销税或称差别待遇（即对不同的企业实行不同的差别税率），而欧盟采用的则是统一倾销税，即实行同等待遇的反倾销税税率（对中国企业统一征收税率）。对企业实行差别待遇和同等待遇的反倾销税税率对产品出口的影响是不同的。一般来讲，前者的影响较小，而后者较大。

6. 环境管理会计报告将成为企业的自觉行动

随着环境问题的日益突出，世界各国对于环境相关的会计问题愈加重视。一些国家在继续完善环境会计制度的同时，积极研究环境管理会计的指南或准则。日本自1999年起，政府就开始颁布了《环境会计的指南》，并于2000年、2002年和2005年先后进行了重新修订和颁布。与欧美国家的环境会计不同，日本的环境会计实务以外部环境会计为中心，而欧美更多的是以企业内部管理为导向展开的，即是以环境管理会计（内部环境会计）为中心来发展的。不过，从2002年起，日本也开始重视环境管理会计，并颁布了《环境管理会计方法辅助手册》，逐渐在企业实务中得到普及。

2005年2月，国际会计师联合会将刚刚讨论完毕的《环境管理会计的国际指南——公开草案》予以发布，进一步概括了各国的环境管理会计实务，从理论上将环境管理会计的国际性研究推向高潮。我国政府对环境问题历来十分重视，我国已从2002年开始在部分地区试行了排污权交易制度，并且还成功地进行了跨地区的交易和排污权拍卖。环境管理会计就是通过企业污染控制的利益机制研究，引导企业科学排污与治污，并自觉向社会披露环境治理的信息状况。环境管理会计报告主要由两块内容构成：一块是环境费用，一块是环境效果。近年来，欧美与日本等国的企业披露环境管理会计的信息已经成为一种自觉的行动，我国上市公司也在年度报告中开始披露环境管理会计的信息。可以预料，随着我国环境保护力度的加强，环境状况将成为衡量一家企业是否具有核心竞争力的内容之一。为此，环境管理会计报告也必将成为企业的一种自觉行动。

## 参考文献

［1］热若尔·罗兰.理解制度变迁：迅捷变革的制度与缓慢演进的制度.南大商学评论（总第5辑），南京：南京大学出版社，2005.

［2］王斌，高晨.论管理会计工具的整合系统.会计研究，2004.

［3］迈克·波特.群聚区域与新竞争经济学.北京：经济科学出版社，1997.

［4］冯巧根.中国彩电业的反倾销应诉及其财务战略研究.厦华企业博士后出站报告，2003.

［5］西村明.财务报表的内在化与公司治理.企业会计（日），2005.

［6］西村明，大下丈平.管理会计的国际展望.福冈：九州大学出版社（日），2003.

［7］BURNS J, SCAPENS R W. Conceptualizing management accounting change: an institutional framework. Management Accounting Research, 2000, 11.

［8］ITTNER C D, LARCKER D F. Are nofinancial measures leading indicators of financial performance? An analysis of customer satisfaction. Journal of Accounting Research, 1998.

［9］PAIB. Enterprise governance: getting the balance right. CIMA and IFAC, 2004.

# 政府治理、绩效管理与绩效审计

## ——解读我国政府绩效审计发展困境的新视角

● 陈　波[1]

（1　中南财经政法大学会计学院　武汉　430074）

**【摘　要】** 政府绩效审计源于降低政府治理中隐性代理成本的需要，其发展动力来自于基础性政府治理机制的完善；绩效管理则是联结政府治理和绩效审计的中间环节，实施绩效管理不仅有助于从根本上保证政府部门绩效的改进，还增强了绩效审计的"可审性"，从而能够消除绩效审计技术层面的发展障碍。

由于我国政府的绩效管理责任未在法律上得到明确、各级人民代表大会的监督功能偏弱、政府财政透明度偏低等治理问题，我国政府绩效审计发展的外部推动力明显不足。除了面临上述体制上的困境外，我国政府绩效审计的发展还受制于绩效评价标准的缺乏等技术上"瓶颈"，而其根本原因不在于审计机关审计方法上的落后，而在于政府绩效管理制度特别是预算管理制度的不完善。政府治理和绩效管理上的不利因素结合在一起，共同限制了我国政府审计向绩效审计主导型政府审计的转型。因此，绩效审计的发展需要完善基础性政府治理结构和绩效管理制度，并同建设民主政府、法治政府和效益政府的社会系统工程更好地结合在一起。

**【关键词】** 政府治理　绩效管理　绩效审计

## 一、引言

国家审计署 2006 年制定发布的《审计署 2006 年至 2010 年审计工作发展规划》（以下简称《规划》），强调"每年投入效益审计的力量占整个审计力量的一半左右"，"全面推进效益审计，到 2010 年初步建立起适合中国国情的效益审计方法体系"。要改变目前我国政府绩效审计①发展缓慢的现状、完成《规划》中确定的发展目标，我们需要强化理论研究，特别是需要以新的理论视角来探索我国绩效审计发展过程中的根本性问题，包括制度层面的发展动力问题、技术层面的发展"瓶颈"问题等。

在制度经济学家看来，政府也是一种经济组织，政府的活动也可以定义为某种交易。例如，康芒斯（John R. Commons）认为，买卖的交易、管理的交易和限额的交易是三种最基本的交易类型，它们分别对应着市场、企业和政府这三种经济组织类型（康芒斯，中译本，1962）。科斯也曾启发学者们将政府视为"超级企业"②。裴敏欣（2003）则指出，当我们在考虑政府治理（governance of government）时，可以借鉴的对应的经济学理论就是公司治理理论。这说明借鉴公司治理理论并构建政府治理理论，用以解释包括政府绩效审计在内的政府行为是完全可行的。政府治理和公司治理所面临的基本问题是相同的，那就是如何激励和约束代理人，使其按照最有利于委托人的方式行事。从公司治理的理论来看，企业的独立审

---

① 在我国，政府绩效审计一般被称为经济效益审计或效益审计。在本文中，这些概念是等同的。

② 科斯的观点参见：张五常．关于新制度经济学//科斯．契约经济学．北京：经济科学出版社，1999：15.

计是一种外部的治理机制，内部审计则是内部治理机制的一个组成部分。相同的逻辑可以延伸至政府治理和政府审计关系的分析之上，这一新的视角有助于解释我国政府绩效审计发展动力不足的问题。

政府治理的完善必然要求政府部门建立类似企业绩效管理（performance management）的制度，因为要求政府代理人经济有效地使用取之于民的经济资源，是公共受托责任的题中应有之义（杨时展，1990)①，也是政府治理的基本目标之一。以绩效预算（performance budget)② 为中心、以绩效导向的政府会计制度为前提的绩效管理制度，能够使政府代理人的绩效责任明确、具体化，为政府绩效审计提供"审计轨迹"（audit trail），从而有利于绩效审计的开展，而缺乏绩效管理制度，绩效审计必然面临评价标准等技术上的瓶颈。

## 二、政府治理与政府绩效审计

### 1. 绩效审计起源于降低政府治理中隐性代理成本的需要

Jensen and Meckling（1976）对于审计的经典定义表明，审计源自于降低代理成本、增加企业价值的需要。因此，独立审计是公司治理中重要的外部治理机制。这一逻辑可以自然地推理至政府审计的起源问题上，因为政府也可以被视为"一组合约关系的联结"（Jensen and Meckling，1976），公民与政治家及政府官员之间的关系也是一种委托代理关系，由于他们之间目标函数的不一致，代理成本也是客观存在的。不仅如此，由于公民与政府之间的代理链更长、更复杂，政府在提供公共服务过程中将会产生更为高昂的代理成本。政府审计通过提高政府委托人（公民）和代理人（政治家和政府官员）之间的信息透明度，能够使委托人更好地监督代理人，从而降低政府活动中的代理成本，因此是一种重要的政府治理机制。

作为政府审计的一种类型，绩效审计的产生也源自于降低代理成本的需要。与传统的财政财务审计不同的是，政府绩效审计代表了一种更高层次的要求，即政府代理人不仅要合法地使用公共资源并如实地提供或报告有关的财务信息，而且要按照最能增进社会福利的方式使用公共资源。如果说财政财务审计所致力于降低的代理成本主要是一种"显性成本"的话，那么政府绩效审计试图降低的代理成本则主要是一种"隐性成本"或"机会成本"，即社会公众由于没有享受到更多、更好的公共服务而遭受的潜在损失。从历史演进来看，政府绩效审计的产生要晚于传统的财政财务审计，其出现表明政府代理人所承担的公共受托责任的扩大，适应了在一个更高的水平上完善政府治理的需要。

### 2. 绩效审计的发展动力来自于基础性政府治理机制的完善

政府治理的根本目的是建立对公民负责的、政府官员受到适当激励与约束并切实追求社会福利最大化目标的政府。Blair（1995）将公司治理归纳为一种法律、文化和制度性安排的有机整合。与公司治理相比，政府治理的内涵显然更为深广。值得注意的是，制度是有着层级结构的（柯武刚、史漫飞，中译本，2000)③，层次更高的制度对于层次较低的制度具有统驭作用，不同层次的制度以及同一层次的不同制度

---

① 杨时展先生的原话是："在民主启蒙时期，人们只要求取之于民的能有限度，过此限度，人民有权拒绝，至于取之于民的如何花费，人民并不过问；随着社会的发展，民主意识的增长，人民逐渐要求取之于民的必须用之于民，不按人民意志来使用，人民就要求他负政治责任；随着社会的再进一步发展，民主权利的再进一步增长，人民又进而要求，一切取之与与民的，必须经济有效地用之于民，用于民而不经济，用于民而没有达到人民预期的效果，政府仍要负责任。"

② 按照1950年美国总统预算办公室的定义，绩效预算是指这样一种预算管理制度，它要求预算单位在请求拨款时必须明确阐述：第一，所有达到的某种合意的目标；第二，为实现这些目标而拟订的支出计划需要花费多少；第三，用哪些可以量化的指标来衡量其在实施计划支出的过程中取得的成绩。参见张志超（2006）第4页。简单地说，绩效预算就是将绩效指标、绩效考核与预算过程有机融合的预算制度。

③ 例如，法律的最高层次是宪法，其次是各种实体法和程序法，再次是政府行政部门的规章。

必须协调配合才能实现社会福利的最大化目标。在政府治理的一系列制度安排中，政府绩效审计受制于那些更为根本、层次更高的治理机制，特别是那些决定绩效审计需求的基础性治理机制，包括公民权利的法律安排、政府的职责权限、政府代理人的选举程序等。政府绩效审计的根本目的是保护合法的公民权利不受政府代理人机会主义行为①的侵害，使公民节省个人消费而以税收等形式交纳给政府统一使用的公共资金能够换取充足、优质的公共服务。那些使公民能够自由地主张对于公共资金的合法权利、使政府代理人在经济有效地使用公共资金方面既有动力又有压力的基础性治理机制，就成为绩效审计的发展动力。

以下一些基础性政府治理机制，对于绩效审计的发展具有至关重要的推动作用：

（1）对于政府代理人绩效责任的法律安排。法治是政府治理的本质，只有将政府代理人经济有效地使用公共资金的责任纳入法治的框架，才会产生对于绩效审计现实的、稳定的需求。美国的政府绩效审计之所以发达，是因为自建国始就明确了财政立宪主义的原则，该国议会通过的一系列重要法律，包括《1906 年反缺陷法》、《1921 年预算与会计法案》②、《1974 年国会预算法》、《1982 年联邦管理人员财务操守法案》、《1993 年政府绩效与结果法案》等③，逐步明确了政府官员在公共资金使用效益上所承担的责任，特别是《1993 年政府绩效与结果法案》，规定政府部门应制定战略规划、编制年度绩效计划和年度绩效报告、实施绩效预算等，使政府部门的效益改进有了明确的、可操作的法律依据。这一系列的立法，使美国政府得以不断严格政府代理人的绩效责任并使其承担的公共受托责任切实得到履行。

（2）享有政府财政收支控制权、独立于行政部门的代议机构（例如议会）。无论是政府治理还是公司治理，其关键都是要保证委托人拥有监督、约束代理人的有效机制。在公司治理中，董事会的建设居于核心地位；在政府治理中，各级代议机构的建设则处于核心地位。由代议机构代表公民控制政府的财政开支，是绩效审计得以深入发展的基本前提。美国的政府绩效审计之所以走在世界前列，是因为该国议会切实掌握了政府财政预算的审批权，该国的绩效审计就是为了满足议会广泛、深入了解财政资金使用效益的需要而产生的，具有明显的议会推动的特点④（杨肃昌，2004）。

（3）提高政府财政透明度的信息公开制度。财政透明度（fiscal transparency）是衡量政府治理水平的一个重要指标，其核心是"要求以及时的、系统的方式对所有相关的财政信息（包括预算信息）的充分披露，包括用来编制预算的经济假设、政府资产和负债、税式支出以及对数据可靠性的建议"（王雍君，2003）。即使是在一个民主社会中，若政府财政信息不全面、完整地向社会公开，那么公民实际上无法有效地行使法律所赋予的民主权利；而使公民及时地获得政府财政收支来源、去向及其效益的信息，本身就是公民的一项基本民主权利——知情权。只有公民的知情权得到切实保障，公民才会对绩效审计产生强烈的需求，并成为绩效审计发展的推动力量。

---

① 威廉姆森（1991）将机会主义行为定义为"欺骗性地谋求自利"，并且认为机会主义有多种复杂的欺诈形式，包括主动和被动的形式、事前和事后的形式。参见威廉姆森．治理的经济学分析：框架和意义//菲吕博顿，瑞切特编．新制度经济学．孙经纬，译．上海：上海财经大学出版社，1998.

② 美国审计总署就是根据该法案而设立。早在1921 年，该法案就明确 GAO 应调查所有与公共资金收入、支出和运用有关的事项，并应提出改进公共开支经济性和效率的建议。

③ 法案的英文名称依次为：Anti-Deficiency Act of 1906，Budget and Accounting Act of 1921，Congressional Budget Act of 1974，Federal Managers' Financial Integrity Act of 1982，Government Performance and Results Act of 1993，法案的具体情况可参见张志超（2006）第 4 章有关内容，法案译名与该书略有不同。

④ 由加拿大审计总署领衔的七个国家最高审计机关 2005 年对美国审计总署（GAO）出具的无保留意见同业互查（peer review）报告指出，每年都完成大量的绩效审计业务是 GAO 的主要特色之一，而其中的绝大多数绩效审计项目不是由 GAO 自己发起的，而是应议会的要求实施的。

### 三、政府绩效管理与政府绩效审计

1. 绩效管理是联结政府治理与绩效审计的中间环节

绩效管理是一种以结果为导向的管理理念和体系，它本来就是管理的题中应有之义，因为管理的本质就是"一个协调工作活动的过程，以便能够有效率和有效果地同别人一起或通过别人实现组织的目标"（罗宾斯、库尔特，2004，中译本）。从理论上说，政府和其他组织一样，必须通过向"消费者"提供成本更低、质量更好的服务而获得存在的合理性，而为了达到这一点，政府也要和企业一样实施绩效管理。不仅如此，由于缺乏外部竞争，"相同条件下政府占有同样资源的利用效率要明显低于私人部门"（张志超，2006），政府更有必要实施绩效管理。然而，当20世纪初泰罗（Taylor，F. W.）在美国宾夕法尼亚州米德维尔和伯利恒钢铁公司中研究并推广科学管理方法时[1]，企业实施绩效管理的早期探索就已经开始了，而政府绩效管理受到普遍重视只是近几十年的事情。这主要是因为，政府绩效管理的推动力不是来自于市场竞争的压力，而是和绩效审计一样，来自于基础性政府治理机制的完善，而基础性政府治理机制的改进，则通常是一个艰巨而缓慢的过程。

绩效审计与绩效管理有着密不可分的联系。首先，绩效管理和绩效审计对于改进政府部门的绩效都是必不可少的，其中，绩效管理侧重于绩效的事前规划与事中控制，而绩效审计则侧重于绩效的事后评价与控制，因此，绩效管理在保证政府绩效改进方面具有更为基础的地位。其次，绩效审计可以视为将绩效管理中的事后控制职能剥离出来交给专门的审计机构来行使，以发挥其专业化优势和独立性优势，扩展控制的范围，提升控制的层次，提高控制的效率。再次，健全而有效的绩效管理制度，可以为绩效审计的开展奠定良好的基础，它有利于解决绩效审计在评价依据和评价标准方面的困境，并为绩效审计的开展营造适宜的氛围。最后，绩效审计的推行，有助于绩效管理的改进，而绩效管理和绩效审计的实施，都有助于从整体上完善政府治理。总而言之，脱离了绩效管理这个中间环节，绩效审计并不能从根本上保证政府部门绩效的改善，而且将会由于我们在下面所讨论的"可审性"等问题，而面临技术层面的重重障碍。图1对政府治理、绩效管理和绩效审计的关系进行了概括。

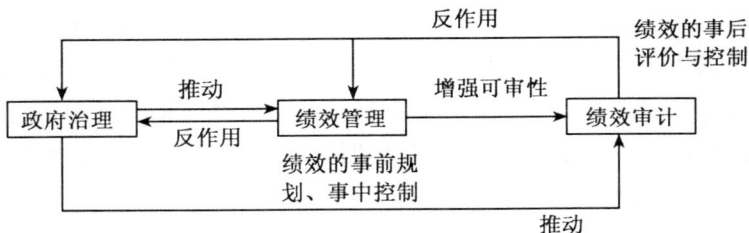

图1 政府治理、绩效管理与绩效审计的关系

2. 政府绩效管理制度增强了绩效审计的"可审性"

"可审性"（auditability）是一条重要的审计假设。在财务报表审计中，可审性是与财务报表的可验证性（verifiability）密切相关的，而在绩效审计中，可审性则要求审计人员可以获得评价绩效所必需的各种财务及非财务信息。如果政府部门未建立合理的绩效管理制度，包括战略规划、绩效预算、绩效导向的政府会计制度、绩效评价与考核制度、绩效报告制度等，则政府的绩效即使不是完全不可审，在审计时也必然会碰到重重技术层面的障碍。实施绩效管理，能够大大提高绩效审计的可审性，表现在：

---

① 参见罗宾斯，库尔特. 管理学. 北京：中国人民大学出版社，2004：32.

（1）有助于区分绩效审计中的管理层责任与审计责任，使审计机关不会因为代行管理职责而不适当地扩大自身的责任。在财务报表审计中，划分财务报表的管理层责任与审计责任是一条基本的审计原则。不独财务报表审计如此，所有的审计活动都必须区分被审计单位的管理层责任与审计责任，否则，就会出现两种责任的混淆，出现"期望差距"（expectation gap）。作为政府活动的具体决策者、执行者，政府代理人无疑应对政府的绩效承担首要的责任，包括制定正确的决策、建立适当的会计信息系统（包括制定适当的政府会计准则、完善政府部门信息归集和会计核算的要求、运用信息技术以改进政府财务信息的处理与报告等）以利于绩效信息的收集与评价、建立适当的内部控制制度与财务管理制度以保证业绩目标的实现、制定适当的绩效评价标准以利于政府部门的业绩考核等。只有通过建立绩效管理制度，将政府代理人的上述责任都在事前加以明确，绩效审计才能将其职能集中于对政府部门的效率和效果进行独立的评价与监督，才不会出现用审计机关的绩效审计责任替代被审计单位的绩效管理责任的情况。

（2）绩效管理能够提供"审计轨迹"，帮助解决绩效审计的评价标准等技术难题。政府绩效管理要求明确政府部门的战略目标，将战略目标分解、量化为关键的业绩指标，编制绩效预算，对绩效指标的完成情况进行适当的会计记录等。在这一过程中，绩效审计所需的评价标准要么能够直接获得，要么能够比较容易地加以确定，有关政府部门工作成效和资源消耗的其他信息，也能够比较方便地从政府会计信息系统和其他信息系统（例如电子政务系统，e-government）中获得。美国的政府绩效审计之所以较少碰到评价标准等技术层面的障碍，与该国第二次世界大战以后的历届政府持续不断地推行以绩效预算为中心的绩效管理制度有关。早在1949年，胡佛委员会就提出要建立"绩效预算制度"（performance budgeting system）；1965年约翰逊总统推动政府部门建立"设计—规划—预算制度"（planning programming budgeting system）；1973年尼克松总统在政府部门中推行目标管理（management by objectives）；1977年卡特总统在政府部门中推行零基预算制度（zero-based budgeting）；20世纪90年代克林顿总统再次推动与"再造政府"运动相适应的绩效预算制度（又被称为新绩效预算制度）；2001年小布什总统为了进一步推动联邦政府实施《1993年政府绩效与结果法案》而颁布了五项"总统管理议程"（包括政府部门的人力资本战略管理、竞争性资源配置、提高财务绩效、拓展电子政务、绩效与预算整合等）。政府绩效管理制度的日趋完善，为美国政府绩效审计的推行创造了良好的外部条件。

## 四、政府治理结构的不完善使我国政府绩效审计缺乏发展动力

如前所述，包括政府代理人绩效责任的法律安排、掌握政府财政开支控制权的代议机构、旨在提高财政透明度的信息公开制度在内的基础性治理机制的完善，能够有力地推动绩效审计的发展。由于我国的政府治理结构在上述几个方面存在不完善的地方，我国政府绩效审计的发展面临着外部推动力不足的问题，表现在：

（1）政府官员经济有效地使用公共资金的责任尚未在法律上得到明确。政府部门的工作绩效如何界定、政府部门应建立怎样的制度以保证绩效目标的实现、政府官员对于绩效目标的实现承担何种责任、绩效目标未实现如何问责、绩效如何计量并向社会公众报告等，这些重要问题在我国目前还属于法律的空白区域。虽然《中华人民共和国宪法》第二十七条规定"一切国家机关实行精简的原则，实行工作责任制，实行工作人员的培训和考核制度，不断提高工作质量和工作效率，反对官僚主义"，从而以根本大法的形式明确了政府部门应讲求效益的要求，但这一规定如何落实，却没有具体的法律来加以规定。作为规范政府财政开支、保证财政资金使用效益的最重要的法律，《中华人民共和国预算法（1995）》只是在第三十条笼统地规定"各级预算支出的编制，应当贯彻厉行节约、勤俭建国的方针"，而并未明确政府财政预算应如何编制、执行和监督，才能达到应有的绩效水平。由此造成的情况是，政府部门及其官员往往不明确自己的工作应达到怎样的绩效目标、预算资金的分配往往不能反映各部门实际的绩效状况、官员的奖惩通

常只能建立在主观评价而不是相对客观的绩效信息的基础之上、社会公众无法了解和评价政府的财政收支的合理性和效益性，而政府审计部门所开展的绩效审计也缺乏强有力的法律依据。

（2）在我国目前的政治体制之下，虽然各级人民代表大会在宪法上享有各级政府行政首长的任免权和各级政府预算、决算的审批权，从而具备代表民意、监督政府的能力，但事实上无论是人事任免权和财权都没有落实①。政府财政预算的审批是各级人大最重要的职能之一，也是人民监督政府收支、保证公共资金使用效益的最主要的途径，但目前，各级人大对于财政预算的审批在很大程度上流于形式②，人大代表对于由政府部门编制的财政预算既无实质上的否决权，又缺乏必要的组织保障、专业支持来行使其职权。

（3）我国的财政透明度偏低，这一状况限制了绩效审计的开展。根据国际货币基金组织（IMF）在2001年发布的《财政透明度手册》，我国在财政透明度方面与国际规范相比有着巨大的差距。财政透明度偏低，进一步解释了我国绩效审计为何外部推动力不足。事实上，我国政府审计本身的透明度也有待提高，审计结果公开制度只是在最近几年才得到实施，而审计结果全面公开制度还需要经过若干年的努力才能实现。

## 五、绩效管理的不完善使我国政府绩效审计面临技术层面的障碍

学者们早就认识到，绩效审计"最大的难题来自于概念和评价标准，目前国内缺乏一套对政府机关、公共部门资金使用效益的衡量指标体系，而对于政府部门使用资金的社会效益也很难量化评价"（刘大贤，2003）③。绩效审计的评价标准问题之所以难以解决，有其客观原因。由于政府部门的非营利性、垄断性、公益性以及目标的多重性等原因，政府部门的业绩客观上比企业的业绩更难评价。但从另一方面来看，绩效审计的评价标准难以确定，也与人们不恰当地认为审计机关应完全负责评价标准的制定与选择有关。由于没有意识到政府绩效管理在改进政府绩效、增强"可审性"方面的基础性作用，我国审计机关在制定绩效评价标准、搜集绩效信息方面基本上处于孤军奋战的境况。

我国政府绩效管理制度建设的滞后是一个不争的事实。长期以来，我国都没有专门的立法对于政府的绩效管理责任作出规定，类似《行政许可法》这样的法律只是解决了政府的职责权限问题，但没有解决政府部门如何保证其工作绩效的问题。我们注意到，这一状况正在发生转变。政府和学者们已经开始对政府绩效管理表现出更大的兴趣。财政部在2005年发布了《中央部门预算支出绩效考评管理办法（试行）》，朝着提高财政资金使用效益的方向迈出了重要一步。然而，在绩效管理制度建设方面，我们目前尚处于摸索阶段。政府部门的战略规划、绩效预算、绩效导向的政府会计、绩效考评、绩效报告等制度的建设问题，均还未引起政府部门的足够重视，也都还没有提上议事日程。

政府预算管理是政府绩效管理的核心环节，而我国在此方面存在较大问题，表现在政府的财政预算口径过于粗略（虽然实现了按政府部门编列预算，但预算开支并未落实到具体的活动和项目）、编制要求过于简单（未充分说明预算编制的假设和理由）、编制方法不合理（事实上仍然是"基数加增长"的传统编制方法）、编制过程不透明、社会公众对于预算编制参与程度低、预算信息不公开等。在这种情况下，财政收支的合法性与合规性都成问题，更何谈实施绩效预算、实现绩效指标与财政预算的整合、使预算成为绩效控制的重要工具了。也正因为如此，我国政府审计机关的审计资源不得不大量投入到财政财务审计和

---

① 有人把这种局面形象地称为"党委有权、政府有钱、人大举手、政协发言"。

② 一位全国人大代表根据连续5年参加全国人大会议的亲身经历指出，在每年的全国人大会议上，从没有听说过任何代表审议《预算报告》的发言，财政预算无论是数据还是用途都不具体，代表看了等于白看。参见张悦"2007年'两会'十大言者"，南方周末，2007-03-15（B9）。

③ 参见刘大贤2003年7月在接受中国《新闻周刊》记者采访时提出的观点，转引自杨肃昌. 中国国家审计：问题与改革. 2003：188.

财经法纪审计之中，难以实现向绩效审计主导型政府审计的全面转型。

## 六、结论

在本文中，我们借鉴了公司治理理论，对政府治理、政府绩效管理和政府绩效审计的关系进行了理论上的探讨。我们认为，政府绩效审计源自于降低政府治理中隐性代理成本的需要，其发展动力来自于基础性政府治理机制的完善；绩效管理则是联结政府治理和政府绩效审计的中间环节，实施绩效管理不仅有助于从根本上保证政府部门绩效的改进，还增强了绩效审计的"可审性"，从而能够有助于消除绩效审计技术层面的发展障碍。

目前我国政府绩效审计发展的困境应在政府治理更为广阔视野中加以审视。特别重要的是要区分政府部门的绩效管理责任与审计责任，否则，我们就无法对绩效审计进行准确的定位，使绩效审计不适当地承担被审计单位的绩效管理责任。由于政府的绩效管理责任未在法律上得到明确、我国各级人民代表大会的监督功能偏弱、政府财政透明度偏低等治理问题，我国政府绩效审计发展的外部推动力明显不足。除了面临上述体制上的困境外，我国绩效审计还受制于绩效评价标准的缺乏等技术上的"瓶颈"，其根本原因不在于审计机关审计方法上的落后，而在于政府绩效管理制度特别是预算管理制度的不完善。政府治理和绩效管理上的不利因素结合在一起，共同限制了我国政府审计向绩效审计主导型政府审计的转型。

本文的主旨不在于强调我国绩效审计发展过程中所面临的限制因素，更不是主张应放缓绩效审计的发展步伐，而是旨在提醒人们应从政府治理的全局上看待绩效审计，应将绩效审计视为我国建设民主政府、法治政府、效益政府的社会系统工程的一个子环节，将绩效审计的建设同完善政府治理、改进政府绩效管理的工作更好地结合在一起。

## 参考文献

[1] 约翰·R.康芒斯.制度经济学.于树生，译.北京：商务印书馆，1962.

[2] 柯武刚，史漫飞.制度经济学：社会秩序与公共政策.北京：商务印书馆，2000.

[3] 埃瑞克·G.菲吕博顿，鲁道夫·瑞切特.新制度经济学.孙经纬，译.上海：上海财经大学出版社，1998.

[4] 斯蒂芬·P.罗宾斯，玛丽·库尔特.管理学.北京：中国人民大学出版社，2004.

[5] 张志超.美国政府绩效预算的理论与实践.北京：中国财政经济出版社，2006.

[6] 杨肃昌.中国国家审计：问题与改革.北京：中国财政经济出版社，2004.

[7] 杨时展.审计的基本概念.财会探索，1990，21.

[8] 张五常.关于新制度经济学//罗纳德·H.科斯.契约经济学.李凤圣等，译.北京：经济科学出版社，1999.

[9] 王雍君.全球视野中的中国财政透明度：中国的差距与努力方向.国际经济评论，2003，4.

[10] 裴敏欣.中国政府的治理：现实问题与挑战.2003年清华大学演讲稿，http：//jyw.com.cn

[11] JENSEN M C，MECKLING W H. Theory of the firm：managerial behavior，agency cost and ownership structure. Journal of Financial Economics，1976，3（4）.

[12] BLAIR M. Ownership and control：rethinking corporate governance for the 21st century. The Brookings Institution，Washington D.C.，1995.

# 品牌关系断裂的理论评述<sup>*</sup>

● 游士兵[1]    黄 静[2]

(1，2 武汉大学经济与管理学院    武汉   430072)

【摘 要】品牌关系断裂是品牌关系理论的新兴研究方向，对此领域的研究能够推动品牌关系理论和实践向前发展。本文对这一学术领域的西方理论研究成果进行回顾，并基于探讨的结果提出了几个新的研究思路和发展方向。

【关键词】品牌关系   断裂   再续

## 一、引言

企业的外部环境是不断变化的，建立关系的原因是期望为参与者创造更多的价值（Dwyer, et al., 1987）。然而，关系并非不朽的资产，随着时间的过去，很多关系变化了，其中的一些中止、终止或消亡了（Tähtinen & Halinen, 2002），但是关系在一些条件下会接着恢复（reactivate）（Havila & Wilkinson, 2002）。从文献回顾看，在品牌关系研究领域，如何建立品牌关系很早以来就是学术界关注的重点，但是对于品牌关系阶段中的最后环节——品牌关系断裂，以及断裂之后的再续，研究却相对滞后。近 20 年前 Dwyer（1987）等学者就曾指出"还没有对关系断裂的系统研究"①，这种情形至今仍然存在。

研究在关注关系发展的同时也要关注关系破裂，两者共同发展才能对营销理论和实践具有贡献。Reichheld & Teal（1996）也认为，关注消费者背叛，减少消费者背叛率同获取和保持消费者一样，对商业的成功都是有决定性意义的。Reichheld & Sasser（1990）的研究发现，消费者背叛每降低 5%，能够带来公司长期利润上涨 25% ~ 80% ②。Ping & Dwyer（1992），Giller & Matear（2001）在对关系断裂成本的研究结论中认为，关系断裂的成本是惊人的，这些成本包括投资成本、寻找替代的搜寻成本、协商成本和建立新关系的成本，以及可能的高昂诉讼费用③。增加的成本还包括因为关系断裂带来的消费者负面口传等（Zeithaml & Bitner, 1996）。Tähtinen & Havila（2004，2005）的研究表明，对关系断裂的研究是很重要的，因为我们对关系终止了解得越多，我们对正在进行的关系会有更全面的了解④。研究品牌关系断裂，终止一些特定的关系，或者在其断裂过程中进行再续（restore），对公司都是有利的。正因为如此，近来

---

＊ 本文受国家自然科学基金项目（70772045）的资助。

① DWYER F, ROBERT S, PAUL H, SEJO OH. Developing buyer-seller relationships, Journal of Marketing, 1987, 51: 23.

② HAVILA V, WILKINSON I F. The principle of the conservation of business relationship energy: or many kinds of new beginnings. Industrial Marketing Management, 2002, 31 (3): 191-203.

③ GILLER C, MATEAR S. The termination of inter-firm relationships. Journal of Business & Industrial Marketing, 1996: 15 (2): 94-112.

④ TÄHTINEN J, HAVILA V. Editorial: enhancing research in exchange relationship dissolution. Journal of Marketing Management, 2004, 20: 919-926.

越来越多的学者开始研究关系断裂，而且视角延伸到断裂发生的环境和断裂的过程①。品牌关系断裂研究在西方已成为一项研究热点。那么如何阻止品牌关系断裂？如何管理品牌关系断裂的过程？如何促使品牌关系的再续？这些问题都是品牌关系断裂研究中的现实问题。

在国内，虽然近5年来也有学者陆续介入品牌关系领域，但尚无对品牌关系断裂和再续领域的研究。随着中国市场逐渐步入关系营销主导的时代，企业对消费者与品牌关系的重视将迫切要求本土理论的提出与创新，而这首先要求本土学者对西方品牌关系的前沿理论进行深入了解与思索。基于此，本文拟对国外该领域相关研究成果作评述，并在此基础上探索性地提出今后的若干研究方向。

## 二、理论回顾

Blackston（1992）率先对品牌关系（brand relationships）进行了界定："消费者对品牌的态度和品牌对消费者的态度之间的互动。"② 品牌关系理论的提出顺应了关系营销理论的发展趋势，受到越来越多学者的关注。然而在关系营销及品牌关系研究中，营销学界对关系的关注常常集中于诸如关系是如何建立的，以及如何发展现有的关系等问题上。直到20世纪90年代，仍然没有多少研究关注"关系为什么、什么时候、怎样终止的，以及终止之后会发生什么事情"这类问题，而是仅仅附带提及关系断裂（dissolution）（Dwyer, et al., 1987）③。从20世纪90年代中期开始，交换关系的断裂研究开始吸引学者们的眼球，Fajer & Schouten（1995）率先开始个人—品牌关系断裂研究，由此拉开发展序幕④。围绕着消费者—品牌关系断裂，学者们展开了以下研究：品牌关系断裂的过程、影响品牌关系断裂的因素、品牌关系断裂的类型以及品牌关系断裂之后的再续等。下面我们分别就这些方面对相关文献作一回顾。

1. 品牌关系断裂的界定

为了明确地理解品牌关系破裂，需要对"品牌关系破裂"有明确的界定。随着研究的开展，学术界对于关系断裂的术语也非常庞杂，概括起来，使用频率最高的术语主要有五类：断裂（dissolution）（Duck, 1982；Hocutt, 1998；Smith, 2002；Perrin-Martinenq, 2004）、终止（ending）（Halinen & Tahtinen, 2002；Michalski, 2004）、退出（exit）（Stewart, 1998；Kimmo Alajoutsijarvi, Kristian Moller, Jaana Tahtinen, 2000）、瓦解（breakdown）（Duck & M. Lea, 1982；Fajer, 1995）、顾客转换（customer switch）（Roos, 1999）。这些丰富的术语在为理论发展提供营养的同时也使学术界至今未有对于关系断裂的统一共识。在有关关系断裂的内涵及测量方面，至今也观点不一。在社会心理学的领域中，Levinger（1983）认为：成对关系断裂（pair relationships dissolution）是指联结（tie）、关系（bond）、联盟（union）的取消或解散，变成各自一方的行动、结束或死去（decease）⑤。Stewart（1998）将商业领域的关系断裂定义为"一个消费者停止光顾一

① HOCUTT M A. Relationship dissolution model: antecedents of relationship commitment and the likelihood of dissolving a relationship. International Journal of Service Industry Management, 1998, 9（2）: 189-200.

② BLACKSTON M. Observations: building equity by managing the brand's relationships. Journal of Advertising Research, 1992, 32（5/6）: 101-105.

③ DWYER F, ROBERT S, PAUL H. SEJO OH. Developing buyer-seller relationships. Journal of Marketing, 1987, 51: 11-27.

④ FAJER M T, SCHOUTEN J W. Breakdown and dissolution of person-brand relationships. Advances in Consumer Research Volume, 1995, 22: 663-667.

⑤ LEVINGER G. Development and change//KELLY H H E, BERSCHEID A, CHRISTENSEN J H, HARVEY T L, HUSTON G, LEVINGER E, MCCLINTOCK L A, PEPLAU D R PETERSON（Eds.）. Close relationships. New York: W. H. Freeman, 1983: 315-359.

个特定的供应商的经济现象"或者"离开相关交易的行为意图"（Ping，1995）①。Duck（1982）在对人际关系领域的研究中则认为，断裂不仅仅是一个决定，而更要把它看做一个过程。Michalski（2002）将商业领域的关系断裂定义为"消费者关于现存关系的保持或退出决定的过程，这个过程的结果是消费者停止与相关公司的所有交易行为"②。Fajer & Schouten（1995）在明确对品牌关系断裂的研究中，也将其视为一个过程，指出品牌关系断裂是关系暂时或永远地不存在③。虽然大多数学者认同关系断裂是一个过程，但没有进一步告诉我们如何判断一般关系的断裂，即断裂过程的具体特征究竟是什么，因此消费者关系断裂的态度和行为的判断标准并不明确。Fajer & Schouten（1995）的研究明显弥补了这一缺陷。

从以上文献看，虽然有关品牌关系断裂的界定非常丰富，但迄今为止一直没有达成统一共识，这种情况反而限制了理论的进一步发展。目前很多学者都意识到了这一问题，也正努力通过各种研究进行弥合，但显然还需要更充分的研究。

2. 品牌关系阶段的研究

有关品牌关系阶段的研究也是非常丰富的，概括起来，主要有三大理论对这一问题进行了详细探讨：人际关系五阶段论、买卖关系五阶段论、品牌关系六阶段论。人际关系五阶段论将人际关系发展阶段概括为起始、成长、维持、恶化、瓦解五个阶段，主要代表人物是 Levinger（1983）。与人际关系五阶段论不同，买卖关系五阶段论将买卖关系概括为知晓、探索、扩展、承诺、断裂五个阶段，主要代表人物是 Dwyer，Schurr & Oh（1987）。在人际关系五阶段论和买卖关系五阶段论的基础之上，Fournier（2001）提出了品牌关系六阶段理论④。品牌关系六阶段论是一个循环论，不仅涉及关系的建立、维持和断裂，还涉及品牌关系断裂之后的复合，因而更接近于现实状况，为品牌危机公关和重塑品牌形象提供了理论依据。但是 Fournier（2001）并没有对关系断裂后的复合作出进一步的解释，而且根据对现实品牌关系的观察，品牌关系的再续（复合）也可能在断裂过程中的某个阶段开始循环。遗憾的是，这些后续研究并没有及时跟进。有关品牌关系阶段的三大理论详见表1。

表1 关系阶段论

| 观点 | 学者 | 阶段特征 |
| --- | --- | --- |
| 人际关系五阶段论 | Levinger（1983） | 起始、成长、维持、恶化、瓦解 |
| 买卖关系五阶段论 | Dwyer，Schurr & Oh（1987） | 知晓、探索、扩展、承诺、断裂 |
| 品牌关系六阶段论 | Fournier（2001） | 注意、了解、共生、相伴、断裂、复合 |

3. 品牌关系断裂过程的研究

在关系断裂方面的研究中，最早是集中在消费者退出方面，Hirschman（1974，1981，1986，1993）的"退出、声明和忠诚"模型，将退出理解为消费者抱怨的一种形式。学者们更多地关注转换（switching）事件而非将退出理解为一个过程。借鉴社会心理学领域的研究成果，Duck（1982）发展的一个关于关系断裂过程的四阶段模型指出，断裂开始于一方对另一方私下的不满，结束于成本超出利益、双方协商不

---

① STEWART K. An exploration of customer exit in retail banking. International Journal of Bank Marketing, 1998, 16（1）：6-14.

② MICHALSKI S. Types of customer relationship ending processes. Journal of Marketing Management, 2004, 20：977-999.

③ FAJER M T, SCHOUTEN J W. Breakdown and dissolution of person-brand relationships. Advances in Consumer Research Volume, 1995, 22：663-667.

④ FOURNIER S. Consumers, their brands: developing relationship theory in consumer research, Journal of Business Research, 2001, 53（2）：75-84.

成，直至过程中社会和心理方面的断裂①。他认为对于研究最重要的观察，是我们必须避免将关系断裂看做一种事件的风险，它是一个过程，而且是情感行为、认知力、内部、社会等方面的延展。

理解消费者退出过程是很有价值的，是理解品牌关系断裂过程的一扇窗户。如果将消费者退出视为其与品牌关系的终止，一个研究任务就是理解关系和它的断裂。关于消费者终止关系的结构的理论知识，主要是受 Roos（1999）转换模型的影响。她认为消费者终止关系的过程可以概要地描述为四个因素：触发、初级阶段、过程和结果②。一些研究者已经将视角集中在关系终止过程上，但几乎所有的研究是基于某一行业跟进的，如 Ping & Dwyer（1992）基于营销渠道视角发展了关于关系终止的框架；Tähtinen & Halinen（1997）在小公司网络背景下、Tähtinen（1999）在软件业背景下研究关系终止；Stewart（1998）立足零售银行研究消费者退出的过程阶段：问题、努力、情绪和评价；Halinen & Tähtinen（2002）则是在服务交易的背景下发展关系终止的过程模型：评估阶段、做决定阶段、双方做交流阶段、分离阶段、结果阶段。从上述研究看，绝大多数的研究是基于某一行业的，尤以服务行业的研究为多。由于不同行业的影响各不相同，这使得已有关系终止模型在普及应用上大大受限，缺少一个跨行业的通用性模型。因此事实上，该研究领域仍然缺少一个更为完整的模型来帮助理解关系是怎样导致破裂的，仍然没有可行的过程理论或对关系终止过程足够的描述。

明确提出品牌关系断裂过程的研究则更少，Fajer & Schouten（1995）基于 Duck（1982）的理论将个人与品牌关系断裂过程分为四个阶段：损坏、下降、分离、断裂，但该研究只是采用归纳演绎的方法，根据人际关系理论推断出品牌关系断裂的四个阶段，并没有对各阶段的特征及各阶段是如何转化的进行解释，这使得我们无法识别品牌关系断裂的真正过程。

### 4. 影响品牌关系断裂的因素研究

现有的研究表明消费者离开企业的原因有很多：因为期望没有被满足（Keaveney, 1995；Oliver, 1997；Pedersen, 1997；Zeithaml, Berry & Parasuraman, 1993）；消费者寻找到了更好的可行替代（Bitner, Booms & Tetreault, 1990；Keaveney, 1995）；企业停止提供产品或服务（Keaveney, 1995）；消费者搬离而使产品不可得（Higie, Price & Fitzmaurice, 1993；Keaveney, 1995）；而更多情况下消费者的离开是因为多重原因（Robin A. Coulter, Mark Ligas, 2000）。

Halinen & Tahtinen（2002）总结了三类影响关系终止的因素：诱导因素、紧急事件和衰减因素与事件。Beverland, Farrellyb & Woodhatch（2004）研究了价值交换在关系断裂中的影响，Tuusjärvi & Blois（2004）对价值交换在理解关系断裂中的公平问题进行了研究，Smith & J. R.（2002）则关注环境变化对关系断裂的影响。此外 Michell et al.（1992）、Perrien et al.（1994, 1995）对导致商业关系断裂的因素和事件、Keaveney（1995）对导致消费者关系断裂的因素和事件进行了研究；Gassenheimer et al.（1998）、Heide & Weiss（1995）、Ping（1995）以及 Hocutt（1998）、Mittal & Lassar（1998）的研究主要是关注导致商业关系和消费者关系的先行因素。这些研究相当丰富，但从现状看，对品牌关系断裂影响因素的研究成果并不多见，只有少量研究对此进行过探讨（详细情况见表2），而且这些关于品牌关系断裂影响因素的研究结论非常零散，缺乏系统的总结和提炼，并且在上述研究中，只有 Perrin-Martinenq（2004）采用了实证研究方法，其他学者皆运用人际关系理论进行归纳推理得出结论。这些研究对影响因素或事件对品牌关系断裂过程的影响的解释明显不足。尽管有人提出了断裂过程中还包括情感、认知和行为的因素

---

①　DUCK S W, LEA M. Breakdown of relationships as a threat to personal Identity//Break well, G. M.（Ed.）, Threatened Identities. Wiley: London, 1982: 63.

②　ROOS, INGER ROSE-MAY, ECON D. Switching paths in customer relationships. Svenska Handelshogskolan（Finland）, 1999, 304; AAT C803147.

（Duck，1982；Stewart，1998；Roos，1999），但对消费者心理因素影响品牌关系断裂的研究相当匮乏。Zweig & Aggarwal（2005）研究了心理契约（psychological contract）的违反在调节营销实践和品牌评价中的角色，研究指出，违背消费者心理契约将会导致消费者终止品牌关系①。该研究仅仅揭开了心理契约影响品牌关系断裂的一个序幕，还有大量有待研究的问题，如消费者—品牌关系中心理契约的内容、维度及影响机理等。可见，对影响品牌关系断裂的影响因素进行研究尚存在大量空间。

表2 影响品牌关系断裂的因素

| 学　者 | 观　点 | 研究方法 |
|---|---|---|
| Fajer & Schouten（1995） | 先前存在的缺失；操作失误；过程缺失；突然的死亡 | 归纳，演绎 |
| Hocutt（1998） | 消费者决定；卖方决定；相互决定 | 归纳，演绎 |
| Fournier（1994，1998） | 压力模型：显著的环境因素、伙伴或双方的干扰所促成；熵模型（entropy model）：无法有意愿且主动地维持关系 | 归纳，演绎 |
| Delphine，Perrin-Martinenq（2004） | 品牌分离（brand detachment）是一些品牌关系的恶化过程中的态度因素 | 实证 |
| Zweig & Aggarwal（2005） | 违背消费者心理契约将会导致消费者终止品牌关系 | 实证 |

5. 品牌关系断裂的类型研究

Halinen & Tähtinen（2002）确定了五种关系终止过程的类型：选择的、被迫的、自然的、渴望的和预先确定的。Michalski（2004）以瑞典商业银行的客户作为样本，确定、描述和解释了消费者关系终止（ending）的类型：被迫的、突然的、潜变的、随意的、自然而然的、计划的终止。从数量看，很明显这些研究很不充分；从结果看，这些研究过于随意，不能充分概括现实生活中的关系断裂类型，这严重妨碍了我们对品牌关系本质的认识，也使品牌关系再续（复合）变得更加困难。可见，对品牌关系断裂的类型进行更充分的研究是非常必要的。

6. 品牌关系再续研究

最理想的资源分配假设结论认为，如果关系不能给企业带来足够的回报，那么从不满意的关系中释放的资源能够用于创建新的更有价值的关系（Campbell and Cunningham，1983；Fiocca，1982；Olsen and Ellram，1997；Turnbull and Zolkiewski，1997）。对企业而言，很有必要去了解在关系断裂中使用哪种策略，以避免对伙伴方和网络的负面影响。同样，如果企业希望去保持一段重要的关系，则需要能够识别断裂的早期信号并及时采取措施挽回关系，这个时候关系的断裂就是一个联合的决定，适当的关系断裂管理政策能够避免因此增加成本和情感干扰。Havila and Wilkinson（1997）认为关系中是有一些确定的"能量"的，"你能够推动这些能量或者在你没办法破坏它的时候改变它"②，这个观点认为，一些情况下，关系是可以被挽回的。因此在关系断裂的情况下，关系再续是可行的。

Stewart（1998）研究构建的消费者退出过程模型中，认为消费者在最终退出之前衡量所有退出利益和

---

① ZWEIG DAVID，PANKAJ AGGARWAL. Breaking promises：the role of psychological contract breach in mediating the relationship between marketing practices and brand evaluations，in a special session entitled "Contracting for Relationships". Advances in Consumer Research，2005，32：342-343.

② HAVILA V，WILKINSON I F. The principle of the conservation of business relationship energy：or many kinds of new beginnings. Industrial Marketing Management，2002，31（3）：191-203.

成本时，会对环境重新调整多加察觉，这个时候是挽回消费者的最好时机，因而也是关系再续的机会①。Halinen & Tahtinen（2002）架构的模型区分了关系终止过程的七个阶段：评估阶段、做决定阶段、交流阶段、分离阶段、网络交流阶段、结果阶段、恢复阶段。在关系终止的整个过程中，参与者都可能因为相互之间的沟通和环境的影响来决定恢复一段中止了的关系，使得关系再续。Tähtinen（2002）借用之前的模型，发展了关系终止的六阶段模型：考虑阶段、交流阶段、关系再续、脱离阶段、授权阶段、结果阶段②。如果在双方交流阶段中采用声明策略意味着企业会采取措施恢复关系，关系再续的成功取决于伙伴方的反应，除非伙伴方同意挽回关系，不然在脱离阶段，交易会下降、联结纽带会销蚀。这些研究多从关系终止（断裂）的过程角度，指出了其中关系再续阶段出现的可能性和有效时机，并提到了影响关系再续的一些因素。很显然，这些研究结论是非常有限的，缺乏对关系再续系统的认知，更没有提及关系再续中应该采取什么样的手段和方式。

### 三、未来研究方向

综上所述，国外学者对品牌关系断裂这一问题的研究，至今已留下了一定的研究成果。但是从文献回顾看，该领域尚存在大量空白地带，学者关于品牌关系断裂的研究才处于起步阶段，在这些有限的研究中，主要的研究集中于品牌关系断裂或消费者退出的原因或先行因素，对品牌关系断裂的过程有所涉足，但未展开深入研究，在研究方法上缺乏实证的研究。我们认为现有对品牌关系断裂的研究存在以下研究空间：第一，缺少对品牌关系断裂过程特征的研究。第二，缺乏对品牌关系断裂的独立成分或结构的更深层次研究。例如，品牌关系断裂过程的演进，即品牌关系断裂过程各阶段之间的关系。品牌关系断裂的类型的研究也相当匮乏。第三，影响品牌关系断裂的因素还没有形成共识。第四，品牌关系再续的研究空间很大，心理契约对品牌关系断裂及再续的影响研究也将是一个新的研究领域。第五，基于现实情况，需要对基于中国本土背景下的品牌关系断裂及再续进行研究。为此，未来的研究方向可聚焦在以下方面。

1. 消费者—品牌关系断裂的特征分析

从前面的文献回顾可以看出，尽管大多数学者认同 Duck（1982）的观点，将品牌关系断裂视为一个过程，但目前对于品牌关系断裂的界定并没有深入到对关系断裂过程特征的描述上，即没有给出判断品牌关系断裂过程的具体标准。这就使得我们无法对品牌关系断裂进行预警，识别品牌关系断裂过程中的消费者态度和行为特征，是我们有效地管理品牌关系断裂过程的前提。我们可通过对品牌关系断裂过程中消费者的态度和行为的识别，寻找出判断品牌关系断裂的具体特征。

2. 消费者—品牌关系断裂过程模型

从文献看，以行业特别是服务行业为背景而开发的关系断裂过程模型并不缺乏，但却没有一个剔除行业特征影响的关系断裂过程模型，至于品牌关系断裂模型则还未见到。鉴于此，本文认为开发一个反映消费者—品牌关系断裂过程的跨行业通用性模型，即不以某个行业或某个品牌为背景，而是通过对经历过品牌关系断裂的消费者的研究，开发出一般性消费者—品牌关系断裂过程模型。该模型将解释品牌关系断裂过程是如何发生的，一段现存的品牌关系是怎样解散的，品牌关系断裂过程中各阶段之间的转换关系。这里的过程是指其本质关系在解散过程中经历的行为和事件的顺序（Halinen，1998；Van de Ven，1992）。

① STEWART K. An exploration of customer exit in retail banking. International Journal of Bank Marketing, 1998, 16（1）: 6-14.

② HALINEN A, TAHTINEN J. A process theory of relationship ending. International Journal of Service Industry Management, 2002, 13（2）: ABI/INFORM Global: 163-178.

行为和事件包括参与者对关系所采取的所有活动，以及他们关于品牌关系未来发展的所有决定。

### 3. 消费者—品牌关系断裂过程的影响因素研究

要管理好消费者—品牌关系，研究消费者—品牌关系断裂过程的影响因素是必要的，这不仅可以指导我们如何维持一段有价值的关系，还可以使企业在面临关系断裂的时候，知道如何采取措施使关系再续成为可能（Michalski，2004）。要在过程视角下对品牌关系断裂的影响因素进行探究，即研究品牌关系断裂过程中各阶段的因素。现有的研究虽然从过程的角度研究断裂的影响因素，但对这些因素或事件对关系断裂过程的影响的解释很稀少。影响因素是一个复杂的结构，涉及个人、组织、部门、公司、关系和网络与时间的影响（例如历史和潜在的关系未来）。其次，从消费者心理视角研究心理契约对品牌关系断裂的影响。心理契约（psychological contract）的概念最早出自社会心理学（Argyris，1960），之后的研究多采用Rousseau（1989）的界定：心理契约是雇员对其雇主相互义务的感知①。组织行为学广泛运用心理契约来研究雇主与雇员的关系。近年来营销学界开始引入心理契约，如研究顾客对服务人员的期待等方面。作为消费者的心理认知变量，心理契约对品牌关系断裂的影响已有学者 Zweig & Aggarwal（2005）提出，但还没有深入研究。

### 4. 消费者—品牌关系再续研究

消费者—品牌关系再续是品牌关系管理的重要内容之一（Gummesson，1987）。对企业而言，终止一些特定的关系有时是有利的；但在现实中，很多时候关系断裂并不是企业的意思表示，对企业来说这属于消费者背叛。消费者背叛带来了很多不利影响，直接影响表现为消费者流失带来的利益流失，间接影响则表现为企业为吸引新顾客而花费的高成本支出、消费者负面口传对品牌的冲击等（Zeithaml & Bitner，1996）。在以往的研究中，消费者背叛属于关系发展中的最终阶段，企业似乎无可奈何。Fournier（2001）打破了这一格局，通过其品牌关系动态模型提出了关系发展的第六个阶段：复合（getting back together）阶段②，由此拉开了消费者—品牌关系再续研究的序幕。消费者—品牌关系再续对企业来说非常重要，它为企业进行品牌危机公关和重塑品牌形象提供了现实依据，其现实意义是明显的。消费者—品牌关系再续研究目前已在国外引起广泛关注，但在这方面的研究至今仍很匮乏。

### 5. 中国本土背景下的品牌关系断裂及再续研究

消费者行为研究表明，国别的差异会导致消费者行为的差异，具体到消费者—品牌关系问题上也不例外。不少学者指出，关系断裂具有较高的情境依赖性，也就是说，消费者—品牌关系断裂过程的国别差异可能会比较明显。西方品牌关系研究的分析框架大多依循人际关系理论来展开，但由于中西方人际关系理论的差异，相应的品牌关系分析框架也应当存在一个文化适应性问题。中国是一个"关系导向"的社会，关系在华人的社会生活中具有非同寻常的普遍性，人们往往根据自己与对方的特殊关系来认定对方及其行为的价值高低（汪涛，2004）。在中国本土背景下进行消费者—品牌关系断裂及再续研究，对于指导中国企业进行品牌管理不无裨益。面对强大的国外品牌，中国企业创立强势品牌不能沿着强者已走过的路径，必须寻找新的突破口。从品牌关系管理的视角寻求创新无疑是中国企业建立强势品牌的一条路径。俗话说，打江山易守江山难，维护和巩固一段已建立的品牌关系难度更大，对品牌的意义也更明显。因此研究消费者—品牌关系断裂、加强对品牌关系破裂的管理、遏制不利的品牌关系断裂，在中国企业建立强势品牌的过程中具有重要的作用。进行中国本土背景下的品牌关系断裂及再续研究是新市场条件下的现实要求。

---

① ROUSSEAU D M. Psychological and implied contracts in organizations. Journal of Employee Rights and Responsibilities，1989，2（2）：121-129.

② FOURNIER S，CONSUMERS. Their brands：developing relationship theory in consumer research. Journal of Business Research，2001，53（2）：75-84.

## 参考文献

［1］ 汪涛, 陈露蓉. 关系营销理论评述与本土化新解. 财贸经济, 2004, 12.

［2］ DWYER F, ROBERT S, PAUL H, SEJO OH. Developing buyer-seller relationships. Journal of Marketing, 1987, 51.

［3］ TÄHTINEN J, HALINEN A. Research on ending exchange relationships: a categorization, assessment and outlook. Marketing Theory London, 2002, 2 (2).

［4］ REICHHELD F F, TEAL T. The loyalty effect. Boston: Harvard Business School Press, 1996.

［5］ REICHHELD F F, SASSER J R. Zero defections: quality comes to services. Harvard Business Review, 1990, 68 (5).

［6］ GILLER C, MATEAR S. The termination of inter-firm relationships. Journal of Business & Industrial Marketing, 1996, 15 (2).

［7］ ZEITHAML V A, BITNER M J. Service marketing. New York: McGraw-Hill, 1996.

［8］ TÄHTINEN J, HAVILA V. Editorial: enhancing research in exchange relationship dissolution. Journal of Marketing Management, 2004, 20.

［9］ HOCUTT M A. Relationship dissolution model: antecedents of relationship commitment and the likelihood of dissolving a relationship. International Journal of Service Industry Management, 1998, 9 (2).

［10］ BLACKSTON M. Observations: building equity by managing the brand's relationships. Journal of Advertising Research, 1992, 32 (5/6).

［11］ RUSSELL SMITH J R. Environmental change and the dissolution of relationships. The Marketing Management Journal, 2002, 12 (2).

［12］ HOCUTT M A. Relationship dissolution model: antecedents of relationship commitment and the likelihood of dissolving a relationship. International Journal of Service Industry Management, 1998, 9 (2).

［13］ BEVERLAND M, FARRELLYB F, WOODHATCH Z. The role of value change management in relationship dissolution: hygiene and motivational factors. Journal of Marketing Management, 2004, 20.

［14］ PERRIEN J, PARADIS S, BANTING, PETER M. Dissolution of a relationship: the sales force perception. Industrial Marketing Management, 1995, 24 (4).

［15］ PERRIN-MARTINENQ D. The role of brand detachment on the dissolution of the relationship between the consumer and the brand. Journal of Marketing Management, 2004, 20.

［16］ DUCK S W. LEA M. Breakdown of relationships as a threat to personal Identity//Break well, G. M. (Ed.), Threatened Identities. London: Wiley, 1982.

［17］ MICHALSKI S. Types of customer relationship ending processes. Journal of Marketing Management, 2004, 20.

［18］ STEWART K. An exploration of customer exit in retail banking. International Journal of Bank Marketing, 1998, 16 (1).

［19］ ROOS, INGER ROSE-MAY, ECON D. Switching paths in customer relationships. Svenska Handelshogskolan (Finland), 1999, 304; AAT C803147.

［20］ LEVINGER G. Development and change//KELLY H H E, BERSCHEID A, CHRISTENSEN J H, HARVEY T L, HUSTON G, LEVINGER E, MCCLINTOCK L A, PEPLAU D R PETERSON (Eds.). Close relationships. New York: W. H. Freeman, 1983.

[21] FOURNIER S. Consumers, their brands: developing relationship theory in consumer research. Journal of Business Research, 2001, 53 (2).

[22] PING R, DWYER F R. A preliminary model of relationship termination in marketing channels. Advances in Distribution Channel Research, 1992, 1.

[23] BEVERLAND M, FARRELLYB F, WOODHATCH Z. The role of value change management in relationship dissolution: hygiene and motivational factors. Journal of Marketing Management, 2004, 20.

[24] TUUSJÄRVI E, BLOIS K. Interpretations of fairness in dissolution of complex relationships. Journal of Marketing Management, 2004, 20.

[25] KEAVENEY S. Customer switching behavior in service industries: an exploratory study. Journal of Marketing, 1995, 2.

[26] ZWEIG DAVID, PANKAJ AGGARWAL. Breaking promises: the role of psychological contract breach in mediating the relationship between marketing practices and brand evaluations, in a special session entitled "Contracting for Relationships". Advances in Consumer Research, 2005, 32.

[27] HALINEN A, TAHTINEN J. A process theory of relationship ending. International Journal of Service Industry Management, 2002, 13 (2).

[28] TAHTINEN J. The process of business relationship ending-its stages and actors. Journal of Market-Focused Management, 2002, 4.

[29] ARGYRIS C. Understanding organizational behavior. Illinois : Dorsey Press, 1960.

# 新的竞争态势下我国零售企业
# 应对之策的反思

● 汤定娜[1]

（1 中南财经政法大学工商管理学院 武汉 430064）

**【摘 要】** 自 2004 年 12 月中国零售业全面开放以来，零售市场的竞争形势发生了很大的变化。早已在中国谋篇布局的跨国零售集团借此纷纷调整在华竞争战略，使得中国零售市场的国际竞争呈现出新的特点和走向。处在发展中的中国本土大中型零售企业，在经历了全面开放的几年过渡时期后，面临竞争应对之策的反思与调整的任务。在竞争对策中强调稳步发展和战略应对有利于中国零售企业在新的竞争态势下提升自身的竞争力，持续发展。

**【关键词】** 过渡期后 零售企业 竞争应对

## 一、问题的提出

零售业在各个国家都是举足轻重的行业。在西方发达国家，零售业占据相当重要的地位，在美国，零售总额占 GDP 比重高达 63%。随着世界经济一体化进程的不断加快、在 WTO 框架内自由贸易的不断展开，发达国家零售集团凭借其资本优势、经营优势，不断向国外扩展其市场空间，实施国际化经营战略，力争在全球市场中占有更大的份额；即使是发展中国家也和发达国家一样面临着零售业的国际化竞争问题。因此，在零售企业竞争演变和发展理论如车轮式演变模式、手风琴式演变模式、自然淘汰理论和零售商业的生命周期论的基础上，一些学者对零售业国际竞争中的海外扩张进行了理论研究，如美国学者西奥多·莱维特的全球化理论、欧洲学者的全球本土化理论和英国学者阿兰·鲁格曼的三极区域理论等，对国际零售业跨国经营的路径、战略和走势进行了解释。但是以上这些研究都是站在跨国公司一方，从零售国际投资者角度考虑问题。国际竞争的参与者是多维的，在跨国公司进入的某个国家的市场上，已存在的本土竞争参与者是竞争博弈另一方。跨国公司进入某一个国家，必然对本土竞争参与者的市场生存和发展产生影响。本土竞争参与者如何应对外来强大的竞争者，虽然也有学者进行过研究，如美国学者斯通的中小型零售企业与巨人对阵研究等，但总的来说从东道国利益出发，站在本土竞争者一方考虑如何应对跨国零售集团的国际竞争的研究比较少。

中国零售业 1992 年正式引进外国零售资本，至今经历了 15 年的国际竞争洗礼，目前正面临全面开放过渡期之后的新的挑战。目前国内学者的有关研究主要集中在加入 WTO 对中国零售业的影响和应对上，但中国是个典型的新兴市场，市场竞争状况发展变化之快是世界瞩目的。在全面开放常态下，在中国零售市场竞争格局已经发生变化、竞争参与者实力和特点以及竞争走向发生变化的形势下，中国的本土零售企业该如何应对竞争？这个问题是关系到中国本土企业能否清楚地辨析竞争发展态势、把握时机、实现在与零售跨国集团的竞争博弈中成长目标的重要问题。本文作者在资料分析和企业调研的基础上，针对外资零售企业中国市场竞争新动向，对本土零售企业现有竞争对策中两个方面的问题进行了反思，为本土零售企业新时期竞争对策的形成及调整提供借鉴。

## 二、外资零售企业中国市场竞争新动向

从 2004 年 12 月至今，中国流通领域进入全面对外开放新阶段，外资零售企业纷纷在中国市场调整竞争战略，实现全方位扩张。

### 1. 加大扩张力度

外资零售巨头在不断地涌入中国，并迅速扩大市场份额。根据中国加入 WTO 的相关承诺，外资零售企业在进入中国市场的股权比例、设立形式、数量和区域限制都将取消，外资的进入将更为通畅。仅 2005 年，商务部共批准设立 1 027 家外商投资商业企业，是 2004 年以前商务部批准的外商投资商业企业总数的 3.27 倍；开设店铺 1 660 个，营业面积 468.34 万平方米。这一年批准设立零售（含批零兼营）企业 187 个，是 2004 年批准的零售企业的 6 倍多。全球最大的家装材料零售商家得宝，就是全面开放后通过并购家世界家居建材超市进入中国零售市场。经过 8 个月的整合期后，家得宝于 2007 年 8 月 26 日宣布，该企业在中国 6 大城市的 12 家分店当日同时开业。已经先行在中国零售市场抢滩布点的跨国零售公司更是纷纷加快扩张步伐。在 2005 年里，沃尔玛新开 13 家店，店面数增长 30.2%，在我国大陆的店铺已达 56 家；家乐福新开店铺 15 家，增长 27.3%，店铺已达 70 家；百安居通过收购欧倍德和开新店，共新增店铺 27 家，增长 56.3%，店铺已达 48 家；易初莲花新开店 30 家，增长 73.2%，店铺已达 71 家；麦德龙新开 5 家，店铺已达 28 家①。

### 2. 扩大市场范围

2006 年，不少外资零售企业改变了过去平稳发展的策略，在加快发展步伐的同时，开始加大对中国二、三级市场的关注度。如沃尔玛，2005 年分别在晋江、玉溪、芜湖、潍坊、岳阳开设了新店，易初莲花在嘉兴、绍兴、温州、泰州、南通开设新店。家乐福 2006 年在浙江的开店计划中，将几家店设在浙江省的二、三级城市。据张闯（2006）的研究结果表明，跨国零售集团的市场覆盖率虽然没有本土企业的高，但几乎已经进入绝大多数的区域中心城市，正在完成或已经完成在全国市场的战略布局②。跨国零售企业的城市市场选择与该城市的综合实力密切相关。资料显示：2004 年城市综合竞争力前 10 名的城市是：上海、深圳、广州、北京、杭州、宁波、苏州、无锡、厦门、天津。这些城市都是跨国零售企业感兴趣的城市。

### 3. 改变进入方式

进入方式以合资为主的格局已经得到改变。先期进入中国零售市场的外资企业在经历了探索期和适应期之后，纷纷以全面开放为契机重新修整和制定其发展战略计划，独资化在外资零售企业中成为最明显的发展趋势。在 2005 年商务部批准的 187 家外资零售企业中，外商独资的企业达 124 家，比重占 63%。此外先前进入的外资零售企业如麦德龙等，也纷纷从内资合作企业手中回收股权，实行独资经营。2005 年 10 月，从家乐福中国总部传出消息：昆明家乐福的中国合资方昆明百货大楼股份有限公司，作价 4 171.5 万元人民币转让其所持有的 35% 股份给荷兰家乐福中国控股有限公司。至此，加上原先持有的 65% 股份，昆明家乐福变身为荷兰家乐福在中国的首家独资企业。

### 4. 实行强强联合战略

采取战略联盟的方式，以强强联合来加速在中国零售市场的发展，成为一些外资零售企业竞争战略调整的选择。2006 年底，贝塔斯曼与家乐福共同宣布达成排他性战略合作，贝塔斯曼书友会进驻家乐福，

---

① 苏民. 外资零售企业规模扩张加快. 经济日报，2006-04-10（10）.

② 张闯. 中外零售企业中国市场的跨区域扩张. 财贸经济，2006，8：63.

两家排他性战略合作规定了双方都不会与对方同业竞争对手进行相关合作。此次合作贝塔斯曼意在获得对有一个非常好的品牌、发展迅速的大型超市连锁店的借势，并利用人流密集的超市带来的客源。家乐福中国区招商部负责人则认为，贝塔斯曼良好的品牌将为家乐福增添文化特色，从而为家乐福吸引更多的优质消费群体。2006 年 11 月，全球第三大贸易零售集团麦德龙旗下的锦江麦德龙现购自运有限公司也和国内物流老大中国外运集团总公司签订合作协议，麦德龙借助中国外运的资源在北京等 9 个城市建设货运转运中心和数十条运输线路，构成覆盖目前所有 33 家商场的物流网络①。

5. 实施本土化经营战略

跨国公司正在实施人才本土化、经营本土化、商品本土化的战略。如沃尔玛就改变了过去以本土采购为辅的做法，在中国零售市场，经过比较选择了 85% 从中国市场上进货这一比例。这样，一方面满足了当地顾客购买美国消费品的愿望，另一方面又缓解了当地政府鼓励购买本国产品而给商店带来的压力②。

综上所述，由于前期的探索和适应以及投资环境的有利性加强，外资企业对竞争战略进行了大调整，进入加速发展时期，从而导致中国零售市场的竞争激烈程度加大。外来进入者不论是新的外资零售巨头不断涌入，还是已经有一定中国经验的外资零售企业的加速发展，都起着不断打破市场平衡的作用，使中国本土零售企业感受到巨大的、无法预知后果的竞争威胁；外资零售企业独资化以及强强联合的举措进一步加强了其竞争砝码，中国零售企业与跨国零售企业的差距由此可能进一步拉大；转型战略的实施和调整，特别是市场范围的扩大和本土化战略的实施使跨国公司逐渐走出过渡期水土不服的状况，同时也使那些曾经一度成为中国零售企业据以宽慰，并视做比较竞争优势的内容如市场先入和对中国市场熟悉等，被逐渐销蚀和转化，风光不再。

同时也应看到，中国的本土零售企业目前也是今非昔比，从中国零售市场 1992 年进入开放的定点试验以来，中国零售企业在越来越激烈的竞争中提高了整体竞争实力，获得了高速发展。据笔者对南方、北方和中部多个领先于本地其他企业的零售企业的调查，在与跨国公司同城竞争中，面对沃尔玛和家乐福这样的零售巨头，这些企业的高层领导及管理者表现得非常自信，虽然都表示要在家门口向这些跨国公司学习，但都认为与跨国公司比本企业有着自己的优势和很大的发展空间。从连锁百强每年公布的排名也可以看到本土零售企业的发展情况。2006 年连锁百强名单中，排在前 5 名的没有跨国公司，都是中国本土零售企业。总之，中国零售企业面临新的竞争态势，需要进行新的市场分析与对策布局。

## 三、对中国零售企业竞争应对之策的反思

根据新的竞争态势，总结经验和教训，考虑新的竞争对策已成为本土零售企业的当务之急。目前有两个方面的问题需要反思：

1. 生存与发展——生存质量与能力的提高是竞争对策之根基

自从中国的零售市场逐步对外开放，国内竞争演变为国际竞争，本土零售企业在巨大的竞争压力下，纷纷采取应对措施，其中"快速发展"成为一种应对选择。在这种指导思想下，"做大做强"的口号提了出来。虽然是先做大还是先做强，人们有不同看法，但在大多数文献资料上，"做大"被放在"做强"的前面，企业期望做大的情节更为浓烈。与此同时，零售市场经历了 21 世纪初的"跑马圈地"热的几年，有的企业还定下了每年开多少店的指标，快速开店的企业瞄准的是圈地可以抢得先机，抢占地利优势和位

① 张楠. 五百强公司在中国的强强联合. "2006 财富全球五百强在中国"年度调查报告（四）. 北京青年报，2007-05-07（10）.

② GOVINDARAJAN V. 沃尔玛的全球化道路. 世界经理人文摘，2002，12：55.

置资源，但从企业发展理论看，企业扩张不仅是量的扩张，也是质的扩张，是量和质同时提高的结果。扩张速度过快会因为企业管理或实力的不足而引起企业扩张中某个环节的断裂，最后导致整个企业的瘫痪或受损。因欠上游供货商的货款太多招致哄抢门店，最后所属门店连锁反应关门的现象近几年频频出现①。据中国连锁经营协会2005年中国零售企业倒闭/关店事件调查报告公布：2005年已倒闭/关店的零售企业中，跨区域发展的零售商占到总数的38%。

痛定思痛，目前不少企业已经认识到快速扩张的弊端，开始进行战略调整。如嘉荣超市决定在2007年调整战略，收缓扩张脚步，稳定发展，并将提升企业生存能力作为当年的战略核心，以应对国际零售商的强大竞争压力。又如国美电器，已取代百联集团成为2006年连锁经营百强第一名，正处于快速扩张之中。2007年3月，其总裁却表示：国美今年会在全国范围内关闭掉40家左右经营效益不好、亏损比较严重的门店，利润额增长对于国美来说，远远比"销售额增长"重要②。

生存和发展都是企业必须考虑的问题，对于中国零售企业特别是中小企业来说，两者比较，生存更为重要。在激烈的竞争中，企业先要考虑能立足，然后考虑站稳，之后才考虑是走还是跑。有了在国际市场的生存能力，就有了进一步发展的基础，就可能持续发展。因此，企业的生存质量与能力的提高是竞争对策中首先要考虑的问题。

2. 战略与战术——战略竞争是竞争对策的关键内容

跨国零售公司越来越多地进入中国零售市场，如沃尔玛、家乐福、麦德龙等。这些零售巨头来到家门口，为本土零售企业学习先进的管理和营销理念、技术和手段提供了方便。这种方便也将一些本土企业导向了竞争的误区：学习看得到的营销手段，照葫芦画瓢；你降价，我也降价，你促销，我也促销；百货公司盯着太平洋百货，超市盯着家乐福。最后发现，企业总是处于被动的状态，永远跟不上对手的步伐。降低价格、加强促销、完善售后服务等这些跨国公司常用的手法，只是竞争的外在表现形式，只是战术层面的东西。国外大型零售集团进入中国市场更多考虑的是长远的、战略上的竞争，进入中国市场之前对中国市场进行了较长时间的调查研究，进入之后又运用丰富的营销经验、手段和技术开展营销活动。向跨国公司学习不能仅学外在表现形式，更应学习最根本的东西，包括新的竞争理念和战略思维。

战略竞争不像战术竞争只是考虑招架之功，而是考虑全面长期的竞争与合作。不仅要研究竞争者、确定竞争的对象，同时要明确合作的伙伴。从目前本土零售企业的现状看，从感觉经验型向科学经验型转变是当务之急。重视科学的策划与可行性研究，重视企业营销行为的协调一致性和资源与力量的集中，综合和有机地、灵活地运用竞争手段是目前零售企业竞争应对之策中重要的、关键的内容。

## 四、结论

经过加入WTO后的过渡期，中国零售市场已经进入全面开放的常态，市场竞争态势较之过渡期发生了很大的变化。零售市场最重要的竞争主体之一跨国零售集团加大了对中国的投资力度，并对竞争战略进行了调整和转型，加快了发展速度。而本土零售企业正处于成长期，经历着成长中的种种困难，虽然在与跨国公司博弈中获得了很大的进步和发展，但同时又逐渐失去了本来就不牢靠的一些比较竞争优势。过渡时期，企业应当调整急于求发展的思路，将稳步发展定为处于成长期的中国本土零售企业的发展基调，将战略应对作为中国本土零售企业竞争对策的重心。

---

① 佚名. 11部门联手清理零售业潜规则. 南方周末, 2005-10-20 (11).
② 梁振鹏. 国美电器放缓扩张速度, 40家亏损门店将被关闭. 第一财经日报, 2007-03-23 (4).

## 参考文献

［1］赵萍．零售组织演进理论四大流派述评．中国经济时报，2005-11-10．

［2］汤定娜．零售企业空间扩张——竞争优势的转移与创新．北京：中国财经出版社，2007．

［3］中国连锁经营协会．2006 年中国连锁经营 100 强企业．http：//www. ccfa. org. cn/2007ls/2007top100/top100. jsp．

［4］黄海．中国零售业的现状和发展趋势．http：//www. linkshop. com. cn/web/archives/2007/76350. shtml．

# 价值网的平衡考核体系研究[*]

● 范绪泉[1]　邬金涛[2]

（1　武汉大学出版社　武汉　430072；2　中山大学岭南学院　广州　510275）

【摘　要】价值网是企业为目标顾客群创造价值而建立和经营的相互合作的供应商网络，创造有竞争力的价值是成为价值网成员的必要条件。价值网成员和价值网整体对企业的价值可从顾客、价值链和供应链、战略以及财务四个层次进行评价。基于这四个层次，企业可以构建平衡考核体系来考核价值网成员和价值网整体的价值。

【关键词】顾客价值　价值网　平衡考核体系

价值网是企业为目标顾客群创造价值而建立和经营的相互合作的供应商网络，它把顾客的需求与企业的运作结合起来，力求利用企业选择和管理的合作伙伴网络达到竞争优势和高的业绩。在价值网中，创造有竞争力的价值是成为价值网成员的必要条件；所有的价值网成员都围绕为最终顾客创造价值而相互为对方创造价值，从而形成了一个价值创造网络，见图 1（大卫·波维特等，2001）。

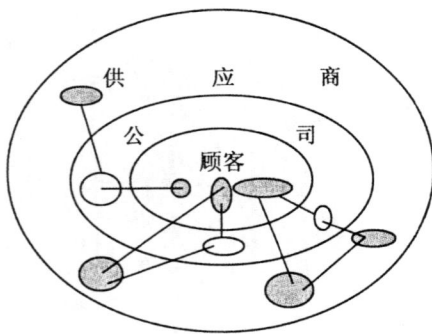

图 1　价值网

价值网会给企业带来许多优势，如与客户保持一致、合作与系统化、敏捷和可伸缩性、快速流动和数字化（大卫·波维特等，2001）、网络经济效应、规模经济效应、风险对抗效应、黏滞效应和速度效应（周煊，2005）等优势。这些优势使它受到业界和学术界的关注。但是，在实际运作中，必须关注经营业绩的企业仅仅对价值网的优势有一个总体把握是不够的，它需要考察价值网中每个成员的价值和它们协同产生的整个价值网的价值，还要研究如何考核价值网成员和整个价值网的绩效问题。本文拟在这三个方面进行探讨。

本文先提出一个分析价值网成员价值的框架，考察价值网成员可以给企业带来的价值；然后运用这同一框架考察价值网整体的价值；最后，在上述两个方面分析的基础上构建一个考核价值网成员和整个价值网绩效的平衡考核体系。

## 一、价值网成员价值分析框架

从与顾客的关系来看，价值网成员与企业的关系，是在企业的业务运作中与企业合作为顾客创造价值的关系；从供应链和价值链的角度分析，则是服务的供应和价值提供的关系；另外，从战略的角度来考察，企业与价值网成员还有战略关系；最后，从财务的角度来分析，价值网成员的贡献对企业的财务绩效

＊ 本文属"教育部人文社会科学青年基金项目《服务领域客户关系运作体系研究》"成果之一。项目批准号：05JC630084。

有重要影响。所以，可以从上述四个层次来构建分析价值网成员价值的框架，如表1所示。

价值网成员与企业的四个关系层次为企业创造了四个层次的价值：对顾客价值的贡献，也就是对满足顾客的贡献；对运营和营销的贡献，也就是双方在运营与营销上的合作；对战略的贡献，既包括波特的战略意义上的贡献，也包括能力意义上的贡献；最后则是对财务绩效的贡献，是价值网成员对企业在成本、利润等方面的贡献。价值网成员对企业的价值，可以从这四个层次进行分析。

表1                                    价值网成员价值分析框架

| 企业与价值网成员的关系层次 | 顾客 | 价值链和供应链 | 战略 | 财务 |
|---|---|---|---|---|
| 价值网成员对企业的价值层次 | 对顾客价值的贡献 | 对运营和营销的贡献 | 对战略的贡献 | 对财务绩效的贡献 |

1. 对顾客价值的贡献

顾客价值是顾客对产品或服务的属性、这些属性的表现和在使用情景中促进或阻碍顾客目标和意图达成的使用结果的认知偏好与评价（Woodruff，1997），简单地说就是顾客对企业提供的产品或服务的效用的一种认识和评价。每一个价值网成员必须有助于提高顾客对企业的产品或服务的评价和满意度。价值网成员对顾客价值的贡献主要体现在它对企业向顾客提供的产品或服务所作的贡献方面，这些贡献可以分为两类：质量、性能和成本优势，及时性、方便性和灵活性。

（1）质量、性能和成本优势。一项产品或服务大多是由不同的部件、成分或项目组成，或者要经过多个不同的加工处理步骤。由于资源的稀缺性和能力投资的长期性，绝大多数企业只能将有限的资源与自身的专有能力相结合，在产品或服务的有限领域经营并形成相应的优势。这意味着企业向顾客提供的最终产品或服务大多是多个价值网成员在各自优势领域的贡献的整合，它所具备的质量、性能和成本优势也必然来自各个成员在各自优势领域所作的贡献。

（2）及时性、方便性和灵活性。顾客需求的个性化和随意性决定了各种服务要求的出现具有随机性的特点，但是，顾客却要求企业能够提供及时、方便和灵活的服务，这对企业所处地域的局限性和资源的有限性提出了挑战。价值网成员由于地域上更接近顾客，或者在其专属领域更了解顾客，可以与企业协同运作满足顾客的需求。

2. 对运营和营销的贡献

上面从顾客价值的角度进行的分析，着眼于企业向顾客提供的最终产品或服务，集中于与顾客的接触点上，是顾客能够直接感知的。但是，在产品或服务完整地达到最终用户之前，还要经过一系列的运营和营销环节。在运营和营销环节，价值网成员对企业的价值主要体现为资源的利用效率、对环境感知的灵敏性和经营调整的灵活性方面。

（1）资源的利用效率。按照波特的观点，价值链涉及9项活动。每一项价值链活动实质上也是一种资源投入活动。然而，企业的资源是有限的，为了利用有限的资源创造最大化价值，企业可以慎重选择价值网成员，利用价值网成员的资源来弥补自身资源的不足。其次，企业如果具备某一优势资源，就要将这一优势资源（如创新产品）尽快市场化以获得时间和速度上的优势，否则，竞争者也可能经过一段时间的积累超越自己，使自己的短期优势丧失。这也是可以利用价值网成员的优势资源达到的目的。最后，通过集中于某一专属领域，企业可以更有效率地利用自己的资源，或者提高创新发展的效率。

（2）对环境感知的灵敏性。作为企业的价值网成员，它们也会有接触顾客的机会，企业与它们一起构成一个网状组织，扩大了与顾客接触的机会和范围，拓宽了了解顾客的视角，丰富和完善了顾客信息。这能够提高企业对顾客和市场机会的认识广度和深度，提高企业对机会的认识和把握能力，使企业更容易察觉顾客需求的变化，增加了企业感知市场的能力。

价值网成员除了能够提高企业感知目标顾客需求的灵敏度外，也增加了企业对其他经营环境的感知灵敏性。例如，深入合作的企业之间会及时提供零部件价格变化的趋势信息等，共同分析影响价格的因素的变化趋势等。

（3）经营调整的灵活性。这种灵活性首先来自整个网络感知环境的灵敏性，由于能够灵敏地感知外部变化，提高了企业和价值网的应变力，即提供了更为充分的调整时间。其次，价值网作为一个资源集合体，企业能够通过价值网成员获得适应变化所需要的资源。价值网降低了企业的固定资产和存货等流动资产投资，通过运用网络成员的资源达到灵活性，消除了阻碍灵活性的因素。最后，企业也能够根据自身的创新或者价值网成员的创新迅速进行调整。

价值网成员在运营和营销上的贡献是以双方的高度信任为前提的。所谓信任，依照 Kumar（1996）的观点，就是任何一方在采取行动时会考虑自己的行为对对方的利益的影响。在信任的基础上，价值网成员之间能够进行高度的协调、合作和交流。

### 3. 对战略的贡献

如果从经典的战略理论和能力理论来分析，价值网成员与企业之间的关系还能够为企业创造战略价值。

根据波特的观点，战略的核心是形成竞争优势；企业可以通过选择基本战略来影响行业结构，改善或加强自己的竞争地位，进而获得竞争优势。基本战略有三种：总成本领先、标新立异和目标聚集战略。

按照能力理论的观点，企业是一个资源体系，这些资源形成了企业的能力，有些资源不能在企业之间流动，形成企业的独有资源。如何利用这些独有资源，便是企业形成竞争优势的基础。对这些资源进行积累、整合从而培育和发展企业的能力是企业经营战略的关键所在，是企业长期竞争优势的基础，企业能力的储备决定了企业的经营范围。

价值网成员对企业的价值也可以从这样两个方面来分析：

一方面，价值网成员对于形成企业的经典的战略力量有重要价值。

（1）它们可以为企业带来总成本优势。价值网成员可以为企业降低成本，合作的双方也可以合作研发降低开发成本。

（2）它们可以为企业的标新立异战略作出贡献。企业通过集中资源投入研究，而将其他价值链活动外包出去，加快产品或服务的创新速度；也可以通过合作研发加快创新。

（3）在目标聚集战略方面，价值网成员也具有重要价值。在一些目标市场上，有些价值网成员是重要战略资源，如果不能得到它们的合作，就不能进入目标市场；或者对于某些产品或服务而言，有些价值网成员拥有的资源是不可替代的，所以企业必须得到这些资源，否则企业就无法生产特定的产品或服务。

另一方面，企业的价值网成员对企业的能力的形成也有重要价值。

（1）利用对方的能力。通过与价值网成员的合作，将对方的优势能力纳入自己的管理和应用范围，可以提高自己产品或服务的效能。

（2）获得对方的能力。企业通过与价值网成员的长期合作，可以不断地从价值网成员那里获得新的能力，这也是形形色色的联盟、合资等的目的之一。尤其是在产品研发方面的合作，企业从对方获得的能力使其最终能够自己独立的开发与价值网成员相同甚至超过它们的产品或服务。

（3）形成新的独特能力。在与价值网成员的交互合作中，企业可以不断地从对方吸取新信息和知识，与自己的能力和市场知识结合，可以发展出新的能力。这些能力可能是独自拥有的，也可能是与对方共享的。另外，与价值网成员和整个价值网的合作与管理价值网本身也是一种独特的能力。因为在当今高度激烈竞争的市场上，一个企业很难形成自己希望获得的所有优势能力。这要求企业选择、构建和管理一个高效能的价值网来经营自己的业务，运用价值网来进行竞争。所以构建和管理价值网本身也是重要的能力之一。

（4）不断增强自身的核心能力。运用价值网的目的是充分运用价值网成员的成本效益优势，而自己可以集中于自己的优势能力方面，使自己有限的资源能够产生最为高效率的能力积累和改进，进而在自己拥有优势的领域不断地获得能力的积累和改进，形成持续的竞争优势。

4. 对财务绩效的贡献

每一个价值网成员都会直接或间接地对企业的财务绩效产生影响。这些影响范围包括价格、成本、存货周转率、资产周转率、利润率等几乎每一个财务指标。

有些价值网成员对企业财务绩效的贡献是间接的。如特约维修点的服务态度和质量会显著影响顾客的满意度和再购买率，从而影响销售收入、存货周转率；而它们产生的口碑效应甚至会影响消费者的首次购买，也就是影响企业的市场占有率。

这里对价值网成员的价值从四个方面进行了分析。同一个价值网成员可能具有多种层次的价值，但所有的价值网成员都必须具有第一个层次的价值，这是它成为一个价值网成员的必要条件；每一位价值网成员也会对企业的财务绩效产生某种影响。如果要价值网成员同时具有这四种价值，企业需要与之发展高度合作的关系，而不是一种简单的控制关系。这也是构成价值网的条件之一。否则，如果这种网络运作是通过企业的市场控制力量进行的非合作博弈，其中缺乏双方的合作和信息与知识的共享，就不存在什么价值网了，因为价值网的条件之一是这种网络能够为双方创造满意的价值。

## 二、价值网对企业的价值

整个价值网对企业的价值，同样可以从上述四个方面进行考察。

1. 对顾客价值的贡献——创造卓越的顾客价值

价值网是企业围绕目标顾客构建的合作伙伴网络，各个价值网成员都拥有服务目标顾客所需要的优势能力要素的一部分。当这些各自拥有相应优势能力的价值网成员构成一个网络时，它们就能形成优势互补，在企业的统一协调下，充分发挥优势，创造比企业单独运作时更卓越的顾客价值。所以，创造卓越的顾客价值是价值网对企业的重要价值之一。

2. 对运营和营销的贡献——提高效率、灵敏性和灵活性

价值网是围绕同一目标市场服务的企业群体。当为最终顾客创造了富有竞争力的价值时，整个价值网无疑就扩大了市场份额，甚至会创造一个全新的、有巨大发展潜力的市场。这会为整个价值网带来重大利益，所有成员都会从中获得相应的利益，这也正是价值网的重大意义所在。这意味着价值网是一个激励相容的组织，成员之间为了共同的利益会进行细密的分工、密切的合作和某种程度的信息、知识和其他资源共享。基于前面的分析，这种分工、合作和共享会带来企业效率、灵敏性和灵活性的提高。

3. 对战略的贡献——赢得竞争优势

从经典的竞争战略理论来看，竞争优势来自两个方面：比同业竞争者能够索取更高的价格，比它们的成本更低。由于价值网能够创造卓越的顾客价值，所以根据迈克尔·波特（2003）的观点，企业能够因此获得高的价格；价值网的各个成员都在各自的专业化领域具有成本效益优势，而且，基于长期信任和稳定的契约关系形成的价值网的各个成员之间大量密集的交易，又能够使企业降低交易成本——成本效益优势与交易成本的节约必将使企业获得成本优势。

从能力理论的角度分析，价值网可以从两个方面培育企业的能力。一方面，价值网成员间的信任和合作使企业能够专注于自己的专长，强化企业的专业优势，从而使企业形成自己的能力。另一方面，价值网

之间的密集合作，推动了知识的共享，有助于企业从价值网积聚能力和知识，从长期来看，这也会帮助企业培育新的能力。而且，协调一个价值网的能力本身，也是企业的能力之一。所以，价值网能够使企业培育和积聚战略能力，获得可持续的竞争优势。一个基于能力的竞争者，将会在速度、灵活性、敏锐性和创造力方面形成重大优势（乔治·斯托克等，2001）。

4. 对财务绩效的贡献——获得利润的增长

价值网对企业财务的贡献可以从成本优势、价格优势、市场占有率和增长率、存货周转率、利润率等方面进行考察。

（1）成本和价格优势。上面已经分析，价值网可以为企业降低成本，使企业索取更高的价格。

（2）存货周转率。价值网的重要作用之一是消除资源冗余，使企业可以充分利用价值网成员的资源和能力。所以，价值网可以充分降低企业存货，加速资源周转，提高存货周转率。

（3）市场占有率和增长率。价值网可以创造卓越的顾客价值，而卓越的顾客价值是市场占有率的领先指标（Gale，1994）。这表明，顾客价值的提高会提高市场占有率。另外，价值网还可以带来整个产业市场的增长，提高市场增长率，进一步促进财务绩效的提高。

（4）利润率。在其他条件不变时，上述指标的改善必然带来利润率的提高，其他诸如资产利润率、资本回报率等都会得以提高。

价值网整体对企业的价值的四个方面是相互联系的。对顾客价值的贡献是最基本的要素，因为如果价值网不能使顾客价值达到顾客的基本要求，顾客就会流失，市场占有率就会下降，进而影响到价值网对财务绩效的贡献；这也会影响企业的价格成本优势，也即对价值网的战略贡献产生不利影响。对运营和营销的贡献由于关系到价值网的运营效率、灵敏性和灵活性，所以，也会影响价值网对顾客价值的贡献，进而对其他两个方面产生影响。对战略的贡献涉及企业在成本、价格、速度、灵活性、敏锐性和创造力等方面的竞争优势，所以，无疑会对其他几个方面产生影响。价值网上述三个方面的贡献会最终在其对财务绩效的贡献上反映出来，而企业在财务上的绩效会成为它巩固和改进价值网的基础和出发点。

## 三、价值网的平衡考核体系

根据价值网成员和价值网整体对企业的价值的分析，可以构建一个考核价值网绩效的平衡考核体系。这一体系将考核价值网成员和价值网整体的价值纳入一个考核框架，从四个方面考核价值网成员和价值网整体对企业的价值：对顾客价值的贡献、对运营和营销的贡献、对战略的贡献和对财务绩效的贡献。

这一平衡考核体系可以用图2表示。四个方框分别表示考核的四个方面：每一个方面都要考核各个成员和价值网整体在这方面的价值，不同的考核对象考核的指标可能不同，对每一个指标都要明确考核的目标；在各个方框外面特别地指明了价值网整体在这方面应该达到的要求；相连接的线条则表明了这四个方面相互联系的性质。

1. 对顾客价值的贡献

考核对顾客价值的贡献，对于价值网而言，就是考核整个网络在企业的统一运作下所创造的顾客价值的大小。这可以从顾客满意度、品牌知名度、顾客忠诚度、顾客流失率和顾客增长率、顾客购买量或顾客钱包份额等入手。

对于单个价值网成员而言，可以考察它在产品或服务的相关部分的质量、成本或性能上的表现；也可以考察它在服务方面的及时性、灵活性或方便性，如送货周期、顾客个性化需求响应速度、服务辐射范围等。

考核时除了要考察各个成员在这方面的单独贡献外，还要考查各个成员之间的交叉影响，即绩效的交叉效应，如各个成员之间密集的交易是否显著地降低了交易成本，一个成员的服务表现对关联的另一成员在这方面的绩效影响。

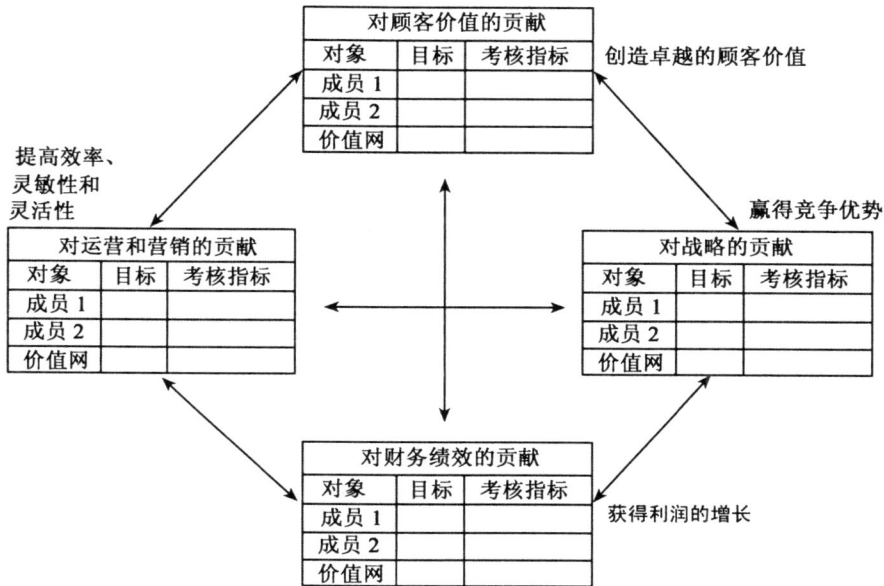

图2　价值网平衡考核体系

**2. 对运营和营销的贡献**

对运营和营销的贡献的考核，就是考核资源的利用效率、对环境感知的灵敏性和经营调整的灵活性。这三个方面既考察了单个价值网成员对企业的价值贡献，也从价值网的角度反映了整个网络对企业的价值贡献。所涉及的指标包括平均交货期、存货周转率、资产周转率、新产品上市周期、来自价值网或成员的新商机增长率、价值网或成员对危机的把握提前期和处理周期、新商机市场化速度、向新产品或新市场转移的周期和转移成本等。

从整个价值网的角度看，运营和营销角度实际上考察了所有价值网成员的供应链交互运作的情况。价值网成员之间在物流上不仅要求相互协调一致，而且要求及时沟通，甚至还要及时提供或请求指导。在这种相互沟通过程中，这些成员之间会提供有价值的技术、顾客需求或竞争信息，这有助于改善企业和各个价值网成员的运营和营销绩效，这就是价值网成员在运营和营销上的相互支撑和促进。这种成员之间的相互促进会提高价值网的运营效能，进而提高企业在运营和营销上的效率、灵敏性和灵活性。

**3. 对战略的贡献**

从战略角度考察就是要考察价值网成员和价值网对企业能力的增长和市场力量的上升所作出的贡献。对整个价值网而言，考察的指标可以是企业的市场占有率和增长率、产品或服务定位的改善、单位产品成本降低率、价格优势、新产品开发和上市速度、专利申请增长率、品牌认知度和新业务单位（SBUs）增加数等。

对于价值网成员而言，则要从两个方面进行考察。一方面，有些成员的关键资源和能力是本企业不可或缺的，于是自然成为本公司必然获得的战略要素，因而自然要考察这些资源和能力的获得程度和利用效能。这些包括成员的独占性原料、市场渠道、品牌或技术等的利用效果。另一方面则是数个成员或整个网络协同产生的战略贡献，如数个成员之间合作开发新产品，提高了产品开发速度；或者由于渠道共享提高了产品上市速度。这是从成员之间的交叉影响和协同效应出发来考察整个网络的战略效果。

113

4. 对财务绩效的贡献

价值网整体及其成员的贡献最终要以财务绩效的形式反映出来，它们对企业财务绩效的贡献在前面两部分都做了分析，所考察的指标也如前述。

前面三个方面的考核中，有的也涉及了财务指标，但考察角度不同。比如，从对顾客价值的贡献方面考核的成本，是从顾客的真实感受来考核的，对他们而言，成本反映了产品或服务的性能价格比，因而对顾客价值产生影响；而从对财务绩效的贡献方面考核的成本则反映了对企业获利能力的影响。除了财务绩效方面外，在其他三个方面考核指标也有时会发生重叠，如新产品上市速度。因为它既涉及价值网在运营和营销上的效能，也涉及知识和能力的共享与协同效果。

在实际的考核中，往往是从对顾客价值的贡献或对财务绩效的贡献入手。这符合企业经营的实际。因为前者直接涉及顾客，顾客和市场的反应往往成为考核的重要依据；而且，企业运营、营销和战略最终也都以对顾客价值产生的影响反映出来。后者则是企业的重要经营目标，对它进行经常性的考核当然是合理的，但是，财务绩效变化的原因则潜藏在其他三个方面。

在实际的考核中，考核指标因企业和价值网成员而异。企业也要经常思考这些指标的合理性和相互联系，进行不断地科学调整，使之不断地达到准确、客观、有效和完善。在这一不断思考和调整的过程中，企业有必要进行流程重组、协调价值网和撤换价值网的某些成员。

## 参考文献

[1] 大卫·波维特等. 价值网. 北京：人民邮电出版社，2001.

[2] 迈克尔·波特. 竞争论. 北京：中信出版社，2003.

[3] 乔治·斯托克等. 能力的竞争：公司战略的新规则. 北京：中国人民大学出版社，2001.

[4] 杰弗里·H. 戴尔. 克莱斯勒公司是如何创造美国化的序列系统的//卡斯利·Y. 鲍德温，金·B. 克拉克等. 价值链管理. 北京：中国人民大学出版社，2001.

[5] 周煊. 企业价值网络竞争优势研究. 中国工业经济，2005，5.

[6] WOODRUFF R B. Customer value: the next source of competitive advantage. Journal of the Academy of Marketing Science, 1997, 25 (2).

[7] KUMAR N. The power of trust in manufacturer-retailer relationships. Harvard Business Review, 1996, 74 (Nov/Dec).

[8] GALE B T. Managing customer value: creating quality and service that customer can see. New York: The Free Press, 1994.

# 证券投资基金评价方法综述

● 赵秀娟[1,2]    汪寿阳[3]

（1 北京邮电大学经济管理学院    北京    100852；2 北京航空航天大学经济管理学院    北京    100083；
3 中国科学院数学与系统科学研究院    北京    100080）

【摘　要】本文对基金业绩评价方法及基金评价体系进行评述，分析从八个方面来开展。这八个方面包括风险和收益的度量、基准组合、风险调整后收益度量、业绩分解、持续性分析与预测、最近的一些新方法等。此外，还对国内外现有的主要基金评价体系进行了分析，分析其优缺点并探讨了一些值得关注的研究问题或方向。

【关键词】基金　评价　方法　体系

证券投资基金的业绩评价主要是对基金的实际运作成果进行评估，以便对过去一段时间内的成绩进行总结，并为未来的投资决策提供参考的依据。具体来说，投资者可以根据业绩评价的结果选择合适的基金进行投资，基金管理公司可以根据基金业绩的好坏对相应基金经理的投资才能进行评判，并据此制定合理的激励和约束机制，而理论界则可以据此对基金市场的有效性进行检验。随着证券投资组合理论的发展，西方经济学和管理学界开始将一些研究成果应用于对证券投资基金业绩的评价，从 20 世纪 60 年代（尤其是 80 年代）以来，国内外对基金业绩评价的研究浩如烟海，并积累了大量丰富的研究成果。这一领域的研究成果主要集中在基金的收益水平、风险水平、风险调整收益水平、基金业绩来源分析、基金业绩持续性评价等方面。

随着基金市场的迅速发展，相应出现了基金评价市场，一些相关机构推出了基金评价体系，以帮助投资者和其他基金市场参与者进行科学决策，为基金持有人和基金管理公司考核基金经理提供重要参考，不同的研究机构所建立的评价体系在总体上基本涵盖了基金评价所应涉及的内容，但每一评价体系都还存在着一些可以完善之处，因而至今仍然没有形成公认的标准。

本文将对现有的基金业绩评价方法及基金评价体系进行综述，分析其优缺点并给出值得进一步研究的问题或方向。

## 一、基金的绝对收益水平

有关投资组合的绩效评估，可以追溯到现代投资理论的出现。通常以累计单位净值增长率作为基金收益水平的度量。

假设基金在评价区间内进行 $i$ 次分红,分红收益全部进行再投资,则基金 $P$ 的累积净值收益率 $R_P$ 为:

$$R_P = \frac{\text{NAV}_1 + D_1}{\text{NAV}_0} \times \frac{\text{NAV}_2 + D_2}{\text{NAV}_1} \times \cdots \times \frac{\text{NAV}_{i+1}}{\text{NAV}_i} - 1 = \frac{\text{AAV}_{i+1} - \text{AAV}_0}{\text{NAV}_0} \tag{1}$$

$\text{NAV}_0$:基金在基准日的单位净值;

$\text{NAV}_{i+1}$:基金在期末的单位净值;

$\text{NAV}_i$：基金第 $i$ 次分红后的单位净值，$i = 1,2,3,\cdots,t$；

$D_i$：基金第 $i$ 次分红值，$i = 1,2,3,\cdots,t$。

为简便起见，一般就用公式(2)来计算基金 $P$ 在第 $t$ 期的累计净值收益率：

$$R_{P,t} = \frac{\text{AAV}_{P,t} - \text{AAV}_{P,t-1}}{\text{NAV}_{P,t-1}} \tag{2}$$

其中，$\text{NAV}_{P,t-1}$ 表示基金 $P$ 第 $t-1$ 期公布的单位净值，$\text{AAV}_{P,t}$ 表示基金 $P$ 第 $t$ 期公布的单位累计净值，$R_{P,t}$ 表示基金 $P$ 第 $t$ 期的净值增长率。该净值增长率是将所有收益进行再投资的收益率。

## 二、基金的风险水平

用以评价基金整体风险水平的指标主要有标准差、$\beta$ 系数、下半方差、相对风险度量及 VaR 等。

标准差：基金收益率的标准差，衡量了收益率的波动性，是基金全部风险的表征。

$$\sigma_{jt} = \sqrt{\sum_{k=1}^{P} (\text{NAV}_{jk} - \overline{\text{NAV}_{jk}})^2 / p} \tag{3}$$

$\beta$ 系数：假设某基金 $P$ 的资本市场线(CML)定义为：

$$\text{ER}_P = r + \frac{\text{ER}_m - r}{\sigma_m}\sigma_P \tag{4}$$

证券市场线(SML)的表达式为：

$$\text{ER}_P = r + (\text{ER}_m - r)\beta_P \tag{5}$$

$\beta_P$ 是基金收益率相对于基准市场指数波动的敏感度，用以衡量基金组合的系统性风险水平。

将上式变形为：

$$\text{ER}_P = r + \frac{\text{ER}_m - r}{\sigma_m}(\beta_P \sigma_m) \tag{6}$$

将标准差分解可得到风险组成的两部分，系统风险 $\beta_P \sigma_m$ 和非系统风险 $\sigma_P^{NS}$：

$$\sigma_P^{NS} = \sigma_P - \beta_P \sigma_m \tag{7}$$

下跌风险：下跌风险是指将样本期间的净收益率减去设定的无风险收益率(如国库券月收益率)得到当期的超额收益率，再将负的超额收益率之和的绝对值取平均数就得到了收益下跌风险值，即：

$$R_D = \frac{\sum_{i=1}^{n} |\min(0, R_i - r_f)|}{n} \tag{8}$$

其中，$R_D$ 表示收益下跌风险测度指标；$R_i$ 表示第 $i$ 期基金的收益率；$r_f$ 表示无风险收益率。该指标计量了每个时期(周、月或年)每基金单位的平均损失值(低于无风险利率或给定的基准)，与方差或标准差相比，更体现了"只有小于无风险利率的收益率才是真正的收益风险所在"的风险下偏差思想，消除了波动在无风险利率之上的部分对真正潜在损失和风险的计算干扰，从这一点来说，有更合理的一面。

相对风险：相对风险是将所有相似基金的下跌风险值加总并计算平均数，用单个基金的下跌风险值除以这个平均值就得到相对风险测度值，即：

$$R_{Dp}' = \frac{R_{Dp}}{\frac{\sum_{p=1}^{m} R_{Dp}}{m}} \tag{9}$$

其中,$m$ 表示基金数目;$R_{DP}$ 表示基金 $P$ 的收益下跌风险值;$R_{DP}'$ 表示基金的相对风险测度。相对风险测度能反映基金在全部样本中的相对位置,例如,某基金的相对风险测度为 0.7,也可理解为该基金比平均风险水平低 30%。

VaR:在一定置信度下对未来一定时间区间内资产组合最大损失进行估计,衡量了基金投资组合的市场风险。假设投资基金的收益率服从正态分布,VaR 的计算可表示为:

$$VaR = \mu + \sigma \Phi^{-1}(\alpha) \tag{10}$$

其中,$\Phi^{-1}(\alpha)$ 为标准正态分布函数的逆;$\mu$ 和 $\sigma$ 分别为正态分布的均值和方差;$\alpha$ 为置信度水平。

### 三、基金评价的基准组合

在基金业绩评价的各种模型中,多会涉及基准组合这一要素。Lehmann 和 Modest(1987)首次利用 APT 模型对基金业绩进行评价,比较了不同基准下业绩评价结果的差异,并考察了基准选取的不同对评价结果的影响。Roll(1978,1979)认为,传统的基于 CAPM 及 APT 的业绩度量方法都将基金组合的业绩与外生选定的基准组合进行对比。这使度量结果对基准组合的选取比较敏感,而真正的市场组合又根本无法观测到,而且不一定能保证其收益率具有均值—方差的有效性,所以度量的结果往往存在偏差。为此许多学者开始探索建立具有更好解释效果的多因素基准组合。

Carhart(1995,1997)在三因素模型中引入基金所持股票收益的持续性(前期业绩最好股票与最差股票的当期收益之差)对基金业绩的影响,从而解释了 Jegadeesh 和 French(1993)发现的一年期业绩异常现象,并将三因素模型扩展为四因素模型。但四因素模型由于缺乏严格的理论基础,且各因素与风险之间不一定相互关联,所以严格来讲,四因素模型和三因素模型都只能算业绩归因模型。

多因素模型虽然部分解决了单因素模型存在的问题,模型的解释力也有所增强,但在实证研究中,模型要求能识别所有的相关因素,而资产定价理论并没有明确地给出对风险资产定价所需的所有因素或因素的个数。所以在实证时,因素的选择就受到个人主观判断的影响(Chen,1996)。另外,多基准模型仍然无法完全解释资产收益的横截面差别,业绩评价的结果对基准的选取依然敏感。

Grinblatt 和 Titman(1993)提出组合变化度量(portfolio change measurement),利用被评估的基金组合在上一时期的持股权重作为当期基准,从而克服了外生基准无法观测的问题(Indro,Jiang,Patuwo 和 Zhang,1999)。DGTW(1997)认为,GT(1993)基准没有完全考虑基金规模、B/M 及动量效应(moment turn effect)等收益异常,而大多数基金利用动量策略作为选股的标准,从而使其平均业绩超过 GT 基准,所以,GT 度量识别到超额业绩并不一定说明基金经理具有特别的证券选择能力。因此,DGTW 将在 NYSE、AMEX、Nasdaq 上市的股票按照规模、B/M 和前一年的收益分为 125 个消极组合,评价基金所持的股票业绩时,将 125 个消极组合中与该股票具有相同特征的组合作为基准(Daniel,Mark,Titman 和 Russ,1997;Grinblatt 和 Titman,1989;Grinblatt,Titman 和 Russ,1989;Russ,2006;Grinblatt 和 Sheridan,1993)。

以上两种方法都采用基金组合持股数据构造基准,虽然能设计一些更切合基金经理人投资风格的基准,并克服基准敏感性问题,但同时也具有一定的缺点,如数据的收集整理及计算费时、费力。另外,GT 方法中,普通的投资者无法获得基金的实时交易数据,所以只能利用基金的假想组合对基金的真实业绩进行评价;当基金经理更具风险偏好时,会投资于一些高风险证券,从而使业绩评价结果有误,此时仍需结合传统的业绩评价方法。

在对基准组合的研究方面,主要成果如表 1 所示:

表1 关于基金业绩评价基准组合的研究成果

| 基准组合 | 因素选择 | 研究者 | 时间 |
|---|---|---|---|
| 三因素组合 | 市场（指数）组合<br>SMB 组合（小规模减大规模股票组合）<br>HLM 组合（高 B/M 减低 B/M 股票组合） | Fama and French | 1993 |
| 四因素组合 | 市场（指数）组合<br>SMB 组合（小规模减大规模股票组合）<br>HLM 组合（高 B/M 减低 B/M 股票组合）<br>MOM 组合（动量因素组合） | Carhart | 1995 |
| P8 组合 | 以公司股票基本特征为基础，包括四个与公司规模有关的组合，三个与红利收益有关的组合和一个历史收益率组合 | Grinblatt and Titman | 1988，1989，1994 |
| 条件期望组合 | 考虑基金经理会利用已知公开信息（股利、收益率）调整投资策略，从而影响投资效果<br>条件基准组合主要包括：<br>市值加权的市场指数<br>无风险收益率的滞后水平<br>股利收益的滞后水平<br>债券期限结构指标的滞后变量<br>债券市场的滞后报价区间<br>反映是否一月份的虚拟变量 | Ferson and Schadt | 1996 |

## 四、基金风险调整的收益水平

现代投资理论指出，在进行评估时，不仅要考虑收益，也要关心风险。只有根据风险对收益进行调整才能使评价结果在不同类型的基金间具有真正的可比性。在 Markowitz（1952）提出其著名的均值—方差模型理论后不久，基于风险和收益的评估方法、技术就被提出且得到了运用（最初是利用共同基金数据）。

20 世纪 60 年代末，学者们提出了几种用以评估基金管理人相关业绩的单一指数和衡量方法，包括夏普比值（Sharpe ratio）（Sharpe，1966）、特雷诺比率（Treynor ratio）（Treynor，1965）、Jessen α 值（α of Jenson）（Jenson，1968、1969）等。各种风险调整收益计量模型研究成果不断产生，构成了现代基金业绩评价理论的核心。风险调整收益计量模型从不同的风险补偿角度对基金收益进行调整，使评价结果兼顾风险和收益两个业绩属性。

虽然计量模型方法都对风险测度进行了一定调整，但不断受到人们的质疑和批评，主要集中于基准的选取和理论基础 CAPM 模型的有效性。如 Roll（1978）和 Ross（1979）不仅对 CAPM 模型表示怀疑，而且由于 Sharpe 指数和 Treynor 指数都是基于 CAPM 模型，所以还批评了有关投资组合绩效的测定。Bailey（1992）对这些方法所依赖的基准指数对真实市场指数的代理性表示疑问。除 Jesssen 指数外的各风险调整指标均有评价盲区：当组合超额收益为负数时，除以较大（小）的总风险时，Sharpe 指数、$M_2$、Stutzer 指数、Treynor 指数得到较小（大）的负数，基金业绩反而变得较佳（差），由此会产生错误的评价结论。当 $\alpha p$ 为负数时，除以较大（小）的系统风险，修正的 Jessen 指数、估值比率、M.C.V. 指标也会得出错误的评价结论。

Jensen 模型无条件地采用基金的历史收益来估计未来的期望业绩，未考虑基金组合期望收益和风险的时变性。实际上，如果基金经理具有市场择时能力，他会主动改变组合的风险以适应市场的变化并谋求高额收益；其次，资产的价值可能随股市的涨落周期不同而变化；另外，即使基金采用购买—持有消极投资策略，其组合的权重也会随相对价值的变化而改变，以上三点都会使 $\beta$ 值呈现时变性。

为使 $\beta$ 的确定更加合理，Ferson 和 Schadt（1996）等人将 $\beta$ 看成前定信息变量的线性函数，并将无条件 CAPM 扩展为条件模型（Ferson 和 Rudi，1996；Christopherson，Ferson 和 Glassman，1998）。

Chan 和 Chen（2002）等人的研究表明，条件模型能更好地解释股票收益的截面变化，Jagannathan，Wang（1996）建议采用条件模型来解释股票收益，Ferson，Schadt（1993，1996，2003）在前人研究基础上，采用 Sharpe（1964）的多因素 CAPM 形式描述基金的条件期望总收益，并在模型中引入前定信息变量，将 $\beta$ 看成前定信息变量的线性函数以考虑 $\beta$ 的时变性，认为能够解决传统做法在检测证券选择和市场时机选择能力时存在的一些偏差。在 Admati 等（1986）的分析基础上，Ferson 和 Schad 提出条件性 Treynor-Mazuy 回归模型，发现时机选择模型的结果出现了显著变化，评估结果得到很大改善。Christopherson，Ferson 和 Glassman 等（1998，1999）又将此扩展为条件 alpha 方法，并设其也随信息变量线性变化。

条件性方法在实证中不断得以运用。Christopherson，Ferson 和 Glassman 等（1998，1999）实证发现总体上非条件 CAPM 得到的 $\alpha$ 对未来超额收益的预测作用不大，条件性模型却使几乎所有的结论得到改善，因此条件性方法研究业绩问题更有说服力。Patro（2001）对比 45 只基金用传统的评估方法和引入条件性变量后在不同基准下的业绩及时机选择能力，表明条件性变量在统计上很显著。

条件业绩度量模型假设市场满足半强式有效，所以它比较适合于美国等较为成熟的证券市场。另外，条件模型的评价结果虽然比无条件模型有所改善，但其在使用上却存在一定的限制，不仅对 $\alpha$、$\beta$ 与前定信息变量的线性关系假定缺乏严格的理论说明，而且信息变量的选取受主观影响较大。

## 五、基金业绩来源分析

### 1. 对基金经理市场时机把握能力的考察

如果基金经理不进行市场时机选择的操作，仅采取证券选择操作，投资组合的 $\beta$ 值应该是稳定的；如果基金经理能够成功地预测市场走势，并据此进行时机选择操作，组合的 $\beta$ 值应该是变动的。为解决传统 Jensen 模型无法度量证券选择能力和时机判断能力的缺陷，学者们提出不同的回归模型来检验组合 $\beta$ 值变动的有效性，即基金经理时机操作的有效性。

表 2 中的三个模型成为评估证券选择和市场时机选择能力最经典、最基础的模型，此后人们的不少研究仍然是在此基础上进行完善的。

Jensen（1972）后来提出一个类似模型，但需要计算实际市场组合收益和期望收益的偏差。当两者都满足正态分布时，时机选择能力可用这两者的相关性来测量。但该方法无法区分各自的贡献，除非在每一个时期市场组合收益的预测值和期望值都已知。Bhattacharya 和 Pfleiderer（1983）对 Jensen（1972）的工作进一步扩展，认为可以用一种很简单的回归计算证券选择和时机选择能力。Jensen 假定经理人在作市场时机选择决策时使用未调整的市场收益预测值，而 Bhattacharya 和 Pfleiderer 假定经理人调整预测值以使预测误差的方差最小化。

此外，Admati 和 Ross（1985）、Dvbig 和 Ross（1985）都曾指出，当经理人拥有优越的市场时机信息却被忽略时，Jensen $\alpha$ 为负值，即因素值与因素负载之间的相关性可能导致 Jensen 评价结果存在偏差。针对 Jensen $\alpha$ 存在的问题，Grinblatt 和 Titman（1989）提出了正权重方法（positive weighting measures），Daniel，Grinblatt，Titman 和 Wermers（简称"DGTW"）（1997）及 Wermers（2000）也采用基于股票的特征匹配方法对基金业绩进行分解研究，以判断基金收益中有多少是来自基金经理的证券选择和时机判断能力（Russ，2006）。

表2         基金经理市场时机把握能力检验的主要模型

| 模型名称 | 模型结构 | 研究者 | 时间 |
|---|---|---|---|
| T-M 模型 | $R_P - r_f = a + b(R_M - r_f) + c(R_M - r_f)^2 + e_P$ <br> 如果 $c$ 在统计上显著大于零,表明基金存在时机选择能力。 | Treynor Mazuy | 1966 |
| H-M 模型 | $R_P - r_f = a + b(R_M - r_f) + c(R_M - r_f)D + e_P$ <br> 其中 $D$ 是一个虚拟变量,当 $R_M > r_f$ 时, $D = 1$,否则 $D = 0$。 <br> 如果 $D$ 在统计上显著大于零,表明基金存在时机选择能力。 | Henriksson Merton | 1981 |
| C-L 模型 | $R_P - r_f = a + b \times \min(0, R_M - r_f) + c \times \max(0, R_M - r_f) + e_P$ <br> 其中 $b, c$ 分别表示空头市场与多头市场下的 Beta 系数, <br> 当 $c - b > 0$ 时,就表示基金经理人存在择时能力。 | Chang Lewellen | 1981 |

DGTW（1997）方法根据基金每季度公布的持股数据构造一个假想的组合，将该假想基金组合的收益当做基金的总收益，然后从中减去匹配基准的收益，所得差值即基金业绩度量值。Wermers（2000）的方法与 DGTW（1997）基本相同，但样本最为全面，且从基金的选股策略等因素出发，将基金收益分解为证券选择能力、市场择时能力、基于类型的长期收益、为达到某种投资策略所支付的交易成本、组合管理费用、股票组合的总收益及因持有现金及债券而带来的基金净收益之差六个部分，并分别度量了特征证选能力（characteristic selectivity，CS）、特征择时能力（characteristic timing，CT）和平均类型收益（average style，AS）。认为积极投资带来的总超额收益由特征证选能力（CS）、特征择时能力（CT）以及持有具有某种特征的股票带来的收益（AS）构成。基于单基准及多基准的模型、不采用传统基准的模型以及条件业绩度量模型都侧重于寻求合适的基准以对基金的总体业绩进行度量，而业绩分解模型则主要是通过对基金的总业绩进行分解研究来判断基金经理积极投资才能的高低，它使业绩评价研究向纵深方向发展了一大步。该方法比传统的四因素模型能更好地区分经理的择时能力与证选能力，但若使用太多的匹配组合又会使 CS 的估计值无意义。

Pearson 和 Spearman 的相关性统计结果显示，对于每一个模型下的每种基准，证券选择与市场时机选择的相关性都是负值（Sharpe，1988）。如何解释负相关性仍是一个有待解决的问题。Coggin 和 Hunter（1993）对 Lee 和 Rahman（1990）的数据计算进行修正后，得到 −0.62 的相关度，认为这是由于抽样误差人为造成的。Henrikkson（1984）、Connor 和 Korajczyk（1991）利用 Henrikkson 和 Merton（1981）模型也得出负相关性，Jahannathan 和 Korajczyk（1986）对此提出的一种观点是：这种观察到的负相关也可能是其他一些因素引起的，如公司债务/股权比的变动、基准组合、资本结构等。Lehmann 和 Modest（1987）却认为两者间基本上并无真正的关联。而 Grinblatt 和 Titman（1989）认为，若这两者不相关，那旨在估算这两者的绩效评估模型中一些已证实比较好的性质可能就不再存在了。

之前的研究中对数据处理通常都采用年度或月度收益率，Goetzmann，Ingersoll 和 Ivkovic（2000）对此提出了异议，认为样本频率为月度收益率时可能会体现不出基金的择时能力，因为经理人对市场变动的把握节奏可能更快。为了证实取样频率对绩效评估的影响，Bollen 和 Busse（2001）在三个模型中同时用日数据和月度数据进行研究，发现日数据显示了更强的解释功能。Bollen 和 Busse 工作最重要的两点意义在于：一是说明用日数据衡量基金时机选择能力将产生不同于月度数据的结论，基金的择时能力比以前的研究结果更乐观；二是实证中有关择时能力的结果不能简单归为错误的统计。这些工作为今后评价基金业绩时样本的频率选取提供了新的思路和实证结果。

国内也有不少针对基金证券选择和时机选择能力的实证研究。如周晓华（2001）用 T-M 法和 C-L 法对 5 只最早上市的基金 1998 年 9 月 30 日至 2000 年 8 月 18 日期间表现的研究结论是 1 只基金没通过选股系数检验，只有 2 只基金通过 C-L 法的择时检验，说明经理人不具备显著的时机选择能力；沈维涛等（2001）用 T-M 方法对 10 只基金的回归计算均出现了负的择时系数，且只有很少的基金通过择时检验。

2. 基于风险补偿的 Fama 分解

评价基金的投资绩效，除了对风险进行系统和非系统分解，还可以对收益的成分或者来源做更深入的分析，Fama（1972）提出的超额收益分解法解决了这个问题。

对超额收益进行分解的一个原因或前提是基金的组合并没有完全分散风险或者有效组合的条件不成立。对于基金持有人，计算基金的超额收益中对不完全分散投资相关的风险是否进行了足够的补偿有着非常重要的现实意义。图 1 直观地反映了 Fama 分解法的基本含义。

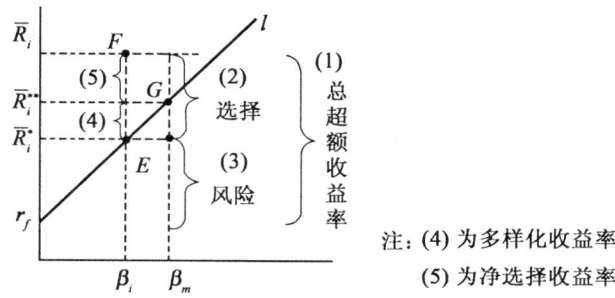

图 1

图 1 中，假设点 $F$ 处基金的实际收益率是 $\overline{R}_i$，标准差为 $\hat{\beta}_i$。$(\overline{R}_i - r_f)$ 表示超过无风险利率的总超额收益率。经过无风险利率 $r_f$ 的证券市场线（SML）$l$ 反映了满足 CAPM 条件时报酬—风险的均衡关系，$l$ 上点 $E$ 与点 $F$ 具有相同的风险，收益率为 $\overline{R}_i^*$：

$$\overline{R}_i^* = r_f + (\overline{R}_m - r_f)\hat{\beta}_i \tag{11}$$

显然，总超额收益率由 $(\overline{R}_i^* - r_f)$ 和 $(\overline{R}_i - \overline{R}_i^*)$ 两部分组成，即：

$$\text{总超额收益率} = \text{风险收益率} + \text{选择收益率} \tag{12}$$

其中，风险增溢 $(\overline{R}_i^* - r_f)$ 是与系统风险相应的收益，称之为风险收益率，有：

$$\overline{R}_i^* - r_f = [r_f + (\overline{R}_m - r_f)\hat{\beta}_i] - r_f = (\overline{R}_m - r_f)\hat{\beta}_i \tag{13}$$

$(\overline{R}_i - \overline{R}_i^*)$（图中线段 $FE$）反映了基金与均衡条件下相比的超额收益率，从计算公式可以看出等于 Jensen 指数，即：

$$\overline{R}_i - \overline{R}_i^* = \overline{R}_i - [r + (\overline{R}_m - r_f)\hat{\beta}_i] = \hat{\alpha}_i \tag{14}$$

$(\overline{R}_i - \overline{R}_i^*)$ 衡量的正是基金的证券选择能力，称之为选择收益率（又称为实际超额收益率）。

当基金的组合风险完全分散或基金与基准市场组合完全相关时，组合只有系统风险，由式（14）得：

$$\sigma_i^2 = \hat{\beta}_m^2 \sigma_m^2 \tag{15}$$

所以：

$$\hat{\beta}_m^2 = \sigma_i / \sigma_m \tag{16}$$

标准差等于 $\hat{\beta}_m^2$ 时, $l$ 上满足 CAPM 的点为 G 点, 其收益率为 $\overline{R}_i^{**}$, 且有:

$$\overline{R}_i^{**} = r_f + (\overline{R}_m - r_f)\beta_m \tag{17}$$

由于在 $\hat{\beta}_i$ 的风险水平下组合面临非系统风险, 而风险调整至 $\hat{\beta}_m^2$ 时组合已经完全分散了非系统风险, 所以 $(\overline{R}_i^* - \overline{R}_i^{**})$ 是组合风险分散合理时投资人将得到的收益, 称之为多样化投资收益率(或分散投资收益率)。$(\overline{R}_i - \overline{R}_i^{**})$ 是风险由 $\hat{\beta}_i$ 调整至 $\hat{\beta}_m^2$ 时组合的净超额收益率部分, 所以, 选择收益率可以分解为:

$$选择性收益率 = 多样化收益率 + 净选择收益率 \tag{18}$$

也就是:

$$\overline{R}_i - \overline{R}_i^* = (\overline{R}_i^{**} - \overline{R}_i^*) + (\overline{R}_i - \overline{R}_i^{**}) \tag{19}$$

其中, 多样化投资收益率为:

$$
\begin{aligned}
\overline{R}_i^{**} - \overline{R}_i^* &= [r_f + (\overline{R}_m - r_f)\hat{\beta}_m] - [r_f + (\overline{R}_m - r_f)\hat{\beta}_i] \\
&= (\hat{R}_m - r_f)(\hat{\beta}_m - \hat{\beta}_i) \\
&= (\hat{R}_m - r_f)\left(\frac{\sigma_i}{\sigma_m} - \hat{\beta}_i\right)
\end{aligned} \tag{20}
$$

对于基金经理来说, 有时候为了获得更高的回报率, 常常要以放弃组合的一些分散化并承担更大的风险为代价, 净选择收益率 $(\overline{R}_i - \overline{R}_i^{**})$ 计算的就是损失的这部分多样化所补偿的风险溢价, 结果为正数说明投资策略获得了高于广泛分散投资风险时组合的收益率, 若净选择收益率为负, 表明基金持有人从不完全分散风险中得到的风险溢价是不够的。

3. 基于投资操作环节业绩贡献的基金业绩归属分析

基金操作环节业绩的归属分析就是将基金的总业绩归分到基金投资操作的各个环节中, 进而得到对基金经理资产配置能力、行业配置能力和证券选择能力的定量评价, 属于一种动态的基金评价方法。通常一个完整的基金业绩归属分析系统应包括两个层次:

(1)广义的资产配置选择, 即资产在股权、债权和货币等金融市场间的配置选择;

(2)在各类市场内部行业间的配置选择。

假设投资组合 $P$ 与市场基准组合 $M$ 中包括 $n$ 类资产, 如股票、债券、现金等。对第 $i$ 类资产, 投资组合 $P$ 与市场基准组合 $M$ 的收益率分别为 $R_{Pi}$、$R_{Mi}$, 投资比例分别为 $W_{Pi}$、$W_{Mi}$, $i = 1, 2, \cdots, n$。对组合 $P$ 而言, 则有:

$$资产配置超额收益 = \sum_{i=1}^{n} R_{Pi} \times (W_{Pi} - W_{Mi}) \tag{21}$$

$$证券选择超额收益 = \sum_{i=1}^{n} (R_{Pi} - R_{Mi}) \times W_{Pi} \tag{22}$$

$$总超额收益 = 资产超额收益 + 择益 + 择超额 = \sum_{i=1}^{n} R_{Pi} \times W_{Pi} - \sum_{i=1}^{n} R_{Mi} \times W_{Mi} \tag{23}$$

根据上述分解思想, 可以对每一类资产组合如股票组合或债券组合在各个不同行业间做进一步的归属分析。

## 六、基金业绩的持续性分析与预测

讨论基金业绩的持续性, 一个很重要的意义在于分析基金投资收益在不同的时间段是否具有相对一致性, 是否可以对基金未来的业绩进行预测, 这种预测性是否有助于做出较优决策以获得超额回报, 等等。其思想与有效市场假说相抵触, 被视为金融市场的异常现象。它与股票惯性现象非常相近, 是指业绩优秀的基金在其后一段时间内更倾向于继续保持优秀，而业绩差的基金继续表现出差的业绩，即人们常说的"强者恒强，弱者恒弱"。如果业绩很难再重复，那么从这种不稳定性中没法判断未来的收益状况；如果业绩间有一定显著的相关性，那么投资者将可能选择过去业绩优良的基金，有的放矢地趋利避害。因此，人们在研究业绩持续性时常常更多的是在分析证券投资组合或基金能不能持续实现超额收益，因为当基金的异常收益满足随机分布时，正如 Christopherson 和 Turner（1991）指出的，过去业绩对预测未来收益是没有什么帮助的。

基金业绩持续性研究有三个主要问题——持续性是否存在、持续性来源、持续性检验方法。目前的研究多围绕持续性是否存在展开，持续性来源的研究还处于探索阶段，检验方法近年来没有大的突破。

Jensen（1969）、Carlson（1970）、Ippolito（1992）、Goetzmann 和 Ibbotson（1994）、Grinblatt 和 Titman（1994）、Shukla 和 Trzcinka（1994）、Hendricks、Patel 和 Zeckhauser（1993）、Brown 和 Goetzmann（1995）、Malkiel（1995）、Elton，Gruber 和 Blake（1996a）等人的研究指出，一些过去收益相对较好或较差的共同基金表现出了业绩的持续性。例如，Carlson（1970）认为通常在上一年收益高于均值的基金更加可能继续其较好的业绩；Elton 和 Gruber（2001）指出，美国证券交易委员会（Securities and Exchange Commission，SEC）报告也曾提到过基金风险调整排序中存在类似的可重复性；Lehmann 和 Modest（1987）发现基金收益的 α 测度有一定的持续性；Grinblatt 和 Titman（1992）证实持续效应在统计上是显著的；Grinblatt 和 Titman（1989）对基金 5 年收益数据的统计证实了业绩持续性的存在；Hendricks（1993）等首次将业绩的持续效应用"高手（hot hand）"进行定义，发现无承销费、成长型基金的相对业绩在一年期内持续性最强；Goetzmann 和 Ibbotson（1994）也讨论了"高手"现象，认为投资者能够通过购买近期有较好表现的基金获得显著的超额收益（经风险调整）；Hendricks，Patel 和 Zeckhauser（1993）还谈到用不同的风险调整收益指标都能发现业绩的持续性现象。这些结论从不同程度有力地支持着人们的一种常识性观点：过去的业绩记录中包含着基金经理人未来业绩的某种信息。

研究者们还不约而同地提到了影响持续性显著程度的受限条件，如观察期、基准选用、收益测度、条件性方法的引入等。例如，Goetzmann 和 Ibbotson（1994）认为，业绩持续性现象只针对观察期介于 1 个月至 3 年的基金原始收益和风险调整收益。Malkiel（1995）发现虽然 20 世纪 70 年代基金业绩表现出了较强的持续性，但 20 世纪 80 年代这种持续性却消失了。Brown 和 Goeztzmann（1995）发现不同业绩指标得出显著程度不同的持续效应，观察期的长短是影响因素之一，而基金业绩持续性问题实际上比人们之前认为的要复杂得多。

相对于股票数据库而言，基金数据库问题很多，特别是生存偏差（survivorship bias）等问题一直困扰着基金业绩方面的研究。在成熟基金市场上基金优胜劣汰是很普遍的现象，不好的基金会被合并、清盘，这就产生了生存偏差问题——事后研究采用的数据中倾向于包含业绩优秀的基金，从而导致对历史业绩的高估。直接历史原因是，早期基金数据是为非学术性客户设计的，他们通常只关心可以实际投资的基金，因此一旦基金清盘后，与之相关的所有记录也被立即删除，这为日后的数据库建设带来了很大麻烦。不少文献专门讨论了业绩持续性是否由数据质量问题造成的，如 Brown，Goetzmann，Ibbotson 和 Ross（1997）、Carhart、Carpenter 和 Lynch（2002）、Carpenter 和 Lynch（1999）。如果采用合适的方法把消失基金的数据还原回去便得到无生存偏差数据库，但是 Carhart、Carpenter 和 Lynch（2002）、Horst（2001）指出，持续性研究多把数据划分为两个时段，尽管第一时段的数据的确可以做到无生存偏差，但是由于在第二时段中用于持续性检验的基金并非随机消失，这就不可避免地产生了二次选择偏差（second selection bias）。Elton、Gruber 和 Blake（2001）专门分析了基金研究中广泛使用的 CRSP 基金数据库，发现该数据库收录的基金比较全面，但是收益率与基金类型数据缺失现象非常突出。另外他们发现数据库的分红数据表明，基金在同一天多次分红的情况也比较常见，对此提出了计算基金收益率的修正办法。

Carhart（1997）在 Fama 和 French（1996）三因子模型的基础上，添加了捕捉 Jegadeesh 和 Titmann（1993）惯性效应的因子而提出四因子模型，将基金按照上一年的回报率由高到低分成 10 组，发现基金业绩有短期持续性，而且业绩差的基金有更强的持续性，如果买入去年处于第一组的基金，而卖出处于第十组的基金，每年可产生 8% 的收益率。在这 8% 的差异中，股票市值和股票态势可以解释 4.6%，投资费用可以解释 1.7%。Carhart 发现基金持续性问题与股票惯性现象有惊人的相似，把观察期延长为 2～3 年时，持续性逐渐消失，另外持续性主要体现在业绩排序优劣两极的基金，这些特征都是股票惯性现象所具备的，可能意味着两者之间存在较强的相关性。Wermers（2005）通过考察基金持有股票的季度性变化，认为基金有意识利用股票惯性现象投资盈利是造成基金业绩持续性的重要原因，而且基金收益变化模式与股票惯性现象变化模式非常吻合。Carhart 利用四因子模型在形式上比较好地解释了 1 年期的持续性，但惯性效应因子还没有得到学术界充分认可，即没有从根本上解决持续性问题，而仅仅把问题推给了股票惯性现象。目前人们对惯性现象如何对基金施加影响尚没有较为深刻的认识，但对股票惯性现象的研究进展可为基金业绩持续性提供借鉴。

以往持续性来源的研究多集中于基金本身的考察，关于生存偏差、股票惯性现象的争论仍在继续，但是已有不少学者尝试从其他角度来认识基金业绩持续性。Guedj Papastaikoudi（2004）认为基金族惯用的一些经营手段也可能影响基金业绩。当基金家族以整个基金族管理费收入最大化为目标时，可能会牺牲部分差基金，将时机有利的交易指定给业绩优秀的基金，人为延续业绩优秀基金的优势。

此外，在机构基金的研究中，Christopherson 和 Turner（2006）对养老基金经理人业绩的研究发现不同时期的 Jensen $\alpha$ 不能被预测。Lakonishok、Shleifer 和 Vishny（1992）却在 2～3 年的投资期中证实了一定的持续效应。Christopherson 和 Ferson（1998）用条件性方法证实业绩的持续更多发生在前期业绩较差的基金。

如果要对基金未来一段时间的业绩进行较准确的预测，人们往往先用业绩评价模型对历史业绩进行度量，然后再用不同的业绩持续性度量方法对业绩是否持续加以判断。在此基础上才能给出基金在未来一定时间内的业绩变化趋势，并为投资者提供决策依据。利用该方法进行预测的结果对所采用评价模型的好坏非常敏感，而且评价模型往往是线性的，无法反映基金业绩和因素之间可能存在的非线性关系。因此，部分学者又开始探索人工神经网络在基金业绩预测中的应用。如 Chiang，Urban 和 Baldridge（1996）采用 BP 网对美国 101 只共同基金年末的 NAV 进行预测，并将预测结果与传统的预测方法进行对比。他们认为，在数据有限的条件下，神经网络的预测效果明显好于传统方法。Indro，Jiang，Patuwo 和 Zhang（1999）认为，投资者关心的是基金业绩，而基金的总收益比 NAV 能更好地代表基金的业绩，所以他们使用多层感知器模型和 GRG$^2$ 非线性优化器来预测价值型、混合型、成长型基金的 NAV 业绩和风险调整收益。神经网络模型在数据有限的情况下能同时使用多个经济变量进行预测，而传统的回归预测则受到变量相关及自由度的约束，同时使用的变量个数不能太多。另外，传统的预测方法在预测时必须给出明确的函数形式，而神经网络则不需要。

人工神经网络用于基金业绩预测虽然有很多好处，但现有的文献主要是对基金的 NAV 及 NAV 收益进行预测，且输入多为宏观经济变量，没有将与基金收益密切相关的基金持有的股票特征、基金经理的个人特征（如学历、管理基金的经验、任职年限）及基金本身的一些特征（如基金规模、管理费用）与收益相联系。因此，未来应该更多地将这些变量作为输入，以便得到更准确的度量结果。

国内投资基金业发展的历史还比较短，从 1998 年至今才 9 年的历史，因此数据量还较少。倪苏云等（2003）利用基于横截面回归的业绩持续性度量方法，以 1999 年 10 月至 2001 年 11 月的 22 只基金为样本进行持续性检验，发现基金业绩不但没有持续性，反而出现反转现象；吴启芳等（2003）利用基于以往业绩的回归方法，采用三种计量基准，以 1999 年 9 月至 2001 年 10 月的 15 只基金为样本进行检验，结果显示在以过去 6 个月的数据对未来中长期收益（6 个月和 9 个月）进行拟合时有较强的持续特征；吴冲锋等（2004）使用 R/S 模型对基金的持续性进行了实证检验，结果表明我国证券投资基金并不存在显著的持续性。

学者们对股票型基金与混合型基金的业绩持续性研究最为充分，争议也较多，分析实证结果差异的原因所在并探求更加有效的检验办法，是未来研究方向之一。对非股票型基金的研究相对较少，但可为基金业绩持续性研究提供不同的视角，研究有待进一步深入。

## 七、基金的风格检验方法

基金风格分析被广泛认为具有价值和实用性，是对基金进行评价的前提，但对于如何衡量基金风格却存在大量的争论。

识别基金投资风格的方法有事前分析和事后分析两种。事前分析是指根据基金招募说明书中宣称的投资目标和投资策略来确定基金的投资风格，事后分析则是根据基金在实际运作期间表现出来的特性来识别其投资风格，具体又可以分为两类：基于投资组合的风格分析和基于收益率的风格分析。学术界及业界的研究和应用主要集中于事后风格分析。

### 1. 基于组合的风格分析

基于组合的风格分析方法是目前评估基金投资风格的常用方法，一般是在某个时点上先将市场上所有股票分别按照某几项特征（如市值、账面市值比、过去收益率等）分档，然后再根据每只基金所持投资组合中股票的各项特征值计算出该基金在每一项特征上的加权平均值（权重为各股票在投资组合中的市值比重），并比照股票分档点归入某一档，以此确定每只基金在该时点上的投资风格。在此基础上，再计算所有基金在每项特征上的平均值，与市场上所有股票在相应特征上的平均值相比较，或者计算在每一项特征的各档中，基金净值占全部基金总净值的比，与相应特征的各档中股票市值占所有股票总市值比较，以此评价基金的总体投资风格。

采用此方法进行风格分析时，不需要复杂算法和模型，仅通过对单一的证券分类，并按照统一的框架来确定风格特征。基于组合的风格分析相对是比较透明的，因为股票及其投资组合用于同一的风格框架体系中，基金经理能看到每一只证券对平均组合风格的贡献，如基金组合的风格偏离目标区域，可采取相关的纠偏行动。基于组合的风格分析方法最大的缺点是数据的适时性和收集成本。

一些相关的实证结果包括，DGTW（1997）认为，相对于市场上所有股票的平均水平，基金总体上倾向于选择较大市值的股票，在成长型股票和价值型股票的选择上基本居中，并存在一定的动量偏好。CCL 的研究结果则表明，相比于 S&P500 指数，基金总体上倾向于持有小盘型股票和成长型股票。

在实践中，这种方法也被基金公司和评估机构广泛采用，如美国 Morningstar 公司的风格箱方法等。

### 2. 基于回报的风格分析

基于回报的风格分析是资产收益率的多因素模型在风格分析中的运用，即根据基金的收益率对各种风格资产（以相应的风格指数代表）收益率的敏感性来确定基金的投资风格。Sharpe（1988，1992）提出了一个 12 因素模型用于基金的投资风格分析，该方法是一种有限制的二次型优化方法，即通过在预先确定的一组基准指数上对基金的投资组合回报进行回归，来确定与基金实际行为近似的资产组合。按其描述可表示为：

$$r_{Pt} = \sum_{j=1}^{n} \beta_{Pj} F_{jt} + \varepsilon_{Pt} \tag{24}$$

式中，$r_{Pt}$ 为基金的投资组合 $P$ 在 $t$ 期的收益率，$F_{jt}$ 为第 $j$ 种风格资产在 $t$ 期的收益率，$\beta_{Pj}$ 为投资组合 $P$ 的收益

率对第 $j$ 种风格资产的敏感系数,并且 $\beta_{P1},\beta_{P2},\cdots,\beta_{Pn} \geq 0, \sum_{j=1}^{n} \beta_{Pj} = 1$。残差 $\varepsilon_{Pt}$ 表示基金投资组合收益率与同风格的被动组合(完全复制相应风格指数的组合)收益率之差,因而可以用来解释基金的选择能力,包括选股能力和市场择时能力,而 $r_{Pt} - \varepsilon_{Pt}$ 解释了基金的投资风格。根据式(24),用基金在过去若干期的收益率数据与各风格资产的收益率数据进行多元线性回归,并采用二次规划方法估计敏感系数 $\beta_{Pj}$,所有敏感系数中最大者对应的资产类风格就是该基金的投资风格。

基于回报的风格分析需要 20~36 个月的业绩,所以此方法不能用于新的投资组合或不能检验短期内风格的变化。基于回报的风格分析依靠基准指数的选择,且受其影响较大,当基准指数相关性较低时较准确,但如果基准指数具有较高的相关性,那么就很难在总回报的基础上探知基金的风格特征。

Lobosco 和 DiBartolomeo(1997)指出,在基于回报的分析中,回归可能会存在多重共线性问题,这就限制了参数估计的精确性。Buetow,Johnson 和 Runkle(2000)根据对基金的统计,建议研究风格一致性问题时用特定的投资组合或自定义基准来提高基于回报分析结果的稳定性,但是仍然不能解决共线性问题。Kahn(1996)在预测基金风险时,对风格分析进行了前瞻性的比较研究,发现基于组合分析来预测研究小样本基金的风险时,比基于历史业绩即基于回报的分析方法具有更高的相关性。这样基于组合的方法预测风险精确性更高些。在大范围的基金风格分析研究中,Chan,Chen 和 Lakaonishok(1999)发现在比较大的研究样本中,用两种方法得到相近的风格分析结果;在较小的研究样本中,当用两种方法得到结果不同时,基于组合的分析方法在预测将来回报上精确性更高。Kaplan(2003)在不施加系数限制的情况下,对估计提供了置信区间,并证实对于不同风格的投资组合,基于回报的风格分析的精确性是不同的。例如,对于大盘价值型的投资组合,基于回报的风格分析通常与基于组合的风格分析相似;但对于小盘、中盘和成长型的投资组合,两种方法有显著的偏差;基于回报的模型所进行的描述性统计(如 $R^2$)有时具有误导性。

国内较早的关于证券投资基金投资风格的研究基本上是基于组合的风格分析,如冉华(2002)、江波和汪雷(2002)、王敬和冯新力(2004)等。近年来,国内学者开始借鉴国外的研究方法和理论,从收益率的角度研究证券投资基金的投资风格。曾晓洁,黄嵩和储国强(2004)首次运用基于收益率的风格分析方法对证券投资基金的投资风格进行了识别和划分。他们首先采用事前分析法,根据样本基金招募说明书中宣称的投资风格确定每只基金的风格类型,然后用 Sharpe(1992)模型对样本基金的实际投资风格加以识别。结果显示,基金投资风格在经历了牛市和熊市的交替后发生了较明显的变化,有超过一半的基金的实际投资风格与招募说明书中宣称的投资风格相比发生了变化,基金投资风格集中于大盘成长型。杨朝军,蔡明超和徐慧泉(2004)分别运用 Morningstar 风格箱方法和聚类分析法对证券投资基金的投资风格进行了研究,两种方法得到了相似的结论:基金的投资风格集中于大盘价值型。赵坚毅,于泽和李颖俊(2005)也采用 Sharpe(1992)模型对中国证券投资基金的投资风格进行了分析,其结论认为,基金的投资风格以大盘价值型为主,与杨朝军等的结论基本一致。在最近的一篇文献中,赵宏宇(2005)采用基于投资组合的 Morningstar 风格箱方法对国内股票型基金的投资风格进行了研究。结果表明,基金都倾向于选择大盘型股票,在价值/成长风格上则存在一定的差异,并且实际投资风格与招募说明书中宣称的投资风格不尽一致。

## 八、其他方法

近年来,随着资产定价理论与实证的发展,又逐渐涌现出一些新的基金业绩评价方法,如随机折扣因素法(stochastic discount factor,SDF),这使基金业绩评价的方法逐渐复杂化。随机折扣因素法是资产定价方法的一种（Ferson，2003；Hansen 和 Jagannathan，1997），关键在于如何构造 GMM 矩条件并正确地估计 SDF。基于该思想的方法主要包括 Grinblatt 和 Titman（1994）的正时期权重法（PPW），Chen 和 Knez（1996）及 Dahlquist 和 Soderlind（1999）的方法，Jia He（1999）的最小定型偏倚方法（MSE）。SDF 方法的假设条件及参数个数则比传统的因素度量要少，另外，采用 Hansen（1982）的 GMM 方法进行估计和检验，意味着不需要事先假定资产收益服从正态、独立同分布。但当资产收益服从线性因素模型时，SDF 方法对参数估计的精度较低，而且辨识坏模型的能力很差。

除此之外，一些学者运用数学规划、模糊数学、灰色系统、神经网络、遗传算法、混沌理论等提出了许多全新的基金业绩评价方法。如倪苏云等（2003）从基金的盈利能力、资产组合的流动性、经理的投资能力、二级市场的表现等几个方面涉及基金绩效综合评价体系，利用遗传算法来求解非线性的基金综合评价目标规划模型，并据此对样本基金进行评分和排序；Indro 等（1999）采用神经网络模型实现了非线性业绩预测等。但是由于这些方法需要较深的数理知识，且评价结果较为抽象、不易理解，难于为人们所接受。至今，传统的基金业绩评价指标仍然是较为流行的。

近年来，一些学者用数据包络分析方法（data envelopment analysis，DEA）对基金进行评价。与传统的因素评价方法相比，基于 DEA 模型的基金业绩评价有诸多的优点，能够获得传统业绩评价方法得不到的许多有关基金行为、属性与基金业绩之间关系的信息，克服了因基准选择不同而带来的评价结果失真问题。此外，与传统的基金业绩评价方法相比，DEA 方法不需要关于输入输出之间任何函数形式的假设，不仅能发现效率不佳的基金，能估计无效的程度，还可以考察输入之间的相对重要性和某些因素对基金业绩评价结果的影响程度，因而吸引了越来越多研究者们的关注。

## 参考文献

［1］ 陈刚，李光金．证券投资基金相对投资业绩评价．四川大学学报（哲学社会科学版），2001.

［2］ 陈刚．证券投资基金评价的非参数方法．统计与信息论坛，2003.

［3］ 陈收等．投资基金绩效评价的 Sharpe 指数与衰减度实证分析．管理科学学报，2003.

［4］ 陈学荣．投资基金业绩综合评估的指数法及其应用．投资与证券，2000.

［5］ 陈志平，林瑞跃．基于 DEA 模型的基金业绩评估的主要方法．系统工程学报，2005.

［6］ 崔婧，赵秀娟，汪寿阳．中国证券投资基金持续性评价，2006-11. MADIS 中国基金网．

［7］ 崔婧，赵秀娟，汪寿阳．中国证券投资基金持续性评价，2007-01. MADIS 中国基金网．

［8］ 崔婧，赵秀娟，汪寿阳．中国证券投资基金持续性评价，2007-03. MADIS 中国基金网．

［9］ 崔婧等．中国证券投资基金持续性评价，2006. MADIS 中国基金网．

［10］ 丁文桓，冯英浚，康宇虹．基于 DEA 的投资基金业绩评估．数量经济技术经济研究，2002.

［11］ 范宇，边馥萍．基于对策 DEA 的投资基金业绩评估．管理科学学报，2005.

［12］ 国泰君安证券研究所．国泰君安基金业绩评价报告——理论、方法与应用．研究报告，2001.

［13］ 韩泽县，刘斌．基于数据包络分析（DEA）的封闭式基金相对业绩评价．管理评论，2003.

［14］ 胡昌生．证券投资基金绩效评价方法．数量经济技术经济研究，2001.

［15］ 胡天存，单耀文，陈靓．我国证券投资基金绩效综合评价指标研究．广东证券股份有限公司研究报告，基金公司优秀研究成果评选．

［16］ 蒋崇辉，马永开．基金业及评价方法新探及其实证研究．管理学报，2004.

［17］ 蒋峰．中国证券投资基金效率研究．厦门大学博士学位论文，2002.

［18］ 蒋学雷，陈敏，吴国富．中国股市的羊群效应 ARCH 检验模型与实证分析．数学的实践与认

识，2003.

[19] 蒋瑛琨. 中国证券投资基金业绩评价研究. 吉林大学博士学位论文，2005.

[20] 李凌波等. 中国证券投资基金业绩评价与风险管理. 湖南大学出版社，2006.

[21] 李凌波，吴启芳，汪寿阳. 周内效应和月度效应：中国证券投资经济市场的实证研究. 管理学报，2004.

[22] 李璐，杨军. 论随机占优理论在基金绩效评价中的应用. 首都经济贸易大学学报，2004.

[23] 李琪，李光泉. 证券投资基金绩效评价方法与实证研究. 哈尔滨工业大学学报（社会科学版），2004.

[24] 李曜. 证券投资基金学. 上海：上海财经大学出版社，2002.

[25] 李颖，陈正方. 投资风格类别及持续性对基金业绩的影响. 证券市场导报，2002.

[26] 李玉刚. 2001年基金业总体评价. 投资与证券，2002.

[27] 李玉刚. 基金风格与选择能力研究. 国泰君安证券研究所研究报告，2002.

[28] 刘建和，杨义群. 证券投资基金毛收益持续能力分析. 数量经济技术经济研究，2002.

[29] 刘荔. 基金投资风格与投资管理. 价值工程，2003.

[30] 刘月珍. 我国证券投资基金绩效及发展研究. 浙江大学博士学位论文，2005.

[31] 罗洪浪，王浣尘，田中甲. 基于DEA的封闭式基金业绩评价. 中国管理科学，2003.

[32] 罗洪浪，王浣尘，田中甲. 双风险度量下封闭式基金业绩的数据包络分析. 系统工程，2003.

[33] 罗真. 我国证券投资基金评价体系研究. 华中科技大学博士学位论文，2004.

[34] 马利军，伍建，程希骏. 基于DEA方法的投资基金业绩评价. 价值工程，2003.

[35] 马永开，唐小我. 投资基金业绩评价方法. 数量经济技术经济研究，2002.

[36] 马永开，唐小我. 信息率与证券组合投资决策. 预测，2000.

[37] 马占新，唐焕文. 关于DEA有效性在数据变换下的不变性. 系统工程学报，1999.

[38] 倪苏云，攀登，吴冲锋. 基于遗传算法的基金绩效综合评价研究. 系统工程学报，2003.

[39] 倪苏云，肖辉，吴冲锋. 中国证券投资基金业绩持续性研究. 预测，2002.

[40] 彭海伟，吴启芳. 基于VaR的Sharpe指标在基金业绩评价中的应用. 管理评论，2004.

[41] 饶育蕾，王盛，张轮. 基于行业投资组合的投资基金羊群行为模型与实证. 管理评论，2004.

[42] 沈维涛，黄兴李. 证券投资基金业绩的实证研究与评价. 经济研究，2001.

[43] 盛昭瀚，朱乔，吴广谋. DEA理论、方法和应用. 北京：科学出版社，1996.

[44] 施东晖. 证券投资基金交易行为及其市场影响. 世界经济，2001.

[45] 史敏. 证券投资基金绩效评价与风险管理研究. 中国科学院数学与系统科学研究院博士学位论文，2005.

[46] 唐欲静. 证券投资基金评价体系：理论、方法、实证. 北京：经济科学出版社，2006.

[47] 汪光成. 基金的市场把握能力研究. 经济研究，2002.

[48] 汪寿阳，赵秀娟，吴启芳. 中国证券投资基金业持续性评价. 中国证券业研究，2005.

[49] 王聪. 证券投资基金绩效评估模型分析. 经济研究，2001.

[50] 王晓国. 我国证券投资基金业绩的评价模型与实证研究. 中南大学博士学位论文，2003.

[51] 王学军. 基金业绩评价研究. 厦门大学博士学位论文，2002.

[52] 吴启芳，陈收，雷辉. 基金业绩持续性的回归实证. 系统工程，2003.

[53] 吴启芳等. 中国证券投资基金持续性评价，2005. MADIS中国基金网.

[54] 吴启芳，鲁直，赵秀娟. 基于组合信息的证券投资基金羊群行为的检验. 工作报告，2005.

[55] 吴启芳, 汪寿阳, 黎建强. 中国证券投资基金业绩的持续性检验. 管理评论, 2003.

[56] 吴启芳, 汪寿阳. 证券投资基金业绩评价中的几个基本问题. 管理评论, 2003.

[57] 吴启芳. 证券投资基金绩效评估方法研究及实证分析. 湖南大学博士学位论文, 2002.

[58] 吴启芳. 中国基金业若干问题研究. 中国科学院数学与系统科学研究院博士后出站报告, 2005.

[59] 肖奎喜. 我国开放式证券投资基金的业绩评价——基于股票型开放式基金的实证分析. 浙江大学博士学位论文, 2005.

[60] 杨朝军, 蔡明超. 中国证券投资基金风格分类研究. 上海交通大学学报, 2004.

[61] 杨宽. 投资组合绩效评价及其实证研究. 湖南大学博士学位论文, 2005.

[62] 张文等. 中国证券投资基金持续性评价, 2006. MADIS 中国基金网.

[63] 张文璋, 陈向民. 方法决定结果吗——基金业绩评价的实证起点. 金融研究, 2002.

[64] 张文璋. 我国基金业绩评价的实证研究. 厦门大学博士学位论文, 2002.

[65] 张新, 杜书明. 中国证券投资基金能否战胜市场. 金融研究, 2002.

[66] 赵宏宇. 证券投资基金的投资风格分析与比较. 证券市场导报, 2005.

[67] 赵坚毅, 于泽, 李颖俊. 投资者参与和证券投资基金风格业绩的评估. 经济研究, 2005.

[68] 赵利人. 中国证券市场机构投资者研究. 吉林大学博士学位论文, 2005.

[69] 赵秀娟, 部慧, 汪寿阳. 我国证券投资基金信息披露问题剖析与建议. 科学时报, 2007-04-03.

[70] 赵秀娟, 崔婧, 张文, 汪寿阳. 中国证券投资基金持续性评价 2006. MADIS 中国基金网.

[71] 赵秀娟, 汪寿阳, 黎建强. 基金经理的个人特征对业绩影响有多大? 工作报告. 香港城市大学商学院, 2007.

[72] 赵秀娟, 汪寿阳, 吴启芳. 2005 上半年基金业绩持续性评价报告（上）. 国务院发展研究中心信息网, 2005-10-08.

[73] 赵秀娟, 汪寿阳, 吴启芳. 2005 上半年基金业绩持续性评价报告（下）. 国务院发展研究中心信息网, 2005-10-09.

[74] 赵秀娟, 汪寿阳, 吴启芳. 中国证券投资基金持续性评价, 2006. MADIS 中国基金网.

[75] 赵秀娟, 汪寿阳. 2006 年中国证券投资基金回顾. 科学时报, 2007-01-10.

[76] 赵秀娟, 汪寿阳. 中国证券投资基金持续性评价, 2006. MADIS 中国基金网.

[77] 赵秀娟, 汪寿阳. 中国证券投资基金运行效率的一个实证分析. 系统工程理论与实践, 2007.

[78] 赵秀娟, 汪寿阳. 中国证券投资基金运行效率实证研究. 中国系统工程学会第 14 届学术会议论文集. 香港：Global-Link Publisher, 2006.

[79] 赵秀娟等. 中国证券投资基金持续性评价, 2005. MADIS 中国基金网.

[80] 赵秀娟, 吴启芳, 汪寿阳. 开放式基金的收益率被拉升了吗？——中国证券市场日历效应分析. 中国管理科学. 2006.

[81] 赵旭, 吴冲锋. 证券投资基金业绩与持续性评价的实证研究——基于 DEA 模型与 R/S 模型的评价. 管理科学, 2004.

[82] 周传根, 王莹. 探索建立科学适用的证券投资基金评价体系. 国泰基金管理公司研究报告.

[83] 周晓华. 证券投资基金市场时机选择能力研究. 数量经济技术经济研究, 2001.

[84] 赵秀娟, 汪寿阳, 中国证券投资基金业评价研究. 北京：科学出版社, 2007.

[85] ACKERMANN C, MCENALLY R, RAVENSCRAFT D. The performance of hedge funds: risk return and incentive. Journal of Finance, 1999, 54.

[86] ADMATI A R, ROSS S A. Measuring investment performance with a rational expectations model. Journal of

Business, 1985, 58.

[87] AGARWAL V, YAIK N. Multi-period performance persistence analysis and hedge funds. Journal of Financial and Quantitative Analysis, 2000, 35 (3) .

[88] ARDITTI F D. Another look at mutual fund performance. Journal of Financial and Quantitative Analysis. 1971, 6.

[89] ARTIKIS P. Evaluation of equity mutual funds operating in the Greek financial market. Managerial Finance, 2002, 28 (2) .

[90] ASHTON D J. A problem in the detection of superior investment performance. Journal of Business Finance and Accounting, 1990, 17.

[91] AVADI M A, KRYZANOWSKI L. Portfolio performance measurement using APM-free kernel models. Journal of Banking and Finance, 2005, 29.

[92] BAILEY W, LIM J. Evaluating the diversification benefits of the new country funds. Journal of Portfolio Management, 1992, Spring.

[93] BAKS D P, METRICK A, WACHTER J. Should investors avoid all actively managed mutual funds? A study in Bayesian performance evaluation. Journal of Finance, 2001, 56 (1) .

[94] BANSAL R, HARVEY C R. Performance evaluation in the presence of dynamic trading strategies. Working Paper. Duke University, 1996.

[95] BARRASATE B, RUBIO G. Nonsimultaneous prices and the evaluation of managed portfolios in Spain. Applied Financial Economics, 1999, 9.

[96] BASSO A, FUNARI S A. A data envelopment analysis approach to measure the mutual performance. European Journal of Operation Research, 2001, 135.

[97] BASSO A, FUNARI S A. A generalized performance attribution technique for mutual funds. http: // www. greta. it/italiano/pagine/PdfFile/01. 08. PDF, 2001U.

[98] BERS M K, MADURA J. The performance persistence of closed-end funds. Financial Review, 2000, 35 (3) .

[99] BLAKE C R, ELTON J D, GRUBER M J. The performance of bond mutual funds. Journal of Business, 1993, 66.

[100] BLAKE C R, MOREY M R. Morningstar ratings and mutual fund performance. Journal of Financial and Quantitative Analysis, 2000, 35 (3) .

[101] BLAKE C R, TIMMERMANN A. Mutual fund performance: evidence from the UK. European Finance Review, 1998, 2.

[102] BOGLE J. The implications of style analysis for mutual fund performance evaluation. The Journal of Portfolio Management, 1998.

[103] BOLLEN M P B, BUSSE J A. On the timing ability of mutual fund managers. The Journal of Finance, 2001, 56.

[104] BRINBLATT M, TITMAN S. Mutual fund performance: an analysis of quarterly portfolio holdings. Journal of Business, 1989, 62.

[105] BROWN S J, GOETZMANN W N. Attrition and mutual fund performance. Journal of Finance, 1995, 50.

[106] CARHART M. On persistence in mutual fund performance. Journal of Finance, 1997, 50.

[107] CARLSON R S. Aggregate performance in mutual funds. Journal of Financial and Quantitative Analysis,

1970, 5.

[108] CARPENTER J F, LYNCH A. Survivorship bias and attrition effects in measures of performance persistence. Journal of Financial Economics, 1999, 54.

[109] CASARIN R, PELIZZON L, PIVA A. Italian equity funds: efficiency and performance persistence. Working Paper in http: //www. efmaefm. org, 2000.

[110] CHANG E C, LEWELLEN W C. Market timing and mutual fund performance. Journal of Business, 1984, 57.

[111] CHEN H L, JEGADEESH N, WERMERS R. The value of active mutual fund management: an examination of the stockholdings and trades of fund managers. Journal of Financial and Quantitative Analysis, 2000, 35.

[112] CHEN Z, KNEZ P. Portfolio performance measurement: theory and evidence. Review of Financial Studies, 1996, 9.

[113] CHEVALIER J, ELLISON G. Are some mutual managers better than others: cross-sectional patterns in behavior and performance? Journal of Finance, 1999, 54.

[114] CHIANG W C, URBAN T L, BALALDRIDGE G W. A neural network approach to mutual fund net asset value forecasting. Omega, 1996, 24.

[115] CHOI Y K, MURTHI B P S. Relative performance evaluation of mutual funds: a nonparametric approach. Journal of Business Finance & Accounting, 2001, 28 (7-8) .

[116] CHRISTOPHERSON J A, FERSON W E, GLASSMAN D A. Conditional manager alphas on economic information: another look at the persistence of performance. Review of Financial Studies, 1998, 11 (1) .

[117] CHRISTOPHERSON J A, FERSON W E, TURNER A L. Performance evaluation using conditional alphas and betas. Journal of Portfolio Management, 1999, 26.

[118] COGGIN T D, FABOZZI F J, RAHMAN S. The investment performance of U. S. equity pension fund managers. Journal of Finance, 1993, 48.

[119] COGGIN T D, HUNTER J E. A meta-analysis of mutual fund performance. Review of Quantitative Finance and Accounting, 1993, 3.

[120] COGGIN T, TRCZINKA C. The performance of institutional U. S. equity portfolio managers. Unpublished Working Paper, State University of New York at Buffalo, 1999.

[121] CONNOR G, KORAJCZYK R. The attributes, behavior, and performance of U. S. mutual funds. Review of Quantitative Finance and Accounting, 1991, 1.

[122] DAHLQUIST M, SODERLIND P. Evaluating portfolio performance with stochastic discount factors. Journal of Business, 1999, 72.

[123] DANINEL K, GRINBLATT M, TITMAN S, WERMERS R. Measuring mutual fund performance with characteristic-based benchmarks. Journal of Finance, 1997, 52.

[124] DAVIS J L. Mutual fund performance and management style. Financial Analysis Journal, 2001, 57 (1) .

[125] DETZLER M, WIGGINS J. The performance of actively managed international mutual funds. Review of Quantitative Finance and Accounting, 1997, 8.

[126] DETZLER M L. The performance of global bond mutual funds. Journal of Banking and Finance, 1999, 23.

[127] DROMS W G, WALKER D A. Persistence of mutual fund operating characteristics: return, turnover rates

and expense ratios. Applied Financial Economics, 2001, 11.

[128] DROMS W G, WALKER D A. Investment performance of international mutual funds. Journal of Financial Research, 1994, 27.

[129] DVBVIG P H, ROSS S A. Performance measurement using differential information and a security market line. Journal of Finance, 1985, 40.

[130] EDELEN R. Investor flows and the assessed performance of open-end mutual funds. Journal of Financial Economics, 1999, 53.

[131] EDWARDS F R, CAGLAYAN M. Hedge fund performance and manager skill. Journal of Futures Markets, 2001, 21.

[132] ELTON D J, GRUBER M J, BLAKE C R. The persistence of risk-adjusted mutual fund performance. Journal of Business, 1996, 69.

[133] ELTON E M, GRUBER S D, HLAVKA M. Efficiency with costly information: a reinterpretation of evidence for managed portfolios. Review of Financial Studies, 1992, 6.

[134] EUN C, KOLONDY R, RESNICK B. US-based international funds: a performance evaluation. Journal of Portfolio Management, 1991, 17.

[135] FAMA E, FRENCH K R. Common risk factors in the returns on stocks and bonds. Journal of Financial Economics. 1993, 33.

[136] FARNSWORTH H, FERSON W E, JACKSON D, TODD S. Performance evaluation with stochastic discount factors. Journal of Business, 2002, 75.

[137] FERGUSON R. The trouble with performance measurement. Journal of Portfolio Management, 1986, 12.

[138] FERSON W E, SCHADT R W. Measuring fund strategy and performance in changing economic conditions. Journal of Finance, 1996, 51.

[139] FERSON W, HENRY T, KISGEN D. Evaluating government bond fund performance with stochastic discount factors. In: 14th Annual Conference on Financial Economics and Accounting, Bloomington, Indiana, 2003, 9.

[140] FERSON W, WARTHER V. Evaluating fund performance in a dynamic market. Financial Analysis Journal, 1996, 52.

[141] FRANECKI D. Fund ratings and recent results diverge. Wall Street Journal, 2000, 3.

[142] GALLO J, SWANSON P. Comparative measures of performance for US-based international equity mutual funds. Journal of Banking and Finance, 1996, 20.

[143] GALLO J G, LOCKWOOD L J, SWANSON P E. The performance of international bond funds. International. Review of Economics and Finance, 1997, 6.

[144] GLOSTEN L, JAGANNATHAN R A. Contingent claims approach to performance evaluation. Journal of Empirical Finance, 1996, 33.

[145] GOETZMENN W N, IBBOTSON R G. Do winners repeat. Journal of Portfolio Management, 1994.

[146] GOLDREYER E F, AHMED P, DILTZ J D. The performance of socially responsible mutual funds: Incorporating sociopolitical information in portfolio selection. Managerial Finance, 1999, 25 (1).

[147] GOLEC J H. The effects of mutual fund managers' characteristics on their portfolio performance, risk, and fees. Financial Services Review, 1996, 5.

[148] GRANT D. Portfolio performance and the cost of timing decisions. Journal of Finance, 1977, 32.

[149] GRAUER R R. Further ambiguity when performance is measured by the security market line. Financial Review, 1991, 26.

[150] GRINBLATT M, SHERIDAN T. Performance persistence in mutual funds. Journal of Finance, 1992, 47.

[151] GRINBLATT M, TITMAN S. A study of monthly mutual funds returns and performance evaluation techniques. Journal of Financial and Quantitative Analysis, 1994, 29.

[152] GRINBLATT M, TITMAN S. Mutual fund performance: an analysis of quarterly portfolio holdings. Journal of Business, 1989, 62.

[153] GRINBLATT M, TITMAN S. Performance measurement without benchmarks: an examination of mutual fund returns. Journal of Business, 1993, 66.

[154] GRINBLATT M, TITMAN S, WERMERS R. Momentum investment strategies, portfolio performance, and herding: a study of mutual fund behavior. American Economic Review, 1995, 85.

[155] GRINBLATT M, TITMAN S. Portfolio performance evaluation: old issues and new insights. Review of Financial Studies, 1989, 2.

[156] GRINBLATT M, TITMAN S. Performance evaluation. In: Jarrow R, Maksimovic V, Ziemba W (Eds.). Handbook in Operations Research and Management Science, Finance. Elsevier Science, Amsterdam, 1995, 9.

[157] HALLAHAM T A, FAFF R W. Induced persistence of reversals in fund performance: the effect of survivor bias. Applied Financial Economics, 2001, 11.

[158] HALLAHAN T A. The information content of portfolio performance history and persistence in fund performance: an examination of rollover funds. Accounting and Finance, 1999, 39.

[159] HALLAHAN T A, FAFF R W. An examination of Australian equity trusts for selectivity and market timing performance. Journal of Multinational Financial Management, 1999, 9.

[160] HE J, NG L, ZHANG C. Asset pricing specification errors and performance evaluation. European Finance Review, 1999, 3.

[161] HENDRICKS D J, ZECKHAUSER R. Hot hands in mutual funds: short-run persistence of relative performance. Journal of Finance, 1993, 48.

[162] HENRIKSSON R D. Market timing and mutual fund performance: an empirical investigation. Journal of Business, 1984, 57.

[163] HENRIKSSON R, MERTON R. On market timing and investment performance II: statistical procedures for evaluating forecasting skills. Journal of Business, 1981, 54.

[164] HERRING J L. When does fund size affect performance. Pension Management, 1996, 32.

[165] HOLMES K, FAFF R W. Cross-sectional determinants of managed fund risk and performance: evidence for Australian equity trusts. Accounting, Accountability and Performance, 2000, 6.

[166] IPPOLITO R A. Efficiency with costly information: a study of mutual fund performance. Quarterly Journal of Economics, 1989, 104.

[167] IPPOLITE R A. On studies of mutual fund performance, 1962-1991. Financial Analysts Journal, 1991, 49.

[168] JENSEN M C. The performance of mutual funds in the period 1945-1964. Journal of Finance, 1968, 23 (5).

[169] JENSEN M. Optimal utilization of market forecasts and the evaluation of investment portfolio performance.

In Szego & Shell (Eds.), Mathematical Methods in Investment. North-Holland: Amsterdam, 1972.

[170] JOBSON J D, KORKIE B M. Performance hypothesis testing with the Sharpe and Treynor measures. Journal of Finance, 1981, 36.

[171] KAHN R N, RUDD A. Does historical performance predict future performance. Financial Analysts Journal, 1995, 11-12.

[172] KAO G W, CHENG L T W, CHAN K C. International mutual fund selectivity and market timing during up and down conditions. Financial Review, 1998, 33.

[173] KHANG K. Performance measurement using portfolio weights and conditioning information: an examination of pension fund equity manager performance, Unpublished Ph. D. Dissertation, University of Washington, 1997.

[174] KHORAMA A. Performance changes following top management turnover: evidence from open-end mutual funds. Journal of Financial and Quantitative Analysis, 2001, 36 (3).

[175] KIHN J. The financial performance of low-grade municipal bond funds. Financial Management, 1996.

[176] KOH F, PHOON K, TAN C. Market timing abilities of fund managers: Parametric and non-parametric tests. Journal of Business Finance & Accounting, 1993, 20 (2).

[177] KON S J. The market-timing performance of mutual fund managers. Journal of Business, 1983, 56.

[178] KON S, JEN F. The investment performance of mutual funds: an empirical investigation of timing, selectivity and market efficiency. Journal of Business, 1979, 52.

[179] KOTHARI S P, WARNER J B. Evaluating mutual fund performance. Journal of Finance, 2001, 56.

[180] KRYZANOWSHI L, LALANCETTE S. Conditional performance evaluation of portfolios with linear and nonlinear payoffs. Working Paper, Concordia University, 1996.

[181] LAKONISHOK J, SHLEIFER A, VISHNY R. The structure and performance of the money management industry. Brookings Papers on Economic Activity Microeconomic, 1992.

[182] LELAND H E. Beyond mean-variance: performance measurement in a nonsymmetrical world. Financial Analysis Journal, 1999, 55.

[183] LINTNER J. The valuation of risk assets and the selection of risky investments in stock portfolios and capital budgets. Review of Economics and Statistics, 1965, 47.

[184] LONG J, BLOOMELD T, LEFTWICH R. Portfolio strategies and performance. Journal of Financial Economics, 1977, 5.

[185] IPPOLITO R A. Efficiency with costly information: a study of mutual fund performance, 1965-1984, Quarterly Journal of Economics, 1989, 104.

[186] LYNCH A W, WATCHER J, BOUDRY W. Does mutual fund performance vary over the business cycle? Working paper, New York University, 2002.

[187] MALKIEL B G. Returns from investing in equity mutual funds 1971-1991. Journal of Finance, 1995, 50.

[188] BAGNOLI M, SUSAN G, WATTS. The effect of relative performance evaluation on earnings management: a game-theoretic approach. Journal of Accounting and Public Policy, 2000, 19.

[189] MARKOWITZ H. Portfolio selection. Journal of Finance, 1952, 7.

[190] MARKOWITZ H. Mean-variance analysis in portfolio choice and capital markets. Oxford, New York: Basil Blackwell Inc, 1987.

[191] MARKOWITZ H. Portfolio Selection. Oxford, New York: Basil Blackwell Inc, 1991.

[192] MATTHEW R, MOREY. Should you carry the load? A comprehensive analysis of load and no-load mutual fund out-of-sample performance. Journal of Banking & Finance, 2003, 27 (7).

[193] MCMULLEN P R, STRONG R A. Selection of mutual fund using data envelopment analysis. Journal of Business and Economic Studies, 1998, 4.

[194] MERTON R C. On market timing and investment performance: an equilibrium theory of market forecasts. Journal of Business, 1981, 54.

[195] MODIGLIANI F, MODIGLIANI L. Risk-adjusted performance. Journal of Portfolio Management, 1997, 23.

[196] MOMINGSTAR. Morningstar ratings and category information for mutual funds. http://www.morningstar.com/.

[197] Morningstar's Mutual Fund On-Disc Manual. Chicago, Morningstar: I. L, 1995.

[198] MURALIDHAR A. Risk-adjusted performance: the correlation correct. Financial Analysis Journal, 2000.

[199] MURTHI B P S, CHOI Y K, DESAI P. Efficiency of mutual funds and portfolio performance measurement: a non-parametric approach. European Journal of Operational Research, 1997.

[200] Mutual Fund Sourcebook, 1985-1992. Chicago: Morningstar.

[201] NITIBHON C, TIRAPAT S, WERMERS R. Secrets of Thai equity funds revealed: an analysis of performance, persistence, and flows. Working Paper, 2005.

[202] OTTEN R, SCHWEITZER M. A comparison between the European and the U. S. mutual fund industry. Managerial Finance, 2002.

[203] PATRO D K. Measuring performance of international closed-end funds. Journal of Banking and Finance, 2001.

[204] PETERSON D, RICE M L. A note on ambiguity in portfolio performance measures. Journal of Finance, 1980.

[205] PINNUCK M. An examination of the performance of the trades and stock holdings of fund managers: further evidence. Journal of Financial and Quantitative Analysis, 2003.

[206] Glen J D. Evaluating the performance of international mutual funds. Journal of Finance, 1990.

[207] RAHMANI S. Relative mean-variance efficiency of a given portfolio: an application to mutual fund performance. The Quarterly Review of Economics and Finance, 1994.

[208] RIBEIRO M, PAXSON D, ROCHA M J. Persistence in Portuguese mutual fund performance. The European Journal of Finance, 1999.

[209] ROBSON G. The investment performance of unit trusts and mutual funds in Australia for the period 1969-1978. Accounting and Finance, 1986.

[210] ROLL R. Sensitivity of performance measurement to index choice: commonly-used indices. Working paper, Graduate School of Management, UCLA, 1979.

[211] ROLL R. Ambiguity when performance is measured by the securities market line. Journal of Finance, 1978.

[212] RUBIO G. Further evidence on performance evaluation: portfolio holdings, recommendations and turnover costs. Review of Quantitative Finance and Accounting, 1995.

[213] SAWICKI J, ONG F. Evaluating managed fund performance using conditional measures: Australian evidence. Pacific-Basin Finance Journal, 2000.

[214] SHAKEN J. A bayesian approach to testing portfolio efficiency. Journal of Financial Economics, 1987.

[215] SHARPE W F. Mutual fund performance. Journal of Business, 1966.

[216] SHARPE W F. Asset-allocation: management style and performance measurement. The Journal of Portfolio Management, 1992.

[217] SHARPE W F. Determining a fund's effective asset mix. Investment Management Review, 1988.

[218] SHARPE W F. Morningstar's risk-adjusted ratings. Financial Analysis Journal, 1998.

[219] SHARPE W F. The Sharpe ratio. Journal of Portfolio Managemen, 1994.

[220] SHARPE W F. Morningstar performance measures. World Wide Web, http: //www. stanford. edu/ ~ wfsharpe/art/stars/stars0. htm, 1997.

[221] SHUKLA R, TRZCINKA C. Persistence performance in the mutual fund market: tests with funds and investment advisors. Review of Quantitative Finance and Accounting, 1994, 4.

[222] STUTZER M. A portfolio performance index. Financial Analysis Journal, 2000, 56.

[223] TREYNOR, JACK and KEY M. Can mutual funds outguess the market? Harvard Business Review, 1966, 44.

[224] WERMERS R. Mutual fund herding and the impact on stock prices. Journal of Finance, 1999, 54.

[225] WERMERS R. Is money really smart? new evidence on the relation between mutual fund flows, manager behavior, and performance persistence. Working Paper, 2005.

[226] WERMERS R. Momentum investment strategies of mutual funds, performance persistence, and survivorship bias. Working Paper, University of Colorado at Boulder, 1997.

[227] WERMERS R. Mutual fund performance: an empirical decomposition into stock-picking talent, style, transactions costs, and expenses. Journal of Finance, 2000.

[228] ZHENG L. Is money smart? A study of mutual fund investor' fund selection ability. Journal of Finance, 1999.

# 横向并购绩效及影响因素研究
## ——基于沪深市场的实证

● 胥朝阳[1]　高国[2]

（1　武汉科技学院　武汉　430070；2　南京市华泰证券研究中心　南京　210002）

【摘　要】文章以 2002～2004 年沪深证券市场上的横向并购案为对象，以主并企业经调整的净资产收益率为目标变量，采用多元回归分析法研究上市公司横向并购绩效及其影响因素。结果表明，横向并购未提升企业的获利能力，并购比例等 5 个指标与并购绩效显著相关。

【关键词】上市公司　横向并购　绩效　影响因素

近年来，证券市场上横向并购发生的频率升高，涉及金额增大；随着后股权分置改革时代的到来，横向并购浪潮势不可挡。同时，国内外的实践一再表明，横向并购的成功率并不乐观。策略不当、操作上的偏差以及环境的变化等，都可能导致并购的失败。研究横向并购的绩效及其影响因素，有助于制定科学的并购战略，合理选择目标企业。

## 一、文献综述

### 1. 国外研究动态

（1）并购支付方式的影响。Eckbo（1983）认为，对于目标企业来说，采用非现金支付方式，可以实现延迟纳税。Shleifer（2001）认为，支付方式本身并不对并购绩效产生影响；但在股市无效时，并购企业和目标企业的市值偏离其真实价值，并购双方根据各自股票价值的高低决定所采取的支付方式时，股价的偏离可能会导致支付方式对并购绩效产生影响。

（2）并购行业相关度的影响。Singh（1984）利用股票事件法分析了相关并购与非相关并购；对于并购企业，相关并购创造的价值显著高于不相关并购；对目标企业的影响则不显著。Ruback（1999）的研究表明：相关并购优于非相关并购，通过剥离非核心资产来增加业务集中度的长期绩效显著为正。Netter（1992）等则得出相反的结论。

（3）并购企业初始持股比例的影响。Kyle（1985）的研究表明，并购企业初始持股多，则并购绩效好。

总之，国外对并购绩效的研究集中在两方面：第一，如何评价及用哪些指标来衡量并购绩效；第二，哪些因素影响了并购后的绩效表现。选用的样本不同，得出的结论也存在差异。

### 2. 国内研究动态

原红旗和吴兴宇（1998）对 1997 年并购案例的研究发现，并购当年样本公司的每股收益、净资产收益率和投资收益较前一年上升。李善民等（2004）采用 1999～2001 年上市公司并购样本回归得出结论：交易溢价对并购绩效的影响最显著，两者成正相关关系；第一大股东持股比例大的公司并购绩效好，国家股比例低的公司并购绩效好；并购行业的相关性、相关规模、股权比例也对并购绩效有重要影响，但随时间的长短而有所不同。田波平等（2006）对2001~2003年39家样本的研究结论是：并购当年与前一年相比，业绩小幅下降；并购后一年与当年相比有极小的提高。

综上所述，国内对并购绩效的研究存在以下局限性：（1）多数研究未对上市公司并购进行分类，对不同动机不同类型的并购绩效采用同一指标对比，易引起结果的偏差；（2）多数研究以并购绩效的评价方法为对象，未发现专门对横向并购绩效影响因素做实证的文献。

## 二、研究假设

目前，中国股票市场的价格波动难以反映企业业绩的变化，用事件法研究中国的证券市场局限性大。本文从并购方股东的视角出发，以并购前后主并企业净资产收益率的变化为目标变量，采用财务指标法分析。为此，提出以下假设。

假设1：会计政策一致。

只有不同样本的财务数据具有可比性，回归分析才有理论支持。实际上，国家对上市公司的财务处理有统一规定，政府的监管力度在逐步加大，上市公司的财务管理也趋于完善，故假设上市公司均遵守会计准则及相关制度，不同上市公司的财务数据具有可比性。

假设2：财务数据客观公允。

真实可靠的财务数据可以衡量并购绩效。实际情况是，上市公司披露的会计报表经过了会计师事务所的审计，而经会计师事务所审计的报表可以认为是真实可信的。因此，评价指标的选取具有客观性、公允性和科学性。

假设3：净资产收益率与市场同步变动。

若未发生并购，考察期内主并企业经营条件及所处环境相对稳定，净资产收益率无大的变化，与所在行业的平均净资产收益率基本同步。事实是，所选择的样本公司在考察期内除本次并购外，经营上无大的变革，生产技术无重大突破，资本运作无大的举措，满足假设。

## 三、变量选择

1. 主并企业与目标企业是否位于同一地区

协同效应理论认为，高效率的主并公司并购低效率的目标公司后，会提高管理效率；同时，由于规模经济或范围经济，会造成成本节约或收益的增加。据此假设：在目前的行政区划下，各地区具有不同的文化、制度与管理；相对于跨地区而言，主并企业与目标企业位于同一地区，由于距离优势可以节约协同成本，易于实现协同效应。

变量取值：$X_1 = 1$（同一地区），$X_1 = 0$（跨地区）；同一地区指同一个省、市或自治区。

2. 收购比例

并购动因理论认为，主并企业横向并购的动因可能是：产生协同效应、代理人利益驱动、谋求增长、获得专门资产、提高市场占有率、收购低价资产等。横向并购作为一种产业并购，主并方完成对目标企业的并购后，意在继续发展目标企业的原有产业。收购比例大，主并企业与目标企业的资源整合则较容易。

变量选择：$X_2 = $ 并购股份数/目标企业总股份

3. 相对规模

规模势力论认为，追求规模经济效应是并购的驱动力。由于设备与专属管理能力的不可分割性，产业存在规模经济的潜能。当并购前未达到规模经济状态时，并购可降低成本增加收益。并购的成功不仅依靠目标企业创造价值的能力，更依靠并购整合战略。一般认为，规模接近的企业不易整合，并购绩效较差；反之，则整合易见成效。

变量取值：$X_3 = $ 主并企业总资产/目标企业总资产

4. 并购前一年主并企业现金流量净额

"帝国综合症"学说认为管理者的报酬是公司规模的函数，管理者有通过并购扩大企业规模的动机。自负理论认为并购可以满足管理者的自负动机，展现其管理天才和技能。管理者由于野心、自大或骄傲会导致过高评估并购机会，致使并购公司对目标企业支付过多。现金流量净额越大，犯错误的可能性越大，故主并企业现金流量与并购绩效负相关。

变量取值：$X_4 = $ 并购前一年主并企业现金流量净额

5. 并购前一年主并企业主营收入增长率

根据协同效应论与PMI战略论，处于成长期迅速扩张的企业，其管理者易于盲目乐观，采取超出自身整合能力与承受力的并购行动。扩张过快的企业多数存在管理、资金或人才隐患，迅速做大可能导致其爆发，并购绩效不佳。本文以并购前一年主并企业主营收入增长率标志主并企业所处阶段。

变量取值：$X_5 = $（并购前一年主营收入 – 并购前两年主营收入）/并购前一年主营收入

6. 主并企业国有股的比重

国有股比例越高，代理人越倾向通过并购获得更大的控制权。实际中，持有国有股大头的地方政府或主管部门，存在着通过并购扩大所支配的资产总额的意图，这与公司通过市场优化资源配置的动机相冲突，有损股东的利益。故国有股所占比例对并购绩效的影响为负。

变量取值：$X_6 = $ 国有股股本/总股本

7. 主并企业前十大流通股股本的比例

前十大股东多是机构投资者或具有一定管理能力的自然人，其持有股份的目的一般是追求红利，分享公司成长带来的利润。机构投资者的监控效率明显高于国有股股东与持有份额较小的流通股股东。此外，机构投资者会利用其专业能力预测并购绩效，施加其影响。故前十大流通股本的比例对并购绩效的影响为正。

变量取值：$X_7 = $ 前十大流通股股本/总股本

8. 是否为关联交易

关联交易是指有关联关系的各方之间发生的交易。按会计法规定，具有控制、共同控制或施加重大影响的企业之间为关联方。一般认为，上市公司的母公司会将优质资产置入上市公司，关联交易对并购绩效的影响为正。此变量为虚拟变量，关联方之间的并购取1，非关联方之间的并购取0。

变量取值：$X_8 = 1，0$

## 四、模型构建

1. 研究数据来源

研究数据来源于国泰安的《企业并购重组数据库》。所取样本为2002～2004年沪深两市上市公司间的横向并购案。为保证本研究结论的客观性与效度，样本满足两个条件：第一，并购比例大于目标企业总股份的25%；第二，并购交易额大于主并企业总资产的1%。

2. 并购绩效的考量

考量并购绩效，需要比较主并企业并购前后绩效的变化，剔除主并企业所在行业各年景气度的影响。

一般来说，并购后第一年效果尚未充分体现，并购后第二年的指标能较好地体现并购效果；时间窗再后移，观测数据不一定主要来自并购的贡献。故并购绩效用调整后的净资产收益率，即 $Y = A - B = (\text{ROE}_{+2i} - \text{ROE}_{+2a}) - (\text{ROE}_{-1i} - \text{ROE}_{-1a})$ 表示，其中：$\text{ROE}_{+2i}$ 为并购后第二年第 $i$ 个主并企业净资产收益率；$\text{ROE}_{+2a}$ 为并购后第二年主并企业所在行业平均净资产收益率；$\text{ROE}_{-1i}$ 为并购前一年第 $i$ 个主并企业净资产收益率；$\text{ROE}_{-1a}$ 为并购前一年主并企业所在行业平均净资产收益率。

$A = \text{ROE}_{+2i} - \text{ROE}_{+2a}$ 为并购后第二年剔除行业景气影响后的第 $i$ 个主并企业的净资产收益率，即第 $i$ 个主并企业在并购发生后第二年的净资产收益率偏离行业平均水平的数值；

$B = \text{ROE}_{-1i} - \text{ROE}_{-1a}$ 为并购前一年剔除行业景气影响后的第 $i$ 个主并企业的净资产收益率，即第 $i$ 个主并企业在并购发生前一年的净资产收益率偏离行业平均水平的数值。

$Y = A - B$ 反映并购对主并企业净资产收益率的影响。$Y$ 值为正，表示并购提升了主并企业的净资产收益率；$Y$ 值为负，表示并购降低了主并企业的净资产收益率。

3. 横向并购的界定

划分并购类型涉及主并企业与目标企业的分类，通常依据 2001 年证监会颁发的《上市公司行业分类指引》判断。《指引》将上市公司分为门类、次类、大类、中类四层，共 12 个门类，由 A 到 M 编码。次类由一个字母加一个数字编码；大类由一个字母加两个数字编码；中类由一个字母加四个数字编码。本研究把并购双方位于同一个中类定义为横向并购。

## 五、实证结果与分析

### 1. 样本描述

2002～2004 年满足条件的横向并购 111 起，涉及 28 个行业（中类）。其中，并购双方处于同一地区 46 例，异地 65 例；关联交易 74 例，占样本的 66.67%；主并企业并购前一年现金流量净额为正的 96 家，占样本的 86.49%；相对规模大于 10 的并购案 67 例，占样本的 60.36%；主并企业国有股本比例高于 50% 的 86 家，占样本的 77.48%；前 10 大流通股股本比例低于 4% 的 85 家，占样本的 76.58%；主并企业主营业务增长率高于 10% 的 65 家，占样本的 58.56%；目标企业股权转让比例均超过 30%，其中超过 50% 的 82 例，占样本的 73.87%。

### 2. 并购绩效

调整后的净资产收益率，即反映并购绩效的 $Y = (\text{ROE}_{+2i} - \text{ROE}_{+2a}) - (\text{ROE}_{-1i} - \text{ROE}_{-1a})$ 值情况如表 1 所示。统计表明，111 个样本中，并购绩效为正的样本共有 15 个，占样本比例的 14%。绩效为负的有 91 个，占样本的 86%。由此可知，与理论分析相反，多数并购并没有给企业创造价值，反而使企业获利能力下降。这也与其他实证分析的结论一致。

表 1　　　　　　　　　　　　　　　　　调整后的净资产收益率

| | | | | | | |
|---|---|---|---|---|---|---|
| -0.256 | -0.091 | 0.043 | -0.437 | -0.336 | -0.308 | -0.351 |
| -0.263 | -0.266 | -0.362 | -0.437 | -0.435 | -0.308 | -0.318 |
| -0.368 | -0.273 | 0.048 | -0.289 | -0.435 | -0.308 | -0.208 |
| -0.063 | -0.328 | -0.416 | -0.077 | -0.279 | -0.012 | -0.408 |
| -0.063 | -0.053 | -0.416 | -0.24 | -0.075 | -0.012 | -0.022 |

| | | | | | | |
|---|---|---|---|---|---|---|
| - 0.023 | - 0.043 | - 0.371 | - 0.178 | - 0.24 | - 0.098 | - 0.015 |
| 0.018 | - 0.033 | - 0.271 | - 0.384 | - 0.188 | - 0.364 | - 0.088 |
| - 0.292 | 0.028 | - 0.31 | - 0.324 | - 0.374 | - 0.089 | - 0.354 |
| - 0.012 | - 0.294 | - 0.04 | 0.024 | - 0.334 | - 0.346 | - 0.079 |
| 0.058 | - 0.012 | - 0.132 | 0.024 | 0.034 | - 0.055 | - 0.08 |
| - 0.317 | 0.058 | - 0.302 | - 0.259 | 0.044 | 0.054 | - 0.065 |
| - 0.223 | - 0.327 | - 0.289 | - 0.209 | - 0.229 | 0.054 | 0.044 |
| - 0.403 | - 0.233 | - 0.285 | - 0.07 | - 0.201 | - 0.337 | 0.044 |
| - 0.311 | - 0.413 | - 0.097 | - 0.316 | - 0.372 | - 0.345 | - 0.225 |
| - 0.398 | - 0.321 | - 0.08 | 0.151 | - 0.051 | 0.078 | 0.088 |
| - 0.382 | - 0.368 | - 0.041 | - 0.363 | - 0.345 | - 0.341 | |

### 3. 并购绩效影响因素的回归分析

各自变量的容限度均远远大于 0.1，各自变量与其他自变量之间均无共线性，可以继续进行回归分析。采用 SPSS13.0 进行回归分析，先把所有的自变量作为独立变量进行回归，使 F 值增大以逐步剔除不显著的变量，再从整体回归 F 检验显著的方程中，找出满足条件的自变量。检验结果如表 2 所示。经四次逐步回归后，F 值为 12.601 大于 10，表明剔除不显著的变量后，剩余 5 个自变量对因变量有显著解释能力。

收购比例、相对规模、并购前一年主并企业现金流量净额、并购前一年主营收入增长率、前十大流通股股本比例五个变量 sig 值通过检验，可以认为与横向并购绩效存在显著相关性。

表示收购比例变量的回归符号为负，且达到显著性水平，说明收购比例与并购绩效负相关，在一定程度上解释了并购绩效的不佳。由于样本收购多为绝对控股型收购，收购后的目标企业一股独大，不符合现代企业制度的要求，导致管理效率低下，最终拖累主并企业。

表示相对规模变量的回归符号为负，且达到显著性水平，说明相对规模与并购绩效成负相关关系，印证了经营协同理论中的规模经济效应。因为不论并购大或小的企业，均需要主并企业履行相关程序，发生固定费用。

表示并购前一年主并企业现金流量净额的回归符号为负，且达到显著水平。这驳斥了并购有助于激励管理层加强经营管理的自由现金流量假说。当企业中存在大量现金溢余时，管理者倾向于通过并购扩大企业规模，并非增加股东财富，导致了企业做大后利润的下滑。

表示 2003 年主并企业主营业务收入增长率的回归符号为负，且达到显著性水平。因为样本多是"明星"类企业的并购案例，该类企业有较强的扩张冲动，其人才、资金、管理制度等均需要随着其快速增长及时跟进，任何一个环节出现问题都会影响并购绩效。

与归纳演绎的结论相一致，前十大流通股股本所占比例与并购绩效成显著正相关关系，表明战略投资者的存在有助于提高企业并购绩效与经营管理水平。

主并企业与目标企业的区位关系对并购绩效无显著影响，说明距离不再制约管理协同效应的产生。交通便捷、网上办公 OA 系统的应用等，使管理本部对远程公司的监控、管理能力大大提高，地理位置的远近对并购绩效的影响趋弱。

国有股股份比例与并购绩效无显著相关性，说明样本中的国有股比例与并购绩效呈离散性关系，不支持"所有者缺位"理论。正如郎咸平所说，"所有者缺位"问题根本不存在。

主并企业与目标企业有无关联关系不影响并购绩效。

表2　　　　　　　　　　　　横向并购多元回归分析结果

Coefficients<sup>a</sup>

| Mode l | Unstandardized Coefficients | | Standardized Coefficients | t | sig. |
|---|---|---|---|---|---|
| | B | Std. Error | Beta | | |
| 1 （Constant） | .025 | .071 | | .357 | .723 |
| 　同一地区否 | − .047 | .034 | − .138 | − 1.411 | .164 |
| 　收购比例 | − .004 | .001 | − .408 | − 4.283 | .000 |
| 　相对规模 | − .004 | .002 | − .285 | − 2.373 | .021 |
| 　并购前一年现金流 | 1.95E − 011 | .000 | .295 | 2.626 | .011 |
| 　并购前一年主并企业主营业务增长率 | − .148 | .030 | − .573 | − 4.895 | .000 |
| 　国有股比例 | .074 | .096 | .078 | .765 | .448 |
| 　前十大流通股比例 | .807 | .535 | .143 | 1.506 | .138 |
| 　关联交易否 | .033 | .033 | .100 | .985 | .329 |
| 2 （Constant） | .051 | .063 | | .821 | .415 |
| 　同一地区否 | − .045 | .033 | − .131 | − 1.350 | .183 |
| 　收购比例 | − .003 | .001 | − .397 | − 4.232 | .000 |
| 　相对规模 | − .004 | .002 | − .281 | − 2.353 | .022 |
| 　并购前一年现金流 | 2.05E − 011 | .000 | .312 | 2.838 | .006 |
| 　并购前一年主并企业主营业务增长率 | − .146 | .030 | − .565 | − 4.867 | .000 |
| 　前十大流通股比例 | .840 | .532 | .149 | 1.580 | .120 |
| 　关联交易否 | .041 | .031 | .124 | 1.295 | .201 |
| 3 （Constant） | .082 | .058 | | 1.404 | .166 |
| 　同一地区否 | − .047 | .033 | − .139 | − 1.418 | .162 |
| 　收购比例 | − .004 | .001 | − .421 | − 4.542 | .000 |
| 　相对规模 | − .003 | .002 | − .263 | − 2.206 | .032 |
| 　并购前一年现金流 | 2.20E − 011 | .000 | .334 | 3.063 | .003 |
| 　并购前一年主并企业主营业务增长率 | − .141 | .030 | − .548 | − 4.723 | .000 |
| 　前十大流通股比例 | .859 | .535 | .152 | 1.608 | .114 |
| 4 （Constant） | .063 | .057 | | 1.095 | .278 |
| 　收购比例 | − .004 | .001 | − .414 | − 4.439 | .000 |
| 　相对规模 | − .004 | .002 | − .299 | − 2.535 | .014 |
| 　并购前一年现金流 | 2.50E − 011 | .000 | .380 | 3.611 | .001 |
| 　并购前一年主并企业主营业务增长率 | − .154 | .029 | − .595 | − 5.304 | .000 |
| 　前十大流通股比例 | 1.005 | .529 | .178 | 1.898 | .063 |

a. Dependent Variable:并购后第二年绩效

## 六、结论与讨论

实证研究表明样本并购绩效总体不佳,具体结论及分析如下:

收购比例要适度。过大的收购比例一方面导致目标企业一股独大的不完善治理结构,另一方面造成主并企业过量的现金流出,导致对目标企业整合与后续支持产生财务上的困境。若出于控股目的,只需相对控股即可。在资本市场全流通的背景下达到20%,有些股权分散的企业达到10%就可相对控股,这将大大提高资金利用的效率。

选择有一定规模的企业并购。支持并购的理论基础是协同效应及规模经济理论。并购企业的规模过小,并购收益难以弥补并购费用。

现金流量充裕的企业要警惕"帝国综合症"。当企业内部出现充裕的现金时,并购的确是迅速扩大可支配资产的途径。但由于委托—代理链过长,出于"建立帝国"目的的并购多以失败告终。若未对并购做好准备,不如给股东派发现金红利。另外,现金收购会造成事后的财务困难,股权置换则不失为一种好的选择。

"明星"企业要控制并购的冲动。我国资本市场上的并购多数由"明星"企业所发起。"明星"快速增长的态势为并购提供了良好的预期并得以快速推进。但并购的完成不代表并购的成功,并购整合才是并购成功的关键。实践表明,"明星"企业开拓市场的能力很强,但并购后的内部管理跟不上外部的快速发展。

主并企业应大力引进战略投资者以优化其股权结构,发挥其专业意见在企业并购决策中的积极作用。空间距离的远近不是影响并购绩效的因素,主并企业可在全国甚至全球范围内寻找符合条件的目标企业,而不必过多考虑空间距离对并购绩效的制约。

## 参考文献

[1] 原红旗,吴兴宇. 资产重组对财务业绩影响的实证分析. 上海证券报,1998-08-26.

[2] 李善民,曾昭灶. 上市公司并购绩效及影响因素研究. 世界经济,2004,9.

[3] 田波平,苏杭. 沪深并购上市公司绩效评估的二次相对效益法. 哈尔滨工业大学学报,2006,2.

[4] NETTER. The gains to bidding firms from merger. Journal of Financial Economics, 1992.

[5] SHLEIFER. The mircoeconomic consequences of corporate mergers. The Journal of Business, 2001.

[6] SINGH. Mergers and the market for corporate control. Journal of Political Economy, 1984, 73.

[7] ECKBO. A pure financial rationale for the coongonerate merger. Journal of Finance, 1983, 26.

[8] KYLE. On the theory of conglomerate mergers. Journal of Finance, 1985, 9.

[9] RUBACK. Mergers and the market for corporate control. Journal of Political Economy, 1999.

# 并购对中美银行业效率影响的实证研究[*]

● 肖卫国[1] 李 明[2]

（1 武汉大学经济与管理学院 武汉 430072；2 中国银行武汉支行 武汉 430072）

【摘 要】本文在简述数据包络分析法（DEA）及其对于银行并购前后效率研究的适用性的基础上，分别对美国排名前5位的银行以及中国已经发生的4起银行并购案例进行了实证研究。实证研究发现并购对中国银行业效率的影响要大于美国银行业，且非市场化操作的并购活动对中国银行业效率的负面影响较大，使得并购行为往往成为并购行的负担。最后，根据实证的结论提出了改进我国银行业并购效率的建议。

【关键词】银行并购 银行效率 数据包络分析

银行效率（banking efficiency）在西方商业银行经营管理理论中较一致的解释是，银行在业务活动中投入与产出或成本与收益的比率关系①。从简单的投入与产出数量进行分析，银行效率可表示为：效率值＝产出数量/投入数量。

银行并购的效率理论认为并购活动能提高企业经营绩效，因而研究并购对银行效率的影响便成为研究银行并购的重要方面。本文将采用数据包络分析法对并购给中美银行业效率的影响进行实证研究。

## 一、数据包络分析法及其对于银行并购前后效率研究的适用性

### 1. 数据包络分析法概述

数据包络分析法（DEA）实质上是一种线性规划模型，它将所有效率良好的受评单位组成一效率前沿面，那么其他效率相对较差的单位，则应落在该效率边界之内。在 Farrell（1957）② 首先分析了单一投入与单一产出的技术效率（TE）之后，Charnes, Cooper & Rhode（1978）③ 则将之扩展为 $C^2R$ 模型，使其能够处理多投入与多产出的问题，即 DEA。但该模型假设规模报酬不变，这并不符合实际的情况，因此，Banker, Charnes & Cooper（1984）④ 在 $C^2R$ 模型的基础上又提出了 $BC^2$ 模型。由于放宽了关于固定规模报

＊ 本文系211工程和985创新基地项目子课题《中国金融业国际化研究》的阶段性成果，并同时得到教育部留学归国人员科研基金项目资助（教外司留2006-331）。

① 李琪，李光泉，韩泽县. 我国商业银行效率评价的 DEA 模型. 天津大学学报（社会科学版），2005，1：30.

② FARRELL M J. The measurement of productive efficiency. Journal of Royal Statistical Society, 1957, 120：253-281.

③ CHARNES, COOPER W W, RHOOES E. Measuring the efficiency of decision making units. European Journal of Operational Research. 1978, 2：429-444.

④ BANKER, CHARNES, COOPER W W. Some models for estimating technical and scale inefficiencies in data envelopment analysis. Management Science, 1984, 30：1078-1092.

酬的限制，并将技术效率分解为纯技术效率（PTE）和规模效率（SE），从而使 DEA 更具实用性。[①]

$C^2R$ 模型作为效率评估最基本的 DEA 模型，侧重从投入面分析并假设每一决策单位的生产技术为固定规模报酬，利用线性规划方法求得效率前沿边界并计算每一决策单位的相对效率。凡落在边界上的决策单位（decision making units，DMU）称为 DEA 有效率，其效率值为 1；而其他未落在边界上的 DMU 则称为 DEA 无效率，其效率值在 0 与 1 之间。

由于 $C^2R$ 模型假设商业银行是在固定规模报酬下运营，但这并不符合实际情况，若存在变动规模报酬，则导致在衡量技术效率时无法分离出规模效率。因此，必须考虑变动规模报酬（variable returns to scale，VRS）的情况。Banker，Charnes & Cooper 在 1984 年将 $C^2R$ 模型中的固定规模报酬（CRS）的假设剔除，以衡量处于不同规模报酬状态下的相对效率值，即 $BC^2$ 模型。

$BC^2$ 模型引进了距离函数（distance function）的概念，使得技术效率可以再分解成纯技术效率（PTE）和规模效率（SE）。也就是说，技术无效率除了来自投入产出配置不当的因素外，也可能来自于规模因素，因此就可以通过调整规模因素以改进其无效率的状态。

2. 技术效率的分解及规模报酬变动的判定

一般而言，由 $BC^2$ 模型所求得的纯技术效率比 $C^2R$ 模型所得到的技术效率大。若两者没有差异，则表示该家银行的无效率并非来自规模的因素；但是若两者之间存在差异，则表明该家银行的无效率来自规模无效率。可用下式来表示其间的关系：

$$TE_{CRS} = TE_{VRS} \times SE$$

其中 $TE_{CRS}$ 表示固定规模报酬下的技术效率值（TE）；$TE_{VRS}$ 表示变动规模报酬下的技术效率值，即纯技术效率（PTE）；SE 表示规模效率值。通过该式可了解商业银行的技术无效率有多少是来自纯技术无效率及有多少是来自规模无效率。

由此可以通过一种简便方法来判断该银行的规模报酬变动情况。首先，增加非递增规模报酬（non-increasing returns to sale，NIRS）的假设，并求出非递增规模报酬假设下的技术效率。其次，根据 NIRS 下得到的技术效率值是否与 VRS 下的技术效率值相等，可判定所评估的商业银行处于规模报酬变动的何种状态。其判定方法是：如果 $TE_{NIRS} \neq TE_{VRS}$，则该银行规模报酬递增；如果 $TE_{NIRS} = TE_{VRS} \neq TE_{CRS}$，则该银行规模报酬递减；如果 $TE_{NIRS} = TE_{VRS} = TE_{CRS}$，则该银行规模报酬不变。

3. DEA 对于银行并购前后效率研究的适用性

DEA 方法作为运筹学、管理科学和数理经济学交叉研究的一个新领域，对具有多项投入指标和多项产出指标的复杂系统有很强的适用性[②]，尤其对于社会、科技、经济等不同领域中的评价问题具有很强的应用价值。这主要表现在：第一，无需像参数法那样构建具体函数形式的生产前沿，避免因采取错误的函数形式而得出错误的结论；第二，对投入、产出的项目无需进行单位（如货币单位、员工人数和交易次数）的标准化；第三，对于复杂系统，其子系统种类较多，并且各子系统指标之间难以比较，而运用 DEA 方法不必事先确定各指标间的可比性；第四，DEA 方法不必事先确定输入输出指标权重，而以决策单元各输入输出的权重为变量，从最有利于决策单元的角度进行评价，排除了很多主观的因素，因而具有很强的客观性；第五，决策单元的各输入输出之间的关系极其复杂，而 DEA 方法不必确定这种显式关系就可以得出每个决策单元综合效率的数量指标，据此确定有效决策单元，并对非有效的决策单元分析原因，进一步调整决策单元投入规模的正确方向和程度。

DEA 的这些特性正适合于对银行效率进行评价。这是因为：其一，相对效率的评价是衡量一家银行在竞争市场中表现的良好指标，也是反映一家银行机构失败的潜在信号；其二，效率指标也可用于评价规

---

① 王宁，李植. 数据包络分析法 DEA 在我国商业银行效率研究中的运用. 当代经济管理，2006，2：45.
② 张健华. 我国商业银行效率研究的 DEA 方法及 1997～2001 年效率的实证分析. 金融研究，2006，2：35.

章和市场环境的变化给银行业绩带来的影响；其三，这种数学方法将有助于银行找出自己的低效率环节，并采取相应的策略来提高其在市场中的相对地位。这种银行业的评价也可以提供给管理者，通过对银行并购前后效率指标的变化比较来评价该银行的并购行为本身的效率改进状况。

## 二、并购对美国五家银行效率影响的 DEA 方法分析

### 1. 研究对象及 DEA 投入产出变量的选取

本文将运用 DEA 模型中的 $C^2R$ 模型和 $BC^2$ 模型，对 2006 年《银行家》杂志中排名前 5 位的美国银行在 1999～2006 年的各项效率指标进行了计算。各项效率指标的计算过程主要是通过运筹学软件 LINDO 得以实现，其投入和产出指标的数据主要通过五大银行网站所发布的各年度年报中的数据整理而成。

鉴于以往文献中输入输出指标选择的多样性，本文在选取评价指标时，综合考虑了国内外学者对银行效率进行综合评价和比较时所选取的指标以及数据的可得性等因素，最终将投入指标确定为：营运费用、总存款和呆坏账准备；产出指标确定为：净利润和总贷款（如表 1 所示）。上述投入产出指标的选取实际上是在运用了"中介法"或"资产法"的基础上对投入与产出指标进行调整，并且考虑到了商业银行并购前后资产质量的变化，这主要通过在投入项中加入了银行呆坏账准备和在产出项中加入贷款总额与之相对应来得以体现。上述调整弥补了传统方法中关于银行产出定义的缺陷，它们都直接把贷款额作为银行的产出，没有把银行贷款的质量差异这个因素考虑进来，这实际上是假定各家银行的贷款质量相同，市场环境、发展战略及风险控制技术相似，使得各家银行所面临的风险也相差无几，而这与实际情况并不相符，因此，将银行计提的呆坏账准备也作为银行投入中的一项指标，将更加有利于反映银行的贷款质量变化的趋势。

表 1                                       DEA 模型输入与输出变量的定义①

| 变量性质 | 变量名称 | 变量描述 |
|---|---|---|
| 输入变量 | 营运费用（$X_1$） | 商业银行在经营过程中所发生的各种费用支出之和，包括营业费用、并购费用和员工工资等 |
| | 总存款（$X_2$） | 客户存款和银行同业存款之和 |
| | 呆坏账准备（$X_3$） | 银行根据不同贷款的风险程度计提的贷款损失准备金 |
| 输出变量 | 净利润（$Y_1$） | 扣除各种费用及税收后的净收益 |
| | 总贷款（$Y_2$） | 扣除银行呆坏账准备后的各项贷款的总和 |

### 2. 实证结果及其分析

本文采用运筹学软件 LINDO 6.1 对 1999～2006 年间美国五家银行并购前后的效率进行了实证分析，结果如表 2 所示。

---

① 赖磊，舒欣，王济干. 基于 DEA 的商业银行效率测算模型的构建. 金融教学与研究，2003，3：41。

表2 　　　　　　　　　　　　　　　1999～2006 年间美国五家银行并购前后的效率评价结果

| 银行名称 | 年份 | 技术效率<br>（TE） | 纯技术效率<br>（PTE） | 规模效率<br>（SE） | NIRS 下效率 | 规模报酬状况 |
|---|---|---|---|---|---|---|
| 花旗集团 | 1999 | 0.987891 | 1 | 0.987891 | 0.987891 | 递增 |
| | 2000 | 1 | 1 | 1 | 1 | 不变 |
| | 2001 | 0.950628 | 0.956261 | 0.994109 | 0.950628 | 递增 |
| | 2002 | 1 | 1 | 1 | 1 | 不变 |
| | 2003 | 1 | 1 | 1 | 1 | 不变 |
| | 2004 | 0.991456 | 1 | 0.991456 | 0.991456 | 递增 |
| | 2005 | 1 | 1 | 1 | 1 | 不变 |
| | 2006 | 1 | 1 | 1 | 1 | 不变 |
| J. P. 摩根大通 | 1999 | 1 | 1 | 1 | 1 | 不变 |
| | 2000 | 1 | 1 | 1 | 1 | 不变 |
| | 2001 | 0.954236 | 0.962094 | 0.991832 | 0.954236 | 递增 |
| | 2002 | 0.912616 | 0.945615 | 0.965103 | 0.912616 | 递增 |
| | 2003 | 0.951966 | 0.965853 | 0.985622 | 0.951966 | 递增 |
| | 2004 | 1 | 1 | 1 | 1 | 不变 |
| | 2005 | 0.996443 | 0.997884 | 0.998556 | 0.997884 | 递减 |
| | 2006 | 1 | 1 | 1 | 1 | 不变 |
| 美洲银行 | 1999 | 0.998196 | 1 | 0.998196 | 0.998196 | 递增 |
| | 2000 | 1 | 1 | 1 | 1 | 不变 |
| | 2001 | 0.820333 | 0.968162 | 0.847310 | 0.820333 | 递增 |
| | 2002 | 0.908679 | 1 | 0.908679 | 0.908679 | 递增 |
| | 2003 | 0.911306 | 1 | 0.911306 | 0.911306 | 递增 |
| | 2004 | 0.958853 | 0.958999 | 0.999848 | 0.958999 | 递减 |
| | 2005 | 1 | 1 | 1 | 1 | 不变 |
| | 2006 | 1 | 1 | 1 | 1 | 不变 |
| 美联银行 | 1999 | 1 | 1 | 1 | 1 | 不变 |
| | 2000 | 0.966525 | 0.988638 | 0.977633 | 0.966525 | 递增 |
| | 2001 | 0.842483 | 0.881255 | 0.956004 | 0.842483 | 递增 |
| | 2002 | 0.876402 | 0.929266 | 0.943112 | 0.929266 | 递减 |
| | 2003 | 0.846162 | 0.890530 | 0.950178 | 0.890530 | 递减 |
| | 2004 | 0.855901 | 0.856832 | 0.998913 | 0.855901 | 递增 |
| | 2005 | 1 | 1 | 1 | 1 | 不变 |
| | 2006 | 1 | 1 | 1 | 1 | 不变 |
| 富国银行 | 1999 | 1 | 1 | 1 | 1 | 不变 |
| | 2000 | 0.888479 | 0.997449 | 0.890751 | 0.888479 | 递增 |
| | 2001 | 0.852663 | 0.943403 | 0.903816 | 0.852663 | 递增 |
| | 2002 | 0.915461 | 0.942371 | 0.971444 | 0.915461 | 递增 |
| | 2003 | 0.978059 | 0.996815 | 0.981184 | 0.978059 | 递增 |
| | 2004 | 1 | 1 | 1 | 1 | 不变 |
| | 2005 | 1 | 1 | 1 | 1 | 不变 |
| | 2006 | 1 | 1 | 1 | 1 | 不变 |

从实证结果基本可以得出结论：在并购后的短期内，银行的效率指标可能会出现一定程度的恶化，且涉及并购的金额越大，其效率指标的波动越明显。比如2003年美洲银行以换股方式收购波士顿舰队金融公司（Fleet Boston Financial Corp.），由于代价高昂，使得2003年的技术效率值仅为0.91，且2004年表现出整体无效率（整体无效率是指纯技术效率和规模效率均小于1）并且规模报酬递减；而富国银行在2004年以后，先后并购了First Community，J S Crop. Insurance和Evergreen Funding Corp.，由于并购的规模较小，可发现其仍保持整体有效率（整体有效率是指纯技术效率和规模效率均为1）。

并购活动虽然会造成效率指标的波动，但从美国五大银行的实证分析结果来看，经过一段时间的整合后，其效率是可以恢复至最优值的。从实证的结果来看，在样本期间内美国五大银行的规模效率值（SE）一般保持在0.9以上，且并购对规模越大的银行的效率影响越小，如花旗集团。同时发现，银行并购后规模效率无法发挥是美国五大银行中出现银行整体无效率的主要原因，而另一原因则是银行内部经营管理不善造成了投入的冗余或资源配置不当。如表3所示，排名前2位的银行在并购后出现整体无效率主要是由技术无效率造成的，而排名后3位的银行整体无效率既可以主要是由规模无效率造成的，也可以主要由技术无效率造成，且主要由规模无效率造成的次数明显增多，说明排名靠后的银行在并购后实现规模效率的能力要明显弱于排名靠前的银行。

表3  　　　　　　　　　　　　美国五家银行效率指标统计

| 银行 | 整体有效率次数 | 规模无效率次数 | 整体无效率次数 | |
|---|---|---|---|---|
| | | | 规模无效率 | 技术无效率 |
| 花旗集团 | 5 | 2 | 0 | 1 |
| J. P. 摩根大通 | 4 | 0 | 0 | 4 |
| 美洲银行 | 3 | 3 | 1 | 1 |
| 美联银行 | 3 | 0 | 1 | 4 |
| 富国银行 | 4 | 0 | 3 | 1 |

就并购对银行效率影响实证研究时也发现，2001年前后世界经济的衰退以及2001年美国遭受恐怖袭击后对美国经济所带来的影响，也都反映在了银行效率的变化上，五家银行的技术效率几乎全部在2001年达到最低值，且表现为整体无效率，说明外部经济条件的变化能够对银行的效率产生明显的影响。

通过对五家银行的规模报酬状况变化来看，J. P. 摩根大通（2004年并购美国第一银行）、美洲银行（2003年并购波士顿舰队金融公司）和美联银行（2001年并购J. W. Genesis Financial Corp.）均在并购活动后出现了规模报酬递减的状况，其原因往往是并购的成本过高，这也从另一个侧面说明了只有将并购对银行自身效率的影响进行有效控制，才能使银行在并购中受益。

### 三、并购对中国四家银行效率影响的DEA方法分析

#### 1. 研究对象及DEA投入产出变量的选取

如前所述，有生产法、中介法和资产法三种方法可以用来定义银行的投入与产出。由于直接把贷款数量作为我国银行的产出，而不考虑贷款的质量显然不符合中国的实际。然而过去我国银行的呆坏账准备金是用行政命令的方式来规定的，而不是按照实际贷款风险来提取的，所以用贷款呆坏账准备金作为投入来衡量贷款的质量对我国银行也不合适，故必须重新定义我国商业银行的产出。无论是资产法还是中介法，

注重的都是生产过程，而生产的最终结果是获得收益，所以在研究中可以把重点侧重在产出上，也就是银行的收益上。由于银行的收入可以分为利息收入和非利息收入，故本文把这两者作为银行的产出，而将银行的投入分为三类：劳动力、实物资本和可贷资金①。其中劳动力为当年银行的全体职工人数，包括总行及各级分支机构的管理人员、业务人员和其他人员；实物资本是银行的固定资产净值；银行的可贷资金包括存款、同业存款、中央银行借款、借入款项和发行债券等（如表4所示）。

表4　　　　　　　　　　　适于中国 DEA 模型研究的输入与输出变量定义

| 变量性质 | 变量名称 | 变量描述 |
| --- | --- | --- |
| 输入变量 | 劳动力（$X_1$） | 为当年银行全体职工人数，包括总行及各级分支机构管理人员、业务人员和其他人员 |
| | 实物资本（$X_2$） | 为银行的固定资产净值 |
| | 可贷资金（$X_3$） | 包括存款、同业存款、中央银行借款、借入款项和发行债券等 |
| 输出变量 | 利息收入（$Y_1$） | 银行贷款利息收入与存款利息支出的差额 |
| | 非利息收入（$Y_2$） | 银行为客户提供各种服务而取得的费用和佣金收入 |

2. 实证结果及其分析

通过运筹学软件 LINDO 6.1 对中国四家银行并购前后 8 年的效率进行实证分析，其结果如表5所示。DEA 方法中的投入和产出指标的数据主要通过《中国统计年鉴》和《中国金融年鉴》相关各年的数据整理而成。

表5　　　　　　　　　　　中国四家银行并购前后的效率评价结果

| 银行名称 | 年份 | 技术效率（TE） | 纯技术效率（PTE） | 规模效率（SE） | NIRS 下效率 | 规模报酬状况 |
| --- | --- | --- | --- | --- | --- | --- |
| 广东发展银行 | 1994 | 1 | 1 | 1 | 1 | 不变 |
| | 1995 | 1 | 1 | 1 | 1 | 不变 |
| | 1996 | 0.991145 | 0.997234 | 0.993894 | 0.991145 | 递增 |
| | 1997 | 1 | 1 | 1 | 1 | 不变 |
| | 1998 | 0.923719 | 0.946564 | 0.975865 | 0.923719 | 递增 |
| | 1999 | 0.864357 | 0.895950 | 0.964738 | 0.864357 | 递增 |
| | 2000 | 1 | 1 | 1 | 1 | 不变 |
| | 2001 | 1 | 1 | 1 | 1 | 不变 |
| 中国建设银行 | 1994 | 1 | 1 | 1 | 1 | 不变 |
| | 1995 | 1 | 1 | 1 | 1 | 不变 |
| | 1996 | 1 | 1 | 1 | 1 | 不变 |
| | 1997 | 0.986146 | 0.986899 | 0.999237 | 0.986146 | 递增 |
| | 1998 | 0.951069 | 0.952175 | 0.998838 | 0.951069 | 递增 |
| | 1999 | 1 | 1 | 1 | 1 | 不变 |
| | 2000 | 1 | 1 | 1 | 1 | 不变 |
| | 2001 | 0.971917 | 1 | 0.971917 | 0.971917 | 递增 |

---

① 许晓雯，时鹏将. 基于 DEA 和 SFA 的我国商业银行效率研究. 数理统计与管理，2006，1：37.

| 银行名称 | 年份 | 技术效率（TE） | 纯技术效率（PTE） | 规模效率（SE） | NIRS下效率 | 规模报酬状况 |
|---|---|---|---|---|---|---|
| 中国光大银行 | 1996 | 0.916124 | 1 | 0.916124 | 0.916124 | 递增 |
| | 1997 | 1 | 1 | 1 | 1 | 不变 |
| | 1998 | 0.993803 | 1 | 0.993803 | 1 | 递减 |
| | 1999 | 0.625168 | 0.725597 | 0.861591 | 0.725597 | 递减 |
| | 2000 | 0.640377 | 0.868652 | 0.737208 | 0.868652 | 递减 |
| | 2001 | 0.655451 | 1 | 0.655451 | 1 | 递减 |
| | 2002 | 0.656511 | 0.965493 | 0.679975 | 0.965493 | 递减 |
| | 2003 | 0.875148 | 1 | 0.875148 | 1 | 递减 |
| 上海浦东发展银行 | 1997 | 1 | 1 | 1 | 1 | 不变 |
| | 1998 | 0.988465 | 1 | 0.988465 | 0.988465 | 递增 |
| | 1999 | 0.790020 | 1 | 0.790020 | 0.790020 | 递增 |
| | 2000 | 1 | 1 | 1 | 1 | 不变 |
| | 2001 | 0.910564 | 1 | 0.910564 | 1 | 递减 |
| | 2002 | 0.865024 | 0.891950 | 0.969812 | 0.865024 | 递增 |
| | 2003 | 0.851244 | 0.912106 | 0.933273 | 0.851244 | 递增 |
| | 2004 | 1 | 1 | 1 | 1 | 不变 |

将实证研究结果与美国五大银行并购后的效率进行对比，可以明显地发现美国五大银行每次并购后虽然会出现无规模效率或整体无效率的情况，但随着并购次数的增多，其管理并购活动的能力在增强，而国内银行的规模效率值的波动相对比较大，同时还会出现在并购后效率指标恶化的状况，并且SE值低于0.9的次数要明显多于美国的5家银行。美国五大银行一般能在3年内便可以实现银行的整体有效率，而我国银行进行并购后实现整体有效率的过程所需的时间较长（特别是大型国有银行）。更为严重的是并购往往导致银行的内部管理混乱，使原本整体有效率的银行在并购后变得整体无效率了，所以我国银行并购的效率亟待提高。同时和美国5家银行的实证研究结果一样，外部经济环境的变化会导致银行效率的波动，由于1998年前后出现的亚洲金融危机的影响，4家银行的技术效率值均在1998年前后出现了最低值。

由于广东发展银行和上海浦东发展银行在并购后能够较迅速地恢复到银行效率的最优值，可以得出这样的结论：按照相对市场化的方式进行的银行并购能够使银行较快地实现银行整体有效率，而按照相对非市场化的方式进行银行并购将会造成资源的浪费，不利于银行效率最优化的实现。这在中国光大银行的并购活动中表现得尤为明显，并且并购后其规模报酬持续递减。所以在看到"行政主导型"银行并购的积极方面的同时，也不应忽视商业银行的效率改进、金融稳定、规模扩张的巨大成本难以在日后经营中消化等问题。

## 四、改进中国银行业并购效率的对策建议

本文通过对美国以及中国银行业并购前后效率变化的实证研究，认为并购虽然是中国银行业实现快速增长、提高银行经营效率以及核心竞争力的重要途径，但中国银行业仍需认真而冷静地对待银行并购所带来的影响。并购的目的应是在市场的作用下实现规模的扩大，使自身的效率提高，而非行政性的政府主导

行为。并购应该注重银行自身核心竞争力的提高，注重培养银行的自身特色和业务优势，其并购的主要目标应为"效率"而非"规模"。亚洲金融危机的经验教训是：发展经济决不能只追求快而不追求稳，过度地开放与追求发展速度和规模而产生的后果是严重的，效率是商业银行发展的基础，只有将提高效率放在首位，才能实现真正的利润最大化，也只有在追求高效率低成本的基础上才能取得发展和规模效益，而不顾效益的盲目并购，只能以低效或失败而告终。

为了迎接中国金融业全面开放后的激烈竞争和挑战，中国银行业必须充分借鉴国际经验，积极参与国际银行业并购活动，同时通过对国际银行业并购效率的相关研究，积极借鉴其经验与教训，积极促进以效率改进作为我国银行业并购的核心目标，为实现这一目标，关键体现在以下三个层次上：

其一，转变政府在并购重组中的职能。在我国的大部分银行特别是全国性的商业银行仍是国家所有或国有控股的现状下，并购重组中的政府行为难以避免，但应采取符合国际潮流的措施，谋求政府力量和市场力量的适度平衡，变行政主导为间接调控，不能单纯地把并购作为一种化解金融风险的手段。在市场培育方面，挖掘社会融资潜能壮大我国资本市场规模，深化资本市场服务功能，构造独树一帜的银行业板块作为银行并购市场的基础，完善证券市场监管体系和信息披露制度以提高市场有效性，培养能够胜任银行并购运作的投资银行以及会计师、律师和资产评估师事务所等中介服务机构。在制度建设方面，建立符合市场规则和国际惯例的银行业并购重组法规体系，维护银行业的公平竞争及股东的合法利益，金融监管制度的改革应突出公开、公平和公正的原则，注意对银行并购过程的有效监管。

其二，以银行利润最大化为目标推行市场化并购重组。银行盈利的内在需求与完善市场经济、提高中资银行竞争力的外部压力正在促使银行并购重组的目标函数发生变化。随着银行经营中的行政色彩的逐渐淡化，目标银行的选择、并购的实施、并购后的整合都将以市场为导向，以市场化的工具为手段，让银行这一微观经济主体在追求利润最大化的过程中发挥其应有的优化金融资源配置的作用。

其三，改进商业银行治理结构。如果没有通过建立有效的治理结构来提高银行效率，那么我国银行规模扩张的并购重组行为将可能导致管理成本上升、风险增加，进而引起不良资产的进一步增加，形成规模不经济。因此，今后我国银行并购重组的模式应是以效率改进为主要内容的治理结构的完善过程，要通过并购重组形成多元化的产权结构，建立健全董事会、监事会和股东大会，改进激励约束机制，提高内部管理水平和盈利能力。

# 供应链联盟合作伙伴间的跨文化适应性管理

● 冯　华[1]　马士华[2]

（1　武汉大学经济与管理学院　武汉　430072；2　华中科技大学管理学院　武汉　430074）

【摘　要】随着供应链联盟这一新型管理模式的兴起，供应链联盟各合作伙伴间文化的差异也日益成为供应链管理人员所关注的焦点问题之一。本文以 Grove 和 Torbin 提出的"动态平衡"模型为出发点，结合供应链联盟合作伙伴文化的特点，建立了供应链联盟跨文化适应的动态平衡模型。"动态平衡模型"把跨文化适应理解为一个动态平衡的过程，此过程经历四个阶段，不同阶段的最低适用度和精神参考框架明确度的相对位置均呈现动态变化的特点，跨文化适应的不同阶段加载了相应的激励因子（联盟体的文化基调）。将此模型与供应链联盟相结合，本文进一步探讨了供应链联盟体合作伙伴间跨文化适应性管理的实施方法，拟通过在合作伙伴间实施跨文化适应性管理来弱化供应链联盟合作伙伴间协调的困难。

【关键词】供应链联盟　动态平衡模型　跨文化适应性　文化基调

## 一、供应链联盟中的跨文化思想

由于"纵向一体化（vertical integration）"管理模式的种种弊端，从20世纪80年代后期开始，"横向一体化"思想日益兴起，"横向一体化"形成了一条从供应商到制造商再到分销商的贯穿所有企业的"链"，由于相邻节点企业表现出一种需求与供应的关系，当把所有相邻企业依次连接起来，便形成了供应链（supply chain）①。随着全球化进程的加快，供应链企业之间形成利益共享、风险共担的合作伙伴或战略联盟（strategic alliances，SA）已成为20世纪90年代以来企业管理的一股强劲的潮流，合作竞争正日益成为供应链企业经营战略的新的核心。为了提高竞争能力，企业不能仅靠发展自身的能力，而且也要依靠高效地利用联盟企业的优势②。

核心企业通过和供应链中上下游企业之间建立战略伙伴关系（如图1所示），以强—强联合的方式，共享各伙伴的核心竞争能力，显著地缩短进入新市场（区域地或是技术上的）的响应时间，使每个企业都发挥各自的优势，在价值增值链上达到"共赢（win-win）"的效果，合作企业仍保持各自的独立性，这种竞争方式将大大改变企业的企业文化③，即基于共享核心竞争能力的供应链战略联盟由于涉及不同的企业，与不同的企业文化相接触，供应链联盟中的文化显示出非常强烈的发散性特点，这种发散性以多元文化和文化差异的形式表现出来。文化差异的存在一方面可以造就跨文化优势，同时又必然产生文化的摩擦

---

① 马士华，林勇，陈志祥.供应链管理.北京：机械工业出版社，2000：68-79.

② CHUNJEN CHEN. The effects of environment and partner characteristics on the choice of alliance forms. International Journal of Project Management，2003，21：115-124.

③ 马士华，林勇，陈志祥.供应链管理.北京：机械工业出版社，2000：68-79.

与冲突①，导致跨文化困惑。所谓跨文化，又称为交叉文化，是指具有两种不同文化背景的群体之间的交互作用。由于对合作伙伴企业文化的不了解以及不安全的感觉，个人、团体或企业在合作伙伴新的环境中往往会有不确定性和焦虑的感觉②。由于无法适应跨文化的环境而导致的各类失败屡见不鲜。

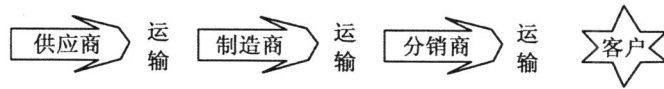

图1　供应链联盟中合作伙伴的组成

埃森哲（Accenture）对亚洲供应链企业所进行的调查发现，在供应链联盟中存在着三种文化障碍阻碍着该联盟体整体绩效的提高③：（1）缺乏信任，这是供应链合作伙伴之间存在的一个突出问题，而信任是信息共享和建立合作关系的基础。（2）"输—赢"观念严重，即各节点企业普遍带着一种"输—赢"思想与合作伙伴打交道。（3）过度的尊重思想，即各节点企业甚至部门内部、扩展企业和贸易伙伴间不相互往来、各自为政。这种思想不鼓励变革、合作和开发新方法，所以它也阻碍着企业对更高效供应链的追求。而陈亮④则给出了动态联盟内另一个文化障碍因素，即缺乏沟通与协调。由于供应链联盟是多个企业共同应付市场挑战、实现商机，而若不具备良好的沟通和协调机制，那么各方利润的获得及联盟的长期存在就无法得到保障。

不同合作伙伴文化中的价值取向、思维模式、行为规范等无好坏优劣之别，不能以某一文化价值观念作为判断一切的标准，差异是存在的，文化碰撞是不可避免的，关键是去了解，去适应，甚至去接受⑤。对于一个供应链联盟而言，所谓跨文化管理，就是要求管理者改变传统的单元文化的管理观念，把管理重心转向对企业所具有的多元文化的把握和文化差异的认识上，运用文化的协同（跨文化参与及融合）作用，克服多元文化和文化差异带来的困难，充分发挥多元文化和文化差异所具有的潜能和优势，使该联盟焕发出生机和活力。这是一个动态的过程，正如著名管理学家德鲁克所说，"它应该使自己的跨文化性成为一种长处"，而"在管理结构、管理职务和人事政策上完全超越国家和文化的界限既不可能，也并不可取。真正需要的是在互相决定的各种需要和要求之间求得一种浮动的平衡"。

因此，面临着多元文化和文化差异长期动态存在的现实，供应链联盟各企业的员工还必须具备良好的跨文化适应能力。通过实施跨文化适应性管理，供应链联盟各合作伙伴可以更快地适应合作伙伴的文化，避免由于思维模式、价值取向、语用迁移、行为规范不同而导致的伙伴间协调的困难，提高供应链联盟一体化运作的效率，并最终带来联盟体整体绩效的提高。

## 二、跨文化适应的动态平衡模型

良好的跨文化适应能力可以有效地打破每个人心中的文化障碍和角色束缚，更好地找出不同文化的共

---

① 杨芬．跨文化管理模式的选择．新思路，2003：32-33.

② CRAIG R, HULLETT, KIM WITTE. Predicting intercultural adaptation and isolation, international journal of intercultural relations. 2001，25：125-139.

③ Accenture innovation delivered. Supply Chains in Asia：Challenges and Opportunities，2004，7：23-24.

④ 陈亮．虚拟企业人力资源管理研究．系统工程，2003，2：11-12.

⑤ 马广勤．导致跨文化交际障碍的因素探幽．经济师，2003，5：15-18.

同之处，加强每个人对不同文化环境的适应性，加强不同文化之间的合作意识和联系①。然而目前关于供应链联盟跨文化的研究还非常滞后②。结合供应链联盟合作伙伴文化的特点，本文以 Grove 和 Torbin 提出的"动态平衡"模型③为出发点，建立了供应链联盟跨文化适应的动态平衡模型，为合作伙伴实施跨文化适应性管理提供参考。"动态平衡模型"把跨文化适应理解为一个动态平衡的过程，即意味着当遭遇异文化环境时人们原有的精神安定感与满足感受到破坏；但是，通过在跨文化适应的不同阶段加载相应的激励因子（联盟体的文化基调）和掌握必要的跨文化融合与适应，可以重新达到原有的甚至更高的满足水平。

动态平衡模型通过"行为适用度"、"精神参考框架明确度"与"最低正确度"之间的关系来说明跨文化适应过程：（1）行为适用度是指人与其所处的环境中其他人的习惯性行为的匹配程度；（2）精神参考框架是指人们根据以往积累的所有经验形成的价值观、态度、意见、思维方式和知识等，这些精神因素与特定环境下实际行动的匹配程度就是精神参考框架明确度；（3）最低正确度则可用以判断行为与环境是否匹配，以及行为与精神参考框架是否一致，它以行为人的主观感受为基准。人们在自己熟悉的文化环境中行动时，行为适用度和精神参考框架明确度都在最低正确度水平之上，而且不受时间的影响，可以始终保持这种稳定的状态（如图2左所示）。但是，当一个人处于不熟悉的文化环境中，亦即遭遇跨文化互动情景时，行为适用度和精神参考框架明确度会随时间的变化而变化（如图2右所示），此时，内部平衡被破坏（假定最低正确度与图2左相同）。

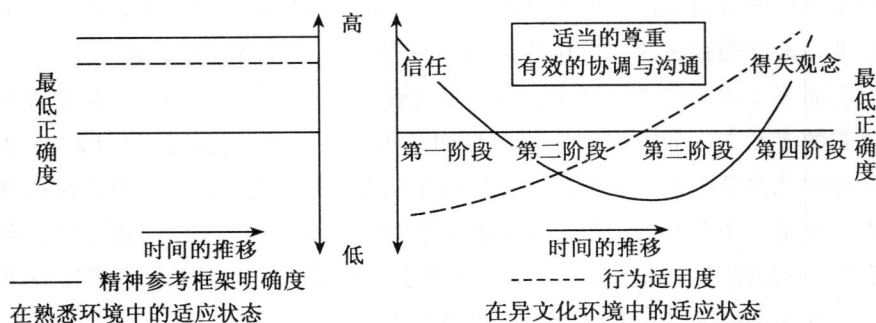

图2　供应链联盟跨文化适应的动态平衡模型

一般可以认为，初次遭遇异文化的人几乎不能作出有效的行为，也很难达到有效互动的目的。所以，行为适用度大大低于最低正确度。精神参考框架在遭遇异文化环境的最初阶段与图2右处于相同水平。此时，很多人的行为仍然以自己原有文化为中心，行为适用度和精神参考框架明确度都较低。结合 Accenture 的观点，此阶段核心企业将"相互信任"的文化基调作为一个激励因子融入联盟体，通过增强各合作伙伴的相互信任来消除焦虑和不确定性感觉，从而修正行为适用度和精神参考框架明确度。随着时间的推移，随着与异文化背景的人交流和信任的增强，行为适用度会发生变化（如图2右所示）。起初，行为适用度上升较慢，因为在跨文化适应的最初阶段，并不容易习得适应异文化环境会发生的基本行为样式；而此后，由于与特定文化氛围内的人交流和信任增强，不但可以习得适当的行为，而且可以积累指导

---

①　单宝．跨文化管理的原则及步骤．企业改革与管理，2003，4：36-37.

②　WENPING LUO. Cross-cultural logistics research：a literature review and propositions. International Journal of Logistics：Research and Application，2001，4（1）：112-122.

③　范征，张灵．试论基于动态平衡模型的跨文化适应性培训．外国经济与管理，2003，5：25-30.

适当行为的经验，因此曲线斜率增大。在第二、三阶段再加载两个激励因子"有效的协调与沟通"和"适当的尊重"，通过"有效的协调与沟通"进行经验积累和对对方文化"适当的尊重"，可以尊重与领悟内部的多元文化，使交往人员能够理解彼此的意图和行为，并形成与以往不同的价值观、态度、意见和思维方式等，从而可以从不同的角度判断自己的行为，即环境通过行为来影响精神参考框架。在度过最混乱时期以后，各合作伙伴会以新要素构成的精神参考框架为依据，从另一种文化的角度解释事物，于是其行为适用度和精神参考框架明确度都会上升，最后达到与图2左相等的水平。值得一提的是，对于相互依赖性很强的联盟体而言，"得—失观念"太重不利于维持其长治久安和提升供应链整体绩效，因此，为了最大限度地激发和利用各合作伙伴的潜力、实现供应链整体绩效最大化，适度的"得—失观念"应是联盟体实现跨文化适应的最佳状态（跨文化适应的第四阶段）。

从动态平衡模型中可以看出，人们的适应状态主要由三部分决定：第一，最低满意度，这实际上是一个满意度弹性问题，满意度弹性大说明受周围环境变化的冲击程度小，即适应性强。第二，精神参考框架明确度，精神参考框架包括价值观、态度、意见、思维方式和知识等因素，明确地了解和适度地尊重原有文化和异文化对这些因素的影响，可以减少狭隘的自我中心主义倾向。第三，行为适用度，这是在异文化环境中行为是否有效的问题。文化的差异最终导致不同的行为方式，适应性强的人可以通过适当的行为来维持甚至提高原有的工作效率。而实现"相互信任"、"适度的尊重和有效的协调与沟通"和适当的"得—失观念"这些对供应链联盟至关重要的文化在联盟体内的融合，则贯穿于整个跨文化适应过程，成为跨文化适应的一个必不可少的环节。

## 三、基于动态平衡模型的跨文化适应性管理在供应链联盟体中的运用

### 1. 建立起共同经营观和联盟体的文化基调

由于文化体现了企业及其成员的道德形象、价值准则、经营哲学、行为规范，它有利于减少文化摩擦，使每个员工能够把自己的思想与行为同企业的经营业务和宗旨结合起来，增强联盟体的整体合力，同时又能在国际、国内市场上建立起良好的声誉，增强联盟体的文化变迁能力。而根据环境要求和联盟体战略需要建立起一种为合作各方所共同所有的文化基调，可以使员工通过对文化共性的认识来增强对异文化的适应能力，所以建立起共同经营观和联盟体的文化基调对于供应链联盟体的成功至关重要。例如，日本松下公司管理者十分重视公司跨文化管理，他们在公司中建立了一套完整的信仰体系和强有力的公司文化，使得松下公司员工团结一致，忘我工作；松下公司重视对海外文化的建设，许多被松下公司购买的经营不佳的外国公司，在松下公司强有力的文化管理下，迅速恢复了活力，松下公司借助于它的强大文化使得组织结构坚实而富有弹性，保证了松下公司在全球经营的成功。仍借助于 Accenture 的观点，由于联盟体内各合作伙伴仍然保持各自的独立性这一特点的存在，"相互信任"、"适当的尊重"、"经常性的协调与沟通"和适度的"得—失观念"构成了联盟体的文化基调，且必须在核心企业的推动下融合到各合作伙伴的文化之中。只有首先实现了这种融合，供应链联盟体才能存在，跨文化的适应性管理才有必要、才有成效。

### 2. 跨文化调研

欲成功地实现跨文化适应性，在建立了联盟体的文化基调之后还必须认识文化差异，并有针对性地采取措施。跨文化调研的主要内容是识别和分析各合作伙伴的文化差异。文化可以分为三个范畴：正式规范、非正式规范和技术规范。正式规范是人的基本价值观、判别是非的标准；非正式规范是人们的生活习惯和习俗等；技术规范指人们的技术知识。不同规范的文化造成的文化差异和文化摩擦的程度与类型各不相同。

### 3. 跨文化适应培训

动态平衡模型的三要素分别为最低满意度、精神参考框架明确度和行为适用度。最低满意度主要表现为一个人的心理素质以及情感意识等，调节精神参考框架需要以科学的认知为前提，而行为适用度则需要实践和经验来保证。我们可以通过跨文化适应培训来分别调节这三大因素，从而使人们在跨文化环境下保持良好的适应能力。

（1）认识文化差异。很多跨文化适应的失败表现在心理上，遇到差异就觉得不习惯，严重时甚至有郁闷、烦躁、恐慌的症状。将文化的概念、特点、组成要素以及文化对价值观、行为的影响等知识以培训的方式传递给员工，使员工对文化有一个总体认识，并对合作伙伴的特定文化有客观的认识，主要方法是知识与信息的传递，主要形式有讲座、录像、电影和阅读等。

（2）尊重文化差异。缺乏文化认知同样可能导致行为失当和心理问题。因此，需要强调个人文化意识和对文化的认知，充分理解和尊重原有文化以及异文化对行为的影响，能够站在他人的角度理解其文化价值观及行为方式。通过培训使员工树立中立的文化态度，能站在不同文化的立场上认识自文化和异文化，并尊重和容忍差异的存在，进而科学地认识和理解不同文化的差异，并能找到彼此之间的联系，克服偏见。主要方法是建立有效的协调与沟通机制，实施文化同化、文化对比法、案例研究法、敏感性训练；主要形式有自测、人机对话、角色扮演、阅读书面材料、观看录像和组织讨论等。

（3）增强有效的行为技能。在不同文化环境下有效行为所必需的技能包括：①容忍力，能够容忍不确定性、模糊性以及他人的不同意见和批评；②交往能力，包括语言和非语言沟通能力以及与他人建立信任关系的能力；③应变能力，能随机应变，灵活处理各种事务；④学习能力，能通过观察、理解或模仿等掌握有效的行为方法，并能积累成功的经验，吸取失败的教训，举一反三；⑤意志力，有争取成功的决心，能克服心理压力，遇到挫折坚韧不拔。这就需要通过最大限度的参与来修正行为习惯，掌握必需的互动技能。主要方法有模拟法、实地体验；主要形式有目标效果、环境模拟、角色扮演、计算机网络、工作考察等。

借助于核心企业所建立的协调与沟通渠道（如简短演讲、角色扮演、情景对话、实例分析、小群体讨论以及实地考察等），可以有效地打破每个人心中的文化障碍和角色束缚，更好地找出不同文化的共同之处，加强每个人对不同文化环境的适应性，加强不同文化之间的合作意识和联系。而一旦有了良好的跨文化沟通与协调，跨文化领导、跨文化激励和决策也就易如反掌了。

### 4. 促进不同文化与供应链经营和运作模式的相互适应

今天，虽然不同国家（民族）、地区以及企业在文化上具有较大差异，但在供应链经营与运作模式上却具有趋同性，有人说，21世纪的竞争不是企业和企业之间的竞争，而是供应链与供应链之间的竞争。供应链联盟强调的是合作伙伴间的"横向一体化"，这与供应链模式的思想是一致的，不同之处在于联盟体对合作各方的集成度要求更高一些。基于供应链模式中文化的更为发散性特点，可以将跨文化的适应性管理扩展到其中来，从而促成来自不同国家、地区的各节点企业，以及来自不同节点企业的员工之间的异质文化与供应链经营和运作模式在一定程度上相互适应。

美国著名管理大师斯蒂芬①曾经说过：当雇员们参加工作时，他们并没有把他们的文化价值和生活方式搁在一边，因此，管理面临的挑战是，通过处理不同的生活方式、家庭需要和工作风格，使组织能够包容多样化的人群。斯蒂芬的一番话为我们提供了一个更为开阔的视野，借鉴跨文化适应的动态平衡模型和斯蒂芬的观点，促成不同文化与供应链经营和运作模式一定程度的相互适应可以从供应链的基层员工和管理层两个方面同时入手，将上述跨文化适应管理同时应用于供应链的基层和管理层，使供应链组织能够包

---

① 斯蒂芬·P. 罗宾斯. 管理学（第四版）. 北京：中国人民大学出版社，1996：23-45.

容多样化的人群；除此之外，还应该从以下几个方面努力：（1）从供应链内部来说，应该发扬团队的合作精神，要鼓励员工协同工作、解决问题；（2）在管理上，在保证供应链总任务的前提下，强调权力分散，给下层领导和员工更多的自主权；（3）在领导上，应让循循善诱的领导作风、鼓励和信任代替传统的上司对下属的命令与控制。最终形成一种来自不同国家、民族、地区以及企业的各级人员都具有强烈进取心，责任分担、荣誉分享的文化氛围，从而整个供应链从员工个人到组织机构，都能最有效地适应文化的差异，应对市场的变化，做出"敏捷"的响应。

## 四、结束语

随着供应链管理这一新型管理模式的日益兴起，供应链联盟各合作伙伴员工也将面临一系列新的挑战，其一就是合作伙伴间相互陌生的文化环境。文化差异的存在限制着联盟体合作伙伴间有效的协调和沟通，进而阻碍了供应链联盟整体绩效的提高。本文从供应链联盟内各合作伙伴间的文化差异入手，以Grove 和 Torbin 提出的"动态平衡"模型为出发点，结合供应链联盟合作伙伴文化的特点，建立了基于跨文化适应的动态平衡模型，并将此模型与供应链联盟相结合，探讨了基于跨文化适应的动态平衡模型在供应链联盟各合作伙伴间的具体实施步骤，为那些拟通过在合作伙伴间实施跨文化适应性管理的供应链联盟提供一些思路和方法体系。最后，基于"横向一体化"供应链管理模式的普遍性，本文也对不同文化与供应链经营和运作模式的相互适应性管理进行了初步探索。

由于文化是一种软性管理方式①，其重要性还未受到广泛的关注，而当前我国供应链企业整体经营不景气，除了与经济大环境密切相关外，供应链企业文化建设薄弱则是重要原因，具体表现为供应链企业整体形象不佳、凝聚力差、对市场适应能力差、不善于发挥群体优势、难以形成规模经济效益等。因此，如何从单个供应链企业的文化建设入手，继而实现供应链联盟体合作伙伴间的文化协调也将是今后研究的重点和难点。

---

① 周三多等．管理学——原理与方法（第三版）．上海：复旦大学出版社，1999：76-87.

# 对中小零售企业共同物流三维模型的研究

● 黄福华[1]

（1 湖南商学院 长沙 410205）

**【摘 要】** 中小零售企业和物流都进入一个全新的发展阶段，迫切需要一种新型的物流运作模式来实现相互促进。本文在对共同物流及共同物流系统的概念进行界定的基础上，研究了中小零售企业共同物流的三维动态模型及中小零售企业共同物流的主体模式，并探讨了中小零售企业共同物流运营管理战略与管理模式。

**【关键词】** 中小零售企业 共同物流 三维模型

## 一、关于共同物流的基本理解

王之泰教授关于共同物流的思考，认为共同物流是指两个或两个以上的经济组织，为实现物品流通的相关作业能共同执行、共同达到高效率的物流管理，它常是通过企业间结合组成的物流体系，或经用物流业者的专业能力，以解决个别企业在物流方面的低效率问题。

共同化物流可分为两类：一类是以"人"为基础的共同化，即共同配送；另一类是以"物"为基础的共同化，即共同使用物流设施、物流网点与物流工具。"共同化物流"不仅有利于微观物流主体提高物流效率，更有利于全社会物流效率，特别是社会与环境效应的提高①。一般认为物流共同化是企业间透过物流附加价值活动的共同规划及作业，以创造参与物流共同化企业的经营绩效，进而提升整体经济与社会效益。

因此，我们认为共同物流是围绕整个区域全部物流服务需要，运用供应链系统集成和区域集成工程技术，协调物流服务资源与服务能力，形成物流绩效最优化的基本运行方式。中小零售企业共同物流可以指以"多个企业"为基础的共同化，也可以指以"物"——共同使用物流设施、物流网点和物流工具为基础的共同化。

共同物流体系是以满足整个区域经济发展的物流服务需要为目的，由共同物流政策与标准系统、共同物流运作系统和共同物流企业系统构成。共同物流政策与标准系统的主要功能在于构造一个适合于共同物流运行的政策环境，促进共同物流的发展。共同物流运作系统的功能是协调区域内各种运输方式，并对物流的各种设施设备资源进行整合。共同物流企业系统由区域内各个企业构成，在共同的信息平台和市场业务平台上，众多企业寻找合作机会、交流物流技术和管理经验，构成一个自由合作的物流市场。

---

① 夏春玉．现代物流概论．北京：首都经济贸易大学出版社，2006：345．

## 二、中小零售企业共同物流系统分析

**1. 中小零售企业共同物流系统结构**

中小零售企业共同物流系统结构体系可以分为三个层次（面）：运作层、管理层和制度（组织）层（如图1所示）。

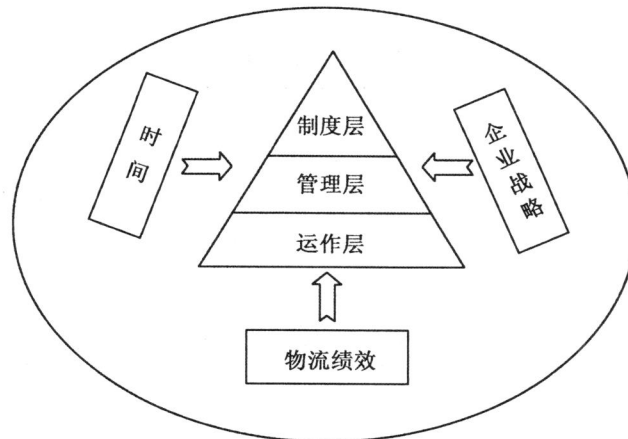

图1 中小零售企业共同物流系统结构图

（1）运作层是中小零售企业共同物流系统的基础。中小零售企业共同物流的顺利实施离不开运作层，而且不同主体的共同物流运作会大致相似，并随着时间、企业战略、绩效的变化发生变化。

（2）管理层是确保中小零售企业共同物流实施有效运行所需方法、手段和工具的集合层，包括物流流程的确定、物流操作标准的制定、共同物流服务的控制、物流设施设备的运用与管理等。管理层处于中小零售企业共同物流系统结构的中间层，依照企业制定的各种规章制度进行运作管理，也会随着时间、企业战略、绩效的变化而进行调整。

（3）制度层即组织集成层，就是要使中小零售企业共同物流的成员企业配合协调起来、组织起来，对中小零售企业共同物流中的利益分享、运作绩效评价、共同物流交易规则等进行制度化管理。制度层处于中小零售企业共同物流系统结构的上层，根据企业战略、时间和绩效等因素而制定并发生变化。

**2. 中小零售企业共同物流系统流程**

中小零售企业共同物流是建立在管理单元集成基础上的管理单元与技术单元、资源单元的集成，是包括节点企业的搜寻、分析、选择、共同物流系统体系结构设计、共同物流管理界面集成和最后的共同物流

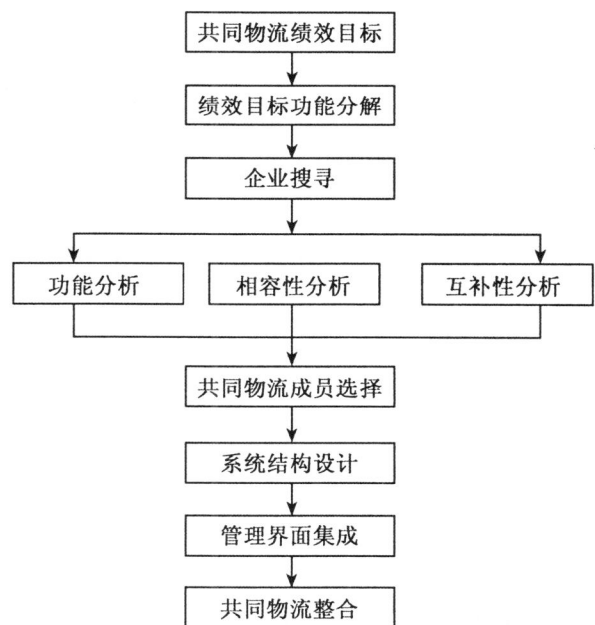

图2 共同物流流程分析图

整合的一个流程，详见图2。

## 三、中小零售企业共同物流的三维动态模型

中小零售企业共同物流模式的发展受到诸多因素的影响，我们将其绩效维度、企业战略维度和时间维度归纳为中小零售企业共同物流的三维模型，以更好地分析中小零售企业共同物流模式的动态变化（如表1所示）。

表1　　　　　　　　　　中小零售企业共同物流三维模型的组合与构成

| 表示符号 | 三维因子 | 性质 | 具　体　指　标 |
|---|---|---|---|
| X | 企业战略 | 内因 | 企业总体战略、企业竞争战略、企业物流战略 |
| Y | 绩效 | 关键 | 交货可靠性、柔性和服务质量；信息的正确性、及时性和有效性，以及信息系统的先进性；财务状况、市场开拓能力和发展潜力 |
| Z | 时间 | 表现 | 经济周期、生命周期 |
| 外部环境影响因素 | | | 经济环境、地理区位、技术环境、政治环境、社会文化 |

将影响中小零售企业共同物流模式的所有因子归结在一起，其影响的作用机理如图3所示。

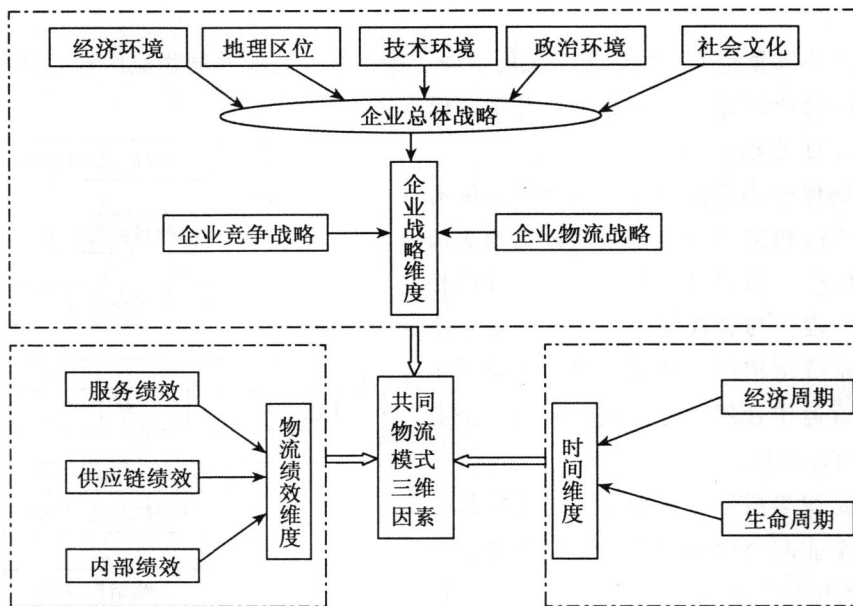

图3　中小零售企业共同物流模式三维因子示意图

一般而言，中小零售企业共同物流模式的外部环境良好，物流绩效势头健康，则中小零售企业共同物流模式就会表现出时间和空间（时空）变化，随着时间的流逝，中小零售企业共同物流模式的规模和影响也越来越大，辐射能力也越来越强。我们可以构筑一个中小零售企业共同物流模式的三维动态模型，以更清楚地分析中小零售企业共同物流模式发展的动态变化（如图4所示）。

时间维度、战略维度、绩效维度共同构筑了共同物流的三维动态模型，这三个因素是紧密联系、相互

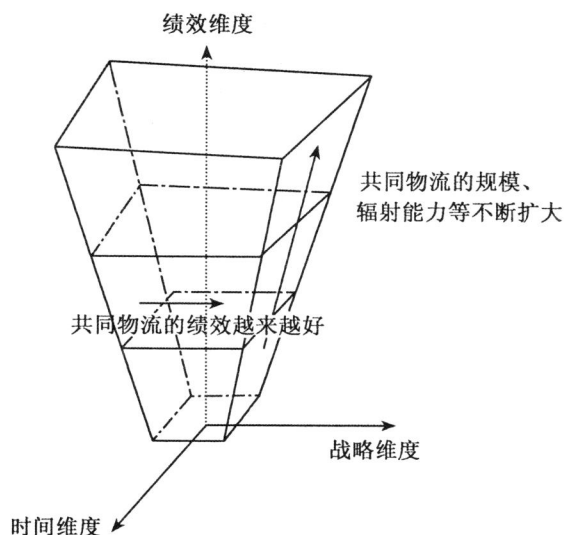

图 4　共同物流的三维动态模型图

依存的。企业在成长过程中，会适时调整自己的发展战略，从而导致它参与共同物流的不同层次，进而导致共同物流的不同运作模式；企业参与共同物流的不同层次、共同物流的不同运作模式，会对共同物流绩效产生影响，进而影响到企业的运作绩效，企业会根据绩效的不同来调整自己的战略。

## 四、中小零售企业共同物流三维动态模型运营管理对策

作为一种全新的战略管理模式，共同物流的管理强调通过物流链各个节点企业间的协同与合作，建立战略伙伴关系，将物流服务商的内部资源、能力与供应商的资源、能力有机地集成起来进行管理，达到全局动态最优目标，最终实现物流链"多赢"的目的。

共同物流可以通过信息系统，将物流链中各节点的管理界面通过相容性和互补性在一个共同的目标上进行有效的集成，对物流链中的物流、信息流、资金流以及商流进行同步化优化处理，实现多流的同步融合，最终实现共同物流作用。

1. 实现信息共享

现代信息技术使分散在不同经济部门、不同企业之间的物流信息实现交流和共享，促进了物流资源整合与技术创新，带动物流模式创新和制度创新，从而达到对各种物流要素和功能进行有效协调、管理和一体化运作的目的。由于共同物流中企业之间存在大量涉及企业内部生产过程的信息的交流和知识的共享，而共同物流参与伙伴间地理位置上的分散性，使得伙伴间的信息共享比较困难。特别是公共信息平台建设滞后，物流信息分散，资源不能有效整合，形成了大大小小的"信息孤岛"。中小零售企业共同物流运营必须将物流信息化纳入共同物流发展战略，统筹考虑，协调发展，打破条块分割和信息封锁，从而促进信息资源共享。

2. 加强信任关系

中小零售企业共同物流在合作过程中，必须保持伙伴之间的资源共享以及人员的沟通，在伙伴间建立畅通的沟通渠道，让伙伴了解合作经历、背景、目标、战略，从而明白彼此在中小零售企业共同物流中的战略应该是一致或者是相互依赖的，从而有利于实现中小零售企业共同物流的战略。

中小零售企业的合作企业可以通过企业的身份认证、信誉评价和咨询、质量认证、安全认证等，提高

自身的社会信誉度；同时，在合作过程中正确运用合作策略，以建立和保持良好的信誉记录。此外，促进企业文化的融合，创造和谐的文化氛围，对推动中小物流企业合作关系的发展具有至关重要的意义。

### 3. 建立学习机制

从长期来看，企业的可持续竞争来自于更强的学习能力。中小零售企业共同物流就是从内部成员企业联盟学习过程开始的，通过积极的学习活动来提高企业绩效。合作各方必须重视在合作中健全组织学习机制，在人才结构上保持一定的知识交叉与合理比例，以便为各方之间的顺利沟通提供可能，促进共同物流的发展。

### 4. 强化绩效管理

服务绩效考评建立在周期报告制度和现场服务稽核监控的基础上，项目小组与共同物流合作成员共同树立标杆企业，获取必要的信息，对服务绩效进行定量评价，定期将共同物流合作企业的产品、服务和管理措施等方面的实际状况与这些标杆企业相比较，分析这些优秀企业绩效达到优秀水平的原因，找出不足，逐渐完善，促使共同物流合作企业采取措施迎头赶上。

服务绩效考评主要按照出险的类别进行考核，如延期、开箱险、签收单涂改、丢失签收单、投诉、货物破损、未提前通知客户、未及时返回签收单等，视以上出险类别的情节轻重设定分值。

### 5. 合理收益分配

中小零售企业共同物流的成员是拥有不同利益的自治主体，存在着自治性，每个成员都努力在自己的决策权范围内寻求自身收益的最大化。自身利益最大化是成员要求的重要目标之一，所以在共同物流成员合作后，在获得总合作收益时，要想使共同物流稳定运作，就要对总合作收益进行适当的再分配，同时必须满足一定的公平性。

### 6. 共同物流协调管理

共同物流协调管理的具体方法可采用以下几种：

（1）各种标准、规章和程序。共同物流系统强调在统一品牌的基础上，在管理上一体化、在服务上标准化、在整个业务上规范化。因此，制定各种标准、规章和程序是达到这个目标的基础，同时也可大大减少协调活动和协调工作量，并给各成员企业一种公平的感觉，从而有利于共同物流的高效运转。

（2）借助物流信息网络平台的协调管理方法。这种协调管理方法是在信息网络平台上利用动态检查表和动态合同/契约体系，定期检查和掌握各成员企业对物流服务的执行情况，以及时发现问题，进行协调和监控，并视问题严重程度来决定是继续执行合同，还是终止合同。

（3）共同物流服务商直接监控的方法。这主要由物流服务商直接监控其成员企业的物流活动。

（4）定期的管理协调会议。这是一种群体协商的管理机制。针对一些重要的目标，需要所有或重要成员坐在一起来详细讨论，并制定出相应的措施和制度。

### 参考文献

[1] 何明柯. 物流系统论. 北京：高等教育出版社，2004.

[2] 舒辉. 集成化物流理论与方法. 北京：经济管理出版社，2005.

[3] 夏春玉. 现代物流概论. 北京：首都经济贸易大学出版社，2006.

[4] 成思危. 复杂科学与原理. 中国科学院院刊，1993，3.

[5] 宋庆波. 物流效率化目标下的企业间协作模式研究. 物流技术，2005，9.

[6] 尹卫华，吴晓惠. 我国零售业态下的共同配送模式浅析. 商场现代化，2005，11.

# 对我国民营企业管理的几点不同解读

● 王林昌[1]

（1  武汉大学经济与管理学院  武汉  430072）

**【摘  要】** 我国民营企业管理研究的论著中，一般都把"寿命短"作为民营企业管理落后的一个重要论据。其实，现有的企业寿命资料并不能说明我国民营企业管理落后，因为我国民营企业的创业和发展有其特别的环境与原因。在这种特定的条件下，民营企业一是采用了另类、别样的运作模式——钻营管理。钻营管理的功效是得到了先人一步的发展机会和优于他人的低成本竞争。二是运用了非常规的行为套路。民营企业主依仗自己的"非常规手法"，用创造性思维突破常规、激发潜能、走出困境，选择制度之外"抄近路"闯出了一条路，不仅没有因为先天资源不足而被淘汰，反而畸形地发展壮大起来。

**【关键词】** 民营企业  寿命  钻营管理  非常规行为

我国民营企业的管理，尽管很多人进行过研究，并提出了各种各样的完善建议和对策。不过，笔者认为：很多对于民营企业管理的否定与批评有点似是而非，还需要重新认识。为此，本文提出了"对我国民营企业管理的不同解读"。

## 一、不能说明问题的批评——企业寿命短

说到民营企业管理，在不少论著中，一般都采用企业的"寿命"数据来证明中国民营企业管理落后。对于民营企业的寿命问题，有一本书中这样说："大部分民营企业（实际指私营企业）的平均存活周期为 3 年左右，能够存活 3 年以上的企业只占企业总数的 10%。中国大型集团企业的平均寿命为 7～8 年。""日本企业的平均寿命为 30 年，为中国企业的 10 倍。美国企业为 40 年，为中国企业的 13 倍。"①

中国首部民营企业蓝皮书《中国民营企业发展报告》称，民营企业在发展过程中还存在着一些问题。据统计，全国每年新生 15 万家民营企业，同时每年又死亡 10 万多家，有 60% 的民企在 5 年内破产，有 85% 的民企在 10 年内死亡，其平均寿命只有 2.9 年②。

这些"寿命"数据可信吗？能证明中国民营企业的管理落后吗？对此，笔者认为：

（1）这里的"寿命数"不知是怎样计算出来的。至少可以说，我们的调查和统计同其他一些国家的调查和统计是不完全一样的，特别是有很多条件是不同的，如企业的规模、企业的外部环境以及抽样调查的设计等。

（2）这里的"年限"有问题。从改革开放算起，中国发展私营企业还不到 30 年。如果从 1992 年小平同志南方视察讲话算起也只有 15 年（1992 年全国私营企业才 139 633 户）。如果从超过百万户的 1998

---

①  李华刚．对策中国民营企业——民营企业管理变革之具体措施．北京：时事出版社，2006：12-13.

②  转引自深圳商报．2005-07-01（10）．

年（1 200 978 户）算起还不到 10 年（2006 年底共有私营企业 494.7 万户）。也就是说，中国的私营企业即使都生存至今，也不可能有 30 年、40 年。

（3）中国的民营企业的存亡有其特殊性。我们知道，在改革开放中很多人是盲目办企业。办起来后，一看不行，就又换行业，这种特殊历史时期的现象不能完全说明民营企业的管理就落后。如果从经营者的方面看，企业虽然倒下了，但经营者又从另一个行业或项目上起来了。另外，还有不少企业违法经营，被执法部门吊销营业执照。

（4）如果用另一组资料看我国民营企业的寿命，中国的民营企业并不"短命"。"统计数据显示，美国中小家族企业的平均寿命只有 3 年左右，每年有 40 ~ 50 万家小企业成立，第一年只有不到一半的企业存活下来，到了第二年，80% ~ 85% 的企业已经宣布倒闭。"① 如果这里的资料是真实的，那么中国民营企业的寿命并不算太短。

笔者在这里并不是要说明我国民营企业寿命的长短，而是想强调两点：一是现有的"企业寿命资料"不能说明我国的民营企业管理落后；二是由此论证的民营企业管理不能反映我国民营企业管理的实际。

## 二、有效的运作模式——"钻营管理"

"钻营管理"的提出主要是基于对我国民营企业经营管理的实际考虑的：一方面民营企业的管理不那么现代和先进，但另一方面我国的民营企业管理又那么实用和有效，使其既区别于西方经济发达国家企业和我国外商投资企业的运作模式，又区别于我国公有企业的运作模式，成为我国竞争力最强的市场主体。因而，我们不能不思考这种独特的运作模式是什么。

### 1. 特殊条件下的"钻营管理"

对于我国企业的管理招数，西方的 Peng，M. W. 等研究者曾这样描述："在大中华区的公司（尤其是在中国内地的公司）所表现出来的战略相当特殊，使外界人士眼花缭乱，如入雾中。"② 如果把这个评价用于分析我国的民营企业，可能更为真实。不过，正是这些看不懂的管理招数，一方面使我国的民营企业能在企业内部有效运作；另一方面又使他们可以在激烈的竞争中生存和发展，从而使民营企业有条件与国有企业、外商投资企业一争高低，甚至闯入国际市场。

对于这种不被世人称道和看好的管理方式，笔者称之为"钻营管理"。这里的"钻营"，是指以不完全"地道"的思维和方式经营企业。就"钻"来讲，他们是有孔必钻，无孔也要入。有孔者扩而大之；无孔者，取出钻子新开一孔。

"钻营"有两层含义：一是在商业机会上，民营企业不仅商业嗅觉很独特，而且获取方式也非一般（有一种说法是"脑袋特别尖"）。可以说，他们的商业嗅觉能与猎狗相媲美，只要有一丝血腥味就能闻得出来，并一定想法把它捕获。正如温州一位老板说："我们不管什么商业思想，那是一些学者和你们媒体想出来的事。我们就知道钻营，只要哪里有钱赚，我们就去哪里。"二是在运作方式上，民营企业不仅手段多，而且效率高。如有的老板说："只要有钱赚什么都干，不管自己以前熟悉不熟悉，不管竞争激烈不激烈，怎么好使怎么来，什么看好就做什么，不抠出银子来誓不罢休。"他们十八般武艺样样精通，运用吃、请、送等手段，样样都使得出。

不过，从多数情况来看，"钻营管理"只是在合法与违法的边界投机钻空子，它是经营管理的一种异

---

① 张厚义. 中国私营企业发展报告. 北京：社会科学文献出版社，2002：362.

② PENG M W, LU Y, SHENKAR O. Treasures in the China house：a review of management and organizational research on greater China. Journal of Business Research，2001，52：95-110.

化，用通俗的话说就是"打擦边球"。

2. 我国民营企业"钻营管理"的成因

（1）中国传统商业的投机钻营的思维模式影响。现代商业组织是以满足顾客和创造顾客为目的的，因而企业需要具备准确认知顾客和满足顾客的组织能力，通过构筑组织能力实现企业的长期获利和基业长青；但是，中国传统商业中盛行的却是"商机出效益"。在这种盈利模式的运作中，并没有将"顾客"作为唯一的利润来源，而是将各种各样的各个社会阶层的"人"和"门路"（比如官员、权力、垄断等各类可能产生"利润"的人或事）视为利润的渠道来源①。虽然这种思维模式和获利行为与现代社会那么不入流，但由于中国社会缺乏彻底的、完全的工业革命，所以，中国的传统商业模式并没有出现向现代企业组织过渡的显见区别，传统商人并没有完全向现代企业家进行转变，仍然采取"哪里有商机，就往哪里走"的利润模式。

（2）中国传统的"政商关系"盈利模式的影响。中国传统盈利模式的路径是"家族关系"—"亲缘关系"—"政商关系"。尤其是"政商关系"的扩展与沿袭使中国传统商业竞争具有非理性、非制度化的特征，竞争主体的不平等性和竞争秩序的紊乱，导致了在中国传统商业竞争中官商勾结和权力寻租的泛滥。因而，那些精通人际关系交往的商人们，自然就瞄上了掌握社会资源和商业资源的政府官员，从而演化为一种固定的"政商关系"盈利模式，以至于"为官须看《曾国藩》，经商必读《胡雪岩》"能够在民间广为流传。我国当前反腐败斗争中出现的"贪官后面必有私营老板"的独特现象就是例证。

（3）非市场经济型经营者的素质所决定。长期以来，很多人对民营企业的老板或经营者提出这样或那样的批评，但大多没有挖掘其深层原因。笔者认为民营企业老板或经营者问题的根源在于：很多企业的老板或经营者从总体上看仍然属于"非市场经济时期的经营者"或"非市场经济型的经营者"，他们仍然具有浓厚的非市场经济时期经营者的特点。也就是说，他们还没有完全从非市场经济型的经营者转变为适合现代市场经济要求的"市场经济型经营者"，正是这一重要市场经济主体的缺位，才在很大程度上导致了当前我国民营企业的诸多缺陷。

同理，尽管我国现在有500多万老板在社会主义市场经济体制下创业并从事生产经营活动，而且也取得了惊人的效益，但并不能完全称之为"市场经济型经营者"，因为他们中的不少人的思维观念等内在素质仍然与非市场经济型经营者或老板没有多大差别，他们还不完全具备市场经济型经营者的内在素质和要求。

非市场经济型经营者与市场经济型经营者的不同在于：他们仍然不同程度地存在着浓厚的封闭意识，迷恋暗箱操作；热衷于关系资源，注重血缘、地缘等纽带的扶助和支撑；思维方式更多的是单向闭锁式；习惯于集权、保守，重视"人治"，个人说了算；为了追求利润，可以不择手段。这种内在的素质和特征，决定了他们与不合市场规则的"钻营管理"有着天然的联系，不需要传经布道，这些民营企业能够无师自通，运用自如。

当然，由于他们的生存背景和制度的变革，他们与传统的非市场经济型经营者相比还是发生了很多变化，而且还在进一步的转变中，但他们与现代市场经济发展的要求仍存在较大差距。

（4）我国当前市场环境的影响。我们知道，尽管我国的法制建设取得了很大成就，但仍然不尽如人意：一是国家的法律法规不健全、不完善；二是整个社会的法律意识不强。在这样特殊的环境中，"钻营管理套路"自然顺理成章。

3. 民营企业钻营管理的表现

首要表现就是钻企业的"关系资源"。关系是一种能降低交易费用的信息，西方社会是建立在契约基

---

① 孙景华．中国人的管理逻辑．北京：机械工业出版社，2006：48.

础上的，没有正式的契约，企业组织将无法建立与运转，企业中各个利益主体的责权利也就无从谈起。而对于东方儒家地区，特别是华人社会，没有关系则困难重重。不讲关系，企业组织中人们的权责利就无法协调；不按照关系的游戏规则办事，企业组织就无法运转；不懂关系的员工，就很难呆在企业里。

关系资源，分企业内部的关系资源和企业外部的关系资源。民营企业重点是"钻"外部的关系资源。社会学有一个很流行的概念叫"社会资本"，所谓"社会资本"，就是把社会关系资源加以运用，以提高生存和发展能力。社会关系资源犹如货币，能像货币那样被用来投资获利。

民营企业主要通过放大的家族原则来整合社会关系，扩大际缘组织，获取社会资源。企业主日常的商业活动或其他社会活动的一个重要内容就是维持和扩大关系网络，如通过联姻、认干亲、认同宗、认老乡、交朋友、送干股、当顾问、挂名誉职务、定期或不定期的聚会等各种方式来建立个人信用和扩大关系网络，在社交中随时把握着一种亲疏远近的关系原则和内外有别的尺度。

其次是钻国家法律和政策的空隙。中国的改革开放是在没有现成经验可以借鉴的情况下进行的，而且是一种循序渐进、"摸着石头过河"的改革，因而法律和政策本身不可避免地存在着很多模糊和空隙，民营企业钻这种"空隙"就不足为奇。

再次是钻市场中相关方的空隙。不少企业除了正常地钻市场机会外，更多的是钻市场交易相关方的空隙：一是钻消费者信息不对称的"空隙"，如制售假冒伪劣商品、标示虚假价格等；二是钻员工弱者地位的"空隙"，比较常见的是无报酬或少报酬的"加班加点"、利用"试用期"降低就业人员的工薪和其他报酬等，"星期六保证不休息，星期天休息不保证"在民营企业中是一个普遍现象；三是钻合作投资者信息不对称的"空隙"，如虚报投入和开支，减少利润数额，使合作者的收益减少；四是钻竞争对手防护不到位的"空隙"，如仿造对方的产品、利用各种名目的回扣或关系等手段使自己获利，或使自己处于有利的竞争地位。

"钻营管理"的有效与成功主要在于：一是得到了先人一步的发展机会；二是优于他人的低成本竞争。但是，由于这种经营理念与做法损害了各相关方的利益，从而受到了社会上的很多批评与指责，如"助长腐败"、"坑蒙拐骗"、"假冒伪劣"、"为富不仁"等，致使企业主及企业付出了很大代价。同时，中国当前的法制环境和市场秩序已发生很大变化，"钻营管理"的成本加大、效果有限，更何况关系资源的传递和使用的动力逐渐减弱，办事效率和成功概率呈加速衰减趋势，因此，钻营管理套路创新势在必行。创新的方向应该是敢于承担社会责任的经营管理。不过，钻营管理套路创新，不应否定"钻营"的机会意识，而是要求钻对"空子"（即钻市场的空子），合法经营，公平竞争，对企业的相关方负起应有的责任。

### 三、制胜的行为套路——"非常规行为"

常规性思维也称"惯性思维"、"思维定式"，是指按照一定的固有思维方法进行的思维活动。所谓"非常规行为"，这里是指企业的行为不按照正常的思维模式或教科书中的管理理论和规程进行运作。在多数人看来，"非常规行为"是"歪打正着"，不算什么。

1. 非常规性行为的效应

由于常规性的管理理论和管理方法或者思维模式对人们的日常生活形成极强的思维惯性，因而，从一定意义上说，正是这些常规性思维限制了人们潜能的突破，所以，只要善于打破思维禁锢，质问常规路线，挑战假设局面，用变化的视角不断观察那些正在发生的事情，用创造性思维突破常规，就能激发潜能，走出困境，超越自己的过去。

电视剧《亮剑》中独立团团长李云龙为什么能够以少胜多、以弱胜强，让部队很快发展壮大起来？

很重要一点，他是在特定的环境中，打破常规，不按游戏规则出牌。从我国当前的民营企业来看，它们不也正是由于非常规运作、不按游戏规则出牌而经营成功的吗？而且不少强势企业也是这样发展起来的。不少民营企业在制度不完善的情况下，选择制度之外"抄近路"闯出了一条路，才没有因为先天资源不足而被淘汰，畸形地发展壮大起来。

2. 非常规性运作的表现

（1）市场进入中的非常规性。市场进入中的非常规性的例证如本应谨慎进入的"过度竞争"行业，却大量挤入，使竞争更加激烈。不过，结果也有积极意义，一是由于打价格战，一定程度上带动了国内市场的消费；二是竞争使经营者重新洗牌，优胜劣汰；三是市场拥挤迫使企业向外地市场发展、向国外发展。又如本属难进入的科技型行业，一些民营企业却迎难而上，从而也促进了科技市场的繁荣。

（2）招人用人中的非常规性。这表现在不用最优而用次优，"适合"就行。一般来说国有企业的经理总是想挑选某一方面最优秀的人。但在民营企业中，老板认为：选一个合适的人，比选一个优秀的人更重要。这种看似非常态的做法，却是十分正确的。

（3）发展中的超常规。民营企业中的非常规性例子很多，如超常规发展问题，也就是快速扩张问题。常规的解释是盲目追求发展规模和速度将导致失败。但是，我国的民营企业长期以来一直是快速扩张，而且是低成本扩张，有时甚至达到了令人难以置信的地步。这在浙江的打火机、领带、袜子等小商品上，表现得淋漓尽致。他们正是凭借这种低成本的快速扩张，不仅成功地占领了国内市场，而且在国际市场上也挤占了一席之地。再就是多元化经营问题。很多人批评我国的民营企业在实施多元化经营战略时往往没有遵循著名管理学家钱德勒所讲的企业成长规律，一开始就跳过了第二阶段，有的甚至跳过第二、第三两个阶段，直接进入了不相关产业（领域）的多元化阶段。但是，我们看到的是很多民营企业正是由于快速多元化经营使企业做大做强了，我们周围或者大家看到的成功民营企业不正是这样吗？

3. 我国民营企业非常规行为的反思

面对以上这些，有两个问题不得不思考：

（1）这种行为套路为什么能够有效或成功？简单地说：一是由于"特定环境"；二是由于非常规行为具有的创新作用。所谓"特定环境"，一是我国处于"转轨时期"，市场经济不成熟，致使正统的权威理论的作用大打折扣。成熟条件下形成的管理理论与认识，在不成熟的市场经济环境中，其有效性受到了限制，而非常规的运作倒是"歪打正着"，就好比"乱世出英雄"。二是我国的经济处于快速发展时期，因而出现了一些新的发展领域、新的行业、新的发展空间，客观上提供了快速发展和多元化经营的机遇，在民营企业主的扩张冲动下，多元化经营就不可避免。三是国家政策由紧到松的调整。政策的调整和鼓励发展，客观上推动了民营企业的非常规行为。曾有一种"超常规发展"的说法，即"不限速度、不限比例、不限规模、不限形式"。四是市场竞争不是重量级企业的竞争，杀伤力不大。在多元化扩张期间，大型的跨国公司进来不多，大型的国有企业在调整，自顾不暇，有利于民营企业的扩张经营。

关于非常规行为具有的"创新作用"，主要是指非常规行为的出人意料而表现出来的"新"作用。当然，"非常规行为"并不能等同于创新，但它确实具有"新"的意思，即"新"在对手不适应，"新"在法律、政策管不住，从而造成了发展的机会。

（2）民营企业为什么擅长这种行为套路？可以说，这与民营企业主的草根出身和现实经历与客观环境有关。一是他们没有效仿的模式。他们原来没有做过，当时又没有榜样可学，只能是"摸着石头过河"。二是他们没有理论的框框。他们不懂管理理论，当时又没条件且无处可学西方的企业管理理论与知识，谈不上常规不常规。三是发展环境还不能让他们常规运作。社会舆论有偏见，政策不宽松，法制不健全，狭缝中生存就不可能常规。四是经营民营企业过程中非常人生活的历练。珠江三角洲老板圈子里流行着一句话：老板不是人干的，它不是力气活，有劲就可以；也不是上大学，只要读书勤奋就能跨越"独

167

木桥"。尤其是民营企业家，他们不可能获得上级授权的"第一动力"，所以在充满不确定因素的市场环境中，他们更需要通过创新、敬业、合作、坚韧的精神，特别是出其不意的"非常规运作"来获得这个角色所拥有的权力并维系这种权力。

正因为如此，他们在特定的环境和条件下，不得不自创武功。这种功夫虽然偏执、怪异、另类、别样，属于不是办法的办法，但正是这样，他们生存并发展起来了。

当然，我们在肯定非常规行为的理念与做法的同时，还必须看到：我国民营企业非常规行为发展的特征主要是依靠资源投入，通过规模扩张实现粗放型增长，企业盈利主要依赖廉价劳动力创造的剩余价值，利用低成本、低价格手段竞争。因而，随着资源、环境约束的趋紧，随着土地、能源、原材料和劳动力成本的上升，这种盈利模式将难以为继，这条发展路子会越走越窄。因此，非常规套路也要与时俱进，不断创新。

## 参考文献

［1］赵文红，李垣．企业家成长理论综述．经济系动态，2002，1.

［2］申明，宛一平．中国人行为心理特征与中国式管理．北京：企业管理出版社，2006.

［3］袁红梅．中国式管理的得与失．北京：中国言实出版社，2005.

［4］约翰·奥基夫．打破管理常规．齐家才，译．北京：中国社会科学出版社，2005.

［5］时英中．管理无规则．北京：中国致公出版社，2005.

［6］袁友军．融合：民营企业的制度选择．北京：中华工商联合出版社，2005.

［7］孙景华．中国人的管理逻辑．北京：机械工业出版社，2006.

［8］乡镇企业．民营经济．人大报刊复印资料，2005，1-12.

［9］乡镇企业．民营经济．人大报刊复印资料，2006，1-12.

［10］民营经济与中小企业管理．人大报刊复印资料，2007，1-7.

# 家族企业代际传承问题研究

● 文炳洲[1]

（1　西安交通大学管理学院　西安　710065）

**【摘　要】** 家族企业作为一种重要的企业组织形式遍及世界各地，对人类的贡献和重要性被普遍认同。在中国民营经济中，家族企业已占有很大份额。实践表明，家族企业普遍短命，而短命的首要原因是代际传承失误所致。本文从家族企业代际传承的定义出发，系统阐述了代际传承理论研究的成果，包括代际传承动因、理论模型以及影响因素，指出平稳的代际传承是保证家族企业可持续发展的重要因素之一。最后，就中国家族企业代际传承规划提出具体建议。

**【关键词】** 家族企业　代际传承　理论模型　可持续发展　启示

## 一、代际传承的定义及其动因

### 1. 代际传承的定义

家族企业代际传承是指企业的所有权和经营权由家族的掌门人传递给继承人的过程，其实质是家族的财产、声望和社会地位的传递。该过程以继承人进入家族企业为起点，以掌门人完全退出企业、继承人接管企业大权为标志宣告结束。

亨得勒（1990，1992）指出，代际传承是一个过程而非瞬间完成的事件，是一个包含从前期准备、子女介入、形式就任到权力真正转移这么一个复杂而精细的过程。

从实际情况看，家族企业代际传承的时间长短不一，短则 3~5 年，长则 10~20 年。传承的形式也多种多样，有的是子承父业，有的是隔代传承，有的是兄长传弟……无论采取何种形式（基于文化背景的影响，华人通常"传男不传女"、"传里不传外"），传承的根本目的就是让家族成员牢牢掌握对企业的控制权，确保家族企业的延续。

代际传承是家族企业最为敏感又不容回避的问题，学术研究也多集中于此。但是，能顺利完成代际传承的家族企业并不多。据统计，家族企业平均寿命为 24 年（在中国家族企业最发达的浙江省，平均寿命为 14.39 年），许多家族企业往往在创立者去世或不再管理企业之时结束（Alcorn，1982）。美国西北大学凯洛格管理学院教授 John Wood（1996）发现，大约只有 20% 的家族企业能成功进入第二代（Birley，1991；Madore，1993），只有 13% 能成功进入第三代，仅 3% 的家族企业能进入第四代（Lank et al.，1994；Marotte，1993）。华人世界历来就流传"富不过三代"的说法，也反映了家族企业的短命。研究发现，短命的首要原因是权力与财富在代际传递过程中出现失误。

由于我国当代家族企业起步较晚，代际传承问题尚不突出，故相应的研究与国外差距很大，已有的研究多从本国传统文化的视角进行探讨。

### 2. 代际传承的动因解析

美国学者 Lansberg（1999）认为，对父母来说，将他们的希望和梦想永续的最好方式，就是将他们一生所从事和建立的事业传递给他们的子孙，并代代相传，这是人类的天性。

华人家族企业之所以首选内部传承，除了不希望利益外部化之外，与中国人家族传统文化密切相关。美籍日裔经济学家弗朗西斯·福山（Francis Fukuyama）在《信任——社会美德与创造经济繁荣》一书中解释说，华人社会是一个低信任度的社会，由于华人企业家只信任与自己有血缘关系的人，而不信任家族和家族以外的人，所以没有职业经理人阶层形成，也就形不成大企业。此外，中国人选择内部传承方式还有如下考虑：

（1）有利于家族情感的维系和凝聚力的增强。中国的"家"文化始终是统御家族企业的灵魂，家族企业的兴衰关乎整个家族的命运，因此家族企业首先讲谦让和睦的亲情原则，其次才讲利益至上的商业原则。也正因为如此，家族企业的凝聚力比非家族企业更强，特别是在外部环境恶劣的情况下，家族企业更能有效地抵御外来干扰和冲击。而外聘经理人面对家族企业诸多不成文的规定，往往"水土不服"。

（2）交易成本低。在现代公司制企业，由于两权分离，委托—代理成本很高。在家族企业中，家族成员既是所有者又是经营者，两权没有分离，责权利一体化，容易达成某些共识，从而降低了交易成本。A. Kenneth（1989）指出："不确定性具有经济成本，因而，减少不确定性就是一种收益。"同时，目前（国内）的职业经理人市场是一个"柠檬市场"（lemon market），其中的次品率相当高。职业经理人多将经营企业当做职业（谋生手段）而非事业（自我追求）。力帆集团董事长尹明善深有感触地说："让一个外人掌握你企业的技术核心机密很危险，他完全可以随时拿走，造成企业不稳定。我只有靠家人，他们背叛的可能性小，稳定的成本就低。"经济学家张维迎也指出，中国并不缺少企业家，也不缺少想当老板的人，而是缺少愿意为老板服务、诚信为老板服务的职业经理人。

（3）决策效率高。家族企业的控制者同时又是"家长"，这决定了其在企业当中的权威和核心地位，更由于其身上某些"企业家特质"（如经验、眼光、胆量等）成就了企业，晕轮效应（halo effect）固化了家族成员乃至企业员工的敬畏感和服从感。掌门人决策时往往独断专行，不愿与他人商量；执行时强调不折不扣，威严相加；调动资源时不拘形式，随心所欲。这些看上去有悖管理之道，但也许更为有效，因为今天的竞争更强调速度。因此，家族企业掌门人愿意保持这样一种风格，也希望这种风格能代代相传，并以此"标准"在家族成员中物色合适的接班人。

（4）血脉是无形的纽带。博弈论指出，博弈的结果是博弈双方的最优选择。一次博弈是标准的非合作博弈，而重复博弈才会出现合作博弈。而合作博弈的结果往往比一次性博弈的结果更优，并且能够实现双赢。家族成员有着天然的血脉关系（并且难以改变），他们之间的博弈是重复博弈的过程，合作与忍让是最优的选择。因而家庭成员之间会建立起一种默认的博弈规则——企业规则与家族规则的复合品，它近似于契约，并且能够简化治理结构和监督机制。在家族企业代际传承时，对继承人的认可能够保证契约的完整和有效，抵御外部势力对企业的渗透。

## 二、代际传承的理论模型

### 1. 角色相互调整理论（role mutual adjustment theory）

角色相互调整理论是亨得勒（Handler，1989）在与 32 位家族企业继任者深度访谈的基础上提出的。该理论认为，家族成员在继任过程中大多担任多重角色，并且角色随着继任过程而不断转变。如在企业发展初期，规模较小，领导者是唯一的执行者，待企业具有一定规模后，领导者就真正成为企业的权威，成为类似君主执行者的角色。伴随着继任过程的进行，领导者退居二线但仍掌握控制权，成为监督者遥控企业的发展，直到最终放权成为顾问。因而，继任过程就是领导者与继承者之间角色相互调整的过程。这个过程包括四个阶段，其中领导者经历了唯一的执行者、君主、监督者、顾问四个角色；与此相对应，继任者则从无角色、帮助者、管理者到领导者。在此过程当中，领导者对公司的影响力逐渐减小而继任者的影响力不断加强。该理论进一步认为，儿子的角色是由父亲塑造的，父亲在此过程中处于主动地位，如父亲的角色为君主，儿子的角色就对应为帮助者。

通过调研，亨得勒发现大多数继任者能进行到一、二阶段，但在三、四阶段容易出问题。据此，他提出有利于代际传承的继任者应当具备的素质。

2. 认知归类模型（cognitive classification model）

马修斯、摩尔、菲戈（Matthews, Moore, Fialko, 1999）从心理学认知角度建立了认知归类模型。该模型认为，人总是习惯于对自身及周围事物在原型基础上进行评价、归类，而且归类结果受到评价者自身框架效应和周围环境的影响。

对领导权交接计划的评估往往从父辈领导人和子辈接班人各自的自我认知以及相互认知两个方面来考察，因此有四条路径（如图1所示）：子辈接班人对父辈领导人的认知归类（路径1）；父辈领导人对子辈接班人的认知归类（路径2）；父辈领导人的自我认知归类（路径3）；子辈接班人的自我认知归类（路径4）。而无论是父辈领导人还是子辈接班人均是基于环境对对方或自己进行认知归类。

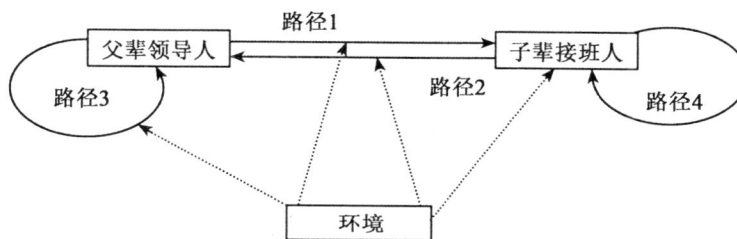

图1　M-M-F 模型示意图

该模型从认知角度提出四个命题：

领导者的自我评价归类。通常父辈即使感受到也不愿承认自己在体力和新知识上的局限性，而潜意识地对子女嫉妒导致不愿放权，并坚持对公司施加更多的影响力，直到死亡或衰老的威胁感增加或是有了新的兴趣点。

领导者对子辈评价归类。领导者对子辈的评价受其自身框架效应影响。桑南·菲尔德（1988）根据领导者对权力的控制欲望把领导者分为四类：国王、将军、大使和长官。前两者的控制欲强，视子女为竞争对手和新手，容易给传承带来负面影响；后两种类型冲突较少。将子女归为哪类要受性别角色的影响，如女儿一般易被归为孩子和学习者，很少被归为领导者。

子辈的自我归类。子辈对自己的评价会受到其身份的影响，如经理人继承者对自己能力的看重程度较父辈对其能力的看重程度低些，而那些企业主兼经理人的继承者，对自己能力的看重程度则和父辈差不多。此外，教育程度、能力和新技能的获得也在很大程度上影响子辈的自我评价，是否能接受继任者的角色，基于其自我评价能否胜任此项工作。

子辈对父辈的归类。子辈对父辈的归类评价在很大程度上影响其自身的能力，当子辈对父辈的领导力积极赞成时，就可能导致消极的接班，并愿意接受父辈的领导；反之，当子辈与父辈的意见相左时，就积极准备接班。

3. 焦虑分析模型（anxiety analysis model）

顿恩（Dunn, 1999）在鲍恩（Bowen, 1988）提出的"鲍恩家族系统学说"的基础上构建了基于个人、家族和企业需要的接班模型（如图2所示）。该模型认为，两代间的相互尊重和家族管理是决定家企业接班成功与否的关键因素，而父子间的关系也是动态变化的过程。Davis（1982）对 89 对父子调查发现，不同的生命周期影响父子关系的质量。研究表明，当父亲年龄为 60～69 岁，儿子年龄为 34～40 岁时，父子关系最为紧张。同时，不同生命周期具有不同的工作目标和个人渴望，而对家族生意不太感兴趣的个人渴望将会导致接班过程的混乱，一般发生在接班人 30 岁和 38～45 岁的过渡期。

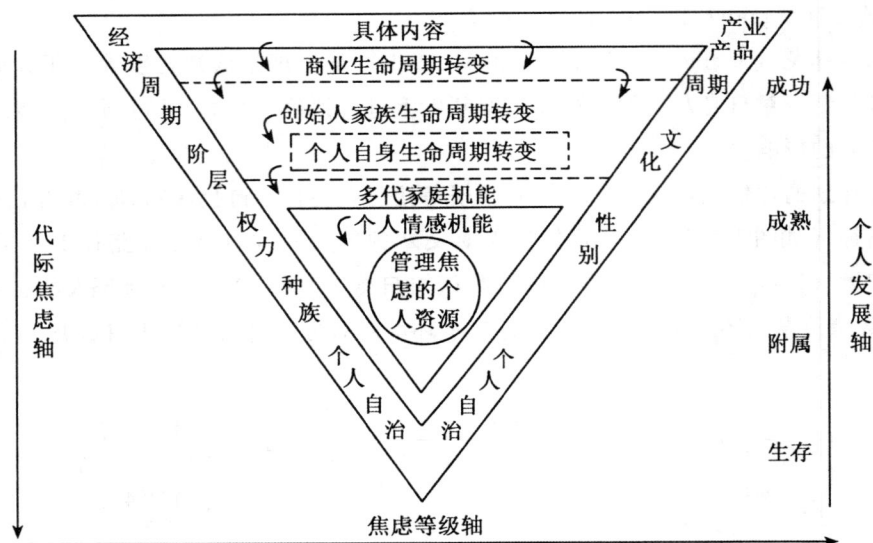

图 2　焦虑分析模型

当父子关系进入紧张期时，情感均衡被打破，家族企业内部焦虑开始上升，家族就要寻求使系统恢复正常的解决方案以消除焦虑。由此可见，当个人试图解决问题时，焦虑开始产生，并随着问题的解决而沿纵轴下降。而问题解决的好坏又影响到横轴家族焦虑水平。在个人努力解决问题的同时，也在努力寻求其个人的发展机会，他们不得不面对一个缓慢而逐步增强的焦虑环境的挑战，家族企业中的高级和中级管理成员在努力试图推进其个人的目标，如计划退休、权力交接等。但是，在新的权力安排尚未出台时，成员们为了维护家族情感而变得"弱智"，即未来看起来不如现在的安排时，开始变得执著并产生焦虑，且这种焦虑和个人生命周期一样周而复始地循环。

4. 系统理论（system theory）

贝克哈德、戴尔及亨得勒认为，家族企业包含企业、家庭和领导者等系统，其中企业和家庭是最基本的两大系统，并各自有其子系统。家族企业就是这两大系统相互影响和作用的结果，并由此形成其独特的治理模式和传承机制。

家族企业的两个系统均有其独特的文化、属性和冲突，且每个系统都很看重保持本系统的完整性和平衡性，抵制异化和分离。在一般情况下，尤其是领导人在位时，两系统均处于平衡状态，当有职务提升或接班人选拔等事件发生时，系统间就会出现冲突、混乱和纠纷，且所波及的组织和个人会努力谋求更多对家族、企业的控制，从而打破这种平衡，进入一个相对混乱、不易管理的阶段。这种混乱的消除有赖于两系统各自的属性及其相互作用的模式，如成员间的相互依赖性、信任度和财产利益分配状况，企业管理模式的成熟度以及经济发展势头等。而继任过程就是两个系统不断调整、相互作用，由平衡走向不平衡，再由不平衡走向新的平衡，并最终完成代际传承的动态过程。

### 三、代际传承的影响因素

**1. 继承人和掌门人因素**

（1）家族企业候选继承人人数。对于家族企业而言，最终权力的继承人只能有一个，如果候选人太多，将可能引发家族内部权力斗争。斗争的结果，可能是有一个候选人脱颖而出，成为家族企业新的掌门人；可能是家族企业分裂成多个企业；也可能是由第三方力量接管企业，结束该家族统治的历史。此外还有一种结果，就是家族成员在事先形成一种契约，规定由嫡长子继承或者采取家族会议的形式选举产生，由能者居之。受到国情的影响，在中国大多数家族企业掌门人的子女不多，但是掌门人的兄弟姐妹可能较多，因此家族企业候选继承人既有亲生子女，又有外甥侄子等。

（2）家族企业继承人和掌门人的关系。著名家族传记作家罗恩·切尔诺认为，第一代人与第二代人之间往往关系很紧张，矛盾多集中在孩子们是否愿意介入企业事务，第二代人对继承家族生意不感兴趣，往往会导致代际传递失败。例如有美国婴儿食品业亨利·福特（Henry Ford）之称的丹尼尔·盖博（Daniel Gerber）之子丹·盖博（Dan Gerber），上大学时便发誓要成为作家，而不愿继承价值 10 亿美元的家族企业，虽然年仅 27 岁就被任命为盖博食品公司的董事，但 5 年后仍要求辞职。如果两代人关系融洽，继承人愿意接管家族企业，那么代际传承可能顺利完成。

（3）继承人的个人魅力和专业知识。要接管家族企业不光需要热情，更需要通过个人魅力去团结和领导下属，也需要专业知识来管理企业。新生代必须有能力在将来对家族企业的战略作出改革和创新，继承和发展家族企业。

（4）掌门人的个人倾向。瑞士国际管理与发展学院（IMD）研究家族企业的教授乔基姆·施瓦斯认为，导致代际传承失败的另一个因素是家族企业掌门人不愿意放弃控制权，以及没有意识培养继承人。因此，家族掌门人也应适时地变更自己的思维方式，给继承人提供机会。

**2. 普遍凝聚力因素**

所谓普遍凝聚力，指家族企业内部和外部的利益相关者对掌门人的忠诚和对继承人的信任程度。普遍凝聚力能够反映在权力的代际传递期间，企业内部人际关系的稳定性。有研究表明，家族的和谐和企业的长期稳定有利于权力的代际传承。

当家族企业具有一定规模时，权力的代际传承不仅会在家族内部造成震动，还会使企业员工、其他关系人和社会受到影响；反过来说，家族成员的行为、企业员工及其关系人的倾向又会对企业权力转移造成影响。这里的利益相关人（stakeholders）包括：

（1）那些既是家族成员又是企业管理人员的"家族经理"。他们掌握着企业的部分权力，是绝对不能忽视的力量。权力的代际传承必须有他们的支持方可顺利实施，否则可能会导致不满情绪，甚至出现忽视家族整体利益、损公肥私的现象。这将破坏整个企业的和谐气氛，甚至破坏权力的代际传承。因此，在权力转移过程中应尽量减少对家族经理利益的触动。

（2）非家族职业经理和中层管理人员。除别有用心的人以外，他们中的大多数人希望家族内部和谐，因为唯有如此他们的一切才有保障；另一方面，一旦感受到家族的不和谐，他们大多会急于寻找靠山，而这一行为又加剧了纷争，甚至会促成家族内部分裂。所以他们是企业关键的稳定因素，应温和地对待他们，避免他们和家族经理形成派系。

（3）企业和家族以外的人士。对于现代家族股份公司，其他股东的意见往往能够决定代际传承成功与否。在代际传承期间，应密切注意股东股权的变化，及时与各个股东进行沟通，一方面增加他们的信心，保证股权比例的稳定；另一方面防止少数股东持股高于家族持股现象的发生，牢牢地把握家族的控股地位。

积极争取上述三种利益相关人的支持，能够大大降低权力代际传递时产生的风险。正如丹尼尔·麦康劳希所说，如果家族企业能够成功地驶出财产继承和人际关系争端所形成的湍流，它就会处于比其他非家族企业更有优势的地位。

3. 家族企业所处的生命周期

美国爱迪恩研究所创始人伊查克·爱迪恩（1989）提出企业生命周期理论（enterprise's life cycle theory）。它将企业的生命周期分为三个阶段九个时期：成长阶段，包括孕育期、婴儿期、学步期；再生和成熟阶段，包括青春期、盛年期、稳定期；老化阶段，包括贵族期、官僚化早期、官僚期。该理论较好地描述了企业从产生到消亡的过程，对于家族企业继承人进入和掌权的时机有很大的指导作用。该研究认为，继承人在进入企业时机选择方面，可选择从学步期到官僚期的任何时候，但是最佳时期是学步期和青春期。因为这时的家族企业处于转型期，继承人的加入可以带来新的思维和战略，可以使即将发生的制度变革与自己权力和威信树立同步发生，还可以充分借用上一代的权威建立自己在企业中的地位，从而避免今后可能发生的权力斗争。在盛年期后，创业者的威信开始下降，职业经理对权力的要求开始增加，此时权力的代际转移将会困难重重。在继承企业的时机方面，则最好是选择稳定的时期，即成熟阶段的稳定期，在此之前继承，容易影响业务的拓展；在稳定期后继承，则权力斗争复杂，代际传承失败的可能性也会增加。

## 四、对家族企业管理的启示

在国际上有人把华人企业发展分为三个阶段，第一阶段由一个有权威、创新精神、冒险精神的创业者创办一个企业，这个企业可能做得有声有色，非常成功。到第二阶段，创业者要退休了，他们儿子之间就要为接班的问题发生纷争，企业很可能就四分五裂。运气好的企业，其中有一个儿子继承了他的位置，就发展到了第三阶段。但是在第三阶段，西方的好多企业就进入了管理的职业化阶段，即由市场雇来的职业化经理对企业进行日常管理，成为大型化的企业，但是华人企业不愿推行这样的职业化管理，所以到第三阶段就四分五裂，形成所谓公司不断产生、发迹又很快消亡的恶性循环。由于寿命太短，所以世界品牌当中难觅华人企业。

之所以如此，根本原因是代际传承出现失误。可以说，家族企业成在交接，败也在交接。对中国大多数家族企业来说，第二代接班，与其说是继承财产，不如说是保卫财产，而不仅仅是管理公司。

现代经营派的理论认为，家族制管理是一种保守、落后、会制约企业发展的经营方式。而美国北里奇加利福尼亚州立大学的家族企业中心主任丹尼尔·麦康劳希针对219家家族企业和非家族企业1998年与1999年的财务经营状况调查后发现，较之非家族企业，由传世家族控制的企业价值更高，经营更有效率，而且负债更少。英国经济学家E.F.舒马赫（1973）在其著作《小为美》中就明确指出，中小企业是现代经济中创造就业、出口甚至技术创新的主力军。他甚至将中小企业看成是大企业的替代物，要求企业必须是地方性的，以限制其扩张，并且必须是个人的，含有大家熟悉的世袭的意义。正泰集团董事长南存辉也指出，家族管理的企业并不一定就是家族企业，而非家族管理的企业也可能是家族企业。

笔者认为，家族企业并非过时的企业形态，也不认为现代企业制度一定优于家族企业（如表1所示）。正如哈耶克指出："具有竞争力的制度，是人们行为的结果，而不是人为设计的结果。"实际上，任何事物只要能长期存在，必然有适合它存在的土壤和条件。

| 表1 | 经营者产生方式与企业绩效的关系① | |
|---|---|---|
| 经营者产生方式 | 平均劳动生产率<br>(万元利税/人) | 平均资产利税率 (%) |
| 政府任命 | 3.787 272 727 | 8.959 139 785 |
| 董事会任命 | 3.476 365 943 | 8.446 953 014 |
| 家族继承 | 5.454 171 563 | 22.210 259 35 |
| 职代会选举 | 0.282 237 404 | 1.995 712 69 |

家族企业的代际传承问题涉及面广，如企业所有权分配、子女接班、家族成员的冲突、家族财产规划、家族企业所有权转移等。Anderson 以及 Barnes 等研究表明，缺乏代际继承计划是家族企业传承失败的重要原因。Lansberg（1988）认为，家族成员不可避免地对继任过渡具有非常矛盾的情感，这种矛盾的情感使得主要决策者不能为创始人的退出作出建设性的规划。朱素英（2006）通过调查发现，在选择继任者时，多数家族企业陷入两难境地——一方面对家族成员的能力不自信，另一方面对外来经理的人品又不放心。

如何使代际传承顺利而平稳地进行？对此，西方学者多从继任过程的影响因素入手做了较为深入的分析，提出了一些有价值的研究成果。但总的来看，这些理论显得零散，缺乏系统性和可操作性，有待进一步提炼。

总结国外经验并结合中国实际，本文认为传承规划应当解决好如下问题：

首先，倡导"政""企"分开，规范企业治理结构。这里的"企"，指企业；这里的"政"，指家政。众所周知，企业家是特殊人群。家族企业的创立多与创业者本人的特质有关。中国的家族企业大多没有很长时间的历史积累，而是基于改革开放的大背景，企业家一靠机遇二靠胆量迅速发展起来的。特别是对中国第一代家族企业来说，"第一桶金"往往是靠胆大、投机、钻政策空子（打"擦边球"）等机会主义因素取得的。显然，随着市场游戏规则的完善，企业外部环境的变化，过去的路径不可能继续奏效。"创业难，守业更难"：代际传承不仅仅是简单的接棒问题，而是家族企业二次创业问题。从表层看，代际传承是职位传承；从深层看，是所有权、经营权和控制权的传承；从核心看，更是家族事业的传承。家族企业只有由"人治"转向"法治"，摆脱"因人而盛、因人而衰"的怪圈，才能适应外部环境的变化。在决策方面，掌门人不能将自己凌驾于董事会之上，搞"独舞"，随意拍脑袋。基于家族企业内部存在家族与企业两大平行系统（如图3所示），美国哈佛大学家族企业问题专家 John Davis 提出设立家族理事会、董事会、股东大会等机构、定期召开家族会议等建议。家族理事会主要负责与家族所有权相关的事务，董事会则主要负责与企业发展密切相关的事务。当前家族企业的焦点问题是参与创业的家族成员之间的产权和利益争执，这些争执可以在家族理事会的架构内寻求解决。考虑到创业者大多健在，且大多具有权威，可让他们在家族理事会中发挥关键作用，而不必与企业的经营管理纠缠在一起。

其次，制定传承规划，直面接班人的培养。按照 Longenecker & Schoen（1991）代际传承理论模型（如图4所示），传承过程包括七个阶段，即进入前、初步进入、初步发挥作用、发挥作用、发挥重要作用、接班早期以及正式接班。前三个阶段可以概括为接班人在家族企业以外工作以及在家族企业中兼职工作，被称为是一个社会化的过程。发挥作用阶段表明接班人在家族企业中成了全职工作人员。发挥重要作

① 关于非国有企业治理绩效影响因素的调查报告. 2002' 中国博士后经济与管理前沿论坛. ［2003-05-14］http：//www. postdoctor. org. cn/download/438-1.

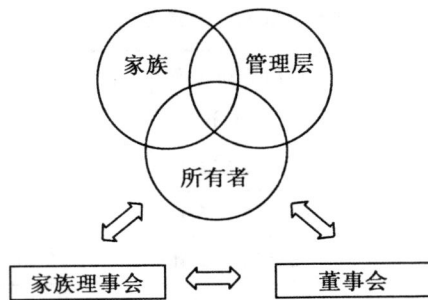

图3　家族企业的两大平行系统：家族系统与企业系统

用阶段表明接班人在家族企业中占据了企业内部管理岗位。在最后两个阶段，接班人在家族企业中占据了最高领导岗位。这是一个长期的过程，顺利完成这一对接过程离不开掌门人与各位元老的协助，即"扶上马，送一程"。

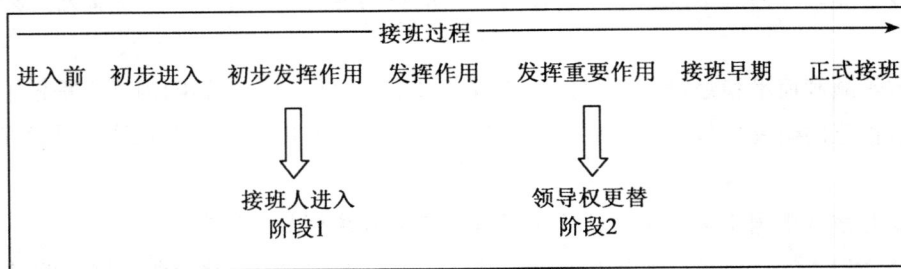

图4　Longenecker & Schoen 代际传承过程示意图

　　美国学者马娄（1998）研究发现，越是具有战略规划能力的家族企业，其持续发展能力越强。实践证明，早规划比晚规划好，主动传承比被动传承好。选择接班人既要"唯亲"（忠诚度）也要"唯贤"（个人才干），这就如同笛卡尔坐标的横竖两轴一样。能力和忠诚的衡量标准有坐标原点，才有客观的比较尺度，而坐标原点就是制度。必须用程序和标准规范接班人的选拔行为。第一，通过赛马（horse race）机制让合适的接班人从子女当中脱颖而出。第二，必须培养接班人对本企业的感情，产生适度的沉没成本（sunk cost）。美国学者 D. A. Sheperd 等人采用行为经济学（behavioral economics）理论对家族企业传承因素的实证研究表明，当家族企业未来继承人在家族企业中投入了较高的资金成本，在行为上付出了大量努力，并且在继承企业前被要求达到一定的绩效指标时，继承人会更看重家族企业的价值（比如不愿意在继承后轻易将企业卖掉）。同时，一旦对企业投入了相当大的资金成本，这些未来的继承人一般不愿意作出对企业冒险的决策。因此，家族企业制定传承规划的时候，应尽量要求未来的继承人在企业中产生资金和行为方面的投入，例如持有（或购买）企业的部分股份，在企业内参加工作锻炼，造成沉没成本。这样，他们在感情上和经济上自然与企业联系更为密切，败德行为会相应减少。第三，逐步规范对继任者企业家能力的培养。现实当中，完全合乎要求、现成的接班人几乎不存在。

　　从图5所示的事业发展模型示意图看，一个企业好比一辆车，其奔跑（发展）有赖于创新的推动（组织的反应速度也很重要），而两个轮子分别是"专业技术＋知识"和"管理经验＋艺术"。当两个轮子都一般大时，车子方可平稳前行，但在实际当中，资源的分布总是不均衡的：企业要么左轮大，要么右轮大，或者相反。怎么办？左轮大、右轮小的企业，企业领导者应多投身实践；左轮小、右轮大的企业，企业领导者应多参加学习。对家族企业的继任者而言，学习和实践都是必修课。同时，知识经济昭示人

**176**

们：只有永远的学生，没有永远的老师。美国家族企业顺利传承的要素包括：尽量让下一代接触和了解企业的管理事务，成立传承委员会，吸纳银行、律师、主要供应商和大客户等利益相关者的意见，尊重孩子们在企业外所获得的工作经验以及尽量平等地对待家族成员和员工。对继任者企业家能力的培养包括：专业知识、企业管理技能、处理内部关系能力以及利用外部关系能力等。培养方式包括到大学学习深造，参与企业实践以及前任有意识地指导。指导内容应包括企业核心客户的介绍与联系；外部主要社会关系的介绍与联系；内部主要人际关系的介绍与联系；企业发展远景的介绍与共享；企业精神的介绍与传递；企业管理的主要职责与技能的传授；专业知识的传授；继任者独立决策能力的锻炼；继任者创新能力的培养与支持。

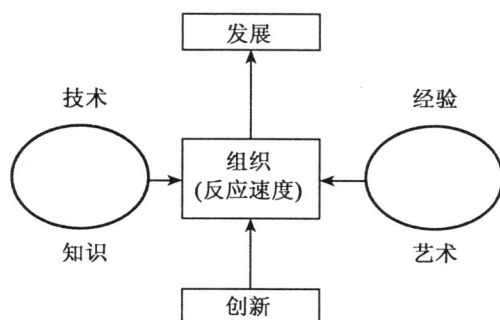

图 5　事业发展模型示意图

最后，妥善解决元老问题，努力化解传承危机。如何处理好家族企业财产权继承与经营权继承之间的关系？从国内来看，流行的做法是将经营权传承给一个子女，财产则平分给所有子女。这种做法有助于缓解子女争夺企业继承权的矛盾，但不利于企业的长远发展。而不这样做，又容易引起子女之间因财产分配不公而内讧。从西方代际传承的经验看，将所有权与经营权传递给一个子女，对其他子女进行补偿；或者将所有权继承向经营权继承人倾斜，使之拥有相对控股权，再对其他子女适当进行补偿是较为可行的两种方式。

按照管理的"二律背反"，创业时离不开人，创业成功后必须离开企业。实践证明，多数创业元老在创业成功后状态"老化"，表现出"头晕眼花耳根硬，腰酸背痛肌无力"，成为企业快速发展的阻碍。如何让这些人心甘情愿地退出企业，联想的经验可以借鉴。在数以万计的国内企业家当中，柳传志被认为是退得"最完美的一位"。许多企业家晚年退休后无所事事，相反，柳传志的淡出生活却过得十分精彩，大事做做决策，平时打打高尔夫。何以如此？柳传志坦言：成功地让员工分红入股，通过上市机制创造出自己上亿元的身价，并且在鼎盛时期安排好接班人，自己功成身退。柳传志表示，今天联想做得好，和年轻人在第一线很有关系："从 1996、1997 年开始，年轻人就陆续到了第一线，有了这个分红权，当年和我一起创业的老人们才肯逐年退去，如今分红权成了股权，老的确保安享晚年，年轻的也有自己的阵地，大家皆大欢喜各得其所，这就是联想的核心竞争力。"

## 五、结　语

从某种意义上说，关注中国的家族企业就是关注中国的未来。我们研究家族企业问题，目的是让家族企业在保持创业激情的同时，融合非家族企业某些现代管理理念和管理方法，提高其运营技能和生存能力，推动中国经济快速健康地发展。正如 GE 前 CEO Jeffrey Immelt 所说："对于家族企业来说，最好的结合点是把一些职业经理人的管理方法与企业家精神结合起来。"作为理论研究，应本着理解而非埋怨、引导而非强求的学术精神。

纵观家族企业的发展历程，通常要经历五个阶段：靠创意（或技术或项目）切入；靠人脉关系维系；靠组织制度保证；靠战略文化发展；靠个性定江山。在我国，除少数企业外，大多数家族企业尚处于由第二阶段向第三阶段跨越的时期，还很年轻，学界对于家族企业的研究起步也较晚。从研究方法看，排在首位的是理论型研究，且重点是介绍国外的文献和模型；其次是采用轶事型研究，对个案进行剖析；最后才是实证研究，数量极为有限。这种态势和国内社会科学的研究现状相吻合，但实证研究是理论发展的必要条件，也是一个被称为"科学"的学科是否健全的重要标志。就已有的成果而言，研究方法量化分析不够、理论系统性差及指导性不强也制约了研究成果的可信度和普遍性。事实上，应用主流理论框架进行研究是这一领域最重要的发展趋势。为使家族企业理论体系获得可信度和科学性，我们需要建立具有创新性、继承性和实用性的开放的理论体系。

由于代际传承行为对家族企业持续发展意义重大，因此，理论界应加强对代际传承行为的研究。应明确退位（移交）过程、规范对继任者的选择和培养、加强对继任过程和继任效果的评价，通过理论体系的创新，促进中国家族企业健康快速地发展。

当前中国家族企业面临的突出问题是如何实现从"企业家族化"向"家族企业化"的涅槃。事实表明：在一个利益冲突的社会，在制度不很完善的情况下，对人的信任是相对的，对人的防范和监督是绝对的。在理顺财产关系的前提下，应淡化家族统治氛围，以制度管人，用程序管事，相信制度胜过相信人。要扩大用人半径，树立"用人要疑，疑人要用，一方水土养八方人"的现代人才观。从长远看，所有权家族化、经营权社会化、股权公众化是家族企业发展的方向。

## 参考文献

［1］朱素英．浙江省家族企业继任调查分析．财经论丛，2006，4.

［2］张文贤，魏海燕．国内家族企业继任研究．管理评论，2004，2.

［3］张瑞，徐明．中国家族企业"子承父业"传承模式的若干问题探析．现代管理科学，2006，8.

［4］福山．信任——社会美德与创造经济繁荣．海口：海南出版社，2001.

［5］高明华．是子承父业还是请人打理——民营企业经理人路径的分期选择．投资北京，2004，12.

［6］罗磊．家族企业传承制度面临抉择——美国家族企业研究对华人家族企业的启示．东南亚研究，2005，1.

［7］曾德国，王林．家族企业代际传承中面临的困境及其对策．渝西学院学报，2005，11.

［8］许德音，周长辉．中国战略管理学研究现状评估．管理世界，2004，5.

［9］廉勇，李宝山．中外家族企业前沿理论研究综述．财经科学，2006，1.

［10］ROSENBLANTT P C，ANDERSON R M，JOHNSON P A. The family in business. San Francisco：Jossey-Bass, 1985.

［11］LANSBERTG I S. The succession conspiracy. Family Business Review, 1988, 1（2）.

［12］FRED NEUBAUER，ALDEN G LANK. The family business：it's governance for sustainability. Houndmills, Basingstoke，Hampshire RG21 6XS and London，Macmillan Press Ltd. , 1998.

［13］DEAN SHEPERD，ANDREW ZACHARAKIS. Structuring family business succession：an analysis of the future leader's decision making. Entrepreneurship Theory and Practice，2000.

# 家族企业接班人选择模式探索[*]

● 王连娟[1]

（1　北京邮电大学文法经济学院　北京　100876）

【摘　要】家族企业接班人选择模式关系着家族企业能否存续，通过借鉴西方家族企业接班人选择经验，并结合我国家族企业实际情况对家族企业接班人选择模式进行探索，这种探索包括家族企业接班计划、如何选择接班人和对接班人进行培养、在接班人选择过程中怎样处理家族成员间的关系、如何辅佐接班人和管理者的退出等。

【关键词】家族企业　接班计划　接班人选择模式

随着中国第一代创业者即将步入他们辉煌人生的后半程，企业接班人问题慢慢浮出水面。据统计，2004 年中国百富榜上富豪们的平均年龄是 46 岁，按照中国人的惯例，60 岁是退休的年龄。由此可见，未来 10 年到 20 年将是中国家族企业领导人换班的高峰期。

中国家族企业已有近 30 年的历史，企业接班人问题已经或即将提到家族企业的议事日程，探寻适合家族企业接班人选择的模式将关系到占据半壁江山的家族企业的生死存亡，关系到国家经济的繁荣发展。

## 一、家族企业接班计划

接班计划通俗来讲就是在所有管理人员共同参与下及早规划遴选下一代管理者，从而移交管理职责、逐渐减少前任管理者的重要性、最后彻底中止前任管理者的工作的计划。接班计划对企业的稳定和发展至关重要。接班计划是一个有利于管理控制权从一个家族成员转移到另一个家族成员手中的有意识的和正式的过程。继任计划过程包括选择和培养接班人、制定出一份继任计划。其内容主要包括：继任计划的结构、继任计划的参与者、何时开始着手制定继任计划、计划中的偶发事件、合理避税的方式等①。

家族企业所有者进入 50 岁时就应该开始考虑接班问题，如果缺乏有序的策划和执行过程，接班问题必然导致危机。许多研究者发现，缺乏接班计划是许多第一代家族企业没有继续生存下来的重要原因。

Lansberg 认为没有做出接班计划的原因是，家族企业的每个成员对不可避免的继任过渡具有非常矛盾的情感。这种矛盾的情感使主要的决策者不能为创始人的退出做出建设性的规划②。因而，Lansberg 对接班计划提出以下建议：

---

＊　本文为作者主持的教育部社科基金项目《家族企业继承者选择经验借鉴及模式探索》（批准号为：05JC790088）阶段性研究成果。

① TUNG CHUN HUANG. Who shall follow: factors affecting the adoption of succession plans in Taiwan. Long Range Planning, 1999, 32（6）.

② SHARMA P. Chrisman, succession planning as planned behavior: some empirical results. Family Business Review, 2003, 16：34.

（1）做创始人的工作。法国欧洲工商学院（INSE）曼弗雷德·凯茨·德·维里尔教授认为，对许多企业家来说，放弃自己的企业就好像在自己的死亡保证书上签字一样①。对于企业主来说，心态的调整和角色的转变是顺利交接的关键因素。

（2）做家庭成员的工作。要让家族成员意识到创始人放弃权力有多么困难和痛苦，因而从各个方面对他表示理解与支持。尤其是企业的接班人，成为接班人的家族成员应该注意到创始人面对继任的情感困难，他就更可能对创始人干预权力的企图作出建设性的反应，而不是表示敌意。

（3）做经理的工作。高级管理人员也需要公开坦诚地讨论继任问题。选择之一是制定一个经营管理持续性计划。理想的计划是设计使企业制度化的管理结构，并安排合适的人员，给资深经理们设计一些激励措施也是很有益的。这些激励措施包括提前退休计划，提供新的生活或新的工作。另外，激励管理者把培养和发展他们的接班人当成日常工作职责的一部分。

（4）做其他所有者的工作。动员其他所有者支持接班计划的关键在于动员董事会成员支持接班计划的制定、实施，董事会在制定接班计划时能够提供必需的专业技能和观点。

与大企业相比，中小企业接班计划可能更容易被忽视，大企业在上一代领导人何时退位很早就达成协议并由董事会严格控制，而且大企业更容易产生大量合格的潜在接班人②。

在中国，大多数的家族企业并没有继承计划。很多企业家在他们不能继续领导企业的时候，迟迟不能为身后事作出安排，这为安排继承问题埋下了隐患。51～60岁年龄段的人应该做好继承的准备，但超过这个年龄段的人会把持权力，已到这个年龄段的人会认为还没到时候，从而错过了可以进行平稳交接的契机。另外，子女在有能力接管管理权之前，需要有几年工作经验，他们通常在三四十岁的时候就要面临接班问题，即所谓的中年交接问题。结果，由于双方各自的敏感问题，接班就成为一个难题。

## 二、如何选择接班人

不论是选择一位家族成员，还是选择企业内部人或者选择"空降兵"，企业在选择接班人时都需要做如下几个步骤的工作：

1. 确认企业未来发展所需要的领导类型

企业和企业所处的行业的类型不同，对接班人的要求也就不同。企业和行业的特点最好能够与接班人的风格相匹配，这样才能有利于企业的发展。Datta通过对多家企业的考察发现这样的一个规律：行业增长率越快，企业CEO的任期越短，CEO的年龄也相应地越年轻③。此外，行业竞争越激烈、变化越快，所选择的继位者就越具有创新性。

2. 对潜在继位者各方面能力进行评价

潜在继位者具有何种能力，能否胜任企业的继位者，这是在选择企业继位者时应该考虑的因素。继位者的能力主要从两个角度来考虑：管理型的和领导型的。领导型的领导者倾向于设定一个目标，组织和激励人们实现这一目标；管理型的领导者则倾向于计划和预算、组织和人员配备、控制和解决问题等。

3. 征询各方意见，尽可能听取各方意见，达成相对一致

家族企业接班人选择是企业最为重大的事情，因而需要切实考虑各方意见。因为，继位者上任之后在其经营管理企业的过程中，家族内部和企业内部的相关利益人都会与其有着千丝万缕的关系，如果在选择时，继位者是各方都相对看好的人选，那么继位之后，其工作也会得到各方的支持。

① LANSBERG I S. The succession conspiracy. Family Business Review, 1988, 1 (2): 24.

② 范忠宝. 家族企业"继承矛盾"及其解决机制. 中国中小企业, 2002: 13.

③ JAIDEEP, MOTWANI. Succession planning in SMEs. International Small Business Journal, 2006, 24 (5): 28.

在家族企业继位者的选择中还可以通过引进专业咨询公司帮助确定继位者，在继位者的人选、继位者的培养、继位者的评价等方面征求专业公司的意见。目前，在国外已有大量的帮助企业选择继承人的咨询公司，已有一套相对科学、合理的评价体系和操作方法。

**4. 建立反馈和评估机制，以对所选继位者的培训流程进行监督和反馈**

选择出接班人并不是传承工作的结束，恰恰相反，而是接班工作的开始。对接班人进行有效的培训，并对培训的流程进行监督，让接班人充分参与到企业的各项经营管理工作之中，在工作中对其进行锻炼和考验，进一步考察潜在继位者能否胜任。

最后，应该尽可能早地把企业的经营管理大权交给接班人，参考一个管理者成熟所需要的时间和平稳交接所需要的时间，企业领导人应该在自己退休前 5～8 年就开始考虑接班人选问题，以给接班人选一个充分学习、锻炼、成长的时间与空间。应该根据接班人的不同类型确定接班时间。如果家族企业掌权者认为应该是自己的子女来接班的话，就应该在其子女进入大学之前就进行重点培养；如果家族企业的掌权者考虑职业经理人来接班，尽管可以减少培养其素质所需要的时间，但仍然需要有一段时间来对职业经理人的能力、性格、个性、素质进行考察，以及需要有一定的时间来实现权力交接。

## 三、接班人培养

**1. 及早安排家族企业接班人的培养，选择适当的培养方式**

家族企业继位者对整个家族企业的发展甚为关键。杰斯汀·华盛顿大学管理学博士隆内克指出管理权的移交是一个很长的过程，这一过程所涉及的接班人培养从孩子时代就应该着手了。而在整个移交的过程中有两个时期尤为关键：一是接班人全面参与家族企业管理工作的时期，二是企业经营管理权全面移交的时期[①]。

培养可以由家族企业主及其家人进行，也可以由家族之外的第三方来负责实施，比如学校的正规教育、专业培训机构等。通过专业机构的培养，接班人除了接受一定的教育，还能够借助这个机会互相认识交流，结交富豪人脉。

接班人的培养既可以在家族企业内部进行，也可以让接班人到其他家族企业中锻炼（如表1所示）。如果父母较早让孩子了解到企业创建的艰辛和成功的喜悦，孩子对家族企业的感情会比较深，考虑进入公司的可能性就会大得多。让有潜力的接班人到家族企业以外的公司工作几年，一方面有助于得到对潜在接班人成就的准确反馈，从而能够对候选人做一个准确的评价；另一方面可以给企业带回新的技术知识和管理经验，避免家族企业因陷入复杂的关系网而丧失对企业领域重要技术和管理发展的洞察力[②]。

表1 部分家族企业接班方式和培养方式

| 企业名称 | 接班方式 | 培养方式 |
|---|---|---|
| 江苏天鹅集团 | 内部接班 | 先到外部培训，学成归来从企业中层做起 |
| 台湾宏基（ACER）集团 | 内部接班 | 根据公司群龙计划系统培训高级管理人员 |
| 台湾中国信托商业银行 | 儿子接班 | 海外接受 MBA 教育，归国接管家族企业 |
| 广东科龙电器股份有限公司 | 内部接班 | 跟随企业发展，按照业绩在管理岗位上晋升 |
| 宁波三星集团 | 弟弟接班 | 从企业基层逐步升迁，在实践中成长 |

① DEEPAK K DATTA. Industry structure and CEO characteristics: an empirical study of succession events. Strategic Management Journal, 1998, 19: 32.

② JUSTIN G, LONGENECKER. Small business management. South-Western College Publishing, 1997: 43.

| 企业名称 | 接班方式 | 培养方式 |
|---|---|---|
| 宁波雅戈尔集团 | 弟弟接班 | 从企业基层逐步升迁，在实践中成长 |
| 默多克新闻集团 | 儿子接班 | 正规学院毕业后进入企业，从中层做起 |
| 李嘉诚家族企业 | 儿子接班 | 海外留学，在加拿大历练，回港后加盟家族企业 |
| 美国王安电脑 | 儿子接班 | 企业内历练 |
| 香港恒基集团 | 儿子接班 | 对儿子10年教导并全面评价，进入企业 |
| 日本丰田汽车公司 | 儿子接班 | 正规学校教育，毕业后从企业基层干起 |
| 台湾泰山企业 | 儿子接班 | 内部锻炼后晋升接管 |
| 台湾裕隆 | 儿子接班 | 美国留学，空降接班 |

**2. 安排一个合理有效的接班时间表**

企业生命周期与家族企业更新换代联系紧密。Lansberg 把家族企业生命周期与企业更新换代生命周期结合起来，将继任过程分为年轻企业家庭、中年管理和进入、共同共事、放手和接收 4 个阶段。在每个阶段中，Lansberg 也给出了老一代家族企业领导人与新一代继任者之间的关系和合作。根据他们的关系我们不难得出在每个阶段对继任者的培养计划① （如图 1 所示）。

模型中两代人的生命周期显示了一个家庭成员在家族事业发展过程中对战略导向和事业经营影响的程度。实质上，这是新一代加入过程中不断重复和逐渐升级的 4 个阶段。

第一阶段。上一代年龄在 30～40 岁，下一代年龄在 18 岁之前。这一阶段，上一代一般忙于企业的创业和扩张，而子女的教育和培养主要是交给学校来进行。

第二阶段。上一代年龄在 41～50 岁，下一代年龄在 19～25 岁。下一代已经接触到家族生意并对其进行培养和造就，以便将来委以重任。

第三阶段。上一代年龄在 51～60 岁，下一代年龄在 26～35 岁。共同管理这个阶段，儿子或女儿显露了敏锐的商业洞察力和娴熟的专业知识，创业者开始放松监管，下放权力与子女共同承担责任，让下一代在具体经营管理企业的过程中学习。

第四阶段。上一代年龄在 60 岁以上，下一代年龄在 35 岁以上。权力的移交，这是战略计划的制订、企业的经营管理从一代移交给另一代的过程。

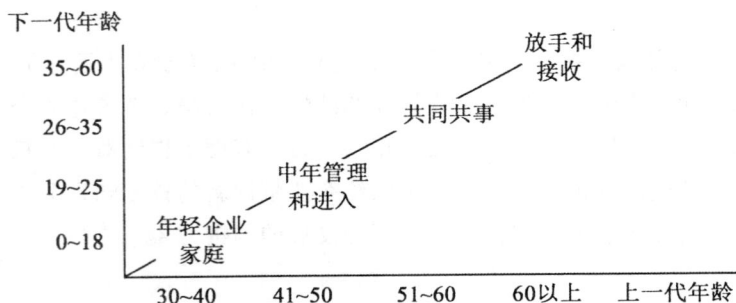

图 1　继任过程时间表

**3. 培养接班人与其他家族成员的团队合作**

家族企业由于其与家族紧密相连，家族成员总是以这样或那样的方式影响着家族事业的经营。一般而言，家族企业接班人相对于上一任领导者来说，其在家族中的权威和话语权相对要弱，如果在其继任家族企业时，家族内部存在着各种纷争和矛盾对其管理家族企业自然存在诸多不利，尤其当继位者的能力比较弱时，家族矛盾与企业经营状况不佳纠缠在一起，就可能很难逃脱"一代创业、二代守业、三代衰亡"的命运。

---

① 陈凌，应丽芬．代际传承：家族企业继任管理和创新．管理世界，2003，6：45.

## 四、接班人选择过程中的家族关系协调

家族企业与家族紧密联系在一起，在下一代接班人选择上，家族成员有很大的决策权，能够成为接班人的家族人选是那些能够赢得家族信任的成员。家族成员不仅影响着谁能成为接班人，而且家族成员的行为也影响着接班人的兴趣和选择。和谐的家族关系是吸引家族下一代成员进入家族企业和领导家族企业的引力，而充满斗争和矛盾的家族关系却是家族下一代逃离家族企业的重要原因。

家族成员各自的利益考虑难免会使他们以各种不同的方式影响接班之后的家族企业，而其中接班人与财产继承者之间的关系更为微妙。企业主为了保证下一代的平等关系，一般把财产在其子女之间进行分配。财产所有权就代表了企业的股权，也就表明了家族成员对家族企业管理的参与权。当兄弟姐妹之间存在着不同意见或者矛盾时，企业接班人在家族成员中的协调能力就显得尤为重要。

如果说第一代与第二代之间的交接仅仅是父亲与几个子女之间的事情，那么第二代和第三代之间的交接就更为复杂，第二代的子女各自都有自己的子女，第三代交接中涉及的兄弟姐妹的人数就会呈几何级数增长，而他们之间的利益纷争也更复杂，如果第三代接班人不能很好地协调大家族成员的关系，就很可能出现"富不过三代"的一个结局。

家族企业与其他企业最大区别在于在家族企业中有着纷繁复杂的家族关系，而这种复杂的家族关系需要接班人妥善处理。

第一，鼓励家族成员参与管理和决策。家族接班人要创造良好的环境，鼓励家族成员参与企业经营管理的决策之中；通过家族会议等诸多形式，使家族企业其他成员参与家族决策；认真听取老一代领导者的建议，并尽可能取得同代人的支持，在家族企业内部建立起"公平原则"。

第二，注重家族内部的沟通与交流。在家族企业中，造成直接沟通与交流的最大障碍是家族成员总觉得对对方已经有了深入了解而不愿意或认为没有必要相互"倾听"。这种自负性的认识，很易导致忽略对方的感受。人际关系的有效沟通就是要认真倾听对方的想法，对正确看法予以真诚接受，尊重对方的差异。

第三，建立有效的组织与制度。一般而言，家族成员应尽量通过直接沟通与交流来解决矛盾。但是当矛盾比较突出时，面对面的交流无法进行，这时就需要一定的组织程序和制度措施加以解决。例如，如果矛盾与企业有关，则可提请董事会评审具体的情况，提出可行的建议方案。有的家族邀请家族内特殊人士或家族外专业人士来帮助家族企业解决冲突问题。家族内的特殊人士通常是长辈、权威者或对冲突原因比较了解的人；家族外专业人士可以是组织方面的专家、有经验的协调人或者家族企业顾问。

第四，利用家族会议解决冲突与达成一致。家族企业特别是家族成员较多的家族企业，除了要有完善的企业治理结构外，还应设有相应的非正式机构，以建立企业家族的矛盾解决机制与决策过程结构。家族会议更多的是使家族成员对普遍关注的问题予以交流，指出家族中的矛盾、质疑企业的决策，并对企业管理与发展提出建议，它体现了家族对每个家族成员的尊重与关心。

## 五、对接班人的辅佐

### 1. 给予接班人一定的指导

对企业接班人的辅佐，首先体现在尽可能给予接班人以指导。这种指导包括：一是企业具体经营管理方面的指导。二是应当加强企业经营战略谋划方面的熏陶。上一代企业领导人往往过于注重培养接班人如何具体管理企业，而忽视了培养他们如何抓住新的市场机会，并如何充分利用这些机会以形成企业新的发展战略。三是把自己建立起来的人脉关系传给接班人。

第一代家族企业主往往是白手起家，在企业经营管理过程中发展了与上游、下游企业的关系，并且与企业经营管理相关的各方企业建立了密切的关系，这种关系对企业而言是一种节省成本的制度安排方式。而当接班过程发生后，企业创业者原来建立的关系就会在接班人身上发生变化和松动，对家族企业的经营管理产生不利影响。

如果上一代人的"人脉"崩溃或智囊团离散，这对接班人来说，无疑是重新创业，其难度可想而知。因此，家族企业创始人或上一代领导者在权力交接的过程中，除了要把权力交给接班人，还要把公司的人脉和智囊团交给接班人。

### 2. 培养与接班人之间的和谐关系

在国外著名家族企业传承过程中，非常注重处理好父子关系：父亲应该对儿子从各方面支持与指导，而儿子则应时时以父亲为榜样，通过与父亲不断进行交流和沟通，提高自己的处事能力和管理经验，从而将父辈的基业更好地继承和发展下去。

作为企业领袖的父亲的这种贴身接触，其影响往往超过人们的估计——商业的挑战让父子间本就不寻常的联系变得更加牢固。IBM 的创始人之子小托马斯·沃森把它比喻为"暴风雨"："当着众人的面，父亲总是夸奖我，表扬我；别人也曾告诉我父亲说我聪明能干，是个当经理的料。然而在私下里，父亲和我也曾经发生过激烈的争吵。"沃森承认，自己的成长很多时候正是来源于这种争吵。

## 六、交接班中部分家族成员的退出

家族企业创立初期靠家族成员的高信任和低成本能够快速发展起来，但当家族企业发展到一定规模后，家族成员的过度介入则有可能导致家族企业发展的停滞。建立合理有效的家族成员退出机制对家族企业的发展十分重要。

建立科学合理的家族企业成员退出机制，一方面是防止难以胜任的家族成员涉足家族企业事务产生一系列不良影响，如导致企业管理水平下降，或者使家族以外企业成员工作积极性下降；另一方面是在部分成员有离开家族单独发展的需要时维持企业的稳定和家族的和睦。

领导人要对退居的形式有所计划，是一退到底还是顾问式？所谓的一退到底是指不在公司内部担任任何管理职务，只当公司的董事，而顾问式则是由老领导和各领域的专家、学者组成顾问团体。企业的前任领导要注意不仅要教给继位者如何经营家族生意的技能，而且还要教给继位者如何去发现家族企业面临的机会和如何利用这些机会制定长远战略。

无论上述方式中的哪一种，企业领导者都要站在更高的起点，将主要精力集中在企业的宏观发展和战略规划上，为企业提供指导性、参考性的意见，为企业接班者迅速融入企业管理创造一个良好的环境。

年纪轻的家族成员，鼓励他们进一步学习深造，或是安排他们去别的公司尤其是知名的公司工作，以提高他们的个人素质和实际工作能力；对于能力较强、有创业意愿的家族成员也可另设一笔资金，让他们自己投资经营，自己发展。这样可以减少家族成员之间的矛盾，有利于企业的长久发展。除了家族成员，对于那些在知识和能力方面跟不上企业新业务发展需要的创业元老，也要做到妥善分流，及时把新的企业管理人员补充进来。

# 女性创业发展研究述评：多维模型的构建[*]

● 关培兰[1]    罗东霞[1,2]

（1   武汉大学经济与管理学院   武汉   430072；2   湖北大学商学院   武汉   430062）

【摘   要】为探求女性创业发展的关键影响因素，本文对国内外有关女性创业发展的文献进行了梳理和分析，发展了 Baum、Locke 等人提出的创业发展影响因素的多维模型，整合个体、企业及社会环境层面的因素，构建了一个以融资战略为中介变量的更为丰富的创业发展影响因素多维模型，并提出了未来研究的具体思路。

【关键词】女性创业   多维模型   融资战略

女性创业成为全球创业热潮中不容忽视的趋势。虽然由女性创办的企业日益增多，但与由男性创办的企业相比，女性创业的企业规模偏小，难以发展壮大。女性创业发展的瓶颈何在？本文主要对国外有关女性创业发展的文献进行梳理，在 Baum & Locke 提出的创业多维模型基础上，提出整合个体、企业及社会层次的自变量并构建女性创业发展影响因素多维模型的研究思路，并认为应对三维自变量影响创业发展的路径进行深入分析。融资战略作为个体、企业及环境三维影响因素与创业发展间重要的中介变量，其中介作用应在未来的研究中被充分考虑。

## 一、理论回顾

### 1. 国外研究文献回顾

国外相关研究文献大体集中于三个方面：关于性别比较的文献、关于个体层面单维模型的文献以及关于创业发展多维模型的文献。

（1）创业者人力资本、社会资本及融资战略的性别比较。

①创业者人力资本的两性比较。研究者们通常从以下维度衡量创业者的人力资本：创业者所受的教育及培训，创业者的工作经验以及创业者的个人特质，其中工作经验又分为产业经验、管理经验及创业经验三个维度，个人特质部分又重点关注创业者的自我效能。Birley 等人做了两性创业者教育水平的对比研究，发现女性和男性创业者教育水平相似，但是受教育的内容有差异①。Brush、Hisrich 等学者将女性创业者描述为大学教育水平，更多的是接受文科教育，而不是商业、科学或工程方面的教育（Brush & Hisrich，1991）。女性创业者比男性创业者有着更少的产业经验，Carter et al.（1997）为这个观点提供了经验数据的支持：女性被局限于零售业、服务业、金融业及房地产业之内，女性创业的企业在其他产业领

＊ 本文系国家自然科学基金会资助项目"基于性别的创业者融资能力影响因素研究"（项目编号：70640010）的阶段性成果之一。

① BIRLEY S, MOSS C, SAUNDERS P. Do women entrepreneurs require different training？ American Journal of Small Business，1987：12.

域的生存率较低，如制造产业和高技术产业 ①。女性通过管理经验来获得人力资本的可能性更小。在 2005 年，全球财富 500 强企业董事席位只有 14.7% 为女性所拥有。女性大多数占据管理职位中的参谋职位，而男性占据对损益负责的直线职位。同样，女性缺乏与创业经验相关的人力资本。对加拿大小企业的研究显示只有 30% 的女性以前创办过企业，而男性的对应数据是 57%。

②创业者社会资本的两性比较。Bourdieu（1985）将社会资本界定为"实际或者潜在资源的集合，这些资源与由相互默认或承认的关系所组成的持久网络有关，而且这些关系或多或少是制度化的"。政治学家 Putnam（2000）认为一个人拥有的"社会网络"（所认识的人）和由这些网络产生的互相帮助的意愿（形成规矩的互惠行为）所形成的价值合成即为社会资本。Burt（1992，1997）认为稀疏网络包含了社会资本。因为稀疏网络中存在"结构洞"——主体之间的关系断裂，这些"结构洞"的存在减少了主体受到的束缚，让他们获得信息优势及控制优势，从而促成了他们在经济上的成功。Putnam 的观点可归纳为网络成员观，Burt 的观点为网络结构观。迄今为止，最被认可的社会资本的定义是"个人通过其在社会结构或社会网络中的关系获取和运用稀缺资源的能力"（Portes，1998）。

Miskin & Rose（1990）考察了两性创业者之间的特征差异，研究成果是：女性创业者在工作场所的传统社会化，通常要比男性花费更多时间。Barr（1998）认为社会资本是人力资本的补充，揭示了"结构洞"的信息和控制收益。大部分人会碰上至少不同用途但并不互相排斥的"社会网络"，如工作任务性质的关系网用于交换与工作相关的资源，事业性质的关系网为个人的职业发展道路提供指导、指明方向并提供赞助，但在创业活动中最重要的关系网是和关键人物建立起亲近关系和高度信任感的社会网络。"社会网络"还可以按其正式性分为正式的社会网络和非正式的社会网络。在正式的网络中人们从事着单位规定的工作任务，非正式的网络是自然产生的，可能与工作相关，或以社会关系及姻亲关系为基础，往往基于人们的兴趣爱好而形成。研究表明女性很难进入非正式的金融网络，其原因是与男性相比，女性创业者缺乏相关的经验及技能（Olm，Carsud，& Alvey，1988）②。男女性创业者在网络组成及规模上的差异也得到规范研究的证实。Aldrich 等人比较了意大利和美国的男、女性创业者，发现女性创业者的创业合伙人大部分是女性。女性构建自己的"女性"网络，在网络中既获得社会支持亦获得工具性的支持。与男性相比，女性的社交圈子更小，多以家庭为中心，如与孩子教育有关的家长与教师之间的社会网络、家长之间的社交网络等。

③创业者融资战略的两性比较。融资战略主要包括自力更生融资战略、借款融资战略和权益融资战略。自力更生融资（bootstrapping financing）指的是完全使用创业者自己的钱或使用企业运营产生的内部资金，借款融资是向银行、供应商、租赁公司及其他商业借贷机构借款，权益融资主要包括政府投资和风险投资。文献显示两性融资战略存在着差异。Verheul & Thurik（2001）考察了性别对两性创业者融资战略的影响，发现女性创业者拥有较少的启动资本③。Fay（1993）用实验法证明了女性创业者在向银行借款融资过程中受到了性别歧视④。Green etc.（2001）的研究数据显示：美国自 1953 年至 1998 年，女性主导的企业吸收了 2.4% 的风险资本，而男性主导的企业吸收了 46.8% 的风险资本；1988～1999 年间，这一

① CARTER N M, ALLEN K R. Size determinants of women-owned businesses: choice or barriers to resources? Entrepreneurship and Regional Development, 1997, 9: 211-220.

② OLM K, CARSURD A, ALVEY L. The role of networks in new venture funding of female entrepreneurs: a continuing analysis. In: KIRCHOFF B A, LONG W A, MCMULLAN W ED, VESPER K H, WETZEL W E, Jr. (Eds.). Frontiers of Entrepreneurship Research. Wellesley, M A: Babson College, 1988: 658-659.

③ VERHEUL I, THURIK R. Start-up capital: does gender matter? Small Business Economics, 2001, 16 (4): 329-345.

④ FAY M, WILLIAM L. Gender bias and availability of business loans. Journal of Business Venturing, 1993, 8 (4): 363-376.

数据分别是 3.5% 和 48.4%。在融入风险资本的企业中，由女性领导的企业主要集中在服务行业，而男性领导的企业多为制造业①。

（2）创业者个体层面变量与融资战略及创业成长的关系研究。

①创业者人力资本及社会资本对其融资战略的影响。创业者的融资战略可能受其人力资本和社会资本的影响。Nancy Carter（2003）研究了女性业主的个人特质及其权益融资战略，检验了人力资本、社会资本对融资战略的影响，结果显示只有教育水平显著地影响外部权益融资战略的选择，社会资本对外部权益融资战略的选择无直接影响，但是显著地影响了自力更生的融资战略。商业、科学或工程方面的教育背景更被外部风险投资者所偏爱。但不管受教育内容如何，研究显示本科学历仍可能激发投资者的信心，尤其是辅之以具体的商业培训或工作经验扩充之后②。自我效能和融资战略之间的关系尚需进一步研究。Bellu（1993）使用梅纳判断完成量表（the miner sentence completion scale）和差异归因问卷来研究成功融资的女性经理和女性创业者，结果显示这些女性创业者在自我效能上得分很高。

创业者的社会资本也影响着创业者融资战略的选择。Aldrich（1989）认为女性网络表现为三个圈子：工作、家庭和组织化的社会生活，有证据表明各个圈子之间的分界线和障碍严重阻碍了女性网络的可到达性和多样性，仅仅依赖区分性别的网络对于女性创业者融资来说是一种障碍。Hisrich、Nelson 等人的研究表明，得到配偶或关键朋友的支持是女性创业成功的重要因素。

②创业者人力资本、社会资本对创业生存/发展的影响。Boden etc.（2000）的研究结果显示，男性创业者经营的企业比女性创业者经营的企业生存率高 6%，创业公司的生存率受男女创业者的经验的影响，女性通过工作来积累与创业相关的人力资本不占优势③。研究显示产业经验与产业内创业企业的生存/成功之间有很强的正相关关系（Carter et al.，1997）。人力资本水平高的创业者更容易获得风险投资从而实现创业生存和发展。风险投资者重视寻求创业者和创业公司的"管理"水平，创业者以前是否有开办企业的经验，创业者在营销、管理、领导及决策方面的成功经验，有上述经验的女性获得风险投资的可能性更大。

（3）创业发展影响因素的多维模型。以上对创业发展影响因素的研究仅限于个体层面，Brush（1991，1992）建议对女性创业者的研究应采用"一体化视角"，她提出了三组影响新建企业的起步和成长的因素：个人特征、孵化器经验和环境要素。Olson & Currie（1992）发现了个体层面的价值观和企业层面的战略之间的相关关系。Olson 等人对建筑行业中的女企业主进行调查研究，考察了女企业主的个人价值观念与她们所选择的企业战略的关系，发现男性主导领域中的女性可能会不顾她们自己的价值观念，而被迫让外部因素决定企业的战略；与此相反，男性企业主的战略则反映了他们的个人价值观念④。企业有三种战略选择：目标集聚、低成本领先和差异化战略，不能进行清晰战略定位的企业处于中间状态（stuck in the middle），经营可能失败。Baum，Locke & Smith（2001）认为越能够清晰地进行战略定位的企

① GREENE P G，BRUSH C G，HART M M. Partners of venture capital funding：is gender a factor？Venture Capital，2001，3（1）：63-83.

② NANCY M C，BRUSH C G，PATRICIA G，GREENE E G. Women entrepreneurs who break through to equity financing：the influence of human，social and financial capital. Venture Capital，2003，5（1）：1-28.

③ BODEN R J，NUCCI A R. On the survival prospects of men's and women's new business ventures. Journal of Business Venturing，2000，15（4）：347-362.

④ OLSON S F，CURRIE H M. Female entrepreneurs：personal value systems and business strategies in a male-oriented industry. Journal of Small Business Management，1992，30（1）：49-57.

业，越能得到融资支持，实现快速发展①。Sargent & Young（1991）讨论了社会心理环境通过几个关联的因素对创业者融资产生的影响，认为创业者的家庭背景、教育水平和工作经验是社会心理环境和创业者融资能力之间的调节变量②。

（4）对国外相关文献的评价。综上，国外有关性别比较的文献未构建创业者、企业及社会环境三个层面的整合模型，而有关整合模型的文献又没有进行性别的比较。具体而言，有关性别比较的文献多关注于创业者人力资本、社会资本及融资战略的性别比较。学者们构建了以个体层面的人力资本及社会资本等为自变量，融资战略或创业发展为因变量的理论模型，但这并没有厘清个体层面的人力资本及社会资本、融资战略及创业成长这些变量之间的关系，也没有探讨融资战略在个体层面的人力资本及社会资本对创业成长的影响过程中的中介效应。性别比较相关文献的另一个重大缺陷在于没有关注企业层面及社会环境层面影响创业发展的重要自变量。以 Baum，Locke & Smith ③为代表的学者虽然提出了整合个体、企业及环境层面自变量的三维的创业发展影响因素模型，但他们并没有针对女性创业者进行研究，更没有进行两性创业者的比较研究，并且 Baum 模型中的环境变量仅包括环境的稳定性、丰裕性及复杂性，没有对社会环境变量尤其是社会心理环境对女性融资战略及女性创业发展的影响进行研究。

2. 国内研究文献回顾

从中国期刊全文数据库中以"女性创业"作标题或关键词进行搜索，得到为数不多的女性创业相关文献，且多集中于对创业者个体层面两性差异的探讨，这些个体层面的变量主要包括创业者的人力资本、社会资本及创业动机等。

费涓洪（2005）对上海30位女性创业者进行了调查，运用描述性统计分析，讨论社会资本的两性差别，指出公民社会组织是女性建立社会资本的最重要途径之一④。胡怀敏（2006）对费涓洪的调查资料进行了二次分析，同样运用描述性统计分析技术，从人力资本视角观察女性创业，发现中国女性创业者的教育背景对女性创业有影响，但在工作中积累的经验、构建的社会关系网络、掌握的某项特殊技能比起单纯的高学历更可能促进女性创业并取得成功，是人力资本存量的结构而不是人力资本存量本身对女性创业有影响⑤。胡怀敏（2006）还分析了中国女性拥有的社会资本特征，提出了增加中国女性社会资本积累，促进女性创业的具体建议。童亮、陈劲（2004）对浙江省部分女企业家进行了调查，通过因子分析得到女性创业的具体动机：需求动机、成就动机、独立动机以及环境机会。

综上，国内对于女性创业的相关研究还很匮乏，多是思辨式的研究，为数不多的定量研究文献又仅限于描述性统计分析，缺乏模型建构，没有深入探求变量间的相关或因果关系，导致结论缺乏说服力。实证研究很少，且调查对象往往限于某一省份或城市，缺乏代表性。虽然有文献研究了创业者层面的人力资本及社会资本水平对女性创业的影响，但还不深入。

## 二、女性创业发展多维模型的构建

鉴于国内相关研究缺乏模型建构及规范的经验研究，国外相关研究虽有简单的模型建构，但往往把研

---

① BAUM J R, LOCKE E A, SMITH K G. A multidimensional model of venture growth. Academy of Management Journal, 2001, 44（2）：292-303.

② SARGENT M, YOUNG J E. The entrepreneurial search for capital：a behavioral science perspective. Entrepreneurship & Regional Development, 1991, 3：237-252.

③ BAUM J R, LOCKE E A, SMITH K G. A multidimensional model of venture growth. Academy of Management Journal, 2001, 44（2）：292-303.

④ 费涓洪. 社会资本与女性创业——上海30位私营企业女性业主的个案调查. 中华女子学院学报, 2005, 4：51-56.

⑤ 胡怀敏, 肖建忠. 人力资本视角下的女性创业研究. 华中农业大学学报（社会科学版）, 2006, 6：96-99.

究焦点集中于创业者个体层面，没有整合企业战略层面及社会环境层面的变量，所以我们提出以融资战略为中介变量并整合个人层面、企业层面、社会环境层面自变量的创业发展影响因素多维模型建构思路。

1. 模型建构及假设的提出

在构建模型的过程中，我们不仅考虑了个体、企业及环境三维变量，而且考虑了个体层面内部人力资本、社会资本和自我效能可能存在的相关关系以及个体层面变量与企业层面变量可能存在的相关关系（如图1所示）。

以下研究假设将被检验：

H1：在其他变量不变的情况下，创业者的人力资本越多，越倾向于使用外部融资战略。

H2：创业者的社会资本越多，越倾向于使用外部融资战略。

H3：创业者的自我效能水平越高，越倾向于使用外部融资战略。

H4：创业公司采用的竞争战略越准确，越倾向于使用外部融资战略。

H5：社会性别期望越脱离性别的传统刻板印象，女性创业者越倾向于使用外部融资战略。

在其他条件不变的情况下，创业者越倾向于使用外部融资战略，所获资金越多，其企业越有可能获得组织体或非组织体的创业成长，所以有：

H6：创业者越倾向于使用外部融资战略，创业成长的业绩越好。

在个人能力、社会资本等自变量之间也可能存在相关关系，本研究还将对这些关系进行实证检验：

H7：创业者的人力资本水平越高，其自我效能水平越高。

H8：创业者的人力资本水平越高，创业公司采用的竞争战略越准确。

H9：创业者的社会资本越多，创业公司采用的竞争战略越准确。

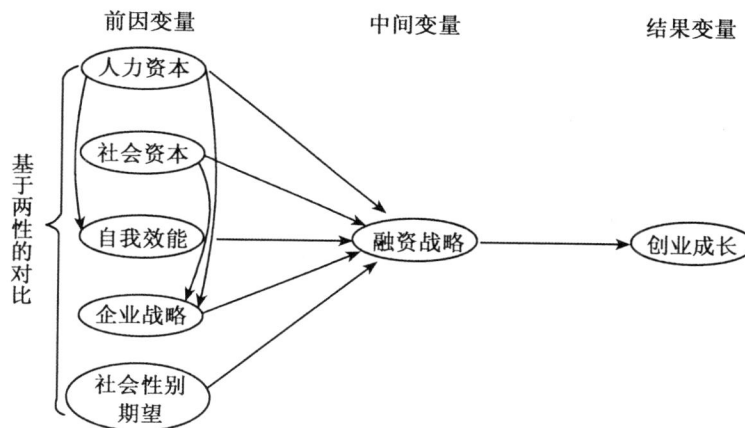

图1　基于性别对比的创业发展影响因素多维模型

2. 变量的界定及量表开发的初步思路

人力资本由导致生产率水平提高的个人特质组成（Becker，1964）[1]，人力资本不仅仅源于正规教育投资、培训及职业经验，也延伸至判断能力、反思能力、创造力、愿景及智力（Dollinger，1994）[2]。考虑到反思能力、创造力等不容易测量，而且受教育或接受培训的程度及丰富的工作经验可以提高一个人的判断能力、反思能力等，所以研究者拟从教育程度、接受培训时间的长短及工作经验三方面测量人力资

---

① BECKER G S. Human capital. New York：Columbia University Press，1964：115.

② DOLLINGER M. Entrepreneurship：Strategies and Resources. Boston，Mass：Irwin，1994：35.

本。Putnam（2000）认为一个人拥有的"社会网络"（所认识的人）和由这些网络产生的互相帮助的意愿（形成规矩的互惠行为）所形成的价值合成即为社会资本，根据 Putnam 的观点，我们拟从创业者的人际网络、网络互惠行为等方面测量社会资本。自我效能感（efficacy beliefs）指个体对自己是否能够成功地进行某一成就行为的主观判断（Bandura，1997）①，未来研究拟使用 Bandura 的一般自我效能量表对其进行测量。

社会性别期望指社会文化对男性、女性的期望。传统的社会性别期望赋予男性赚钱养家、女性照顾家庭以最高的价值，由此社会形成了一系列有关性别行为标准的刻板印象，如男人的成功在于事业，女性的成功在于家庭等（关培兰，2003）②。

融资战略按资金渠道分为两个维度——外部融资战略和内部融资战略，其中外部融资战略包括外部负债融资战略（loan financing）和外部权益融资战略（equity financing），内部融资战略即为自力更生融资战略（bootstrapping financing）（Nancy Carter，2003）。自力更生融资战略具体表现在创业者依靠高超的管理水平，减小成本，依靠企业产生的营运利润步步为营地实现发展，这种发展偏于稳健，企业不可能获得快速成长，所以我们在未来研究中将"融资战略"界定为外部融资战略，即包括"外部权益融资"和"外部负债融资"两个维度。

创业成长是企业层面的结果，它同时反映了创业者个人的绩效和创业企业在市场的绩效（Kirzner，1985）③。它分为组织体的成长（organic growth）和非组织体的成长（non-organic growth）两个维度（Reshmi Mitra，2002）④。组织体的成长指企业规模的扩大（具体指标有固定资产及员工的数量），非组织体的成长指通过战略联盟或网络集群获得成长（体现在利润或销售额的增加，但固定资产及员工数量并不一定扩大）。

### 三、未来研究方案

未来研究主要采用访谈和问卷调查等研究方法，并利用高级统计分析技术，对以上模型进行验证。

1. 模型的完善：个人访谈及小组焦点访谈

我们将对武汉、深圳等地的 60 位创业者（男性 30 位，女性 30 位）进行个人访谈及小组焦点访谈，访谈的目的在于探索模型中未被考虑的关键变量以及为模型提供经验性支持。访谈对象地域的选择应具代表性，如深圳和武汉在我国经济发展中处于不同的阶段，具有典型性。除实地进行的访谈外，研究者还将广泛收集来自媒体及书籍的创业者访谈资料，并对实地收集的及二手的访谈资料进行内容分析，运用 Nvivo 内容分析软件，对访谈资料进行主轴编码和关联式编码，探求新的理论思路。我们可能会从访谈资料中发现模型中未被考虑的关键变量或变量间的重要关系，从而对已提出的理论模型进行修改。

2. 模型的验证：问卷调查及高级统计分析

访谈资料只能帮助我们获得理论思路或是修正现有模型，并不能对模型进行验证。我们拟实施问卷调查并运用高级统计分析技术对模型进行验证。问卷调查的目的在于确认两性创业者人力资本、社会资本、自我效能水平、竞争战略及社会环境以及其他可能的重要变量之间的影响关系。我们将使用探索性的因素

① BANDURA A. Self-efficacy：the exercise of control. New York：W. H. Freeman，1997：14.

② 关培兰，郭云菲. 女企业家人力资源开发障碍分析. 中国人力资源开发，2003，6：16-19.

③ KIRZNER I M. Discovery and the capitalist process. Chicago：University of Chicago Press，1985：55.

④ RESHMI M. The growth pattern of women-run enterprise：an empirical study in India. Journal of Developmental Entrepreneurship，2002，7（2）：217-237.

分析及验证性因子分析等技术来检验我们发展的测量工具的信度和效度。在验证研究的假设时，我们将采用多元回归分析、结构方程建模等统计分析技术验证融资战略的中介效应及各变量间的相关关系，还将运用方差分析技术检验两性创业者人力资本、社会资本及自我效能水平、企业战略及社会性别期望的差异性。

## 结论

本文对女性创业发展影响因素的相关文献进行了理论回顾，将既有文献梳理为：（1）创业者人力资本、社会资本及融资战略的性别比较；（2）创业者个体层面变量与融资战略及创业成长的关系研究；（3）创业发展影响因素的多维模型研究三大类。文章分析了相关文献的不足，指出国外有关性别比较的文献未构建创业者、企业及社会环境三个层面的整合模型，而有关整合模型的文献又没有进行性别的比较，从而提出基于两性比较的以融资战略为中介变量并整合个人层面、企业层面、社会环境层面自变量的创业发展影响因素多维模型建构思路。未来的研究将主要采用访谈和问卷调查等研究方法，并利用高级统计分析技术对这个模型进行探讨和验证。

# 激励措施在企业持续改进过程中的应用及其影响[*]

● 杨　洋[1]　田也壮[2]　李一军[3]

（1，2，3　哈尔滨工业大学管理学院工商管理系 1222 信箱　哈尔滨　150001）

【摘　要】持续改进作为一种公司层级创新能力的持续递增过程，无可争议地成为了企业保持制造竞争力的一项重要战略。为了鼓励员工参与持续改进活动，企业必须采取一定的激励措施。本文在持续改进国际调查的基础上，对企业持续改进过程中的激励措施展开了研究，包括奖励建议、一次性奖金、工资激励、职位激励、团队激励等措施。本文对这些激励措施对于企业持续改进的重要性进行了测量，并分析了它们对企业绩效的影响。本文给出了持续改进激励措施的选择建议，这些建议可以为企业持续改进工作的开展提供参考依据。

【关键词】持续改进　绩效　激励措施

## 一、引言

对于任何企业而言，提高生产和服务的质量的确可以建立一种竞争优势，但是如果一个企业要保证长期成功，就必须能够保证持续的改进与创新。例如产品部门，为了保持长期的竞争优势，就需要在新产品的开发过程中运用持续改进的思想，同时对已有产品进行不断的调整，来保证产品中的持续创新流①。

持续改进（continuous improvement，CI）一词最早来源于日本，主要是指应持续、渐近地做细小的改革，以积少成多，达到不断提高效率的目的。持续改进是一种公司层级创新能力的持续递增过程，它将企业的发展与绩效的改进有机地结合起来，能为企业的进化作出直接而又持久的贡献②，持续改进理论的出现与质量管理是分不开的。从本世纪初开始，质量管理方法受到了前所未有的重视。Bounds 等人将质量管理分为四个阶段，即检查、统计质量控制、质量保证、战略质量管理③。实际上，即便是战略质量管理方法也难以应付迅速变化且极不确定的企业环境。为了应对这种挑战，就产生了第五个质量管理阶段——竞争性持续改进④。

持续改进表现为一种改善与进步的过程，这种过程下至每个车间，上至整个企业。持续改进不仅局限于质量，它还包括创新及企业绩效；持续改进不仅局限于车间的生产，还包括整个企业学习行为；持续改进不仅是一种实践方法，还是一种战略性的竞争武器。人们正在逐渐将持续改进的思想应用到更广泛的领

---

＊ 本文获"国家自然科学基金（项目编号 70433003，70672062）"、"技术·政策·管理（TPM）国家哲学社会科学创新基地（项目编号 htcsr06t04）"资助。

① SLACK N, CHAMBERS S, HARLAND C. Operations Management. London：Pitman Publishing, 1995：125.

② 顾新建，祁国宁. 知识型制造企业. 北京：国防工业出版社，2000：335.

③ BOUNDS G, YORKS L, ADAMS M. Beyond total quality management toward the emerging paradigm. New York：McGraw-Hill, 1994：205.

④ KAYE M M, DYASON M D. The fifth era. The TQM Magazine, 1995, 7（1）：33-37.

域中去，比如创新或新产品开发等（NPD）①②③。所以，Bessant 等人将持续改进定义为一种贯穿于整个公司的、集中性的且不断进化的创新过程，是企业维持生产竞争力的关键性战略④。正如 Tom Peters 和 Waterman 在"追求卓越"中所指出的那样，管理者和工人都应该将持续改进的思想牢记于心，不断在工作及工作环境中发掘改进点，并切实去改进它。

持续改进是一种长时间的全员参与活动。那么，企业应该如何激励员工参与到持续改进活动中来呢？由于文化不同，从国家层面上来看，不同国家企业所倾向的激励措施有无差异？不同激励措施的使用频率会对企业持续改进的效果产生什么影响？本文将利用持续改进网络工作组（continuous innovation network，CINet）调查数据库对上述问题展开研究，试图在此基础上探讨：企业应该如何来选择什么样的激励措施来保障持续改进？本文的研究结果将为企业持续改进工作提供参考。

## 二、本文的研究方法

### 1. CINet 数据调查

本章研究所用的数据均来自于持续改进网络工作组（CINet）设计的调查问卷。持续改进网络工作组由来自于 20 个国家的 50 多个专家、学者和企业精英组成。该工作组在 2003 年对欧洲、亚洲、澳洲等 11 个国家或地区的 586 家企业展开调查，所调查样本的地域分布如表 1 所示。

表 1                               **CINet 2003 调查样本的地域分布状况**

| 国家或地区 | 样本数量（个） | 国家或地区 | 样本数量（个） |
|---|---|---|---|
| 澳大利亚 | 89 | 挪威 | 14 |
| 中国大陆 | 43 | 西班牙 | 105 |
| 中国香港 | 29 | 瑞典 | 77 |
| 爱尔兰 | 21 | 瑞士 | 27 |
| 意大利 | 60 | 英国 | 70 |
| 荷兰 | 51 | | |
| 国家或地区合计： | 11 | 样本合计： | 586 |

为了能够把握持续改进的整体状况，调查组采用随机抽样和选择代表性企业的方法来选择样本。调查参与者通过邮寄、电邮或传真等方式把这些调查问卷发至被调查企业。为了保证问卷的有效性和回收率，在发送调查问卷之前，调查者需精选一批管理者（比如产品部门经理、质量部门经理或执行部门经理等），与他们联系并征得他们同意以完成调查问卷。同时，在调查期间还与他们保持电话联络以提高调查问卷的反馈率。所有国家的参与者都要将数据输入到 Excel 电子数据表格中，由工作组利用 SPSS 软件对

---

① CAFFYN S. Continuous improvement and the new product development process. Quality and R&D, proceedings of R&D Management Conference, 1996: 78.

② HUGHES G D. CHAFIN D C. Turning new product development into a continuous learning process. Journal of Product Innovation Management, 1996, 13: 89-104.

③ BARTEZZAGHI E, CORSO M, VERGANTI R. Continuous improvement and inter-project learning in new product development. International Journal of Technology Management, 1997, 14 (1): 116-138.

④ BESSANT J, CAFFIYN S, GILBERT J. Rediscovering continuous improvement. Technovation, 1994, 14 (1): 17-29.

数据进行汇总。

### 2. 数据分析方法

本文所用到的数据分析方法包括因子分析法、内部一致性分析法、均值分析法、典型相关分析法。具体如下：

（1）因子分析（factor analysis）。本文采用因子分析法对企业经营绩效变量进行分类，简化变量，并利用 KMO（Kaiser-Meyer-Olkin）值来检验做因子分析的适当程度。本文还将利用累计方差解释比例来测量各指标体系的结构效度。

（2）内部一致性分析（internal consistency analysis）。本文通过分析 Cronbach's α 系数来测量变量的信度。

（3）均值分析（means analysis）。本文将运用均值法来分析持续改进激励措施的重要程度，并在比较分析的基础上，给出持续改进激励措施的排列模式。

（4）典型相关分析（canonical correlation analysis）。本文运用典型相关分析法来研究持续改进激励措施的使用频率与企业经营绩效之间的关系，并通过 sig. 值来检验两组变量间的典型相关系数。

## 三、指标体系的构建

### 1. 持续改进激励措施指标体系的构建

关于持续改进激励措施的数据主要来源于 CINet 问卷调查的第二部分。CINet 调查问卷共列举了 5 种持续改进激励措施，如表 2 所示。问卷采用 Likert 五点量表来测量这些指标的重要性和使用频率（1 代表重要或非常频繁，5 代表不重要或极少出现）。

表2  持续改进激励措施指标体系

| 变量 | 描述 |
| --- | --- |
| 奖励建议 | 对建议进行评估并给予相应的奖励 |
| 一次性奖金 | 通过一次性奖金来鼓励持续改进活动 |
| 工资激励 | 通过提高员工工资来鼓励持续改进活动 |
| 职位激励 | 通过提高员工职位来鼓励持续改进活动 |
| 团队激励 | 通过奖励整个团队来鼓励持续改进活动 |

### 2. 改进绩效指标体系的构建

关于改进绩效的数据来源于 CINet 调查问卷的第三部分，CINet 调查问卷共列举了 16 种持续改进绩效指标（也采用 Likert 五点量表来测量持续改进绩效的提高程度：1 代表在很大程度上，5 代表根本没有提高）。本文采用因子分析法对改进绩效指标进行分析，并在此基础上进行分类，删除不适合的变量。具体采用主成分分析法抽取因子，以特征值大于 1 为选取因子的基础，再以正交旋转法将因子旋转，以确定各变量所属的因子。Hair 等认为因子负载绝对值在 0.3 以上可接受，0.4 以上为显著，0.5 以上为相当显著[①]。本文采用 Nunnally 的观点，以 0.5 以上为最低标准[②]，将旋转后的因子负载绝对值大于 0.5 的变量

---

[①] HAIR J F, ANDERSON R E, BLACK W C. Multivariate data analysis. New Jersey：Prentice Hall, 1998：46-85.

[②] NUNNALLY J C. Psychometric theory. New York：McGraw-Hill, 1978：13-64.

归为一类，然后参考因子负载大的予以适当的命名，分析结果如表3所示。

本文采用KMO值来检验做因子分析的适当程度。KMO值的变化范围为0～1，KMO值接近1，做因子分析的效果好；KMO值较小时，表明不适合做因子分析。一般认为KMO大于0.9时效果非常好，0.8好，0.7一般，0.6差，0.5以下不适合做因子分析[1]。持续改进经营绩效指标体系的KMO = 0.902，说明该指标体系适合做因子分析。

表3　　　　　　　　　　　　　　　　　　改进绩效指标体系

| 变量 | 因子负载 | | |
| --- | --- | --- | --- |
| | 1 | 2 | 3 |
| 内部管理 | | | |
| 　改善安全和工作状况 | 0.693 | 0.149 | 0.079 |
| 　增强员工对变革的责任感 | 0.688 | 0.219 | 0.323 |
| 　增强员工技能 | 0.663 | 0.183 | 0.293 |
| 　改进合作与交流 | 0.651 | 0.100 | 0.436 |
| 　减少缺工率 | 0.600 | 0.301 | -0.066 |
| 　改进部门之间的关系 | 0.582 | 0.086 | 0.478 |
| 生产与交付 | | | |
| 　生产力提高 | 0.151 | 0.798 | 0.202 |
| 　产量提高 | 0.118 | 0.750 | 0.031 |
| 　成本减少 | 0.182 | 0.700 | 0.197 |
| 　提前期减少 | 0.226 | 0.652 | 0.268 |
| 　交货可靠性提高 | 0.290 | 0.574 | 0.324 |
| 外部关系 | | | |
| 　改进与客户的关系 | 0.211 | 0.159 | 0.833 |
| 　提高客户满意度 | 0.095 | 0.407 | 0.732 |
| 　质量合格性提高 | 0.184 | 0.377 | 0.627 |
| 　改进与供应商关系 | 0.436 | 0.094 | 0.587 |
| 主成分特征值 | 3.19 | 3.16 | 2.88 |
| 方差解释比例（%） | 19.97 | 19.74 | 17.99 |
| 累计方差解释比例（%） | 19.97 | 39.70 | 57.69 |

3. 信度和效度检验

（1）信度检验。本文利用内在一致性分析计算各类指标的信度系数（Cronbach's α）。α值介于0与1之间，α值越大，表明构成该因子的变量的相关性越大，即内部一致性越高，聚为一类因子的内在关系越强。Cuieford认为Cronbach's α值大于0.7为高信度，小于0.35为低信度[2]。Nunnally认为在实际应用

---

① 郭志刚. 社会统计分析方法——SPSS软件应用. 北京：中国人民大学出版社，2001：32-88.
② CUIEFORD J P. Fundamental statistics in psychology and education. New York：McGraw-Hill, 1965：46-85.

195

上 Cronbach's α 值至少要大于 0.5①。台北大学吴统雄教授于 1985 年提出了 Cronbach's α 值参考范围，如表 4 所示②。

表 4　　　　　　　　　　　　　　　　　　**Cronbach's α 值参考范围**

| Cronbach's α | | 意义 |
|---|---|---|
| 0.000 < | ≤0.300 | 不可信 |
| 0.300 < | ≤0.400 | 勉强可信 |
| 0.400 < | ≤0.500 | 稍微可信 |
| 0.500 < | ≤0.700 | 可信（最常见的信度范围） |
| 0.700 < | ≤0.900 | 很可信（次常见的信度范围） |
| 0.900 < | ≤1.000 | 十分可信 |

本文的分析结果表明：持续改进激励措施重要性的信度系数为 0.735，属于很可信范围；持续改进激励措施使用频率的信度系数为 0.679，属于可信范围；改进绩效的信度系数为 0.902，属于十分可信。可见，本文的指标体系具有较强的内在一致性。

（2）效度检验。本文利用累计方差解释比例来分析持续改进激励措施指标体系的结构效度。分析结果发现，持续改进激励措施重要性指标体系的累计方差解释比例为 48.8%，持续改进激励措施使用频率指标体系的累计方差解释比例为 64.54%，说明持续改进激励措施指标体系具有较好的结构效度。

另外，持续改进经营绩效指标体系的累计方差解释比例为 57.69%，说明该指标体系也具有较好的结构效度。

## 四、不同国家或地区企业持续改进过程中激励措施的重要性分析

在对具体的激励措施进行调查之前，CINet 还就激励方法在持续改进过程中的重要性和使用频率进行了调查，如图 1 所示（Likert 五点量表，图中数值越小，说明激励方法越重要）。分析发现，激励方法在中国大陆企业持续改进中的重要性要大于其他国家或地区企业（对于激励方法使用频率的分析结果也发现中国大陆企业在持续改进中激励方法的使用频率也最高）。这说明中国大陆企业在持续改进过程中更偏好于激励方法的使用。

为了进一步了解激励方法在各个国家或地区企业持续改进过程中的应用状况，本文将对不同类别持续改进激励措施的重要程度（$I_m$）进行比较分析。本文通过 $I_m$ 来衡量各激励措施的重要性。$I_m$ 的值介于 1~5 之间，$I_m$ 值越小，该措施就越重要。当 $2 \leq I_m < 3$ 时，表明该方法对持续改进工作一般重要；当 $1 \leq I_m < 2$ 时，表明该方法对持续改进工作非常重要。各个国家或地区的 $I_m$ 详细数据如表 5 所示。

①　NUNNALLY J C. Psychometric theory. New York：McGraw-Hill，1978：13-64.
②　吴统雄．态度与行为研究的信度与效度：理论，反应，反省．民意学术专刊．1985：29-53.

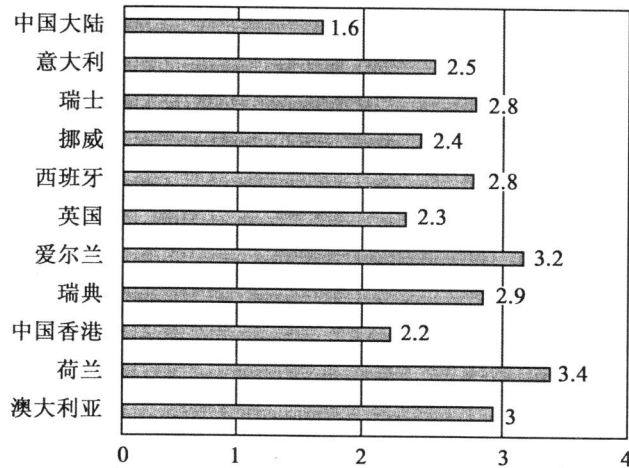

图 1　激励方法在持续改进过程中的重要性

表 5　　持续改进激励措施对不同国家或地区企业的重要程度

| 国家或地区 | 奖励建议 | 一次性奖金 | 工资激励 | 职位激励 | 团队激励 |
|---|---|---|---|---|---|
| 澳大利亚 | 2.56 | 3.16 | 2.82 | 2.37 | 2.61 |
| 中国大陆 | 1.58 | 1.81 | 2.07 | 2.28 | 1.60 |
| 中国香港 | 2.14 | 2.45 | 2.82 | 2.55 | 2.28 |
| 爱尔兰 | 2.62 | 2.67 | 3.10 | 2.43 | 2.33 |
| 意大利 | 2.14 | 2.62 | 2.66 | 2.81 | 2.81 |
| 荷兰 | 2.84 | 3.29 | 3.51 | 2.71 | 2.51 |
| 挪威 | 2.43 | 2.64 | 3.07 | 2.29 | 2.21 |
| 西班牙 | 2.27 | 2.66 | 2.61 | 2.34 | 2.34 |
| 瑞典 | 2.92 | 3.34 | 2.99 | 2.61 | 2.59 |
| 瑞士 | 2.69 | 3.15 | 3.42 | 2.56 | 2.54 |
| 英国 | 2.65 | 3.35 | 3.21 | 2.08 | 2.56 |
| 总体（全部样本） | 2.44 | 2.88 | 2.86 | 2.47 | 2.44 |

比较分析发现：

（1）对于澳大利亚和瑞典的企业而言，一次性奖金对持续改进活动的重要性最小，$I_m \geqslant 3.16$；其他激励措施的重要性相似，$I_m$ 值介于 2.37 ~ 2.92，属于一般重要。

（2）对于爱尔兰和挪威的企业来说，工资激励的重要性最小，$I_m \geqslant 3.07$；其他激励措施的重要性相似，$I_m$ 值介于 2.21 ~ 2.67，属于一般重要。

（3）对于荷兰、瑞士、英国的企业来说，一次性奖金和工资激励的重要性都很小，$I_m \geqslant 3.15$；其他激励措施的重要性相似，$I_m$ 值介于 2.08 ~ 2.84，属于一般重要。

（4）对于我国香港、意大利、西班牙的企业来说，各项激励措施对于持续改进活动的重要性基本相似，$I_m$ 值介于 2.14 ~ 2.82，属于一般重要。

（5）对于中国大陆的企业来说，奖励建议和团队激励对于持续改进活动的重要性最大，$I_m$ 值分别为 1.58 和 1.60；其次是一次性奖金，$I_m$ 值为 1.81；再次是工资激励和职位激励，$I_m$ 值分别为 2.07 和 2.28。

中国大陆企业持续改进过程中各项激励措施的重要性尤为明显，比如一次性奖金的重要性就比其他国家的企业大很多。

整体而言，各项激励措施在持续改进活动中的重要性从高到低的排列顺序为：奖励建议和团队激励、职位激励、工资激励、一次性奖金。

### 五、激励措施的使用频率对持续改进绩效的影响

本文运用典型相关分析法来研究持续改进激励措施的使用频率与改进绩效之间的关系。本文把持续改进激励措施的变量看做一组（Set1），把改进绩效的变量看做另一组（Set2），通过 sig. 值来检验两组变量间的典型相关系数，典型相关变量的 sig. 值小于 0.05 时认为两组变量显著相关[1]。依据 Miller 的观点，不同大小的相关系数所体现出来的变量相关程度如表 6 所示[2]。

表6　　　　　　　　　　　　相关系数范围与相关程度的关系

| 相关系数的经验范围 | | 相关关系 |
| --- | --- | --- |
| 0.000 < | ≤0.200 | 不相关或很少相关 |
| 0.200 < | ≤0.400 | 轻度相关 |
| 0.400 < | ≤0.600 | 实质相关 |
| 0.600 < | ≤0.800 | 强相关 |
| 0.800 < | ≤1.000 | 高度相关 |

1. 持续改进激励措施的使用频率对内部管理绩效的影响

分别输入持续改进激励措施的 5 个变量和内部管理绩效的 6 个变量，运行典型相关分析程序。程序运行的结果显示只有 2 个典型相关系数的 sig. 值具有统计学意义，第一典型相关系数为 0.350，sig. 值为 0.000；第二典型相关系数为 0.190，sig. 值为 0.025。但是第二典型相关系数很低，属于不相关或很少相关，所以本文只研究第一典型变式。详细分析结果如图 2 所示。

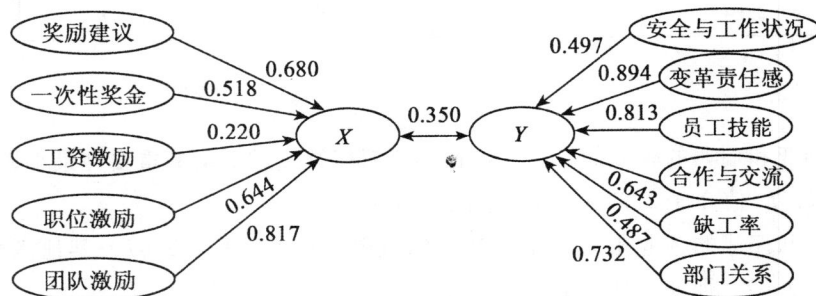

图 2　持续改进激励措施的使用频率与内部管理绩效的典型相关分析

本文进一步通过交叉负载系数来考察持续改进激励措施变量与典型因素 $Y$ 之间的相关关系。分析结

---

① 苏金明，傅荣华. Spss for windows 实用指南. 北京：电子工业出版社，2000：452.

② DEBERT C MILLER. Handbook of research design and social measurement. SAGE Publications，1991：251.

果表明，在持续改进激励措施中，团队激励的使用频率对内部管理绩效的影响最大，交叉负载系数为0.286；其次是奖励建议，交叉负载系数为0.238；再次是职位激励，交叉负载系数为0.225；一次性奖金和工资激励的交叉负载系数分别为0.181和0.077，均小于0.2。这说明在持续改进活动中，提高对团队激励、奖励建议和职位激励措施的使用频率，可以提高企业的内部管理绩效，特别是对变革责任感的增强、员工技能的提高、部门关系的改善及合作与交流的改进，尤为显著。

2. **持续改进激励措施的使用频率对生产交付绩效的影响**

分别输入持续改进激励措施的5个变量和生产与交付绩效的5个变量，运行典型相关分析程序。程序运行的结果显示只有2个典型相关系数的sig.值具有统计学意义，第一典型相关系数为0.320，sig.值为0.000；第二典型相关系数为0.167，sig.值为0.041。第二典型相关系数也很低，属于不相关或很少相关，所以本文也只研究第一典型变式。详细分析结果如图3所示。

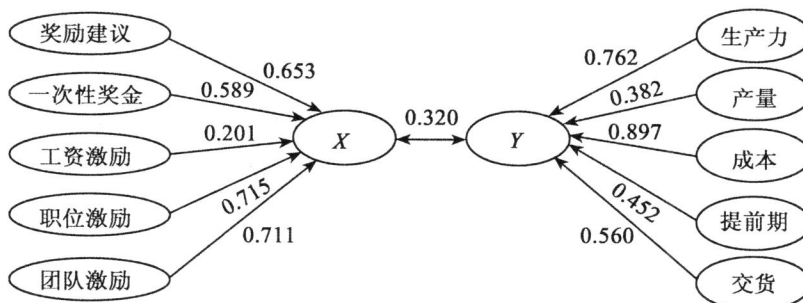

图3　持续改进激励措施的使用频率与生产交付绩效的典型相关分析

进一步对交叉负载系数进行分析。结果表明，在持续改进激励措施中，职位激励的使用频率对生产与交付绩效的影响最大，交叉负载系数为0.229；其次是团队激励，交叉负载系数为0.228；再次是奖励建议，交叉负载系数为0.209；一次性奖金和工资激励的交叉负载系数分别为0.189和0.064，均小于0.2。这说明在持续改进活动中，提高对职位激励、团队激励和奖励建议措施的使用频率，可以提高企业的生产与交付绩效，特别是对生产力的提高和成本的降低，尤为显著。

3. **持续改进激励措施的使用频率对外部关系绩效的影响**

分别输入持续改进激励措施的5个变量和外部关系绩效的4个变量，运行典型相关分析程序。程序运行的结果显示只有1个典型相关系数的sig.值具有统计学意义，sig.值为0.006，典型相关系数为0.228。详细分析结果如图4所示。

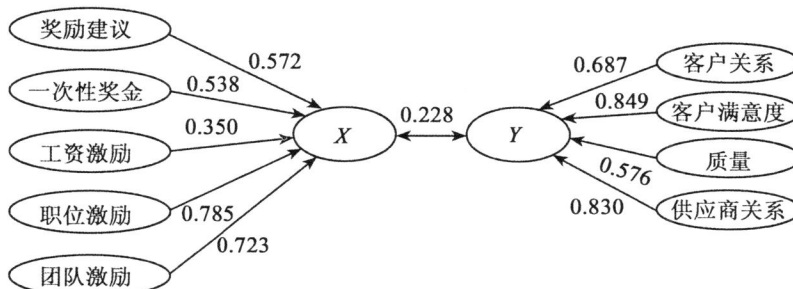

图4　持续改进激励措施的使用频率与外部关系绩效的典型相关分析

进一步对交叉负载系数进行分析。结果表明，各项激励措施的交叉负载系数均小于0.2。这说明在持续改进活动中，提高对上述各项激励措施的使用频率，对提高企业外部关系绩效有一定的帮助，但是影响很小。

## 六、结论

本文利用CINet数据库对激励员工参与持续改进活动的措施及其使用频率对企业经营绩效的影响进行了研究。在持续改进激励措施的选择上，本文提出以下建议：

（1）各项激励措施在持续改进活动中的重要性从高到低的排列顺序为：奖励建议、团队激励、职位激励、工资激励、一次性奖金。因此，在开展持续改进活动时，各国企业均可参照上述顺序选择相应激励措施，来鼓励员工参与持续改进活动。

（2）由于环境不同，不同国家或地区的企业在持续改进过程中选择激励措施时还应有所侧重。比如对于爱尔兰、荷兰等欧洲的企业，比较倾向于团队激励和职位激励；而中国大陆企业更倾向于奖励建议、一次性奖金和团队激励，特别是一次性奖金，重要性比其他国家或地区的企业都大很多。

（3）在激励措施的使用频率上，提高对团队激励、奖励建议和职位激励措施的使用频率，对于提高企业的内部管理绩效、生产交付绩效有较明显的帮助。

（4）把各项激励措施的重要性和使用频率结合起来分析发现：团队激励应该是企业在持续改进过程中重点使用的方法，它不仅重要，而且对于改进绩效的影响也很大；其次是对员工建议的评估和奖励（以上两点在中国大陆的企业中体现得更明显）；而一次性奖金和工资激励无论是重要性还是对改进绩效的影响都不是很突出，说明这两种方法在企业持续改进中的作用并不明显，这为希望通过奖金和工资来激励员工进行改进的管理者敲响警钟；另外，职位激励对于内部管理绩效和生产交付绩效的改进也具有一定的帮助，如表7所示。

表7　　　　　　　　　　　　持续改进激励措施指标体系

| 变量 | 重要性 | 使用频率对改进绩效的影响 | | |
|---|---|---|---|---|
| | | 内部管理绩效 | 生产交付绩效 | 外部关系绩效 |
| 奖励建议 | 2.44 | 0.238 | 0.209 | 0.130 |
| 一次性奖金 | 2.88 | 0.181 | 0.189 | 0.123 |
| 工资激励 | 2.86 | 0.077 | 0.064 | 0.080 |
| 职位激励 | 2.47 | 0.225 | 0.229 | 0.179 |
| 团队激励 | 2.44 | 0.286 | 0.228 | 0.165 |

以上既是结论也是建议，希望本论文的研究成果能够为企业持续改进工作的开展提供参考依据。

# 经济人假设对管理进步的重要意义

● 乔洪武[1]    龙静云[2]

（1 武汉大学经济与管理学院 武汉 430072；2 华中师范大学政法学院 武汉 430079）

【摘 要】作为英国古典经济学宝贵遗产中最重要部分的经济人思想，在经历了不断的批评和修正以后得到了进一步完善。从历史的维度看，理性经济人思想不仅为企业事业这类微观管理，也为社会宏观管理提供了坚实的理论基础，是推动管理进步的重要因素。就我国现实而论，学习和借鉴经济人理论，对于推进我国管理的现代化和规范化，显然具有非常重要的理论价值和实践价值。

【关键词】理性经济人   企业管理   社会管理

从管理思想史的角度看，管理学中管理理论和模型的每一次更新都依赖于对人性预设的修正。工业革命初期的管理理论将工人视为好逸恶劳的"惰性人"，而 19 世纪末和 20 世纪初兴起的古典科学管理理论把人看成是以自我为中心、追求物质利益最大化的"理性经济人"。1930 年梅奥提出的"人群关系理论"的管理模式则把人看成是不仅追求金钱而且追求社会需要的满足和良好的人际关系的"社会人"。1960 年，麦格雷戈提出了作为"与人力资源管理相关的最为现代的新理论起点"的 Y 理论，"Y 理论"则把人性设定为"自我实现的人"，据此建立了重视改变工作环境和对人的内在激励以充分发挥人的潜能的管理模式。20 世纪 70 年代兴起的"Z 理论"则认为没有纯粹的、不变的、适合于任何人的"经济人"、"社会人"或"自我实现的人"，融会这些观点提出了"复杂人"的人性预设，以此为基础倡导权变管理的新模式。而在我国的管理学教科书中，大多数对古典科学管理理论中关于"经济人"的"人性预设"持批评态度，其理由是现代西方的管理理论已经淘汰了这种过于陈旧的理论模型，我国应该学习借鉴当代西方管理理论的最新成果，才能尽快实现我国管理水平与发达国家的接轨。本文认为，这种认识具有片面性。在我国当前社会，经济人的假设对于推进我国管理的现代化和规范化，具有非常重要的理论意义和实际意义。

## 一、经济人思想是英国古典经济学宝贵遗产的最重要部分

人们一般认为，经济人是"有理性的、追求自身利益或效用最大化的人"。更完整地说，经济人作为一种内容丰富的假说，它的界定包含以下三个基本命题：

第一个命题是"自利"，即追求自身利益是驱使人的经济行为的根本动机。这种动机和由此而产生的行为有其内在于人本身的生物学和心理学的根据。

第二个命题是"理性行为"，即经济人是理性的，他能够根据市场状况、个人处境和自身利益之所在作出选择，并使自己的经济行为适应于从经验中学到的东西，从而使自己追求的利益尽可能最大化。

第三个命题是"私利即公益"，即只要有良好的法律和制度的保证，经济人追求个人利益最大化的自

由行动会无意识地、卓有成效地增进社会的公共利益。这是经济人假说中的核心命题，也是经济人假说中最有意义的问题①。

从思想史的历程来看，"经济人"大致上可以划分为三种模式——古典经济人模式、新古典经济人模式和广义经济人模式。古典经济人模式是古典经济学家为了解释人的经济行为而作的第一次抽象尝试。这种抽象的来源，在近代最早可以追溯到托马斯·霍布斯（1588～1679）的道德哲学和政治理论。霍布斯认为人性善或仁爱论的说教没有普遍性和坚实的现实基础。人的一切行为和活动其实都是自私、利己本性的表现。在霍布斯之后，孟德维尔（1670～1733）进一步指出，人类的一切行动、一切美德，其动机都发端于利己心。而且，国家的繁荣和人民的普遍幸福，只有顺应人的利己本性才能实现。如果没有人的利己心和由此而产生的各种行为，建成一个繁荣社会的理想只能是一种乌托邦式的空想。与孟德维尔相反，坎布兰（1631～1718）、沙夫伯茨里（1671～1713）和巴特勒（1692～1752）认为，人不可能像霍布斯所说的那样邪恶，在人性中，不只有利己、自爱的本性，也有利他、仁爱的本性。休谟（1711～1776）综合了霍布斯的性恶论和上述三学者的性善论，进一步完善了理性经济人的内涵。休谟指出，人性中最大的一面是自私，但同情、仁厚、公道、慷慨等"社会的德"在人性中也占很大比例。尽管人类德性的一面永远不能胜过人性中自私或"有限的慷慨"一面，但恰恰因为每个人都有自私的天性，人们在关心怎样扩大自身利益的同时就必须考虑另外人的利益，否则他自身也无利可图。这就会促使每个人都要约束自私天性，共同制定规则来限制彼此的行为。所以休谟说："利己心才是正义法则的真正根源；而一个人的利己心和其他人的利己心既是自然的相反的，所以这些各自的计较利害的情感就不得不调整得符合于某种行为体系。"② 在休谟等人的影响下，亚当·斯密终于完成了古典经济人模式的理论概括。斯密指出，人有三类情感：（1）自利情感，这是一种原始情感，"像斯多噶学派通常所说的那样，每个人首先和主要关心的是他自己"。（2）反社会情感，这是人类罪恶之源。（3）社会情感，"正是这种多同情别人少同情自己的感情，正是这种抑制自私和乐善好施的感情，构成尽善尽美的人性"③。既然人的情感有如此巨大的差异，那么能不能把人的道德情感归之于一种共同的情感中呢？斯密的回答是肯定的，这就是"同感"这种情感。斯密指出："无论人们会认为某人怎样自私，这个人的天赋中总是明显地存在着这样一些本性，这些本性使他关心别人的命运，把别人的幸福看成是自己的事情。虽然他除了看到别人幸福而感到高兴以外，一无所得。……这种情感同人性中所有其他的原始感情一样，绝不只是品行高尚的人才具备，……最大的恶棍，极其严重地违犯社会法律的人，也不会全然丧失同情心。"④也就是说，斯密并不赞成霍布斯所说的受原始利己动机支配的人们在追求自身利益的过程中，势必会发生"一切人对一切人的战争"。人是理性的动物，即人作为一种社会存在，具有社会情感。这类社会情感必然会引起我们对他人的行为和处境的关注。这样，自私的情感就会受到合理的控制，转化成为对个人利益的合理追求。而理性经济人对自身利益的合理追求恰恰会增进社会的普遍利益——"每个个人……通常既不打算促进公共的利益，也不知道他自己是在什么程度上促进那种利益。……他受着一只看不见的手的指导，去尽力达到一个并非他本意想要达到的目的。……他追求自己的利益，往往使他能比在真正出于本意的情况下更有效地促进社会的利益"⑤。斯密特别强调，这只看不见的手，也即引导实现利己与利他相结合的互利之手不是别的，正是自由市场经济制度——"一切特惠或限制的制度，一经完全废除，最明白最单纯的自然自由制度就会树立起来。每一个人，在他不违反正义的法律时，都应有其完全自由，让他采用自己的方法，追求自己的利

---

① 参见杨春学．经济人与社会秩序分析．上海：上海三联书店，1998：11-12.

② 休谟．人性论．北京：商务印书馆，1980：569.

③④ 亚当·斯密．道德情操论．北京：商务印书馆，1997：282，25.

⑤ 亚当·斯密．国民财富的性质和原因的研究（上卷）．北京：商务印书馆，1972：27.

益，以其劳动和资本和任何其他人或其他阶级相竞争。"①

19世纪70年代兴起的新古典经济学对经济人理论给予了进一步的补充完善。杰文斯在1896年写的《社会经济学研究》一书中第一次明确地使用"经济人"这一表述。马歇尔在《经济学原理》中详细界定了经济人的内涵。他特别指出，首先，经济人的自利行为是理性的；其次，经济人的自利行为不仅包括对自身经济利益的不断追求，还包括对自身精神满足的不断追求；最后，经济人假设只是作为经济学分析的逻辑起点，并不代表诱导人们道德追求的理想人格。"经济学之作为一种独立的科学存在的理由，就是因为它主要是研究人类活动中最可衡量的动机所支配的那一部分；因而这一部分的活动就比其他部分较能接受有系统的推理和分析。"人们绝不能由此产生以下误解，"相信经济学除了研究对财富的利己欲望之外，与任何动机无关，甚至认为经济学强调了一种卑鄙的利己政策"②。新古典经济学还克服了古典经济学没有把"自利"假设推论到消费者行为的分析中的缺陷，把最大化动机假设推广到消费者行为分析，从而在理论上对生产者行为和消费者行为作出统一的解释。在一开始，他们还只是将经济人利益最大化定义为效用最大化，随后又统一为"偏好的最大化"。于是，经济人的行为又被定义为：在可供利用的各种稀缺手段中进行谨慎的权衡比较，以实现偏好最大化的活动。这样，新古典经济学借助于边际分析的方法，完成了对经济人理论模型的第二次抽象。

20世纪70年代，詹姆斯·布坎南、加里·贝克尔和道格拉斯·诺思等经济学家在结合反经济人理论和对古典经济学反思的基础上，系统检验了经济人模型对于广泛的人类行为分析的适用性，他们恢复了古典经济学的某些思路，修正新古典模型的某些苛刻假设，重新论证和阐释了经济人假说，从各个方面使这一现代经济学的基石得到进一步的巩固和完善。这次抽象对于以往理论的发展最突出体现在以下两个方面：一方面结合交易成本、信息成本等最新学术成果来修改新古典经济人模式中十分苛刻的"标准理性选择"和"完全信息"假设，经济人的理性行为再也无需被假定为把全部精力都放在作出信息完全的决策所必需的计算上，而是允许作出的决策部分地取决于对习俗和惯例的依赖，以及对有关道德规范的遵从。人们正是借助于习俗、惯例或制度规范减少在复杂情况下作出理性选择所需的计算量，这样既增加了经济人模型的解释能力，又使我们理解了约束经济人行为的"社会文化环境"的深层含义。另一方面，对原经济人理论中的某些关键概念赋予新的广义解释，将经济人模式从经济领域扩展到非经济行为领域，如公共选择领域。布坎南等人开创的公共选择学派认为，集体与集体活动是由个人和个人行动构成的，任何集体选择与活动实质上是个人选择与行动。因此，在市场私人选择中适用的理性经济人原则，在公共选择中同样适用。代议民主制是一个各公共选择者如政治家、投票人和官僚三者之间发生相互关系的复杂政治过程，其中，投票人如同市场上的消费者，政治家如同企业家，官僚如同企业经理。他们追求的个人利益不再仅仅是货币收入，而且包括选票、职务、权力、名誉和社会地位等。因此，"新经济人"的"效用函数"涵盖个人可能追求的任何目标或若干目标的集合，他决策时考虑的"成本—收益"核算也是广义的，具有了强烈的类比和象征意义。"新经济人"的构建使经济人模式具有了更一般的意义，也使许多反经济人理论不攻自破。

## 二、经济人假设对微观管理和宏观管理的影响

1960年，美国管理心理学家道格拉斯·麦格雷戈在《企业中人的因素》一书中指出：人性预设是决定管理者行为模式的最重要因素。管理者基于对人性的不同假定，会按照不同的方式对人进行组织、领

---

① 亚当·斯密. 国民财富的性质和原因的研究（下卷）. 北京：商务印书馆，1972：252.
② 马歇尔. 经济学原理（上卷）. 北京：商务印书馆，1964：43.

导、控制和激励。但是，不管何种管理模式，莫不以经济人假定为理论基础，经济人假定无论是对西方国家的微观管理还是宏观管理，都产生了十分重要的影响。

首先，对于企业事业这类微观管理而言，"经济人"的人性预设始终是推动企业管理进步的重要因素。在近代直到工业革命早期，当时流行的准则是：最饥饿的工人就是最好的工人。因为那时企业管理的人性预设是工人是好逸恶劳的"惰性人"，工人有再多的钱也会花光，等钱花光之后，再去工作。工厂对工人管理的主要方式就是罚金和体罚。为了便于体罚，工厂广泛雇佣童工，因为雇主可以像管教家中的孩子那样对待童工。与此形成鲜明对比的是，亚当·斯密的"经济人"理论认为，货币的诱因会激发工人发挥最大的能力；工人越是努力工作，所获得的报酬就越多，他们便会更努力地工作。"劳动工资，是勤勉的奖励。勤勉像人类其他品质一样，越受奖励越发勤奋。……所以，高工资地方的劳动者，总是比低工资地方的劳动者活泼、勤勉和敏捷。"①到19世纪下半叶，斯密在1776年提出的以高工资提高生产力，从而降低产品的单位成本的主张广为企业界所接受。1893年，舍恩霍夫在比较了欧美各国的实际后，发现支付工资最高的国家，其生产成本最低。例如，匹兹堡制钉工人的工资收入是英国同类工人的10倍，而前者铁钉的生产成本只有后者的一半。20世纪初兴起的古典科学管理理论正是依据经济人理论，把工人看成是追求物质利益最大化的"理性经济人"以改进管理方式，提高管理效率。科学管理之父泰罗就指出，成本核算、工时研究、计件工资制、职能工长制都不是科学管理，只是科学管理的有益辅助手段。科学管理实质上是工人和管理阶层以及资本家的一场全面的心理革命，"这场伟大的革命就是双方把注意力从被视为最重要的分配剩余问题上移开，而共同把注意力转向增加剩余上，一直到剩余大大增加，以致没有必要就如何分配剩余的问题进行争吵为止"②。20世纪30年代以后，尽管有梅奥等人的"社会人"理论、X理论、Y理论、Z理论等现代企业管理理论出现，但是，一方面这些新的管理理论都缺乏像构建在"经济人"假设上的科学管理理论那样的坚实基础，因而很难得到广泛认同。管理学家马斯洛就指出："'麦格雷戈Y理论'的结论有大量的证据是基于我本人的研究。……但我和所有人一样明白，这一基础有多么不牢靠，……在这项对精神学的研究应用到对企业劳动力的研究的合法性最终被确信之前，我希望能有更多的这一类研究。"③另一方面，在现代社会，人们的价值观念有些变化，但变化不大。据埃德温·A.洛克在20世纪80年代的一项研究，他们就4种被广泛采用的激励手段对员工生产率的影响进行检验，结果是金钱刺激手段的中值增加数最大，接下来才分别是目标、丰富工作内涵和参与制。洛克并没有得出金钱是唯一的有效激励因素的结论，而是强调了金钱的"媒介作用"，即金钱作为一种交换媒介，它能使人对他所希望的不同满足需求的方式作出选择④。因此，多数国外管理学家研究认为，尽管新的管理理论存在着某种否定"经济人"观点的倾向，"社会人的观点得到了补充，却没有取代经济人的观点"⑤。

其次，对于公共管理而言，"经济人"的人性预设具有以下三个方面的重要意义：

第一，从"经济人"的人性预设出发，国家切实保障个人的私有财产和权利，由此才会有极大地解放生产力和发展生产力，促进国家繁荣和人民普遍富裕的结果。在构筑古典经济人理论的古典学者之中，曼德维尔、休谟、亚当·斯密等人都非常强调这一点。曼德维尔指出，当人没有被当做人来对待，当人的本性和权利不能受到尊重时，人便没有欲望。而"人若没有欲望的驱使，便绝不会去拼命奋斗；当人们处在休眠状态中时，任何东西都不能使他们奋起，其卓越与才能亦永远不会被发现。人这部怠情的机器若没有人的激情的影响，将可以被恰当地比做一台没有受到风力影响的巨大风磨"。因此，"若想使一个人类社会强大有力，就必须去唤醒其种种激情。划分土地将能使人们心生贪欲。用赞扬将人们从懒散中唤醒，

① 亚当·斯密.国民财富的性质和原因的研究（上卷）.北京：商务印书馆，1972：75.
②③④⑤ 雷恩.管理思想的演变.北京：中国社会科学出版社，2000：169-170，482，492，421.

骄傲之心便会促使他们认真劳作。教给他们贸易与手工，你便能在他们当中唤起妒忌与竞争。增加他们的财产，建立各种工厂，不荒废一寸土地。务必使财产受到保护，使人人皆享有同等的权利。一切皆依法办事，使人人皆能自由地思想。……若还要使国民富裕、聪慧和文雅，那还必须使他们学会如何与外国进行商业贸易……这将会带来财富，而一旦有了财富，种种艺术和科学便会迅速产生，再依靠我所说的那种良好治理，政治家便能使国家富足强大、美名远扬、繁荣昌盛。"① 休谟根据他的利益是道德的基础的思考，论述了市场经济赖以生存和发展的三项基本法则："稳定财物占有的法则，根据同意转移所有物的法则，履行许诺的法则。人类社会的和平与安全完全依靠于那三条法则的严格遵守，而且在这些法则遭到忽视的地方，人们也不可能建立良好的交往关系。"② 休谟在这里要表明的是，道德及其一切规则不过是对私有财产权的确认和辩护，我让别人占有和享用他自己的财物，那么别人也会同样地对待我。这种共同的、社会的利益感是维护资本主义市场经济有序运行的基石。亚当·斯密在《国富论》中也写道："每个人改善自身境况的一致的、经常的、不断的努力是社会财富、国民财富以及私人财富所赖以产生的重大因素。这不断的努力，常常强大得足以战胜政府的浪费，足以挽救行政的大错误，使事情日趋改良。"③ 尽管曼德威尔、休谟和斯密对人性的分析并非全面，但它无疑是非常深刻的，也给马克思主义提供了丰富的理论营养。马克思认为，人作为一种特殊的物质存在方式，其本质在于探索与创造。具有这种探索和创造本质的个人是一切社会经济活动的主体，亦是决定经济发展的关键因素。资本主义之所以在短短的几百年间创造出如此巨大的生产力，推动了资本主义世界经济的迅猛发展，其奥秘就在于它顺应了人的天性，顺应了劳动者经济活动的实际需要，为激励每一个劳动者的劳动积极性和创造性，为发展人的探索能力和创造能力而逐步构架了一些迄今为止被证明是十分有效的管理规则或活动秩序。

第二，从"经济人"的人性预设出发，政府制定出尽可能完备的监督、检查和处罚的法律体系，实行严格公正的法治，由此才能有效地规范市场经济秩序，保障市场经济的健康运行。早在 1513 年，意大利一位失去官职的行政管理人员和外交官尼科罗·马基雅维利就指出："不管是什么人，只要他渴望创造一个国家并为它制定法律，他首先必须设想所有的人都是坏人，而且一有机会他们就要表现其罪恶本性。"④ 正是根据这一人性假设，马基雅维利在《君主论》和《讲话集》中提出了一套成功管理一个国家的管理原则。从市场经济的发展历程来看，在欧洲市场经济的初期，坑蒙拐骗、掺杂作假等不道德商业行为也曾大量出现⑤。即使到工业革命早期，对商品质量的管理还处于一种原始状态。诚如克劳德·小乔治指出的那样："工厂制度的建立防止了或至少减少了偷盗材料的现象，但是，质量控制方面，比起以前的生产制度来，如果说有什么改进的话，也很小。产品仍是由非标准化的材料用非标准的方法制造出来的。……最常见的质量控制形式是买主对产品的检验，而通行的规则是，货物出门，概不退换。"⑥ 最早提出"看不见的手"的亚当·斯密也指出："商人和制造业者……他们通常为自己特殊事业的利益打算，而不为社会一般利益打算，所以，他们的判断，即使在最为公平（不总是如此）的场合，也是取决于关于前者的考虑，而很少取决于关于后者的考虑。……一般的说，他们的利益，在于欺骗公众，甚至在于压迫公众。事实上，公众亦常为他们所欺骗所压迫。"⑦ 可见，斯密先就预设了"经济人"并非"道德人"，要使经济人在自利的过程中达到有利于社会的结果，并不能仅靠他们的道德秉性和道德自觉，而首先需要

① 伯纳德·曼德维尔. 蜜蜂的寓言. 北京：中国社会科学出版社，2002：141-142.
② 休谟. 人性论. 北京：商务印书馆，1980：566.
③ 亚当·斯密. 国民财富的性质和原因的研究（上卷）. 北京：商务印书馆，1972：315.
④ 雷恩. 管理思想的演变. 北京：中国社会科学出版社，2000：36.
⑤ 乔洪武. 欧洲市场经济初级阶段的商业道德及其启示. 武汉大学学报，1997，4：56.
⑥ 克劳德·小乔治. 管理思想史. 北京：商务印书馆，1985：63.
⑦ 亚当·斯密. 国民财富的性质和原因的研究（上卷）. 北京：商务印书馆，1972：242-243.

"看不见的手"的引导。这"看不见的手",一方面是指充分的自由竞争,优胜劣汰的机制会迫使"经济人"克己自制,树立"谨慎之德";另一方面是指"正义的法律",即法律要得到严正的实施,以维护公平的自由竞争。"各个人的自由,各个人对于自己所抱的安全感,全赖于有公平的司法行政。""为保护人民不使社会中任何人受其他人的欺侮或压迫,就是(要)设立一个严正的司法行政机构。"① 也就是说,健康的市场经济秩序要求政府构建的法律框架能发挥双重功效:既要充分激发出个人追求自身利益的热情,又要针对经济人任何一种边际收入大于边际成本的活动可能会产生的不择手段实施严密的制约。如此,才能最大限度地扼制住经济人的这类行为转化为对他人和社会利益的侵害。正是依靠自由竞争和不断完善的严格法治,市场秩序才逐步完善,违背诚信的不道德商业行为也较少发生。

第三,从"经济人"的人性预设出发,执政党和政府等公共管理主体及其行为必须得到切实有效的监督和制约,在政治过程中引入竞争机制,由此才能最大限度地消除腐败和各种以权谋私现象,保障公共选择过程和结果的公平正义,使人民的权利和利益不受到侵害。最早提出人性是自私的霍布斯认为,要制止住受原始利己动机支配下势必会发生的"一切人对一切人的战争",就必须求助于外在的强制保障,这就是"伟大的利维坦"——一个能包容并协调所有个人权利的国家。国家的重大职能在于促使人履行其所签订的契约。作为"利维坦"化身的君主必须拥有绝对的权力,方能控制住个人的利己心对公共利益的破坏性影响。洛克接受了霍布斯的自利说,但重新解释了霍布斯的"自然状态"说。他指出,人们建立国家后并不是像霍布斯所说的把全部个人权利都转让给了政府,而只是转让了裁判权。国家作为契约的产物,必须受契约的约束,承认生命、自由和私有财产是人不可侵犯的三大"自然权利",即便是君主也无权侵犯这些权利。为防止权力机构对人民上述权利的侵犯,洛克列举了包括分权原则在内的种种限制条文。亚当·斯密不但继承了洛克的思想,更是强调:"为使各国人感到自己一切应有权利全有保障,司法权不但有与行政权分离的必要,且有完全脱离行政权而独立的必要。"② 因为君主可能将手中的司法权力变成"他的一种收入源泉",而"司法行政像这样成为一种敛财的组织,结果,自不免生出许多弊害"。欧洲以往的历史表明,没有分权的司法制度,"都长期陷于极度的腐败状态,即在最好国王的统治下,也谈不到什么公正、什么平等,而在最坏国王的统治下,那就是一塌糊涂了"③。显然,他的上述论述就暗含着行政和司法机构等公共管理主体首先也是追求自身私利的"经济人"的假设。20世纪70年代布坎南等人开创的公共选择学派认为,政治家的行为也是利己主义的,但现行政治过程却不能像市场过程那样:明确产权,自利导向,价格机制,自愿交换,让每个经济人在"看不见的手"引导下自由竞争。正因为不能像市场那样实现充分的自由竞争,它必然会导致寻租、浪费、贪污腐败、机构扩张、效率低下等弊端,严重背离公平正义的社会目标和广大民众的公共利益。而政治改革的根本目标,是让市场经济中约束"经济人"的机制同样能在政治过程和政府决策过程中充分发挥作用。这一约束经济人的机制的核心一是自由竞争;二是"正义的法律"。而政治过程中的自由竞争,除了多党制、三权分离外,公共选择学派还主张在政府官僚机构生产中也引入竞争机制,以提高政府的工作效率和服务质量。而政治过程中"正义的法律"的主旨是指"限制公权,保护私权",即限制公共管理主体的权力,保障老百姓的个人权利。除此之外,公共选择学派还特别强调其他外在控制的作用。事实上,西方国家中的普选制、新闻自由、多党竞选、非政府组织等都在发挥着外在控制的作用。也正是这些制度安排的不断完善,才使得当今发达资本主义国家的公共管理更有效率,腐败现象较少发生,一旦发生,也能够及时地被揭露和受到法律的制裁。

① 亚当·斯密. 国民财富的性质和原因的研究(下卷). 北京:商务印书馆,1972:272-284.
② 亚当·斯密. 国民财富的性质和原因的研究(下卷). 北京:商务印书馆,1972:284.
③ 亚当·斯密. 国民财富的性质和原因的研究(下卷). 北京:商务印书馆,1972:27.

## 三、经济人理论对我国的借鉴意义

就我国现实而论，学习和借鉴经济人理论，对于推进我国管理的现代化和规范化，显然具有非常重要的理论价值和实践价值。

首先，对于企业管理而言，管理是生产力中的重要因素，管理作为一种生产力，将生产力中的劳动者、劳动资料、劳动对象、科学技术等要素协调组织起来，使潜在的生产力成为真正现实的活动。离开具体的管理活动，生产力各要素就难以协调起来，发挥其应有的作用。由于管理对生产力各要素进行技术上的组合，管理水平、管理技术的高低，将直接影响着生产力的量和水平，并使生产力产生新的质。但在我国为数众多的小型私营企业里，管理理念落后、管理手段沉旧、管理效率低下的现象还十分普遍。最近揭露的山西"黑砖窑"事件就是野蛮管理的最恶劣典型。即使是在一些大中型私营企业里，奉行"最饥饿的工人就是最好的工人"的管理理念来进行管理的也不在少数。它可以从以下事实得到证明：近年来，在南方一些省份出现的"民工荒"，其主要原因就是农民工对私营企业的过低工资开始进行抵制。事实上，在市场经济条件下，无论是雇主还是工人，他们都是市场主体，他们行为的直接目的首先是谋求自身利益的最大化。作为雇主，其谋求自身利益最大化的行为绝不能以牺牲工人的合法正当利益为手段；同理，作为工人，其谋求自身利益最大化的行为也绝不能以牺牲雇主的合法正当利益为手段。19世纪下半叶以来工业化国家的企业管理实践充分证明，以经济人理论作为科学管理的理论基础，并由此出发来设计企业管理的规则和制度，才能将生产力中的劳动者、劳动资料、劳动对象、科学技术等要素协调组织起来，以产生最大的效率，从而实现雇主与工人双赢的结果。因此，我国企业管理显然应补上科学管理这一课。当然，最为根本的是，我国企业管理必须以科学发展观为指导，坚持以人为本的管理原则，在企业管理规则和管理制度的设计上充分体现和尊重每一位员工的权利、利益和人格尊严，如此，员工才会服膺于严格而科学的管理，员工的积极性和创造性才能真正地释放出来。

其次，从宏观管理的角度看，管理是通过社会公共权力的配置来调控社会关系、处理公共事务。对于公共管理而言，一方面我们应当依据"经济人"假设，制定和实施"漏洞"尽可能少的管理程序，并针对"黑客"的攻击尽可能迅速地推出"补钉程序"和"杀毒软件"，以减少管理中无法可依或无章可循的窘境。同时应加大对违规违法者的惩处力度，增大他们违规违法的成本。当"经济人"看到违规违法的成本远远大于其收益时，他们是不会进行违规违法交易的。另一方面，我们应勇于接受政治家的行为首先是利己行为这一理论假设，并根据市场过程来设计政治过程，依靠自由竞争和"正义的法律"来制约政治家和政府的各种行为。实际上，当今中国的许多问题，例如少数地方政府或部门知法犯法、官商勾结、权力寻租以及政府机构越减越臃肿、公款消费越来越庞大、腐败现象长期得不到有效扼制、领导干部得不到真正有效的监督等，已不再是经济改革方面的问题，而在于对政策制定的规则约束与规则约束下的政治过程。规则不合理，好人也会干坏事；规则合理，坏人也就不能干坏事，并转变成干好事。当然，我们也应当看到，即使在资本主义国家的现行政治中，过半数规则的局限性，特殊利益集团的强大影响力，政治家与官僚的利己主义，投票人的短见与理性无知，这些加在一起也会产生一些低效、无效、不公正甚至是有害的社会经济政策。公共学派的产生也正是试图解释西方政治过程中的这种缺陷，所以，我国的政治体制改革不能照搬西方的模式，应结合中国的国情来进行设计。而不照搬西方的模式，并不意味着我们不能借鉴经济人假设。我们应在借鉴经济人假设的前提下，通过切实完善对政治家和政府行为的约束和激励机制来纠正我国现行政治过程中的种种缺陷。更何况，限制公共管理主体的权力，保障老百姓的个人权利，乃是社会主义民主政治的题中应有之义。加快这方面改革的步伐，既是提高执政党执政水平和能力的需要，更是我们真正构建起公平正义的和谐社会的需要。

## 参考文献

[1] 雷恩．管理思想的演变．北京：中国社会科学出版社，2000.

[2] 克劳德·小乔治．管理思想史．北京：商务印书馆，1985.

[3] 亚当·斯密．国民财富的性质和原因的研究（上、下卷）．北京：商务印书馆，1972.

[4] 亚当·斯密．道德情操论．北京：商务印书馆，1997.

[5] 休谟．人性论．北京：商务印书馆，1980.

[6] 洛克．政府论（上、下卷）．北京：商务印书馆，1964.

[7] 伯纳德·曼德维尔．蜜蜂的寓言．北京：中国社会科学出版社，2002.

[8] 马歇尔．经济学原理（上卷）．北京：商务印书馆，1964.

[9] 杨春学．经济人与社会秩序分析．上海：三联书店，1998.

# 发展中国家跨国公司对外直接投资的动因

● 丁祥生[1]    张岩贵[2]

（1，2 南开大学跨国公司研究中心 天津 300071）

【摘 要】近年来发展中国家跨国公司蓬勃发展，对外直接投资的金额有了巨大增长。文章以跨国公司对外直接投资理论为基础，针对这一现象分析了发展中国家企业对外直接投资的动因。本文认为，发展中国家企业对外直接投资的动因是多元的，既有寻求市场与效率这样与发达国家跨国公司相同的动因，也有资源寻求、规避风险以及文化与种族纽带这样的因素。

【关键词】发展中国家 对外直接投资 动因

## 一、前言

自从跨国公司出现以来，发达国家的跨国公司一直在全球外国直接投资中占据着主导地位。但最近各种研究资料和数据显示，来自发展中国家和转型国家的外国直接投资有了巨大增长。2005 年，这一类国家的直接投资流出流量达到了 1 330 亿美元，占世界流出总量的 17%；流出存量在 2005 年达到了 1.4 万亿美元，占世界流出总量的 13%。1990 年，对外直接投资存量超过 50 亿美元的发展中国家和地区只有 6个，而到了 2005 年，超过这一界限的则达到了 25 个（UNCTAD，2006）。

近年来发展中国家的对外直接投资表现出如下特点：

第一，虽然发展中国家和地区对外直接投资的来源很多，但来源国或地区的集中度仍然很高。在非洲占据主导地位的是南非，拉丁美洲主要是巴西和墨西哥，而俄罗斯则几乎是独联体所有投资流出的母国。亚洲的情况有所不同，四小龙（新加坡、韩国、中国台湾、中国香港）以及中国大陆、印度、马来西亚和泰国进行对外投资的公司数量都在增加。新兴的外国直接投资来源主要集中在亚洲发展中国家和地区以及俄罗斯，拉丁美洲和非洲的比重在下降。

第二，从部门上看，发展中经济体和转型经济体绝大部分的 FDI 流向了第三部门，尤其是商业、金融以及与贸易有关的服务部门。流向制造业的外国直接投资则主要是全球竞争程度较高的行业，如汽车、电子以及服装产业等；而流向第一产业的投资在最近也有增加，并且主要流向了石油开采和矿产业。

第三，发展中国家的外国直接投资主要流向了其他发展中国家。从东道国的角度来看，南南投资流动在许多低收入国家所占的比重很大，因此这些投资对许多发展中国家就显得非常重要。

第四，发展中国家和地区的外国直接投资大部分是区域内部的，而且东亚和东南亚国家之间的投资占据着主导地位。

鉴于发展中国家和地区的对外直接投资在近年来的迅速增长及其所表现的特点，有必要对这一现象进行一定的研究。此前国内外学者对此进行的研究中，早期最具有代表性研究的是由威尔斯作出的。他对发展中国家企业对外直接投资的优势做了精彩的分析，并得出了发展中国家跨国公司具有小规模制造优势这一具有里程碑性质的理论（威尔斯，1986）。总的来说，国外学者对发展中国家企业对外投资的研究主要集中在对企业优势的研究方面。而国内学者的研究主要集中在对发展中国家跨国公司的学习型投资和以策略竞争为主要目的的投资的研究(冼国明,1998;马亚明和张岩贵,2000),这些研究从一个方面研究了发展中国家对外直接投资的动因。但是总的来看,对发展中国家对外投资的动因的研究还是相当不完整的。

作为外资理论与政策研究的权威机构,联合国贸发会议在《2006年世界投资报告》中对发展中国家跨国公司作了专题研究,并就发展中国家跨国公司的优势进行了全球问卷调查。本文根据报告所介绍的调查结果,并结合以前的相关研究成果,分析和总结发展中国家跨国公司对外直接投资的动因。

## 二、对外直接投资理论与不同类型企业对外直接投资的动因

### 1. 对外直接投资的理论主流

现代对外直接投资理论起源于20世纪60年代的垄断优势理论。自从海默于20世纪60年代开创了现代企业对外直接投资理论研究的先河以后,对外直接投资理论的研究有了很大的发展。其中具有代表性的有垄断优势理论、内部化理论以及国际生产折中理论。

垄断优势理论证明,发达国家对外直接投资企业所处的产业是不完全竞争的,这些企业往往具有规模、资金、技术以及管理方面的垄断优势,其对外直接投资的主要动因就是利用这些优势最大限度地获得利润或市场份额。内部化理论也以市场不完全为基础,分析了企业将外部市场内部化的动因。该理论认为,在技术这样的中间投入品市场不完全的条件下,企业通过外部市场进行技术交易的不确定性很高,不能实现技术本身的价值,企业就会选择通过建立子公司等途径实现技术价值。因此,如果市场是不完全的,那么企业就有强烈的将外部交易内部化的动因。一旦这种内部化超越了国界,该企业就变成了跨国公司。所以说,内部化理论从一个方面研究了跨国公司形成的原因,或者说是企业对外直接投资的动因。正如下文将要讨论的,发达国家跨国公司与发展中国家跨国公司都存在这种投资动因,只要这些企业拥有独特的优势。

国际生产折中理论则将垄断优势理论、内部化理论和经济地理方面的区位理论结合起来,形成了非常具有代表性的"三优势"理论。国际生产折中理论指出,企业对外直接投资的决策取决于三个方面的因素:第一是企业特定的所有权优势,即企业所拥有或能够获得的独特的资产或所有权优势;第二是内部化优势,即企业将所有权优势内部化的愿望和能力;第三是区位优势,主要是指东道国的区位决定因素,这些因素是跨国企业本身所无法决定的。只有当国外区位因素较大时,企业才可能从事国际生产。在企业对外投资的三大决定因素(优势)中,所有权优势是企业对外投资的必要条件,内部化优势是企业对外投资的动因,而区位优势则决定了企业对外投资的各种战略选择。其中前两个优势决定了企业能否进行对外投资和是否进行对外投资,是企业对外投资的根本决定因素(Dunning,1981,1986)。

从以上分析可知,国际生产折中理论实际上讨论了企业优势与对外直接投资的动因之间的关系。当企业的所有权优势非常明显,或者说拥有垄断优势的时候,其对外直接投资的主要目的就是通过将外部市场内部化,实现利润最大化或者是公司价值最大化。我们可以将之称为"利用优势型"对外直接投资。而如果企业的所有权优势并不明显或者是处于劣势的时候,公司对外直接投资的目的可能就不是或者不单纯是"利用优势"了,这样的企业对外直接投资的目的可能是利用优势,也可能是"获取优势"或者是其他动因。

### 2. 不同类型国家跨国公司的所有权优势与对外直接投资的动因

目前得到公认的是,美国等发达国家跨国公司的所有权优势概括为以下几个方面:(1)差异产品优势,主要指由于产品差别、商标、市场销售技能和价格操纵等造成的美国跨国企业相对于当地企业的优势;(2)来自要素市场不完全的优势,主要有专利与专有技术、获得资金的优势和管理技能等;(3)发达国家跨国企业通过水平和垂直一体化经营,获得内、外部规模经济优势(Hymer,1976)。

发展中国家跨国公司的竞争优势主要有：拥有为小市场需求服务的小规模生产技术；当地采购优势；企业管理和营销费用低廉的优势；特殊和差异化产品优势（丁祥生，2003）。

根据 UNCTAD 对发展中国家和转型国家跨国公司的最新问卷调查，目前发展中国家跨国公司所拥有的竞争优势主要表现为：特定产品生产的专门知识和技术、母国资源优势、以生产过程专业化为特征的生产过程能力等，其中较为突出的是获得母国资源和某些产品的生产与服务能力方面的优势（UNCTAD，2006）（如表 1 所示）。

表1           **按优势来源划分的发展中国家跨国公司拥有的优势类型①**

| | 竞争优势来源 | | |
| --- | --- | --- | --- |
| 优势类型 | 企业特定优势 | 来源于母国环境的优势 | 来源于发展过程或发展阶段的优势 |
| 所有权和进入 | 第一部分　专门知识和技术<br>· 适当和专门的知识和技术<br>· 及早采用新的技术（如在基础设施和电信等领域）<br>· 来自对研发和其他资源的持续投资的先进技术或专门知识 | 第二部分　获得资源和活动<br>· 第一部门/自然资源，有时由国有企业垄断<br>· 技术和专门知识集群（如印度班加罗尔的 IT 技能）<br>· 获得基金或其他形式的融资（如来自国有银行和金融机构、伊斯兰银行）<br>· 发展公用事业和基础设施 | 第三部分　相对优势<br>· 某个发展中国家的增长极可能会使该国企业在国内外市场相对于其他发展中国家企业临时具有相对规模和所有权优势 |
| 产品/服务、生产过程与价值链环境 | 第四部分　生产与服务能力<br>· 部件与产品的高效率生产<br>· 分销与交货能力 | 第五部分　获得现成资产<br>· 包括相关要素投入在内的生产集群 | 第六部分　市场环境<br>· 适应发展中国家市场的产品与服务<br>· 廉价产品 |
| 网络和关系 | 第七部分　商业模式<br>· 发展利用优势的网络<br>· 强调与客户或供应商的基础与关系 | 第八部分　血缘关系<br>· 海外关系（如华侨、印侨、黎侨） | 第九部分　发展中国家内部关系<br>· 政府间倡议 |
| 组织结构和商业文化 | 第十部分　治理形式<br>· 家族企业<br>· 国有、集体企业<br>· 拥有更大的使用网络的新的组织体系 | 第十一部分　文化亲和力<br>· 与其他国家的文化与历史联系 | 第十二部分　制度亲和力<br>· 来自相同发展阶段或发展进程的商业文化与结构、政府-产业关系 |

从以上分析可以看出，发达国家的跨国公司与发展中国家的同类企业所拥有的竞争优势的差异比较大，发达国家企业的所有权优势比较明显，而发展中国家跨国公司的竞争优势则是多元的。一般而言，由于发达国家跨国公司拥有垄断优势，它们对外直接投资的主要目的在于将所有权优势内部化而实现利润或公司价值最大化，从而发达国家跨国公司对外直接投资的动因就是削减成本和占领市场，也就是说发达国家企业的对外直接投资多为市场寻求型或效率寻求型。而正如上文所指出的，发展中国家跨国公司的竞争

---

①   UNCTAD，转引自 World Investment Report 2006，Table Ⅳ.1，UNCTAD.

优势是多元的，并且其所有权优势都是相对而言的，因此，发展中国家跨国公司对外直接投资的动因也是多元的，既包括与发达国家跨国公司相同的内部化的动因，还包括其他特定动因。

### 三、发展中国家跨国公司对外直接投资的动因

#### 1. 寻求市场

寻求市场是大多数企业对外直接投资的基本动因之一，而不管这些企业是来自发达国家还是来自发展中国家的。而寻求国外市场对发展中国家跨国公司显得尤其重要，其主要原因有以下几个方面：（1）发展中国家经济发展水平相对较低，国内市场发育不成熟，随着企业生产规模的扩大，国内市场已经不能满足企业发展的需要，企业这时较好的途径就是开拓海外市场。（2）自 20 世纪 80 年代以来，随着生产国际化的发展，还出现了区域经济集团化的趋势。像欧盟、北美自由贸易区以及其他国家和地区的"成长三角"等诸如此类的区域或次区域经济集团对内实行一定程度的或完全的自由贸易，对外则采取多种贸易保护主义措施，从而增加了圈外国家进入这些国家市场的难度。进入 20 世纪 90 年代后，这种趋势更是大大加强。（3）发展中国家（地区）的外贸出口商品的结构不够合理，高附加值产品和高技术产品所占比重小，初级产品和劳动密集型产品所占比重较大，因而市场竞争力小，替代性强，常常首先受到贸易保护主义的限制。在这种情况下，发展对外直接投资不失为绕过贸易壁垒、开拓出口市场的一种有效途径。通过对外直接投资，在东道国就地生产和销售，就可以打破对方在出口贸易上的种种限制，维持和扩大出口，开拓新的市场。

这种以市场为导向的投资还有一个目的，就是利用投资东道国作为跳板，向其他发展中国家和发达国家输出商品。由于上文所述的贸易保护主义和区域经济集团对非成员国商品输入的限制，一些受到限制的发展中国家往往在一些受限制较少的新兴工业化国家和地区（同时也是市场经济国家和地区）、一些外向型的发展中国家投资，然后再从这些国家向其他发达国家和发展中国家出口商品。例如，由于西方国家将中国列为非市场经济国家，对中国的商品出口有诸多限制，中国大陆许多公司就在中国香港以及东南亚和非洲等一些国家和地区投资，在当地生产产品，然后向其他对中国采取贸易限制或反倾销措施的国家出口。在这种类型的投资中，投资的东道国并不是产品销售地，而仅仅是产地。

市场寻求动因的重要性得到了 UNCTAD 全球问卷调查的证实。在 UNCTAD 进行的发展中国家跨国公司全球调查中，有 51% 的答复认为市场寻求是 FDI 最重要的动因，其中包括南非在发展中东道国的跨国公司（在所有答复中占 70%）、印度和中国的跨国公司。市场寻求型 FDI 普遍存在于大多数产业中，尽管因来源国家的不同而有所变化。例如，从调查结果看，主要因为当地跨国公司的专门化，来自南非的市场寻求型 FDI 在化学、食品和饮料、金融和运输与通讯等产业中是最普遍的（UNCTAD，2006）。

理论研究表明，因为比较熟悉、容易进入、跨国溢出以及类似的因素，对（同一地区）邻近国家的 FDI 将是国际化的一个普遍特征，在跨国公司发展的早期阶段尤其如此。此外，对于绝大多数发展中来源国家和地区而言，对邻近地区的 FDI 对于市场寻求型分支机构而言是最普遍的区位选择，不管对拉丁美洲、非洲还是对于东亚与东南亚而言都是如此。

#### 2. 寻求效率

在对外直接投资理论中，效率指的是与产品成本有关的概念，如果产品成本下降，就说明生产是有效率的；而成本上升就说明生产缺乏效率。寻求效率是发展中国家企业对外直接投资的一个重要的动因。随着经济的发展，发展中国家各类要素投入尤其是劳动力的价格逐步提高，企业经营的成本增加，从而使得在母国经营的效率下降。企业为了最高限度地降低成本和价格，提高产品竞争力，保持和提高市场份额与利润，从而产生了对外投资的愿望。这种投资动因对发达国家企业和发展中国家企业都是非常重要的，但

对发展中国家企业而言却更为重要，因为发展中国家尤其是一些新兴工业化国家经济增长率非常高，劳动力成本上升尤为明显，从而对企业经营利润的影响尤为显著。

例如，根据 UNCTAD 的全球调查显示，有 22% 的答复将效率寻求型对外直接投资作为战略动因，其中将其作为重要动因的绝大多数公司来自亚洲，并且主要出现在电气与电子产品、服装以及 IT 服务三个产业中。总体上，从调查和文献来看，将效率寻求型 FDI 看做最重要动因的跨国公司主要来自依次是中国香港、马来西亚、毛里求斯、韩国、中国台湾省、中国大陆和新加坡（UNCTAD，2006）。

发展中国家的效率寻求型对外投资企业本质上属于高度竞争产业中的全球价值链的一部分，并且这些产业通常是诸如电子和服装等劳动密集型的。在出现这类跨国公司的多数国家中，劳动成本的相对提高迫使这些企业转移到成本相对较低的区位。

而效率寻求型投资对于投资区位的选择取决于产品性质和区位所处的全球生产网络的特定类型。这种网络有两种主要类型：买方推动和卖方推动。买方推动的产业主要是那些生产比较分散的产业，如服装和鞋类等，在这些产业中，大型的买方控制着品牌、营销和最终市场的进入。而这些产业在发展中国家的分布也很广，并且一般来说其区位不必与供应商等相关企业靠得很近，以效率寻求型 FDI 为目标而投资于海外的跨国公司所投资的东道国分布因此是非常广泛的，只要这些东道国具有较低的成本。与此相反，卖方推动的生产网络主要指的是汽车和电子产业等资本和技术密集型产业，在卖方推动的生产网络中，核心公司拥有关键技术和其他企业特定优势，并且对网络中供应商等其他相关企业的生产和质量负责。产业集群是卖方推动的全球生产网络的一个重要表现。在汽车和电子等生产者推动的全球生产网络中，紧密的一体化与企业巨大的地理集群非常重要。在一些类型的电子产品案例中，零部件和组件是复杂联系的生产过程的重要方面，并且质量因素极其重要，因此在区域上相互接近是非常重要的考虑。这一过程的一个很好的例子是硬盘驱动器（HDD）产业，在该产业中，全球生产就集中在马来西亚、新加坡和泰国等少数国家。

3. 寻求资源

资源是经济发展中不可或缺的一部分，当然对于企业也是如此。在经济学意义上，广义的资源可以包括自然资源、劳动力、资金以及技术等生产过程中的一切要素投入。狭义的资源一般是指自然资源。由于劳动力、技术等在本文中均有专门的讨论，所以本节所讨论的资源指包括石油在内的各种自然资源。

从总体上说，发展中国家（地区）有着丰富的自然资源，但各国由于资源禀赋条件的差异，一些国家拥有很丰富的自然资源，而另一些国家则属于资源贫乏的国家，或者一些国家资源总量虽然也不算少，但由于人口众多，人均资源拥有量也就相对很少，并且随着一些发展中国家经济的快速发展，对能源等资源的需求日趋旺盛，资源的供需矛盾日趋突出。因此，资源寻求型投资日益成为发展中国家对外投资的一个重要动因。

由于保证资源供给对母国经济而言在战略上是非常重要的，因此进行此类投资的发展中国家跨国公司大部分是国有企业，并且被政府赋予了非常重要的政治目标。如印度的 ONGC 就是如此，成立于 20 世纪 50 年代的 ONGC 起初的主要任务是开发印度本国的石油，但到了 20 世纪 90 年代，公司被赋予了新的使命，其首要目标被明确为保证获得印度发展所需的外国石油。为了完成这一目标，公司在海外建立了一系列的石油与天然气勘探、生产和分销项目，因为所要保护的资源规模很大，ONGC 的业务分布很广，包括了阿尔及利亚、巴西、科特迪瓦、古巴、伊朗、哈萨克斯坦、尼泊尔、尼日利亚、卡塔尔、俄罗斯、叙利亚、苏丹和委内瑞拉等国。

根据 UNCTAD 的调查结果，中国、印度和土耳其等自然资源贫乏国家跨国公司寻求资源的动因使得其投资区位不是由地理上的接近来决定，而是由资产的可获得程度来决定的。因此，许多发展中国家的石油和天然气公司被吸引到中亚、非洲和俄罗斯东部地区等开发程度相对较低的地区。

### 4. 寻求创造性资产

所谓"创造性资产"是指存量资金及物质资产等有形资产和基于知识的无形资产，如管理、技能、组织产生更多资产的能力。换句话说，创造性资产是指那些包含在人、所有权、制度和物质能力中的知识、技巧、学习和经验的积累及组织能力。

相对于发达国家跨国公司而言，发展中国家的跨国公司无论在资金、技术还是管理经验上都有很大的差距，因此在与发达国家跨国公司的竞争和合作经营中一般会处于不利地位。发展中国家跨国公司要想获得长足发展，就必须通过各种途径增加自身的创造性资产存量。其中资金的获得可以采取吸引外资的方式进行，而技术则不然，因为在当今技术来源高度集中、技术转让相对垄断的格局下，发达国家跨国公司不可能轻易地将先进的技术转让给潜在的竞争对手，所以，发展中国家（地区）很难通过吸收国外直接投资的方式获得第一流的先进技术。

而对外直接投资则是一条获得尤其是技术这种创造性资产的可行途径。采取对外直接投资方式，在发达国家进行技术"研究与开发"投资，有目的地在先进生产领域与当地企业合资经营，把它作为研究和引进先进技术、先进生产工艺和新产品设计的海外基地，并充分利用发达国家的有利条件，收集国外技术发展的最新情报，为本国经济建设服务，这样就能在一定程度上打破发达国家对高新技术转让的限制或垄断，获得较高的投资效益。例如，作为获取高技术计划的一部分，韩国三星集团所属的三星电子公司1995年3月宣布同意购买在全球个人电脑业排名第六的美国AST研究公司40.75%的股份。而中国的联想公司收购IBM的个人电脑部门、TCL收购汤姆逊和阿尔卡特等则是通过并购进行对外直接投资获得技术和市场的典型案例。

由于技术寻求型对外直接投资一般而言是对发达国家的投资，所以对于发展中国家的跨国公司而言，这一动因至少在目前看来并不是作为最重要的动因而出现的。例如，南非跨国公司就认为这一动因所占的比重极低，而印度跨国公司对这一动因也不是太重视。"纯粹"的现成资产寻求型FDI如此稀少的原因在于，寻找现成资产的发展中国家企业必须首先掌握吸收现成资产的能力。例如，中国的海尔、联想、TCL以及土耳其的Arcelik和Vestel等进行创造性资产寻求投资的公司都在它们早期的制造业战略中通过与外国公司合作而投入了大量精力来建立企业特定优势，其中包括管理和收购新资产的能力。如果需要在进行对外直接投资之前开发这种吸收能力，那么寻求现成资产就不大可能成为发展中国家跨国公司的主要动因。

有调查显示，中国的跨国公司将之作为市场寻求动因之后的第二个重要的因素看待（UNCTAD，2006）。这也从一方面说明了中国企业日益重视通过对外投资获得创造性资产的战略。而且我们相信，随着发展中国家（地区）经济的发展，此类投资所占有的地位将变得越来越重要。

### 5. 规避风险

许多发展中国家（地区）由于民主和法制不健全，国内政治形势很不稳定。这些国家和地区政权更迭频繁，政策非常不连贯。一些企业主很关注国内的政治风险，担心国内发生动乱，或新政府上台后会没收他们的财产。在这种情况下，这些企业主就利用对外直接投资来分散资产和逃避风险。

事实上，东南亚华人也具有非常强烈的规避风险的意识。这些华人的经历使他们懂得每个地方都可能是不安全的。在印度尼西亚和马来西亚，华人一直面临骚乱的威胁；越南的华人也曾一度被逐出家园。面对这些国家动荡而不安宁的局势，华人自然会到世界各地投资。这样，即使将来有什么变故，现在的投资将可以保证他们将来移居到其他地方时仍有收入和体面的职业。

这一类投资由于其主要目的在于转移资产和分散风险，所以其投资区位的选择主要取决于投资的安全性，其投资目的地可能是发达国家，也可能是一些避税地或中国这样的政局稳定、经济迅速增长的发展中国家。

### 6. 东道国的优惠措施

由于认识到外国直接投资对国内经济的显著作用，许多发展中东道国政府采取了一些优惠措施以吸引外资，其中比较重要的是税收优惠。对于这些优惠措施，当然所有跨国公司都是欢迎的，因为这能增加它们的利润。但大型跨国公司由于投资额度较大，资金回收比较慢，所以更看重东道国的长期发展趋势，而中小企业相对则更为灵活，税收优惠对提高它们的利润率也更为显著，所以对这些优惠措施最敏感的却是发展中国家和地区的一些中小跨国企业。这些中小企业看重的主要是东道国的优惠政策，这些政策一旦改变，这些中小企业就会撤离，到别的国家寻求新的优惠；并且哪个国家的条件优惠，就到哪个国家投资。例如，中国政府为吸引外资而采取的各种优惠措施首先吸引的是我国港台企业和海外华人的投资。当然，在中国加入世界贸易组织以后，由于中国政府更为开放和自由化的承诺，许多大型跨国公司也纷纷在中国投资或增加投资额度，但这是另外一个层面的问题。

### 7. 民族与文化纽带

对某些发展中国家的跨国公司而言，文化与种族纽带对其作出到海外投资的决定有着重大的影响。信息在企业到海外投资的决策中具有非常重要的作用。了解国外市场的可靠信息需要很高的费用，这对发展中国家（地区）规模较小的企业可能是一个非常沉重的负担。而如果企业所信赖的能够提供信息的人是潜在的投资目的地的居民，企业获取投资信息的代价就要比企业派人去亲自搜集信息和调查小得多。

由种族与文化纽带推动的对外直接投资在海外印度人社区和东南亚海外华人社区表现得尤为突出。在许多情况下，一些贸易和投资的倡议就是由海外印度人和海外华人向企业提出的。有资料显示，由海外印度侨民提供的信息来源占国外信息来源总数的1/3。这说明在印度对外投资企业获得国外信息和联系的主要来源中，海外印度侨民起着非常重要的作用。

当我国香港地区、台湾省的投资者和新加坡的华人投资者到东南亚其他地方投资时，一般会在当地的华人中寻找合伙人。这主要也是文化和种族纽带的因素在起作用。中国传统的儒家文化使得东南亚的华人非常注重华人大家庭内的团结一致和相互信任，并且非常注重乡土观念。在我国香港地区、台湾省的企业和东南亚其他华人企业对中国大陆的投资中，种族和文化因素起着相当重要的作用。

## 四、结论

自20世纪80年代以来开始出现了发展中国家企业进行对外直接投资的现象，而且近几年来越来越多的发展中国家企业开始进行国际化经营。本文针对发展中国家跨国公司的动因开展了讨论，认为发展中国家跨国公司对外直接投资的动因是多元的，其中尤为重要的是寻求市场、效率和资源，而寻求创造性资产、规避风险等考虑在发展中国家企业的对外直接投资决策中也占有比较重要的地位。此外，东道国的优惠措施吸引了一些中小企业进行对外直接投资。种族与文化纽带则在华人和印度人的海外投资中发挥了一定的作用。

## 参考文献

［1］丁祥生．发展中国家企业对外直接投资的优势．统计与决策，2003，9．

［2］黄河．论发展中国家企业对外直接投资的比较优势．新疆大学学报（哲学人文社会科学版），2005，4．

［3］马亚明，张岩贵．策略竞争与发展中国家的对外直接投资．南开经济研究，2000，4．

［4］威尔斯．第三世界跨国企业．上海：上海翻译出版公司，1986．

［5］冼国明，杨锐．技术累积、竞争策略与发展中国家（地区）对外直接投资．经济研究，1998，11．

[6] DUNING J H. Explaining international production. London: Unwin Hyman, 1988.

[7] HVMER S H. The international operations of domestic firms: a study of direct foreign investment. Cambridge, Massachusetts: MIT Press, 1976.

[8] UNCTAD. World investment report 2006-FDI from developing and transition economics: implications for development. Geneva: United Nations Publication, 2006.

# 跨国公司战略演变与跨国公司理论的发展

● 黄 威[1] 张治栋[2]

（1 国家广电总局发展研究中心 北京 100045；2 安徽大学经济学院 合肥 230039）

【摘 要】跨国公司理论以目标导向的视角划分可分为垄断利润导向跨国公司理论、比较优势导向跨国公司理论、差异化导向跨国公司理论和学习积累导向跨国公司理论。它们分别是复合一体化战略、复合一体化悖论不同解决措施、外源归核化战略和合作竞争战略的理论总结。跨国公司战略演变遵循其内在的逻辑。首先是从优势利用到优势积累；其次是从内部积累到外部积累；最后是从"机械宿命论"到合作竞争理念对其的突破。跨国公司理论的发展趋势在于重视对优势积累外部化、区位选择和网络治理的研究。

【关键词】跨国公司理论 跨国公司战略 目标导向 内在逻辑

跨国公司理论经历了垄断利润导向跨国公司理论、比较优势导向跨国公司理论、差异化导向跨国公司理论和学习积累导向跨国公司理论的发展。跨国公司理论不是一般的企业理论，而是关于跨国公司战略的理论，跨国公司理论发展是跨国公司战略演变的理论总结。特定优势论以及在此基础上形成的垄断利润导向跨国公司理论，是对跨国公司复合一体化战略实践的理论总结；为解决复合一体化悖论，美国采取的措施是产品在空间上的渐次转移，从而形成了产品生命周期理论；日本采取的是产业在时间上的渐次转移，从而形成了边际产业扩张论；多元化悖论促使跨国公司实现外源归核化的战略演变，差异化导向跨国公司理论反映了其实践成果；面对竞争悖论，跨国公司走上了合作共赢的道路，学习积累导向跨国公司理论反映了企业合作竞争的战略要求。跨国公司战略演变遵循其内在的逻辑：首先是从优势利用到优势积累；其次是从内部积累到外部积累；最后是从"机械宿命论"到合作竞争理念对其的突破。跨国公司理论发展表现出一定的趋势，它将逐步重视对优势积累外部化、区位选择和网络治理的研究。

## 一、跨国公司理论述评——目标导向的划分视角

### 1. 垄断利润导向跨国公司理论述评

海默（Hymer，1960）以特定优势及其引起的不完全竞争作为前提，分析了知识产权市场化转让的不可行性和特定优势企业跨国直接投资的必然性，提出了特定优势论。在此基础上，经巴克莱和卡森（Buckley & Casson，1976）的内部化理论，由邓宁（Dunning，1977）形成了综合的国际生产折中理论，即 OLI 模型。该理论始终坚持以垄断利润为导向，故可称为垄断利润导向跨国公司理论，其主张选择技术水平较低的区位，采取内部化经营方式，目标是获得垄断利润。

（1）垄断利润导向跨国公司理论提供了基本分析框架。传统跨国公司理论从国民经济角度，以完全竞争为分析前提，如阿利伯认为货币优势形成的国际资本流动引发了跨国投资。但跨国公司毕竟是一个微观主体，完全竞争假设也远离现实经济生活，因此，这种分析虽有一定合理性，但无疑是隔靴搔痒。特定

优势论对跨国公司的具体地位与市场结构进行分析，从流通领域和宏观层面转到生产领域和微观层面，开辟了跨国公司理论研究的新视野。作为垄断利润导向理论集大成的 OLI 模型引进了区位概念，并将特定优势论与内部化理论和要素禀赋论（Ohlin，1933）熔为一炉，为跨国公司理论研究提供了基本分析框架。在这个框架里，特定优势是假设条件；对外直接投资是特定优势与区位优势结合的结果，某一区位能否成为合作伙伴，必须具有某些优势，这是充分条件；但并非两者的合作必然会发生对外直接投资，还要视其内部化优势，这是保持所有权优势的关键。

（2）垄断利润导向跨国公司理论具有明显的"机械宿命论"倾向。垄断利润导向理论始终以特定优势为前提，但由于其断言没有特定优势的企业不可能对外直接投资，从而陷入了"机械宿命论"。理论本身的缺陷是"机械宿命论"产生的原因。首先，由于采用静态分析方法，海默没有阐明特定优势的来源，而事实上，跨国公司在对外直接投资前都经历了一个长期的优势积累过程；其次，强调内部化经营，无论是海默由特定优势导致垄断从而引起市场不完全，还是巴克莱和卡森由内在机制缺陷引起市场不完全从而导致垄断，内部化都是必然结果；最后，忽视对区位优势进行详细分析，在邓宁看来，区位优势只是一个充分条件，实际上只是一个补充条件，在企业具有垄断优势的情形下，这个条件并不是必要的。

2. 比较优势导向跨国公司理论述评

维农（R. Vernon，1966）把产品分为创新、成熟和标准化三个阶段，强调在不同阶段的不同投资区位具有比较优势，从而提出了产品生命周期论。小岛清（Kiyoshi Kojima，1977）从国际分工原则出发，并结合对日本与美国企业的跨国直接投资与对外贸易关系的比较，提出了边际产业扩张论。无论是产品生命周期理论还是边际产业扩张论，都强调利用母国的比较优势和东道国的比较优势，从而可以降低产品的生产经营成本，故可称为比较优势导向跨国公司理论，其主张区位和产业的选择，采取外部化经营，目标是获得比较优势。

（1）比较优势导向跨国公司理论强调区位和产业选择的重要性。虽然产品生命周期理论和边际产业扩张论都强调获取比较优势，但是，两者选择的对象却是不同的。产品生命周期理论通过主张对区位的选择，从而演绎出在母国生产（指美国）并出口、在发达国家生产（如西欧）并减少母国出口以及到发展中国家生产并从海外进口的一个产品空间逐次转移的三段模式论；而边际产业扩张论则主张按照边际标准对产业进行选择，从而形成了一个产业时间逐次转移的雁形模式论。这里比较优势仍然是一种特定优势，但这种优势已不是垄断利润导向理论中的垄断优势，而是一种微弱的优势。尽管如此，这种优势仍还是一种绝对的竞争优势。在他们看来，只有产业或产品具有比较优势而不是垄断优势时，才能更好地利用东道国的自然资源、劳动力资源和市场，同时，为了更好地利用比较优势，企业跨国直接投资则应该采用外部化经营方式。

（2）比较优势跨国公司理论的政策含义及其消极影响。从需求特征和产品（产业）特征角度，对产业或区位进行选择，是对跨国公司行为机制研究的深化，无疑是跨国公司理论研究视角的一个重要转变。虽然比较优势和完全竞争是其理论基础，但实际上是对产业或区位进行主观边际选择的结果，从而可使投资具有更大的针对性，从中也可看出其政策意图：通过对产业或区位的选择，缩小与东道国的技术差距，在提高生产经营效率的同时，减少技术外溢。从表面看，比较优势导向理论似乎在垄断优势和内部化经营等问题上较 OLI 模型有所进步，但由于其以垄断优势产业（产品）在国内内部化生产或者在相似国家的有限空间内部化生产为其前提，因此，实际上可以说是一种倒退。

3. 差异化导向跨国公司理论述评

威尔斯（Wells，1977，1983）在研究发展中国家企业国际化时提出了技术差异化理论（即小规模技术理论），他认为，发展中国家跨国公司的优势主要表现在拥有为小市场服务的劳动密集型小规模生产技术、在国外生产民族产品和产品的低价营销。劳尔和希德哈森（Lall & Siddharthan，1982）通过分析外国公司在美国的直接投资活动，发现差异化产品是其角逐海外市场的关键，从而可避免与美国本土大公司的正面较量；凯夫斯（Caves，1982）也研究过产品差异化问题，认为差异化能力是企业核心资产。无论是技术差异化还是产品差异化，都强调差异化的重要性，故可称为差异化导向跨国公司理论，其具有内部化经营倾向，目的在于获得差异化优势。

（1）差异化导向跨国公司理论鼓励了发展中国家企业的跨国直接投资。受比较优势导向理论特别是小岛清边际产业扩张论的启迪，差异化导向理论认为，并非只有垄断优势企业才能进行跨国直接投资活动，并沿用比较优势导向理论从产业（产品）、技术以及市场特征的角度入手，对技术或产品的差异化在小规模市场和国内产品市场中的优势进行了分析，认为差异化是企业通过跨国直接投资角逐海外市场的关键，并指出这对于小企业具有特别重要的意义，因此，对发展中国家企业具有一定的鼓励作用。与技术差异化理论侧重于利用已有优势不同的是，产品差异化理论更加强调企业对优势的获取，因而比技术差异化理论的政策含义更加积极。

（2）差异化导向理论没有为发展中国家企业增强核心能力指明出路。差异化技术理论注重传统产品和小规模技术特征分析，受当时正呈风靡之势的产品生命周期理论的深刻影响，但是，威尔斯认为发展中国家产品主要是使用"降级技术"，从而使小规模技术理论陷入技术被动论。无论是劳尔和希德哈森的差异化产品还是被凯夫斯称为核心资产的差异化能力，都主张内部化经营，寄希望于内部积累获取竞争优势。然而，发展中国家企业的内部积累是有限的，因此，差异化导向理论未能为这些企业增强核心能力指明出路。

4. 学习积累导向跨国公司理论述评

马休和孙巢东（Mathews & Cho Dong-sung，1999）研究了韩国半导体企业的成长和国际化，坎特威和图伦替诺（Cantwell & Tolentino，1990）研究了第三世界国家跨国公司的技术积累，福格仁（Forsgren，2002）研究企业国际化过程中的学习问题，他们认为，包括对外直接投资在内的企业国际化成长，依赖于模仿学习和企业间合作等手段。约翰逊和马森（Johnson & Mattsson，1988）用网络方法研究了企业的国际化，威尔金森和马特森（Wilkinson & Mattsson，2000）研究了政府贸易政策与企业国际竞争力的关系，契提和赫尔睦（Chetty & Holm，2000）研究了商业网络对中小制造企业国际化的作用，雷蒙德和伯利力（Raymond & Blili，2001）、欧瓦贝和明因（Overby & Min，2001）研究了互联网和电子商务对商业网络的意义，他们认为，商业网络具有自组织性质，企业在其中进行分工、合作与互动，从而创造了新的商业机会，而政府的政策作用是有限的。由于他们都强调对外学习和优势积累，故可称其为学习积累导向跨国公司理论，其具有内部化经营倾向，目标在于优势的外部积累。

（1）学习积累导向跨国公司理论突出了外部积累的作用。学习积累导向跨国公司理论强调通过外部进行学习模仿和优势积累提高创新能力在企业国际化成长中的作用。学习积累导向跨国公司理论的政策含义是非常积极的。实际上，正如学习积累跨国公司理论所认为的那样，不但发展中国家的企业需要学习积累，即使处于优势地位甚至处于一定程度的垄断优势地位的发达国家企业，也需要不断学习，进行优势的持续积累，从而提高自身在国际市场中的竞争地位。

（2）学习积累导向跨国公司理论没有对外部积累的机制和特征进行分析。学习积累导向跨国公司理论主要分析了20世纪末第三世界的发展中国家企业的技术积累、发展成长和国际化的过程，分析了它们在学习目标明确、发挥后发优势以及学习便利等方面的有利条件，具有很强的针对性和鲜明的时代性，从而对跨国公司理论的发展做出了重要的贡献。但是，它没有提出学习积累的具体渠道和方法，它未能对知识学习和技术积累的特征进行深入的研究，也缺乏对网络系统的互动机制进行细致的分析。

## 二、跨国公司理论发展是跨国公司战略演变的理论总结

**1. 跨国公司复合一体化战略实践与特定优势论**

（1）特定优势的积累与企业的对外直接投资。经过两次世界大战，美国经济实力明显提升，美国企业已经积累了许多特定优势，甚至在有些方面形成了不可动摇的垄断地位。同时，日本经过第二次世界大战后近二十年的产业振兴，也积累了一定的优势基础。在这种情况下，怎样利用和保护这些优势，从而最大限度地实现企业的经济利益，就成为企业对外直接投资以及怎样投资的重要驱动力量。

（2）价值链空间配置与跨国公司复合一体化战略。起初，对外直接投资主要是为规避贸易壁垒，由于跨国公司优势明显，对东道国缺乏了解，投资规模相对较小，子公司获得了更多授权，多采取独立子公司战略。后来，随着对东道国进一步的了解，为更好地利用东道国资源或市场，降低生产经营成本，很多企业增加了投资，同时也需要对子公司进行分工，增强对子公司的控制，形成了简单一体化战略。最后，随着进入东道国的跨国公司增多和东道国企业实力的增强，激烈的竞争使每个价值链环节都变得非常重要，为更好地在空间上对价值链进行最优配置，就需要采取复合一体化战略。

（3）特定优势论是跨国公司复合一体化战略实践的理论总结。海默通过对1914～1956年期间美国企业对外投资行为的分析，认为企业跨国直接投资的基本前提是具有特定优势，并通过投资过程中的内部化经营形成垄断。海默特定优势论以及在此基础上形成的垄断利润导向跨国公司理论，正是技术经济实力雄厚的美国企业对外直接投资实践的产物，是对跨国公司复合一体化战略实践的理论总结。

**2. 跨国公司复合一体化战略悖论与比较优势导向跨国公司理论**

（1）跨国公司复合一体化战略悖论。在企业复合一体化跨国投资战略的实践中，产生了优势利用和优势保护之间的矛盾，也就是企业利用特定优势进行对外直接投资获取垄断利润过程中的技术外溢损失。技术外溢主要通过三个渠道。一是模仿效应。当地企业通过"边干边学"方式，对跨国公司的先进技术进行模仿。二是人力资本流动效应。曾经受雇于跨国公司的员工被当地企业重新雇用，或为当地企业提供信息服务，并带来跨国公司的技术和经验。三是关联效应。跨国公司在生产和营销过程中，不可避免地与当地供应商或客户发生某种联系，从而使它们可能从跨国公司的先进产品、工序技术或市场知识中"免费搭车"。

（2）美国的解决措施与产品生命周期理论的形成。针对跨国公司复合一体化战略悖论，美国企业的措施是采取产品在空间上的渐次转移。在产品生命周期第一阶段，产品主要在国内（指美国）生产，以出口形式满足国际市场很少的需求，因此，无须对外直接投资；在第二阶段，只有发达国家（如欧洲）对该产品才有较大的需求，同时，发达国家生产配套能力强，并可能已有了竞争者，这样，直接投资不仅收益大，而且技术外溢的损失也小。同样，到第三阶段，才在发展中国家进行直接投资。这实际上是新产品在有限空间（欧美）的内部化经营。产品生命周期理论是维农对美国企业解决复合一体化战略悖论的投资实践所进行的理论总结。

（3）日本的解决措施与边际产业扩张论的形成。与美国不同，日本采取的是产业在时间上的渐次转移。这种措施既简单又实用。通过选择已经或即将在本国处于劣势而在东道国又有比较优势的边际产业进行跨国直接投资，既能充分利用企业的比较优势，又能充分利用东道国资源和劳动力的比较优势，还能增加日本的出口，更重要的是企业无需担心技术等所有权外溢损失。同时，具有特定优势特别是具有垄断优势的产业可留在国内，实现产业结构升级。这实际上是优势产业的国内（日本）内部化经营。小岛清边际产业扩张论正是对日本企业解决复合一体化战略悖论的投资实践所进行的理论总结。

3. 跨国公司外源归核化战略与差异化导向跨国公司理论

（1）多元化的兴起与多元化悖论。20 世纪 50 年代，在经济利益驱动下，跨国公司投资规模不断扩大，投资领域也不断拓宽，多元化逐步兴起。到 20 世纪 70 年代末，多元化达到了高峰，企业难以支撑巨大的投资规模，同时，投资领域也逐步偏离了核心业务，没有根基的简单多元化使企业逐步丧失了优势。这就使优势积累与优势利用之间产生了矛盾，多元化的发展虽有利于优势发挥，但却不利于优势积累，从而出现了多元化悖论。因此，如果不注意优势积累，特别是长期沉迷于多元化的跨国公司，不但丧失了优势，也丧失了获取优势的能力，结果遭受重挫，为此付出了惨重的代价。

（2）外源归核化战略的形成及其对复合一体化战略的发展。为兼顾优势积累与优势利用之间的关系，解决多元化悖论带来的困难，跨国公司要继续增强其优势，因此，跨国公司不断集中力量进行优势积累，增加研发投入，收缩业务范围，采取归核化战略，同时，为避免优势的丧失，跨国公司尽可能地减少跨国生产中的技术含量，从而有利于实施外源化战略。这样就形成了跨国公司的外源归核化战略。在跨国公司外源归核化战略中，企业只有加强研发的内部化一体化，才能通过优势积累实现对产业的控制，同时，也才可能更好地进行外部化经营，实施外源化。因此，跨国公司外源归核化战略实质上是复合一体化战略的进一步发展。

（3）差异化导向跨国公司理论是外源归核化战略实践的理论总结。外源归核化战略并不是简单地反对多元化，而是反对企业沉迷于没有根基的简单多元化。只要企业具有一定的核心竞争力，围绕核心竞争力的多元化反而是一种发挥企业优势的很好途径。因此，外源归核化战略主张企业通过内部积累，增强核心能力，从而赢得未来的竞争。差异化导向跨国公司理论特别是产品差异化理论，虽然研究对象主要是发展中国家跨国公司，但由于这些企业缺乏特定优势，因此，主张它们通过差异化来获得竞争优势，而获得差异化能力的首要途径就是通过内部积累。特别是凯夫斯也研究了发达国家企业差异化问题，提出了发达国家企业要通过内部积累提高差异化能力的命题。由此看来，差异化导向跨国公司理论反映了外源归核化战略的实践成果。

4. 跨国公司合作竞争战略与学习积累导向跨国公司理论

（1）竞争的加剧与竞争悖论。20 世纪 80 年代以来，消费需求不断变化，产品更新不断加快，同时，随着技术的不断发展，新产品的研究与开发费用日益提高。如汽车在 20 世纪 70 年代前数年一个车型，而到 20 世纪 80 年代末期已达到一年数个新车型，同时，开发一个汽车车型需要近十亿美元，而开发一个飞机机型则需要近百亿美元，战略缺口的产生使企业无法独立地实现其战略目标，企业面临的竞争形势日益加剧。更为重要的是，有些还涉及标准问题，在产品标准的竞争中，要么全盘通吃，要么满盘皆输。20 世纪 90 年代，企业的理性竞争并不必然产生效率，竞争悖论已比较明显。因此，尽管跨国公司集中全力以增强核心竞争力，但战略缺口却阻止了其完全依靠自身资源和能力谋求发展的模式，跨国公司面临着竞争悖论带来的巨大风险。

（2）跨国公司合作竞争战略的形成及其对外源归核化战略的发展。为处理好企业与竞争对手之间的关系，克服外源归核化的局限，摆脱竞争悖论带来的困境，减少竞争中的风险，客观上要求它们走合作共赢的道路。合作具有互利性，但并不排除竞争，而是竞争的一种工具，是为了赢得未来的竞争；竞争具有绝对性，而合作只是相对的，一定的竞争优势是进行合作的基础，现实的竞争力才能为其开拓合作发展的前景，并决定企业在合作中的地位。这样就形成了跨国公司的合作竞争战略。外源归核化战略通过业务的战略收缩加强核心业务，而将非核心业务进行外包，这实际上是以自我为中心的合作，而合作竞争战略则更注重利用对手的优势，趋向于强强之间的合作。因此，跨国公司合作竞争战略是其外源归核化战略的发展。

（3）学习积累导向跨国公司理论是跨国公司合作竞争战略实践的理论总结。学习积累导向跨国公理论强调企业技术创新能力的重要性，认为技术创新能力无论对发达国家还是第三世界国家，都是企业和产业发展的根本动力。而要提高企业的技术创新能力，关键要进行积累。但是，在国际竞争日益激烈和技术创新速度加快的情况下，仅仅进行企业内部的积累也还是不够的。因此，企业必须通过商业网络进行分工，建立、维持和发展各种相互依赖的关系，不断地提高学习能力，持续地进行外部积累，这样才能实现企业的战略目标，并由此确立企业的市场地位。合作竞争不是你死我活的竞争，但合作竞争并不反对竞争，合作竞争反对的只是你死我活的达尔文式竞争。合作是为了积蓄优势，提高竞争力可通过合作来实现。合作竞争不是权宜之计，而是战略行为。由此可见，学习积累导向跨国公司理论反映了企业合作竞争的战略要求。

## 三、跨国公司战略演变的内在逻辑

### 1. 从优势利用到优势积累

（1）优势的价值在于利用。无论是美国还是日本的对外直接投资，都是特定优势的利用。如美国战后的对外直接投资是两次世界大战期间所积累优势的发挥，而日本 20 世纪 60 年代开始的对外直接投资是建立在其战后 1945～1960 年间产业振兴的基础之上的。如果美国和日本企业没有这些积累，就很难进行旨在获取垄断利润或比较优势的对外直接投资。反之，如果它们在获取优势后没有及时地对外进行直接投资，其所积累的优势就不能发挥作用，从而也使这些优势失去其价值。复合一体化战略正是跨国公司在全球竞争视野下对各个价值链环节的优势在空间上进行最佳配置的结果，从而能够最大限度地发挥其所拥有的优势，为其总体发展的战略目标服务。

（2）优势的丧失不可避免。美国企业采取产品空间的渐次转移，逐步扩大产品转移的空间，也就是说是实行国际有限空间内的内部化经营，从而能够把企业的特定优势控制在一定范围内；而日本则采用了与美国企业不同的措施，通过对直接投资产业的选择，控制优势产业的转移，达到优势产业国内内部化经营的目的。然而，只要在东道国使用先进的技术，从而形成优势暴露，其技术外溢必然会发生，也就是说，复合一体化战略悖论是客观存在的。特别是在简单多元化的情况下，其形成的多元化悖论必然加快企业优势的丧失。即使不进行对外直接投资，不会产生技术外溢和简单多元化，新技术的产生也可能造成跨国公司丧失竞争优势。由此可见，优势的丧失是不可避免的。

（3）优势的积累势在必行。由于跨国公司对外直接投资规模的不断扩大、投资多元化的发展和需求变化越来越快，技术创新呈现出新的特点和趋势，技术的生命周期也变得越来越短，旧的技术随着新技术的不断产生而失去效力或归于无用，跨国公司优势的丧失也因此而逐步加快，通过内部化经营实行对优势的保护并不能够阻挡新技术的产生，固守原有的优势已经越来越不符合国际竞争形势的变化，也无利于企业自身发展的需要，跨国公司迫切需要通过优势的积累来增强企业的核心竞争力，否则，就会在未来的竞争中陷入失败的结局。

### 2. 从内部积累到外部积累

（1）内部积累是增强竞争优势现实有效的选择。美国和日本企业的对外直接投资都是在一定的优势基础上进行的，而它们的优势积累依靠的主要是内部积累，这一点特别是在美国表现得尤其明显。同时，由于跨国公司通常是本行业中的佼佼者，当它们面临优势丧失的威胁时，从而也非常自然地把优势积累寄托在内部积累上。集中力量专注于核心业务，可以甩开企业的薄弱环节，聚精会神地提高其竞争能力，增强企业的竞争优势，从而改善其经济绩效。早在 20 世纪 80 年代，美国 GE 公司就拉开了外源归核化战略的序幕，欧洲跨国公司的战略转换要晚 5～8 年，韩国和日本公司在东南亚危机后才实施战略转变，其结果是，1996～1998 年间，美国在 500 强中由 162 家增加到 185 家，增加了 23 家；欧洲三国（英、法、德）变化不大；而日本则由 126 家减少到 100 家，减少了 26 家；韩国由 13 家减少到 9 家，减少了 4 家①。由此可见，跨国公司实现向外源归核化战略的演变，对于优势的内部积累不但是现实的，而且也是有效的。

（2）摆脱"囚徒困境"需要进行合作。在面临战略缺口时，如果跨国公司各干各的，走内部化发展的道路，则可能无法实现竞争形势所要求的实绩，而相互之间进行合作，则可以弥补缺口，从而实现各自的战略目标；在涉及产品标准的竞争中，如果相互之间不进行合作，则不但造成巨大的浪费，而且也要承受失败的巨大风险。合作则可实现共赢，而避免全盘皆输。即使不存在战略缺口和产品标准的竞争，但在跨国公司间的激烈竞争中，竞争对手之间围绕替代性的新知识产权所进行的竞争也会使其陷入"囚徒困境"，而进行合作研发则可能形成共赢。根据赫格特和莫里斯（Hergert & Morris，1988）的研究，在 839 个公司联盟的行业分布中，大部分联盟协议集中于高新技术行业；在 9 项跨行业的合作协议中，多数联盟与技术问题密切相关，其中 1/4 ~ 1/3 涉及联合研发②。由此可见，跨国公司实现合作竞争战略的转变，联合开展研究与开发，有利于其进行优势的外部积累。

（3）外部积累是内部积累的必要补充。外源归核化能够在一定程度上增强企业的核心竞争力，然而，这仅是一种优势的内部积累，对于国际竞争日益激烈中的跨国公司显然是不够的，企业竞争理念必须从你死我活的达尔文式竞争转变为穆尔式的共同进化，走合作竞争的发展道路，通过优势的外部积累提高企业的竞争能力。但是，优势的内部积累仍然是提高企业核心竞争力的基本途径，也是其进行外部积累的条件，而外部积累只是一种适应国际竞争环境和技术发展特点的不得已的战略转型。因此，竞争更具有长远性，合作决定于竞争的需要，内部积累具有根本性，而外部积累是内部积累的必要补充。

3. 从"机械宿命论"的影响到合作竞争理念对其的突破

（1）"机械宿命论"对跨国公司战略演变的影响。无论是对于具有特定优势的企业，还是对于不具有特定优势的企业，"机械宿命论"都产生了重要的影响。对于具有特定优势的企业来说，由于其所产生的垄断优势，它们的导向必然是获取垄断利润；当担心特定优势的丧失时，它们要么采取产品周期在空间上的渐次转移，要么采取产业在时间上的渐次转移；而当试图进行优势积累以增强企业竞争力时，它们不可能看到外部的创新资源，而只能进行内部积累。而对于不具有特定优势的发展中国家企业，由于自身所拥有的差异化技术，也只是一种小规模技术，虽然无须担心丧失自己的优势，但它们却不敢面对发达国家的大企业，最终只能采用发达国家已经弃用的降级技术，从而落入了技术被动论；即使它们注重产品、品牌和市场等的差异化，由于没有认识到通过直接投资进行学习的重要性，同时其本身差异化和内部积累能力有限，因而丧失了通过发挥后发优势实现后来居上的机会。

（2）合作竞争理念对"机械宿命论"的突破。合作竞争理念是指在竞争过程中不断寻求相互之间的合作。美国学者穆尔（J. Moore，1996）提出了"商业生态系统"和"共同进化"，从生态系统这一独特视角出发，更加准确地描述了企业进化的动态竞争过程。合作竞争不再以消灭竞争对手为目标，从而突破了弱肉强食的狭隘观念，形成了一种新的竞争理念。正如卡瑟尔斯在 1995 年所指出的那样，在动态合作中以期形成各方利益最大化的多赢格局。只有合作竞争理念的产生，才使企业能够进一步开阔视野，寻找和发现外部的创新资源，充分利用区位优势或竞争对手的优势，进行外部优势积累，走出特定优势与内部化经营的循环陷阱，实现对"机械宿命论"的突破。

（3）区位优势是能否实现对"机械宿命论"突破的关键。区位优势主要包括资源优势、市场优势和技术优势。资源优势包括自然资源和人力资源，市场优势包括市场的规模及其发展速度，技术优势主要是

① 杜一. 跨国公司战略调整对中国企业的影响. 经济经纬，2000，1：40.
② 邱立成. 跨国公司研究与开发的国际化. 北京：经济科学出版社，2000：72.

指创新资源。这些优势对于不同的企业，其重要性是不同的。例如，对于具有垄断优势的企业，只有市场优势才是重要的；而对于具有比较优势的企业，市场优势和资源优势可能都是重要的；对于处于劣势的企业来说，最重要的可能是东道国的技术创新资源。即使是同一个企业，在其发展的不同阶段，这些优势的作用也是不同的。例如，对于已经积累了一定优势的企业来说，资源优势和市场优势可能更重要；而对于正在进行优势积累的企业，则不得不考虑创新资源的可获得性。由此可见，区位优势对于不同企业的不同发展阶段是具有不同意义的，一旦区位优势能够为那些具有外部积累导向的企业提供可获得的创新资源时，即可实现对"机械宿命论"的突破。

## 四、跨国公司理论的发展趋势

1. 目标导向是跨国公司理论分类的基础

（1）跨国公司对外直接投资的目标导向。任何企业在市场竞争中要取得成功，必须具有一定的优势。企业竞争可以分为两个阶段：一是技术和产品的研发和开发投入；二是企业产品的生产和市场销售。前者是优势积累阶段，而后者是优势利用阶段。同时，由于企业在国际直接投资中存在技术外溢的风险，因此，无论在企业的优势积累还是在企业的优势利用过程中，企业都会随时注意优势的维护。正确处理好优势利用、优势保护和优势积累之间的关系，对于不同的企业以及企业的不同发展阶段，其目标导向是不同的。

（2）目标导向是跨国公司理论分类的基础。垄断优势导向跨国公司理论研究的是已经积累了特定优势的企业，由于它们占据垄断地位，无须进行优势积累，而是注重于优势利用；比较优势导向跨国公司理论研究怎样通过产业或区位的选择，从而在最大的限度上既能利用企业优势也能利用东道国的优势；差异化导向跨国公司理论和学习积累导向跨国公司理论都以劣势企业为分析对象，强调的是企业怎样通过优势的积累增强其竞争力。只不过前者倾向于内部积累，而后者更注重外部积累。

（3）目标导向取决于跨国公司的优势地位。地位决定目标。对于没有优势的企业，必须注重优势的积累，否则，没有可利用的优势；对于那些具有一定优势的企业，它们都已经经历过优势的积累，否则，不可能取得现有的优势。实际上，现有的任何企业都处于从优势积累到优势利用之间的不同阶段，它们都具有不同的优势地位，并决定着它们对优势利用、优势保护和优势积累采取相应的态度，从而也决定它们在对外直接投资中的目标导向。

2. 跨国公司的优势地位取决于选择

（1）优势地位是一种相对优势。企业在国际竞争中处于不同的市场地位，这是一个事实。但是，跨国公司的优势地位基于产业或产品与区位或其中企业的比较分析。发达国家企业在某些方面拥有特定优势，甚至是垄断优势，但并不是在所有方面都居于优势地位，也不一定在所有东道国或与东道国的所有企业相比都能获得这种优势。发展中国家企业总体上处于劣势，但不是在所有方面都处于劣势，也不是在所有东道国都处于劣势。由此可见，跨国公司的优势地位取决于企业—区位相对优势的比较。

（2）优势地位在于选择。跨国公司的优势地位取决于产业或产品和区位或其中企业的选择。例如，同样是已经积累了一定优势的美国企业，它既可以选择不发达地区进行投资，从而获得垄断优势，也可以选择与美国相似的地区如欧洲发达国家生产其产品，但其所能获得的只能是比较优势；再如，日本选择一些企业对欧美等发达国家进行投资，并不处于优势地位，而反过来恰恰是跟踪这些国家的技术发展进行优势的积累，而在发展中国家为更好地利用比较优势，则选择一些边际产业进行投资；最后，对于一些发展中国家的企业，可以利用小规模技术在发达国家进行投资，来获得可以利用的优势并不断地积累优势。

（3）跨国公司的经营方式是利益权衡的结果。企业主要通过对获得竞争优势的成本收益、维持企业优势的成本收益和利用优势的成本收益进行分析，形成了企业总的成本收益分析框架，从而决定企业是否对外进行直接投资。跨国公司的经营方式有内部化和外部化之分。内部化经营方式有利于跨国公司维护已有的特定优势，但其不利于跨国公司利用东道国的外部资源，同时，内部化经营也可能增加企业的内部管理成本，而减少外部交易成本。反之，外部化经营方式可能增加跨国公司技术外溢的损失，但却有利于跨国公司利用东道国的资源优势，虽然可能减少跨国公司的组织成本，但也增加了跨国公司的外部交易成本。跨国公司的经营方式就是在这三者利益之间进行权衡的结果。

3. 跨国公司理论的发展趋势

（1）跨国公司理论必将注重对优势积累外部化的研究。由于技术创新由"内部线形模式"向"外部多点模式"的转变，跨国公司的优势积累趋向于外部化。传统理论认为，创新是一个由发明、开发、设计、中试、生产和销售等组成的企业内部活动，如果其他企业采用这些新发明或新产品，则被认为是创新的扩散，整个技术创新过程表现为这样一个"内部线形模式"。而20世纪80年代以来，人们逐渐认识到创新过程中的不确定性和复杂性，创新活动寓于企业每一个价值链的活动中，原料供应、生产、销售等企业价值链中的任何环节都有可能产生创新，任何企业产生的任何创新，都有可能对其上游或下游企业的创新产生重要的影响，因此，创新过程表现为"外部多点模式"。这种跨国公司优势积累外部化的发展趋势势必推动跨国公司理论沿着这样的方向不断发展。

（2）跨国公司理论对区位选择的研究。由于跨国公司的优势地位取决于产业或产品和区位或其中企业的选择，而对于某个特定的跨国公司来说，其所能选择的产业或产品是有限的，因此，其所处的优势地位将主要取决于其对区位或其中企业的选择。随着分工的发展和专业化水平的不断提高，跨国公司不可能垄断产业或产品的整个价值链，而只能处于某个特定的价值链环节上，既是市场的供应者，也是市场的需求者，但无论是市场的供应者还是市场的需求者，都离不开它的经营环境。旺盛的需求可使其扩大销售，优质的配套可使其提高生产效率，良好的市场环境可使其降低交易成本，活跃的创新资源可使其增强竞争能力。区位优势对跨国公司的生产经营越来越重要，跨国公司理论必然注重对区位选择的研究。

（3）跨国公司理论对网络治理的研究。跨国公司的全球扩张主要采取通过直接投资所形成的海外子公司内部网络和与其他公司建立战略联盟所形成的外部网络。如果说，跨国公司20世纪80年代前主要是内部网络的拓展，那么，20世纪90年代以来则更注重发展外部网络。例如，美国公司与外国公司之间的合作协议数量大约是其独资子公司的4倍①。日本公司55%的生产物资供应来自外部网络，40%依靠内部网络，只有5%由市场交易来补充②。跨国公司内部网络和外部网络交错发展，从而逐步发展成为"全球网络公司"③。跨国公司组织的网络化必然要求进行网络化管理。内部网络是由高层次的统一性和低层管理的灵活性所组成的统一体，而外部网络是一种介于企业与市场之间的新型组织形式，内部网络与外部网络在达到网络规模经济时达到均衡。然而这种均衡要受到信息、信任和不确定性等因素的影响，因此，跨国公司理论也必然注重网络治理的研究，其中尤为重要的是对跨国公司网络规模经济和网络治理边界的研究。

---

①　邱立成. 跨国公司研究与开发的国际化. 北京：经济科学出版社，2000：10.

②　DODGSON M. Technological collaboration in industry：strategy，policy and internationalization in innovation. London：Routledge，1993：110.

③　YOSHINO M Y，RANGAN U S. Strategic alliances：an entrepreneurial approach to globalization. Boston：Harvard Business School Press，1995：130.

## 参考文献

［1］林金忠．包买商制度及其应用价值．财经研究，2002，3.

［2］李平．技术扩散理论与实证研究．太原：山西经济出版社，1999.

［3］蒋学伟．动荡环境中的企业持续竞争优．经济管理，2002，2.

［4］D. 贝赞可．公司战略经济学（中译本）．北京：大学出版社，1999.

［5］小岛清．对外贸易论（中译本）．天津：南开大学出版社，1987.

［6］J. 穆尔．竞争的衰亡——商业生态系统时代的领导与战略（中译本）．北京：人民出版社，1999.

［7］J. 布利克，D. 厄恩斯特．协作型竞争（中译本）．北京：中国大百科全书出版社，1998.

［8］K. 夏皮罗，H. 瓦里安．信息规则（中译本）．北京：中国人民大学出版社，2000.

［9］N. 瑞克曼．合作竞争大未来（中译本）．北京：经济管理出版社，1998.

［10］L. 威尔斯．第三世界跨国企业（中译本）．上海：上海翻译出版公司，1986.

［11］KINDLEBERGER P. American business abroad：six lectures on direct investment，New Haven，Corn，Yale University Press，1969.

［12］PRAHALAD C，HAMEL G. The core competence of corporation. Business Review，1990，6.

# 新视角、新观点、新体系

## ——评赵锡斌教授新著《企业环境分析与调适：理论与方法》

● 毛蕴诗[1]

（1　中山大学管理学院　广州　510275）

随着我国经济体制改革的不断深化，市场机制在资源配置中已越来越发挥着基础性作用，而经济全球化、竞争国际化和信息技术的发展，更进一步加剧了企业环境的动态性、复杂性和不确定性。对企业而言，竞争对手、竞争范围、竞争规则、竞争形式等都发生了巨大的变化。环境对企业发展的影响日益增大，给企业的选择产生了越来越大的压力。在这种背景下，如何认识和把握环境、进行科学的决策、更好地适应或控制环境，不仅是理论研究上的一个难题，也是企业管理实践中迫切需要解决的一个难题。

中国社会科学出版社 2007 年 2 月出版了由武汉大学经济与管理学院赵锡斌教授所著的《企业环境分析与调适：理论与方法》一书。该书针对目前较普遍地存在着的"环境决定论"、"不可控论"、"无能为力论"、"被动适应论"等理论认识偏差和实践行为偏差，以科学发展观和认识论为指导，广泛借鉴国内外的相关研究成果，并结合中国的实际，提出并运用系统环境观、均衡与非均衡、内生性、可调适性和环境创新等核心概念，对企业环境和企业与环境互动关系及传导机制、企业环境的一般特征与中国特征、企业环境与企业决策和经营绩效、企业环境分析与评价、企业对环境进行"适应性"和"控制性"的调适方法、环境调适的速度与时机选择以及企业能力与环境调适目标和策略的匹配、环境创新的路径等，从新的视角进行了较系统的探讨。

细读全书，与迄今关于企业环境研究方面的论著相比，觉得该书具有视角新、观点新、体系新以及实践指导性强等特点。

第一，新视角。迄今，理论界和企业界较普遍地将企业环境界定为企业组织边界之外的力量或影响因素，这样就割裂了企业内部环境与企业外部环境及其各要素之间的相互联系、相互影响的"外部环境观"，以及由此产生理论认识偏差和实践行为偏差。作者从系统环境观的新视角，将企业环境作为一个系统，尝试把企业外部环境和内部环境纳入一个整体的分析框架，研究企业环境及其各要素之间、企业内部环境与外部环境之间的动态、互动的关系以及企业环境评价和企业环境调适的方法。这种新的研究视角，可能既符合科学研究的发展趋势，也拓宽了企业环境研究的视野，克服目前在企业环境研究方面的某些局限，使企业更全面地认识和把握环境。

第二，新观点。该书中，作者提出了不少新的观点：将企业环境作为一个整体性的概念进行了重新定义；引入均衡与非均衡的概念，提出了企业环境非均衡性的一般特征和非市场传导的中国特征，并提出了企业环境非均衡状态的类型及其在管理中的意蕴；对各学派关于企业与环境关系理论进行了梳理、融合，提出了一组企业与环境关系理论整合模型；尝试将企业环境纳入内生性分析，初步研究了企业环境与企业绩效的关系，提出了环境输入绩效、环境转换绩效、环境输出绩效和环境反馈绩效的概念及内涵；在对企业环境分析的常用方法进行介绍与评论的基础上，提出了非均衡分析法和 SWOT 动态转换分析法等框架性思路；在企业如何对环境进行调适的研究中，提出了"适应性调适"和"控制性调适"两种不同性质的调适类型、调适内容、调适方法及实现路径，并提出了环境调适的速度和时机选择模式；针对"环境决定论"、"不可控论"、"被动适应论"和"无能为力论"以及政府依赖的观点，提出了企业也是环境营造和环境创新的主体的观点，并提出了环境创新的路径，等等。这些理论观点和分析方法，使人耳目一新，具有相当的理论启发性和实用价值。

第三，新体系。国内外学者对企业（组织）环境的相关研究成果非常丰富，但还未见到明确地将企业环境作为研究对象进行专门系统研究的论著。作者以科学发展观和认识论为指导，从系统环境观的视角，对企业环境理论的研究对象、企业环境理论的研究进展、企业环境研究的理论基础、企业环境的一般特征和中国特征、企业与环境互动机理、企业与环境关系理论整合、企业环境分析与评价、企业环境调适方法等问题，进行了较为系统、深入的研究，初步构建出了一个与已有的研究思路和研究内容明显不同的、比较完整的企业环境理论研究的新体系框架。这对进一步深化企业环境分析的理论与方法的研究提供了一种可借鉴的示范。

第四，实践指导性。理论来源于实践，同时指导实践。现今，人们在对企业环境理论认识上存在着片面性和实践行为误区，从而产生了一些消极影响。该书的作者不仅以积极的、辩证的科学态度，从理论上对企业与环境的关系等方面作出了具有说服力的系统解释，而且提出了充分发挥企业的主动性和创新精神，开展对环境的调适，使企业动态地适应环境、控制环境、创造有利于企业发展的新环境的具体途径和措施。这不仅开阔了人们的视野，对企业如何认识、分析和把握环境具有理论指导意义，而且对企业如何根据不同的环境性态，进行科学的决策，以适应和营造环境，提升企业的核心竞争力，从而提高企业绩效，具有较强的实践指导意义。

当然，任何一项具有开创性的研究成果，都可能有不完善之处。该书也存在着一些需要进一步深化研究的问题。比如，虽然该书主要是对企业环境分析的一般理论与方法进行的探讨，但将企业环境分析内生化的问题、企业环境分析方法的进一步具体化的问题，以及对书中提出的理论与方法进行实证检验的问题等，还有待进一步做后续的深入研究，使之更加完善。

综上所述，该书是企业环境理论研究方面的一部力作。它的出版，显示了企业环境理论研究领域的一个新的良好开端。

228

# 《珞珈管理评论》 投稿体例要求

一、来稿请用 A4 纸单面打印，打印稿邮寄至湖北省武汉市武昌珞珈山武汉大学经济与管理学院《珞珈管理评论》编辑部；邮编：430072。相应的电子稿请发至我们为投稿所设的电子邮箱：ljglpl@163.com。

二、在第 1 页只须写出论文的中文标题和英文标题、作者姓名、单位、通信地址、邮编电话及电子信箱地址；第 2 页及以后的内容是文章标题、摘要、关键词、正文、注释和参考文献。

三、来稿以 8 000 字左右为宜。限于财力和人力，来稿一律不退。

四、投稿者来稿时提供：100~200 字的论文摘要（浓缩基本观点），不需要译为英文。

五、来稿注释一律用脚注，请勿用尾注。注释采用实注，详细标出引文页码；不要采用国外的虚注（即括号中人名加年代的注释法）；参考文献则一律放在文后，不必标注引文页码。请遵照"参考文献著录规则"将正文中的脚注与文后的参考文献规范化（见附录）。

## 附录：参考文献著录规则

### 1. 脚注在正文中的标注格式

1.1　按正文中引用文献出现的先后顺序用阿拉伯数字连续编码，并将序号用右上标①、②、③标示。

1.2　同一处引用多篇文献时，将各篇文献序号间用"，"间隔。如遇连续序号，可标注在一起。

1.3　中国著者姓名的汉语拼音按 GB/T 16159—1996 的规定书写，名字不能缩写。

　　　示例：Zheng Guangmei。

　　　欧美著者采用名在前姓在后的著录形式，欧美著者的名也可以缩写，不能省略缩写点；如用中译名，可以只著录其姓。

　　　示例 1：Alberd Einstein 还可表示为：A. Einstein

　　　示例 2：伏尔特·韦杰

　　　示例 3：P. S. 昂温

1.4　作者在 3 人以下全部著录，3 人以上可只著录前 3 人，后加"，等"，外文用"，et al."，"et al."不必用斜体。责任者之间用"，"分隔。

1.5　版本的著录采用缩略的形式。

　　　示例 1：3 版（原题：第三版）

　　　示例 2：5th ed（原题：Fifth edition）

1.6　正确著录期刊文献的年、卷、期

　　　示例：年，卷（期）：2005，10（2）

1.7　脚注中各部分的顺序为：

　　　作者. 题名（或加其他题名信息）. 版本项. 出版地：出版者，出版年：引文页码（报纸需标注日期及版面）.

示例：

①中国社会科学院语言研究所词典编辑室. 现代汉语词典. 修订本. 北京：商务印书馆，1996：258-260.

②谢希德. 创新学习的新思路. 人民日报，1998-12-25（10）.

1.8 对于电子出版物除按照此著录规则外，还需在最后增加［引用日期］. 获取和访问路径。

示例：江向东. 互联网环境下的信息处理与图书管理系统解决方案. 情报学报，1999，18（2）：4（2000-01-18（. http//www. chinainfo. gov. cn/periodical/qbxb/qbxb99/qbxb990203.

1.9 正文采用脚注，脚注信息详细到页码。

示例：

①余敏. 出版集团研究. 北京：中国书籍出版社，2001：179－193.

②G. 昂温，P. S. 昂温. 外国出版史. 陈生铮，译. 北京：中国书籍出版社，1988：22.

③王夫之. 宋论. 刻本. 金陵：曾氏，1845（清同治四年）.

④李晓东，张庆红，叶瑾琳. 气候学研究的若干理论问题. 北京大学学报：自然科学版，1999，35（1）：101-106.

⑤Admati A. R.，Ross S. A.. Measuring investment performance with a rational expectations model. Journal of Business，1985，58：42.

⑥Kirzner I. M.. Discovery and the capitalist process. Chicago：University of Chicago Press，1985：33-34.

## 2. 参考文献的标注

参考文献的标注与注释（即脚注）方式基本一致，只是不需要标注页码。注释（即脚注）放在正文中，参考文献放在正文后。

示例：

［1］马克思. 关于《工资、价格和利润》的报告札记. 马克思恩格斯全集：第44卷. 北京：人民出版社，1982.

［2］卞葆. 编辑体制改革中的质量管理工作. 出版转制与编辑工作——中国编辑学会第九届年会论文集. 北京：中国大百科全书出版社，2005.

［3］谢希德. 创新学习的新思路. 人民日报，1998－12－25.

［4］Becker G. S.. Human capital. New York：Columbia University Press，1964.

［5］Reshmi M. The growth pattern of women-run enterprise：an empirical study in India. Journal of Developmental Entrepreneurship. 2002，7（2）.

［6］江向东. 互联网环境下的信息处理与图书管理系统解决方案. 情报学报，1999，18（2）：4［2000-01-18］. http//www. chinainfo. gov. cnm.

投稿地址：湖北省武汉市武昌珞珈山 武汉大学经济与管理学院《珞珈管理评论》编辑部

邮编：430072

投稿信箱：ljglpl@163. com

电话、传真：027-68755911